Ingrid Gilcher-Holtey und Eva Oberloskamp (Hrsg.)
Warten auf Godot?

**Schriftenreihe
der Vierteljahrshefte
für Zeitgeschichte**

—

Im Auftrag des
Instituts für Zeitgeschichte München–Berlin
herausgegeben von
Helmut Altrichter, Horst Möller,
Margit Szöllösi-Janze und Andreas Wirsching

Redaktion:
Johannes Hürter und Thomas Raithel

Band 120

Warten auf Godot?

―

Intellektuelle seit den 1960er Jahren

Herausgegeben von
Ingrid Gilcher-Holtey und Eva Oberloskamp

DE GRUYTER
OLDENBOURG

ISBN 978-3-11-068140-6
e-ISBN (PDF) 978-3-11-068144-4
e-ISBN (EPUB) 978-3-11-068149-9
ISSN 0506-9408

Library of Congress Control Number: 2020941461

Bibliografische Information der Deutschen Nationalbibliothek
Die Deutsche Nationalbibliothek verzeichnet diese Publikation in der
Deutschen Nationalbibliografie; detaillierte bibliografische Daten
sind im Internet über http://dnb.dnb.de abrufbar.

© 2020 Walter de Gruyter GmbH, Berlin/Boston
Titelbild: Naomi Klein protestiert am 28.6.2010 gegen das Vorgehen der Polizei während eines
G20-Gipfeltreffens in Toronto. Foto: Lucas Oleniuk/Toronto Star via Getty Images
Satz: bsix information exchange GmbH, Braunschweig
Druck und Bindung: CPI books GmbH, Leck

www.degruyter.com

Inhalt

Vorwort —— VII

Ingrid Gilcher-Holtey und Eva Oberloskamp
Einleitung: Warten auf Godot? Intellektuelle seit den 1960er Jahren —— 1

Die klassische Intellektuellenrolle und der Strukturwandel der Öffentlichkeit

Gangolf Hübinger
Jürgen Habermas, der „allgemeine Intellektuelle" —— 21

Andreas Langenohl
Jürgen Habermas, Alexander Kluge und die Entwicklung einer linksintellektuellen Kritiktradition in der Bundesrepublik Deutschland (1960er bis 1980er Jahre) —— 33

Stephan Isernhagen
„Es gibt noch Positionen zu verteidigen". Susan Sontag und das Mandat des „allgemeinen Intellektuellen" —— 49

Intellektuelle im Kontext sozialer Bewegungen

Gerd-Rainer Horn
Der Geist des Zweiten Vatikanischen Konzils. Die Rolle von Theologen im progressiven Katholizismus —— 67

Ingrid Gilcher-Holtey
Dekonstruktion und Neudefinition eines Rollenmodells. Von der Intellektuellenkritik der 68er-Bewegung zum Typus des „spezifischen Intellektuellen" —— 83

Eva Oberloskamp
Intellektuelle und die Janusköpfigkeit der technischen Moderne. Der Konflikt um die Atomenergie und der Wandel von Intellektuellenrollen in der Bundesrepublik Deutschland —— 101

Christian Neuhierl
Radikale Selbst-Ermächtigung. Rosa von Praunheim als schwuler Intellektueller —— 117

Trond Kuster
Noam Chomsky, die globalisierungskritische Bewegung und Occupy Wall Street —— 131

Rechter (Anti-)Intellektualismus

Armin Pfahl-Traughber
Die Neue Rechte – eine rechtsextremistische Intellektuellenströmung. Eine Analyse zu Entstehung, Entwicklung, Positionen und Wirkung —— 147

Gisèle Sapiro
Transformationen des intellektuellen Feldes in Frankreich seit den 1970er Jahren und der Bedeutungsgewinn von Rechtsintellektuellen —— 161

Politisches Engagement und intellektuelle Autonomie

Thomas Kroll
Eric Hobsbawm, die Krise der britischen Arbeiterbewegung und die Rolle des Intellektuellen in den 1970er und 1980er Jahren —— 177

Tomasz Zarycki
Die intellektuelle Rolle Adam Michniks im kommunistischen und postkommunistischen Polen —— 193

Thomas Raithel
„A super-connected intellectual powerhouse". Die europapolitische Rolle von Maria João Rodrigues —— 211

Abkürzungen —— 229

Die Autorinnen und Autoren dieses Bandes —— 233

Personenregister —— 237

Vorwort

Der vorliegende Band geht auf eine Tagung zurück, die vom 5. bis 7. Juli 2018 im Institut für Zeitgeschichte in München stattgefunden hat. Für die finanzielle Unterstützung danken wir der Fritz Thyssen Stiftung für Wissenschaftsförderung, dem Bureau de Coopération Universitaire Munich beim Bayerisch-Französischen Hochschulzentrum und dem Institut für Zeitgeschichte München–Berlin.

Den Autorinnen und Autoren sind wir für ihr Engagement und ihre Bereitschaft, sich auf unsere Fragen und Perspektiven einzulassen, zu Dank verpflichtet. Wir freuen uns über die Aufnahme des Tagungsbandes in die „Schriftenreihe der Vierteljahrshefte für Zeitgeschichte" und danken dem betreuenden Redakteur Thomas Raithel für seine umsichtige Schlussredaktion sowie Angelika Reizle, die akribisch zur stringenten Gestaltung des Buches beigetragen hat. Unser Dank gilt ferner Adrian Hausel und Malte Müller, die hinter den Kulissen bei der Durchführung der Konferenz geholfen haben, Jan Becker, der an der Fertigstellung des Bandes mitgewirkt hat, Katja Klee, die den Vorumbruch Korrektur gelesen hat, sowie Bettina Neuhoff und Monika Pfleghar, die im Verlag De Gruyter Oldenbourg für die Drucklegung zuständig waren.

Mit seinem Vortrag über „Die klassischen Medien intellektuellen Engagements in Zeiten medialen Wandels: Die Bedeutung von Zeitungen, Zeitschriften, Verlagen und Rundfunk" hat Axel Schildt die Tagung bereichert. Fertigstellen konnte er den für unseren Band geplanten Aufsatz nicht mehr. Er starb am 5. April 2019.

Ingrid Gilcher-Holtey und Eva Oberloskamp

Ingrid Gilcher-Holtey und Eva Oberloskamp
Einleitung: Warten auf Godot?
Intellektuelle seit den 1960er Jahren

Nicht nur in der wissenschaftlichen Forschung, sondern auch unter Intellektuellen selbst herrscht – ähnlich wie im Falle Godots in Samuel Becketts Theaterstück – seit einigen Jahrzehnten eine gewisse Unsicherheit, ob es „ihn", den Intellektuellen, überhaupt noch gibt. Es ist die Rede von „Intellektuellendämmerung", vom „Niedergang" oder gar vom „Tod" des Intellektuellen.[1] Dabei haben die rasanten Umbrüche, von denen die westlichen Gesellschaften seit den 1970er Jahren erfasst wurden, nicht nur den Bedarf an Expertise, sondern auch an Sinn- und Deutungsangeboten vergrößert. Für die jüngste Zeitgeschichte fällt es jedoch schwer, große Persönlichkeiten auf der Bühne der Öffentlichkeit auszumachen, die als klassische, „allgemeine Intellektuelle" (Foucault) und mit breiter gesellschaftlicher Wirkung Orientierung und Werte vermitteln könnten. Versteht man den Intellektuellen als Sozialfigur, die eine „Schlüsselrolle" „bei der Konstruktion von Wahrnehmungs-, Denk- und Klassifikationsschemata der sozialen Welt" innehat,[2] so wirft dieser Befund Fragen zu zentralen Charakteristika heutiger westlicher Gesellschaften auf.

---

[1] Zitate nach Hans Manfred Bock, Jenseits vom Zola-Sartre-Modell des Intellektuellen. Postfundamentalismus und aktuelle Revisionen der Intellektuellenfunktionen, in: Richard Faber/Uwe Puschner (Hrsg.), Intellektuelle und Antiintellektuelle im 20. Jahrhundert, Frankfurt a. M. 2013, S. 215–230, hier S. 216 f. Vgl. außerdem Jeremy Jennings, Deaths of the Intellectual. A Comparative Autopsy, in: Helen Small (Hrsg.), The Public Intellectual, Oxford/Malden 2002, S. 110–130; Jürgen Habermas, Der Intellektuelle, in: Cicero, April 2006, S. 68 f.; Pierre Nora, Adieu aux intellectuels, in: Le Débat 110 (2000), S. 1–14; Jacques Julliard/Michel Winnock, La fin des intellectuels, in: Esprit. Revue internationale 262 (2000), S. 106–119; Russell Jacoby, The Last Intellectuals. American Culture in the Age of Academe, New York 1987.

[2] Ingrid Gilcher-Holtey, Prolog: Eingreifendes Denken, in: dies., Eingreifendes Denken. Die Wirkungschancen von Intellektuellen, Weilerswist 2007, S. 7–14, hier S. 7. Um der Spannbreite an normativ unterschiedlich aufgeladenen Intellektuellenbegriffen gerecht zu werden, orientiert sich der vorliegende Band an einer formalen Begriffsdefinition, die Intellektuelle als „Akteure in einer bestimmten sozialen Rolle" fasst: Demnach handelt es sich um „Angehörige akademischer oder künstlerischer Berufe […], die sich auf ihrem jeweiligen Tätigkeitsfeld eine gewisse Reputation erarbeitet haben und sich nun in einer Angelegenheit öffentlich zu Wort melden, die außerhalb ihres originären Tätigkeitsfelds liegt und von allgemeinem politischen Interesse ist". So die in Anlehnung an Stefan Collini, Absent Minds. Intellectuals in Britain, Oxford u. a. 2006, S. 52, formulierte Definition von Daniel Morat, Intellektuelle und Intellektuellengeschichte, Version: 1.0, in: Dokupedia-Zeitgeschichte, 20.11.2011, http://docupedia.de/zg/Intellektuelle_und_Intellektuellengeschichte (25.5.2017). Grundlegend hierzu siehe Rainer M. Lepsius, Kritik als Beruf. Zur Soziologie der Intellektuellen, in: ders., Interessen, Ideen und Institutionen, Opladen 1990, S. 270–285.

1 Der klassische Intellektuelle und die Neukonzeptionen von Intellektuellen-Rollen seit den 1960er Jahren

Die soziale Figur des modernen Intellektuellen entstand gegen Ende des 19. Jahrhunderts. Ein auch über die französischen Grenzen hinaus prägendes Ereignis war hierbei die Dreyfus-Affäre, in der der Schriftsteller Émile Zola öffentlich staatliches Fehlverhalten kritisierte, Partei für den zu Unrecht des Verrats militärischer Geheimnisse beschuldigten jüdischen Hauptmann Dreyfus ergriff und sich dadurch für die gesellschaftliche Verbindlichkeit grundlegender Werte einsetzte.[3] Der am französischen Begriffsverständnis orientierte „klassische" beziehungsweise „allgemeine Intellektuelle" nach dem Modell des Schriftstellers Émile Zola agiert im Kontext einer resonanzfähigen Öffentlichkeit als Träger einer lebendigen politischen Streitkultur; er positioniert sich aktiv in einem Konflikt von gesellschaftlicher Tragweite und nimmt dadurch auch konkreten Einfluss auf den Ablauf der Ereignisse. Sein „Beruf", so Rainer M. Lepsius, ist die „Kritik".[4] Vom frühen Vorbild Voltaire über Émile Zola bis hin zu Jean-Paul Sartre galt dabei die aufklärerische Vorstellung universeller Kategorien (Wahrheit, Gerechtigkeit, Freiheit, Vernunft) als ein zentraler Orientierungspunkt intellektuellen Engagements. Gleichzeitig gab es freilich mit den für die Deutungshoheit anderer Werte (wie Autorität, Ordnung, Vaterland) kämpfenden „Anti-Dreyfusarden" – etwa Charles Maurras oder Maurice Barrès – von Anfang an auch das „Paradox des (rechts-)intellektuellen Antiintellektualismus".[5]

Vor allem im anglo-amerikanischen Raum hat sich seit dem späten 19. Jahrhundert der Begriff des „öffentlichen Intellektuellen" („public intellectual") etabliert.[6] In dieser Tradition wird der Intellektuelle eher als „engagierter Beobachter" verstanden, dessen Aufgabe darin besteht – so Ralf Dahrendorf, der sich selbst zu diesem

---

3 Vgl. Ingrid Gilcher-Holtey, Menschenrechte oder Vaterland: Émile Zola und die Affäre Dreyfus, in: dies.: Eingreifendes Denken. Die Wirkungschancen von Intellektuellen, Weilerswist 2007, S. 73–86; Christophe Charle, La naissance des „intellectuels". 1880–1900, Paris 1990; Andreas Franzmann, Der Intellektuelle als Protagonist der Öffentlichkeit. Krise und Räsonnement in der Affäre Dreyfus, Frankfurt a. M. 2004. Zur letztgenannten Funktion des Intellektuellen allgemein vgl. Lepsius, Kritik als Beruf, in: ders., Interessen, Ideen und Institutionen, S. 285.
4 Ebenda.
5 Morat, Intellektuelle und Intellektuellengeschichte (s. Anm. 2).
6 Vgl. Arthur Melzer/Jerry Weinberger/Richard Zinman (Hrsg.), The Public Intellectual. Between Philosophy and Politics, Lanham 2004; Raymond Aron, Le spectateur engagé. Entretiens avec Jean-Louis Missika et Dominique Wolton, Paris 1981; Ralf Dahrendorf, Engagierte Beobachter. Die Intellektuellen und die Versuchungen der Zeit. Jan-Patočka-Gedächtnisvorlesung des IWM [Institut für die Wissenschaften vom Menschen] 2004, Wien 2005; ders., Versuchungen der Unfreiheit. Die Intellektuellen in Zeiten der Prüfung, München ²2006; Gangolf Hübinger, Engagierte Beobachter der Moderne. Von Max Weber bis Ralf Dahrendorf, Göttingen 2016.

Typus zählte – „an den vorherrschenden öffentlichen Diskursen der Zeit teilzunehmen, ja deren Thematik zu bestimmen und deren Richtung zu prägen". „Öffentliche Intellektuelle" haben, folgt man Dahrendorf, als „Hüter des liberalen Geistes" den „Versuchungen der Unfreiheit", den linken und rechten Ideologien des 20. Jahrhunderts, widerstanden. „Freiheit", so seine Maxime, ist ihnen „wichtiger als Gleichheit". Dahrendorf grenzt den „öffentlichen Intellektuellen" vom Typus des „allgemeinen Intellektuellen" auch dadurch ab, dass er ihn aus der Tradition von Voltaire und Zola herauslöst und als Bezugsfigur Erasmus von Amsterdam konstruiert.[7]

Titelseite der Zeitung „L'Aurore" vom 13. Januar 1898 mit Émile Zolas „J'accuse...!" überschriebenem offenen Brief an Staatspräsident Faure zur Dreyfus-Affäre
(Foto: Émile Zola – Scan of L'Aurore, Public Domain, https://commons.wikimedia.org/w/index.php?curid=784807)

Das Ideal des klassischen Intellektuellen – des herausragenden Kulturschaffenden oder Gelehrten, der sich aus Überzeugung in politische Angelegenheiten des Gemeinwesens einmischt – blieb lange unbestritten. In den 1960er Jahren jedoch setzte seine Dekonstruktion ein. Die Zweifel am klassischen Intellektuellen verdichteten sich schließlich in einem von Jean-François Lyotard 1983 publizierten Nachruf mit dem Titel „Tombeau de l'intellectuel" zu der Diagnose, es „dürfte" eigentlich „keine Intellektuellen mehr geben". Der Philosoph und Theoretiker der „Postmoderne" konstatierte hier, das „Denken der Aufklärung" und der Glaube an ein „übergreifendes Ziel" sowie an ein „universelles Subjekt", in dessen Name das Denken Anklage erheben konnte, seien in der heutigen Welt „außer Gebrauch gekommen". Intellektuelles Engagement jedoch müsse sich auf den „Gedanke[n] der Universalität" berufen können.[8]

---

[7] Dahrendorf, Versuchungen der Unfreiheit, S. 22, 20, 87, 48 (für die Zitate), 79–86.
[8] Jean-François Lyotard, Grabmal des Intellektuellen, in: ders., Grabmal des Intellektuellen, hrsg. v. Peter Engelmann, Graz/Wien 1985, S. 9–19, hier S. 15–17. Vgl. hierzu Christian Schwaabe, Der Intellektuelle nach dem Ende der Metaerzählungen. Jean-François Lyotards „Tombeau de l'intellectuel" und das Erbe des universellen Intellektuellen, in: Harald Bluhm/Walter Reese-Schäfer (Hrsg.),

Parallel zu dieser Infragestellung der Sozialfigur des klassischen Intellektuellen entstanden aber auch neue Rollenbilder.⁹ Bereits in den 1960er Jahren war als ein Gegentypus zum „allgemeinen Intellektuellen" der „rebellische Intellektuelle" in der Tradition der Avantgarde des frühen 20. Jahrhunderts (z. B. Dada) hervorgetreten. Er handelt, um eine Subversion etablierter Sicht- und Teilungskriterien der sozialen Welt einzuleiten, mittels provokativer performativer Aktionen, die über Norm- und Regelbruch auf eine Wahrnehmungsveränderung zielen. Mit ihrer Strategie des „Épatez le bourgeois" hat die historische Avantgarde die Technik der Skandalisierung eines als skandalös gewichteten Missstandes in ihre künstlerische Praxis eingebaut, um überkommene Wahrnehmungen von Kunst und Kultur aufzubrechen und zu dekonstruieren. Intellektuelle in der Tradition der Avantgarde bedienten sich seit den 1960er Jahren verstärkt der performativen Skandalisierung – auch, um politische Missstände und soziale Probleme zu spektakularisieren, etablierte, festgefahrene Einstellungen und Weltbilder infrage zu stellen und Wahrnehmungs- sowie Klassifikationsschemata der sozialen Welt zu verändern. Die politischen Interventionen Christoph Schlingensiefs liefern Beispiele hierfür,¹⁰ aber auch Susan Sontags Einmischungen als eingreifende Denkerin zeigen bereits seit den 1960er Jahren Spuren der Avantgarde.¹¹

In den 1970er Jahren hat Michel Foucault einen anderen Typus vorgelebt und theoretisch konzipiert: Als Wissenschaftler, der sich in historisch-diskursanalytischer Perspektive mit dem Gefängniswesen befasste, engagierte er sich u. a. für die Rechte von Gefangenen. Im Gegensatz zum „universellen Intellektuellen" bezeichnete er den neuen Typus als „spezifischen Intellektuellen". Mit diesem Konzept nahm er Abschied vom Intellektuellen als „Meister der Wahrheit und Gerechtigkeit", als „Träger universaler Werte" und als „Gewissen aller". Stattdessen sah er den „spezifischen Intellektuellen" als Experten, der aufgrund seines Wissens in politi-

---

Die Intellektuellen und der Weltlauf. Schöpfer und Missionare politischer Ideen in den USA, Asien und Europa nach 1945, Baden-Baden 2006, S. 195–210.
9 Vgl. hierzu auch Bock, Jenseits vom Zola-Sartre-Modell des Intellektuellen, in: Faber/Puschner (Hrsg.), Intellektuelle und Antiintellektuelle, S. 215–230; Joseph Jurt, Frankreichs engagierte Intellektuelle. Von Zola bis Bourdieu, Göttingen 2012, S. 225–246; Gisèle Sapiro, Modèles d'intervention politique des intellectuels. Le cas français, in: Actes de la recherche en sciences sociales (2009), Nr. 176–177, S. 8–31; dies., La responsabilité de l'écrivain. Littérature, droit et morale en France (XIXe–XXIe siècles), Paris 2011; Thomas Kroll/Tilman Reitz (Hrsg.), Intellektuelle in der Bundesrepublik Deutschland. Verschiebungen im politischen Feld der 1960er und 1970er Jahre, Göttingen 2013.
10 Vgl. Ingrid Gilcher-Holtey, Skandalisierung des Skandals: Christoph Schlingensiefs NAZIS REIN-Projekt, in: Lore Knapp/Sven Lindholm/Sarah Pogoda (Hrsg.), Christoph Schlingensief und die Avantgarde, München 2019, S. 273–292; Olaf Karnik, Modell Schockintellektueller, http://olafkarnik.com/wp-content/uploads/2014/01/modell-schockintellektueller-1-98 (27.12.2019); sowie zum Typus des „rebellischen Intellektuellen" Sapiro, Modèles d'interventions politiques des intellectuels, in: Actes de la recherche en sciences sociales (2009), Nr. 176–177, S. 30.
11 Vgl. dazu den Beitrag von Stephan Isernhagen in diesem Band.

sche Kämpfe interveniert.¹² Dieser Typus bildet ein schillerndes Element der seit den 1960er Jahren zunehmend einflussreichen Expertenkultur:¹³ Denn anders als die Akteure wissenschaftlicher Politikberatung, die häufig in Arkanbereichen von Politik und Verwaltung tätig sind, zielt sein Handeln nach wie vor auf die Kritik gesellschaftlicher Missstände, auf die Subversion dominanter Wahrnehmungsschemata und oftmals auch auf eine Mobilisierung der Öffentlichkeit.

Eine hieran anknüpfende Intellektuellenrolle wurde in den 1990er Jahren von Pierre Bourdieu verkörpert. Er sprach vom „kollektiven Intellektuellen" und schrieb ihm die Aufgabe zu, sich gemeinsam mit anderen in- und ausländischen Kulturschaffenden sowie mit Gewerkschaften und sozialen Bewegungen gegen die von wirtschaftsliberalen Prämissen weitgehend vereinnahmten Politik- und Wirtschaftseliten zu formieren und Alternativen zur „Politik der Globalisierung" zu formulieren.¹⁴ Bourdieu selbst engagierte sich an der Seite streikender Arbeiter und der Arbeitslosenbewegung, gründete die Intellektuellengruppe „Raisons d'agir" sowie die transnationale Zeitschrift „Liber" und war Mitbegründer der globalisierungskritischen Bewegung Attac. Durch Zusammenarbeit und transnationale Vernetzung¹⁵ sollte so eine Neuausrichtung innerhalb des intellektuellen Feldes erreicht werden. Diese neuen Intellektuellenrollen bleiben freilich durch die französische Tradition des „Linksintellektuellen" geprägt: Sie sind am Ideal einer aufklärerischen Staats- und Gesellschaftskritik und des Widerstandes gegen als ungerecht empfundene Machtstrukturen orientiert und stehen damit trotz aller „postmodernen" Infragestellungen nach wie vor „mit einem Bein im Universellen".¹⁶

Für die Phase seit den 1960er Jahren ist allerdings auch zu konstatieren, dass sich nicht nur die Erscheinungs- und Handlungsformen intellektuellen Engagements diversifiziert, sondern dass gleichzeitig auch andere Akteure dazu beigetragen haben, die Sozialfigur des Intellektuellen zu verdrängen. Dies ist im Hinblick auf Nichtregierungsorganisationen (NGOs) wie etwa Amnesty International festzustellen, die Öffentlichkeit herstellen, Grundwerte verteidigen und dabei im Spannungsfeld zwischen nationalem und transnationalem Handlungsrahmen oftmals er-

---

12 Michel Foucault, Die politische Funktion des Intellektuellen, in: ders., Schriften in vier Bänden. Dits et écrits, Bd. III: 1976–1979, hrsg. v. Daniel Defert u. François Ewald unter Mitarb. v. Jacques Lagrange, Frankfurt a. M. 2003, S. 145–152, hier S. 145.
13 Vgl. Peter Weingart, Die Stunde der Wahrheit? Zum Verhältnis der Wissenschaft zu Politik, Wirtschaft und Medien in der Wissensgesellschaft, Weilerswist 2001; ders. (Hrsg.), Wissenschaftliche Politikberatung im Praxistest, Weilerswist 2015.
14 Pierre Bourdieu, Gegenfeuer. Wortmeldungen im Dienste des Widerstandes gegen die neoliberale Invasion, Konstanz 1998, S. 114, 116.
15 Zu transnationalen Perspektiven der Intellektuellengeschichte vgl. generell: Axel Schildt (Hrsg.), Von draußen. Ausländische intellektuelle Einflüsse in der Bundesrepublik bis 1990, Göttingen 2016.
16 Schwaabe, Der Intellektuelle nach dem Ende der Metaerzählungen, in: Bluhm/Reese-Schäfer (Hrsg.), Die Intellektuellen, S. 208 f.

folgreicher agieren als Einzelpersonen.[17] Auch für Thinktanks ist eine zunehmende Bedeutung in intellektuellen Debatten festzustellen.[18] Ein charakteristisches Phänomen der jüngsten Zeitgeschichte sind zudem „Medienintellektuelle", deren Renommee in der Regel nicht oder nur begrenzt aus Leistungen im eigentlichen Bereich von Kunst, Literatur oder Wissenschaft resultiert, sondern vor allem von Quoten, „medialer Wertsteigerung" und „Selbstinszenierung" abhängig ist.[19] Ein weiteres Beispiel bilden wissenschaftliche Experten, die – mit intellektuellem Wirkungsanspruch – in elitären Teilöffentlichkeiten der nationalen Politik oder der Europäischen Union agieren.

2 Problemhorizont: Transformationen im späten 20. Jahrhundert

Diese neuen Formen intellektuellen Engagements können als Reaktionen auf beschleunigte Transformationen seit dem späten 20. Jahrhundert verstanden werden, die auf unterschiedliche Weise nahezu alle Bereiche von Politik, Wirtschaft, Gesellschaft und Kultur erfasst haben.[20] Aufgrund tief gehender struktureller Veränderungen haben sich dabei auch die Kontexte und Einflusschancen für Intellektuelle grundlegend gewandelt. Fünf Punkte erscheinen zentral:

---

17 Martin Carrier hat im Hinblick auf NGOs den Begriff „Organisationsintellektualität" geprägt. Vgl. Martin Carrier, Engagement und Expertise: Die Intellektuellen im Umbruch, in: ders./Johannes Roggenhofer (Hrsg.), Wandel oder Niedergang? Die Rolle der Intellektuellen in der Wissensgesellschaft, Bielefeld 2007, S. 13–32, hier S. 29.
18 Vgl. hierzu Sabine Maasen, Die Feuilletondebatte zum freien Willen: Expertisierte Intellektualität im medial inszenierten *Think Tank*, in: Carrier/Roggenhofer (Hrsg.), Wandel oder Niedergang?, S. 99–124.
19 Stephan Moebius, Wo sind die Intellektuellen hin?, in: Die Zeit vom 19.5.2011, http://www.zeit.de/kultur/literatur/2011–05/intellektuelle-essay-2 (29.5.2017); ders., Der Medienintellektuelle, in: Stephan Moebius/Markus Schroer (Hrsg.), Diven, Hacker, Spekulanten. Sozialfiguren der Gegenwart, Berlin 2010, S. 277–290.
20 Stellvertretend für die inzwischen umfangreiche Literatur sei verwiesen auf Anselm Doering-Manteuffel/Lutz Raphael, Nach dem Boom. Perspektiven auf die Zeitgeschichte seit 1970, Göttingen ²2010; Konrad H. Jarausch (Hrsg.), Das Ende der Zuversicht? Die siebziger Jahre als Geschichte, Göttingen 2008; Thomas Raithel/Andreas Rödder/Andreas Wirsching (Hrsg.), Auf dem Weg in eine neue Moderne? Die Bundesrepublik Deutschland in den siebziger und achtziger Jahren, München 2009; Lutz Raphael, Jenseits von Kohle und Stahl. Eine Gesellschaftsgeschichte Westeuropas nach dem Boom, Berlin 2019; Andreas Wirsching, Der Preis der Freiheit. Geschichte Europas in unserer Zeit, München 2012; Anselm Doering-Manteuffel/Lutz Raphael/Thomas Schlemmer (Hrsg.), Vorgeschichte der Gegenwart. Dimensionen des Strukturbruchs nach dem Boom, Göttingen 2016.

Erstens erfordern viele Gebiete des öffentlichen Lebens in zunehmendem Maße ein so spezialisiertes Fachwissen, dass Fachfremde damit verbundene Probleme kaum noch beurteilen können. Dies hat seit den 1960er und 1970er Jahren die Expertenkultur befördert[21] und gleichzeitig die Wirkungschancen des klassischen Intellektuellen (der eben gerade keine spezifische Kompetenz hat für den Bereich, in den er sich einmischt) eingeschränkt.

Zweitens ist in den letzten Jahrzehnten aufgrund einer beschleunigten Globalisierung sowie der schwierigen Greifbarkeit transnationaler wirtschaftlicher Akteure und internationaler Politik eine diffuse Situation entstanden, in der oftmals unklar ist, gegen wen oder was sich intellektuelle Kritik überhaupt richten kann – und was sie eigentlich erreichen soll.

Drittens haben in den letzten Jahrzehnten tief gehende Individualisierungs- und Pluralisierungsprozesse die Gesellschaften weiter fragmentiert. Vor dem Hintergrund hiermit verbundener „Postmoderne"-Debatten[22] hat die Vorstellung universaler Werte – das Kernanliegen des klassischen Intellektuellen – schon seit längerem ein Legitimitätsproblem.

Viertens haben sich im späten 20. Jahrhundert die Strukturen der Öffentlichkeit weiter gewandelt.[23] Die gesamtgesellschaftliche Beachtung öffentlicher Debatten hat nachgelassen, es gibt weniger Zeit für Nachdenken und Diskussionen. Die Medienformate im teilweise privatisierten Fernsehen zielen primär auf „Quoten und Unterhaltung", und große Zeitungen erreichen nicht mehr ein so breites Publikum.[24] Zu konstatieren ist dabei auch eine wachsende Machtverschiebung vom Intellektuellen zum Journalisten,[25] durch die der politische Skandal als Figur der Kritik im öffentlichen Raum an Bedeutung gewinnt[26] – der eben nicht auf Subversion und Veränderung eta-

---

21 Michael Pollak, La planification des sciences sociales, in: Actes de la recherche en sciences sociales, Nr. 2-3, 1976, S. 105–121; Gisèle Sapiro/Eric Brun/Clarisse Fordant, The Rise of the Social Sciences and Humanities in France. Institutionalization, Professionalization and Autonomization, in: Christian Fleck/Victor Karady/Mathias Duller (Hrsg.), Institutionalization of the Social Sciences and Humanities in Europe and Beyond, Basingstoke 2019, S. 25–48; Carrier/Roggenhofer (Hrsg.), Wandel oder Niedergang?.
22 Andreas Reckwitz, Die Gesellschaft der Singularitäten. Zum Strukturwandel der Moderne, Berlin 2017; Wolfgang Welsch, Unsere postmoderne Moderne, Berlin 2002.
23 Vgl. Habermas, Der Intellektuelle, in: Cicero, April 2006, S. 68 f., der hier einen erneuten tief gehenden Strukturwandel der Öffentlichkeit diagnostiziert.
24 Vgl. Moebius, Wo sind die Intellektuellen hin? (s. Anm. 19).
25 Pierre Bourdieu, Eine wirklich kritische Haltung aufbauen (2000), in: ders., Interventionen 1961–2001. Sozialwissenschaft und politisches Handeln, Bd. 3: 1988–1995 u. Bd. 4: 1995–2001, Hamburg 2004, S. 270–276.
26 Eine analytische Definition macht den politischen Skandal an drei Elementen fest: erstens, eine Normverletzung (durch eine in der Regel hochgestellte Person oder Institution), zweitens, deren Enthüllung sowie, drittens, die dadurch ausgelöste allgemein geteilte „Entrüstung", „Empörung", in der sich die in Wertgemeinschaften zerfallende Gesellschaft als ungeteilte erfährt. Vgl. Luc Boltanski/Élisabeth Claverie/Nicolas Offenstadt/Stéphane Van Damme (Hrsg.), Affaires, scandales et

blierter Wahrnehmungsschemata zielt, sondern auf gesellschaftliche Konsensbewahrung.[27] Seit einigen Jahren zeigt sich zudem, dass Internet und neue soziale Medien einerseits neuartige Potenziale der Kommunikation bieten, andererseits aber auch die Verselbständigung in sich kohärenter Teilwelten befördern.[28] Das Internet hat, so Habermas, „die Kommunikationszusammenhänge zugleich erweitert und fragmentiert". Es übt „eine autoritäre Wirkung auf autoritäre Öffentlichkeitsregime aus", aber „die horizontale und entformalisierte Vernetzung der Kommunikation schwächt zugleich die Errungenschaften traditioneller Öffentlichkeiten".[29]

Fünftens schließlich ist ein Autonomieverlust des intellektuellen Feldes zu diagnostizieren: Immer häufiger bestimmen Spielregeln, die einer „fremden" Logik entsprechen – etwa der Politik oder Ökonomie – die Handlungsräume von Intellektuellen. Bourdieu hat bereits in den 1990er Jahren analysiert, dass im Bereich der Medien, der wissenschaftlichen und der künstlerischen Produktion (also in jenen Feldern, denen Intellektuelle in aller Regel angehören) immer häufiger exogene – nämlich wirtschaftliche – Kriterien maßgeblich werden. Durch diese Ökonomisierung aber droht jene Unabhängigkeit verloren zu gehen, die eine wesentliche Voraussetzung intellektueller Kritik ist.[30]

Vor dem Hintergrund der skizzierten Wandlungsprozesse und neuen intellektuellen Selbstbeschreibungen wirft der vorliegende Band empirische Schlaglichter auf die Sozialfigur des Intellektuellen im späten 20. Jahrhundert. Er fragt, inwieweit sich durch neue Strukturbedingungen die Formen des Engagements und der gesellschaftliche Einfluss von Intellektuellen verändert haben. Die Beiträge des vorliegenden Bandes liefern somit Antworten auf die Leitfrage nach der Rolle, die Intellektuelle in der jüngsten Zeit spielen konnten beziehungsweise heute noch spielen

---

grandes causes. De Socrate à Pinochet, Paris 2007; Karl Otto Hondrich, Enthüllung und Entrüstung. Eine Phänomenologie des politischen Skandals, Frankfurt a. M. 2002, S. 64; Sighard Neckel, Das Stellhölzchen der Macht. Zur Soziologie des politischen Skandals, in: Rolf Ebinghaus/Sighard Neckel (Hrsg.), Anatomie des politischen Skandals, Frankfurt a. M. 1989, S. 55–82.

27 Vgl. dazu Ingrid Gilcher-Holtey, Die „große Rochade": Der Schriftsteller als Intellektueller und die literarische Zeitdiagnose 1968, 1989/90, 1999, in: Heribert Tommek/Klaus-Michael Bogdal (Hrsg.), Transformationen des literarischen Feldes in der Gegenwart. Sozialstruktur – Medien – Ökonomien – Autorpositionen, Heidelberg 2012, S. 77–100; dies., „J'écris pour ouvrir le regard". Peter Handke, „écrivain intervenant" (1996–1999), in: Mireille Calle-Gruber/Ingrid Holtey/Patricia Oster-Stierle, Peter Handke. Analyse du temps, Paris 2018, S. 193–204.

28 Das Thema Internet wird in diesem Band nur punktuell, nicht systematisch in den Blick genommen. Die Problematik der Digitalisierung, quellenmäßig extrem unübersichtlich, wurde von allen Autorinnen und Autoren gemieden.

29 Jürgen Habermas, Ein avantgardistischer Spürsinn für Relevanzen. Was den Intellektuellen auszeichnet, in: Blätter für deutsche und internationale Politik 5 (2006), S. 551–557, hier S. 554.

30 Pierre Bourdieu, Für einen Korporatismus des Universellen, in: ders., Die Regeln der Kunst. Genese und Struktur des literarischen Feldes, Frankfurt a. M. 1999, S. 523–535.

können.³¹ Dabei zeigte sich ein breites Panorama an Perspektiven. In den hier versammelten Aufsätzen haben sich insbesondere vier Themenschwerpunkte herauskristallisiert, die zwar keine umfassende Analyse der Gesamtproblematik abdecken, aber doch eine Annäherung an zentrale Aspekte ermöglichen.

3 Thematische Schwerpunkte

Die klassische Intellektuellenrolle und der Strukturwandel der Öffentlichkeit

Der „allgemeine Intellektuelle" und die Öffentlichkeit bedingen einander. Es gibt keine Intellektuellen im klassischen Sinn ohne Öffentlichkeit. Zugleich ist die Rolle des Intellektuellen ein konstituierendes Element von Öffentlichkeit. „Das eine Strukturelement kommt", so der Soziologe Ulrich Oevermann, „ohne das andere nicht aus." Noch vor dem Hintergrund der Debatten über den „Niedergang" und „Tod" des Intellektuellen kennzeichnet Oevermann die Figur des Intellektuellen daher strukturell als „Komplementär der Öffentlichkeit".³² „Wer sich über die Öffentlichkeit in demokratisierten Gesellschaften" sorge, so eine Folgerung aus dieser Analyse, könne von den „Intellektuellen nicht schweigen".³³ Gehört der „allgemeine Intellektuelle" doch „zu einer Welt, in der Politik in Staatstätigkeit nicht aufgeht"; er repräsentiert „eine politische Kultur des Widerspruchs",³⁴ zu deren Eigenschaften Jürgen Habermas „einen avantgardistischen Spürsinn für Relevanzen" und „eine argwöhnische Sensibilität für Versehrungen der normativen Infrastruktur des Gemeinwesens" ebenso zählt wie den „Mut zu normativen Stellungnahmen und die Phantasie zu einfallsreichen Perspektiven".³⁵ Bleibt zu klären, inwieweit die Einlösung dieser Aufgaben von der jeweiligen Struktur der Öffentlichkeit geprägt wird und ob es daher zwi-

---

31 Die Frage nach der besonderen Situation und Rolle weiblicher Intellektueller blieb in diesem Band ausgeklammert. Vgl. dazu Ingrid Gilcher-Holtey (Hrsg.), Eingreifende Denkerinnen. Weibliche Intellektuelle im 20. und 21. Jahrhundert, Tübingen 2015.
32 Ulrich Oevermann, Der Intellektuelle – Soziologische Strukturbestimmung des Komplementär von Öffentlichkeit, in: Andreas Franzmann/Sascha Liebermann/Jörg Tykwer (Hrsg.), Die Macht des Geistes. Soziologische Fallanalysen zum Strukturtyp des Intellektuellen, Frankfurt a. M. 2003, S. 13–74, hier S. 53. Siehe auch Richard A. Posner, Public Intellectuals. A Study of Decline, Cambridge, MA 2003.
33 Frank Ettrich/Dietmar Herz/Anna-Lisa Neuenfeld, Zur Einführung, in: dies. (Hrsg.), Peter Glotz – Fechtmeister und Sänger. Die Rolle von politischen Intellektuellen im Zeitalter der Postdemokratie, Opladen 2018, S. 11–33, hier S. 20.
34 Für beide Zitate: Habermas, Ein avantgardistischer Spürsinn für Relevanzen, in: Blätter für deutsche und internationale Politik 5 (2006), S. 553.
35 Ebenda, S. 554 f.

schen den Intellektuellen der „Ära Habermas" und den Medienintellektuellen „der Ära Schirrmacher" zu unterscheiden gilt.[36] Mit anderen Worten: Wie wirkt sich der Strukturwandel der Öffentlichkeit auf die Rolle des Intellektuellen aus? Woran liegt es, wenn Intellektuelle im letzten Drittel des 20. Jahrhunderts weniger Gehör finden?

Der erste Themenschwerpunkt des Bandes geht den Wirkungschancen des klassischen Intellektuellen in einer strukturell gewandelten Öffentlichkeit nach. Am Anfang steht Jürgen Habermas, der wie neben und nach ihm kein anderer Philosoph in der Bundesrepublik Deutschland seit den 1960er Jahren eine Sprecherrolle in der öffentlichen Streitkultur wahrnimmt und dabei an der Rolle des „allgemeinen Intellektuellen" in der Tradition von Voltaire, Zola und Sartre festhält. *Gangolf Hübinger* entfaltet das Selbstverständnis und die Selbstreflexion Habermas' als „allgemeiner Intellektueller", verortet seine Intellektuellenkonzeption in seiner „Theorie des kommunikativen Handels" und zeigt auf, welche Rolle der Philosoph dem Intellektuellen im Strukturwandel der Öffentlichkeit weiterhin zuschreibt. Besonders hervor hebt er dabei die radikaldemokratische Umprägung überkommener Denkmuster aus der Zeit der Weimarer Republik und des NS-Regimes sowie den Mut und die Phantasie zum Entwurf von Alternativen.

Andreas Langenohl geht am Beispiel von Jürgen Habermas und Alexander Kluge der Frage nach, wie sich eine spezifische linksintellektuelle Kritiktradition in der Bundesrepublik herausbilden konnte, die eine sehr breite politische und kulturelle Öffentlichkeit zu erreichen vermochte. Er analysiert zwei Themenkomplexe, die für Habermas und Kluge zentral waren und konstitutiv für die linksintellektuelle Kritiktradition wurden: die Auseinandersetzung mit der unbewältigten Vergangenheit – Nationalsozialismus, Holocaust, Krieg – sowie die Kritik an den Massenmedien der bundesrepublikanischen Öffentlichkeit. Sein Beitrag entfaltet schließlich zwei Gründe für „das Abebben des linksintellektuellen Kritikmodus":[37] die Institutionalisierung des Gedenkens an den Holocaust und den Nationalsozialismus sowie die Transformation der massenmedialen Konstellation durch digitale Kommunikationsformate, die sich abseits großer Verlagshäuser und öffentlich-rechtlicher Medien organisieren.

Wie das Mandat des „allgemeinen Intellektuellen" trotz veränderter Medienstruktur, postmoderner Dekonstruktion der Rolle des Intellektuellen und Wegfalls der intellektuellen Gemeinschaft in den 1970er und 1980er Jahren weitergeführt werden konnte, zeigt *Stephan Isernhagen* am Beispiel von Susan Sontag, die am Projekt der Moderne festhielt und sich als „letzte Intellektuelle"[38] verstand. Wie der avantgardistische Künstler, der sich von der Gegenwart löst, um im Unbekannten die Zukunft zu erspüren, legitimierte Sontag ihre Einmischungen, so Isernhagen, unter Be-

---

[36] Vgl. dazu Ettrich/Herz/Neuenfeld, Zur Einführung, in: dies. (Hrsg.), Peter Glotz, S. 21.
[37] Unten S. 34.
[38] Unten S. 63.

rufung auf eine „besondere Empfindsamkeit".³⁹ Den Typus des „empfindsamen Intellektuellen", den sie prägt, charakterisiert er als ein fühlendes, empfindendes Subjekt, das – in exemplarischer Weise das „wahrhafte" Menschsein gegenüber seinen Zuhörern und Lesern verkörpernd – für alle Menschen spricht. Etikettierungen als „woman intellectual" lehnte sie ab – der Typus der „empfindsamen Intellektuellen" ist geschlechtsneutral.⁴⁰

Intellektuelle im Kontext sozialer Bewegungen

Der zweite Themenkreis bezieht sich auf das Verhältnis von Intellektuellen und sozialen Bewegungen. Ein prägender Moment für die Entwicklung der Interaktion zwischen Intellektuellen und sozialen Bewegungen war „1968". In der Bundesrepublik Deutschland hatte die Rolle des klassischen „allgemeinen Intellektuellen" – im Vergleich zu Frankreich um ein halbes Jahrhundert verzögert – erst in den 1960er Jahren öffentliche Anerkennung und Durchsetzungskraft gewonnen⁴¹ und wurde zugleich, kaum institutionalisiert, durch das Auftreten einer Außerparlamentarischen Opposition (1966–1968) herausgefordert. Die Protestbewegung vertraute der sozialintegrativen Kraft einer Öffentlichkeit nicht, in der Einstellungen durch Argumente verändert werden sollten,⁴² sondern machte die Struktur der etablierten Öffentlichkeit zu einer Zielscheibe ihrer Kritik. Sie rief zur Schaffung von Gegenöffentlichkeit auf. Kritik muss praktisch werden, lautete die Forderung der Außerparlamentarischen Opposition, zusammengesetzt aus Studentenbewegung, Opposition gegen die Notstandsgesetze und der aus der Ostermarschbewegung hervorgegangenen Kampagne für Demokratie und Abrüstung. In Deutschland und in anderen Ländern West- und Osteuropas begannen Schriftsteller, Wissenschaftler und Künstler unter dem Druck der Proteste sozialer Bewegungen, die 1968 kulminierten, ihre gesellschaftliche Rolle neu zu denken. „Um einen Intellektuellen zu beurteilen", resümierte Hans Magnus Enzensberger, „genügt es nicht, seine Gedanken zu prüfen: was den Ausschlag gibt, ist die Beziehung zwischen dem, was er denkt, und was er tut."⁴³ Infrage gestellt wurde durch die 68er-Bewegungen aber nicht nur der „allgemeine Intellektuelle" in der Tradition Voltaires und Zolas, sondern auch das Rollenmuster des „marxistischen Intellektuellen" der alten Linken, der, in der Tradition

---

39 Unten S. 56.
40 Vgl. dazu auch den Beitrag von Christian Neuhierl in diesem Band.
41 Jürgen Habermas, Heinrich Heine und die Rolle des Intellektuellen in Deutschland, in: Merkur (Juni 1986), H. 448, S. 453–468, hier S. 466; auch unter: https://volltext.merkur-zeitschrift.de/article/pdf/55360824546f88a5268d4269/mr_1986_06_0453-0468_0453_01 (3.2.2020).
42 Ebenda, S. 466.
43 Hans Magnus Enzensberger, Offener Brief (1968), in: Joachim Schickel (Hrsg.), Über Hans Magnus Enzensberger, Frankfurt a. M. 1970, S. 233–238, hier S. 237.

von Karl Kautsky und Wladimir I. Lenin, als Vermittler von Bewusstsein, das „von außen" oder „von oben" in soziale Bewegungen transferiert wurde, agierte.

Vor diesem Hintergrund bilden seit den 1960er Jahren und bis in die jüngste Zeitgeschichte Neue Soziale Bewegungen einen wesentlichen Handlungskontext für den Intellektuellen. Der vorliegende Band fragt, wie es zu diesen Entwicklungen kam, wie sich die facettenreichen Beziehungen zwischen Intellektuellen und Neuen Sozialen Bewegungen gestalteten und wodurch „Bewegungsintellektuelle" gekennzeichnet sind. Diese Fragen werden am Beispiel unterschiedlicher Bewegungen vertieft: des Reformkatholizismus, der 68er-Bewegung, der Anti-AKW-Bewegung, der Schwulenbewegung sowie der neuen globalisierungskritischen und Occupy-Wallstreet-Bewegung.

Orientiert an Max Webers Unterscheidung zwischen „Priestern" und „Propheten", stellt *Gerd-Rainer Horn* die Bewegung linkskatholischer Theologen vor, die in den Prozess der Erneuerung der Amtskirche intervenierten, um bislang nicht berücksichtigte Interessen von Laien zu artikulieren, und in der zweiten Hälfte der 1960er Jahre zu Wortführern einer globalen katholischen Öffentlichkeit avancierten. Gezeigt wird, wie sich – angestoßen durch Wissenschaftler, die von der Institution Kirche unabhängig waren – ab 1968 eine international agierende Assoziation radikaler Priester formiert, deren transnationale Dynamik trotz konservativer Gegenströmungen eine Radikalisierung des Linkskatholizismus forcierte. Der Linkskatholizismus habe entscheidend zur kognitiven Orientierung und Formierung der Neuen Linken beigetragen, der zentralen Trägergruppe im Mobilisierungsprozess der 68er-Bewegung in Westeuropa und den USA.

Ingrid Gilcher-Holtey zeigt, dass die 68er-Bewegung ein wichtiger Faktor für die Konzeption jenes neuartigen intellektuellen Rollenmodells war, das Michel Foucault in der Folge systematisch entfaltet und idealtypisch unter dem Begriff des „spezifischen Intellektuellen" subsumiert hat. Ausgehend von der Kritik der 68er-Bewegung an der Rolle des „allgemeinen Intellektuellen", benennt der Beitrag die wesentlichen Elemente des neuen Rollenverständnisses. Aufbauend hierauf wird dieser neue Typus am Beispiel von Naomi Klein entfaltet. Skizziert wird der Aufstieg der amerikanisch-kanadischen Journalistin zur Bestsellerautorin und Sprecherin der an die 68er-Bewegung anknüpfenden neuen globalisierungskritischen Bewegung.

Eva Oberloskamp analysiert die Rolle von Intellektuellen in der bundesdeutschen Anti-AKW-Bewegung. Sie arbeitet drei Intellektuellentypen heraus, die im Konflikt um die Atomenergie ein jeweils anderes Verhältnis von Intellektuellen und sozialen Bewegungen spiegeln. Der Beitrag setzt sich ferner mit der Frage auseinander, ob die Existenz zivilgesellschaftlicher Bewegungen intellektuelle Interventionen überflüssig macht, bevor er in kritischer Auseinandersetzung mit Lyotard unterstreicht, das Zusammenwirken von Intellektuellen und sozialen Bewegungen habe wesentlich zum Wandel der öffentlichen Meinung beigetragen.

Die Ambivalenz des Verhältnisses von Intellektuellen und sozialen Bewegungen hebt der Beitrag von *Christian Neuhierl* hervor, der die Homosexuellenbewegung in den Blick nimmt. Die Bewegung habe den Intellektuellen ein Handlungsfeld geboten, diese zugleich aber auch der Kritik aus dem Bewegungsmilieu ausgesetzt. Ins Zentrum rückt Rosa von Praunheim, die schillerndste Figur der Bewegung. Analysiert werden Werte und Ziele von Praunheims intellektuellem Engagement sowie die Bedeutung seines Medieneinsatzes, insbesondere seine Verknüpfung von Filmvorführung und Diskussion, für den Mobilisierungsprozess der Schwulenbewegung. Problematisiert wird, wie der radikale Subjektivismus der Symbolfigur in den 1980er Jahren zunehmend in Konflikt mit der routinierten, professionellen Medienpolitik der etablierten Bewegungsorganisationen trat.

Das potenzielle Spannungsverhältnis zwischen sozialer Bewegung und Intellektuellen wird abschließend von *Trond Kuster* am Beispiel von Noam Chomsky und der Occupy-Wallstreet-Bewegung veranschaulicht, die als basisdemokratische Bewegung auf der Leitidee der Führerlosigkeit beruht. Welche Handlungs- und Interventionsmöglichkeiten bestehen in einer solchen Bewegung für einen seit den 1960er Jahren transnational herausragenden Intellektuellen? Der Autor zeigt, wie es Chomsky als „allgemeinem Intellektuellen" – aufgrund seiner auf Hierarchie- und Autoritätslosigkeit bestehenden anarchistischen Überzeugungen – gelang, die gleichermaßen globalisierungs- wie intellektuellenkritische Bewegung sowohl nach innen zu beraten als auch nach außen zu vertreten.

Rechter (Anti-)Intellektualismus

Die beschleunigten Wandlungs- und Pluralisierungsprozesse, die seit den 1960er Jahren zum Durchbruch kamen, bilden einen wesentlichen Kontext für die zeitgleich einsetzende neue Dynamik des äußersten rechten Spektrums. Den dritten Themenschwerpunkt dieses Bandes bilden hiermit verbundene Intellektuelle beziehungsweise die Figur des „Gegenintellektuellen". Letzteren sah Jürgen Habermas idealtypisch in Helmut Schelsky verkörpert: Der Gegenintellektuelle kritisiere, so Habermas, „nicht nur, wie die einander bekämpfenden Weimarer Intellektuellen, negative Züge am Gegenüber", sondern arbeite „mit den Mitteln des Intellektuellen, um zu zeigen, daß es ihn (den Intellektuellen) gar nicht geben dürfte".[44] „Intellectuel jusqu'au boutiste", nannte ihn der französische Philosoph Régis Debray und hob hervor, dass noch die Dekonstruktion des Intellektuellen den Kampf um den Begriff und die „wahre" Rolle und Funktion des Intellektuellen fortsetze.[45]

---

[44] Habermas, Heinrich Heine (s. Anm. 41), S. 468.
[45] Régis Debray, i.f. suite et fin, Paris 2000, S. 17.

Schelskys pointierte Kritik an einer „Priesterherrschaft" der Intellektuellen[46] ging den Debatten um den „Tod" des Intellektuellen in Frankreich voraus. Mit der Überhöhung der Intellektuellen zur „Herrschaftsklasse" beschwor der Autor eine Gefahrensituation herauf, in der es sich zu positionieren und zu handeln gelte: Der Sprachherrschaft der „Sinn-Produzenten" müsse eine andere Sprachherrschaft entgegengesetzt werden. Einen Weg dazu sah er darin, bestimmte Begriffe zu meiden und zu stigmatisieren – zum Beispiel „Intellektuelle", „Gesellschaft", „Emanzipation", „Reflexion" – oder andere zu dekonstruieren und redefinieren wie den weiten Gewaltbegriff im Sinne von Heinrich Bölls „Gewalten, die auf der Bank liegen".[47] „Metapolitik" nannte seit Anfang der 1970er Jahre der Vordenker der intellektuellen Nouvelle Droite in Frankreich, Alain de Benoist, den Kampf gegen das (vermeintlich linke) kulturelle Establishment um Begriffe und für eine neue Kultur.[48] Im Ringen um eine „Kulturrevolution von rechts" setzten Benoist und die ihm folgenden Identitären Bewegungen in Frankreich und Deutschland somit auf das Entwenden und Entfremden von Begriffen, eine Technik aus dem Repertoire der in der Tradition der Avantgarde stehenden Situationistischen Internationale.[49]

Die Formierung der Neuen Rechten, die Beziehung zwischen Intellektuellen beziehungsweise Gegenintellektuellen und Rechtspopulismus sowie Interventionsstrategien von Rechtsintellektuellen bilden den Fokus der Beiträge von Armin Pfahl-Traughber und Gisèle Sapiro. *Armin Pfahl-Traughber* stellt die Entwicklung und gesellschaftliche Wirkung der Neuen Rechten in der Bundesrepublik Deutschland seit den 1960er Jahren in den Mittelpunkt seiner Analyse. Intellektuelle der Neuen Rechten griffen nicht nur auf klassische Printmedien zurück: Wichtig wurde zunehmend auch das Internet, die vielfältigen Tätigkeiten des Thinktanks „Institut für Staatspolitik" sowie Interaktionen und öffentliche Auftritte mit der PEGIDA-Bewegung und der Partei „Alternative für Deutschland". Insbesondere der Bedeutungsgewinn der beiden letztgenannten Kräfte eröffnete den Intellektuellen der Neuen Rechten neue Resonanz. Dennoch bleibt ihr Einfluss bis heute insgesamt eher begrenzt. Am ehesten zeichnen sich Erfolge im Kampf um Begriffe und Deutungshoheit an der Berührungslinie zwischen demokratischem Konservatismus und extremistischer Rechter ab, die in jüngster Zeit an Trennschärfe verloren hat.

---

46 Helmut Schelsky, Die Arbeit tun die anderen. Klassenkampf und Priesterherrschaft der Intellektuellen, Opladen ²1975. Vgl. auch Ingrid Gilcher-Holtey/Björn Lück, *Die Arbeit tun die anderen? Helmut Schelskys Intellektuellenkritik*, in: Nicole Colin/Franziska Schößler (Hrsg.), Das nennen Sie Arbeit? Der Produktivitätsdiskurs und seine Ausschlüsse, Heidelberg 2013, S. 267–284.
47 Ebenda, S. 276.
48 Alain de Benoist, Mein Leben. Wege des Denkens, Berlin 2015, S. 145.
49 Vgl. zu *récuperation* und *détournement* Max Jakob Orlich, Situationistische Internationale. Eintritt, Austritt, Ausschluss. Zur Dialektik interpersoneller Beziehungen und Theorieproduktion einer ästhetisch-politischen Avantgarde (1957–1972), Bielefeld 2011, S. 146–160.

Der Beitrag *Gisèle Sapiros* untersucht den gegenwärtigen Aufstieg extrem rechter Intellektueller in Frankreich. Er zeigt, wie insbesondere seit den 1960er Jahren die Neugruppierung intellektueller Kräfte und damit einhergehende Machtverschiebungen Raum für eine neue literarische Rechte eröffnet haben. Deren Wertvorstellungen – Ablehnung von universellen Menschenrechten, einer Gleichberechtigung der Geschlechter, von Antirassismus und kultureller Vielfalt – wichen lange so radikal vom dominierenden gesellschaftlichen Konsens Frankreichs ab, dass sie vom Wettbewerb der als legitim geltenden politischen Kräfte ausgeschlossen blieben. Vor dem Hintergrund des jüngsten islamistischen Terrorismus jedoch wuchsen Einfluss und Anerkennung ihres Denkens. Sapiros Analyse schließt mit der Feststellung, dass trotz allem rechte Intellektuelle in Frankreich von kultureller Hegemonie weit entfernt bleiben, da linke Gegenkräfte nach wie vor das Gravitationszentrum des literarischen Feldes bilden.

Politisches Engagement und intellektuelle Autonomie

Folgt man der Intellektuellensoziologie, werden Schriftsteller, Künstler und Wissenschaftler nur dann zu Intellektuellen, wenn sie – so Pierre Bourdieu – „über eine spezifische Autorität" verfügen, die ihnen eine „autonome (das heißt von religiösen, wirtschaftlichen, politischen Mächten unabhängige) Welt verleiht", deren spezifische Gesetze sie respektieren, und „wenn (und nur wenn)" sie „diese spezifische Autorität in politischen Auseinandersetzungen geltend" machen.[50] Der vierte Themenkreis stellt das Spannungsverhältnis von intellektueller Unabhängigkeit und konkretem politischen Einsatz in den Mittelpunkt: Er beleuchtet Intellektuelle, die nicht die Rolle des distanzierten Kritikers übernahmen, sondern sich konstruktiv und beratend an politischen Prozessen beteiligten. Wird der Intellektuelle zu einem „Teil des Macht- und Herrschaftsapparates",[51] wenn er sich in einer Partei engagiert oder in den Dienst einer politischen Institution stellt?

Der Aufsatz von *Thomas Kroll* fragt nach Eric Hobsbawms Bedeutung für die britische Arbeiterbewegung und richtet damit den Blick auf das Verhältnis von Intellektuellen und politischen Parteien. Kroll zeigt, wie Hobsbawm trotz seiner Mitgliedschaft in der Kommunistischen Partei und trotz der gezielten Ausrichtung seiner Interventionen auf die Labour-Partei letztlich das „prophetische Charisma eines

---

50 Bourdieu, Für einen Korporatismus des Universellen, in: ders., Die Regeln der Kunst, S. 524 f.
51 Dietmar Herz, Der portugiesische Seefahrer oder der Intellektuelle in der Politik, in: Frank Ettrich/Dietmar Herz/Anna-Lisa Neuenfeld (Hrsg.), Peter Glotz – Fechtmeister und Sänger. Die Rolle von politischen Intellektuellen im Zeitalter der Postdemokratie, Opladen 2018, S. 47–73, hier S. 51. Vgl. auch Thomas Hertfelder, Kritik und Mandat. Zur Einführung, in: Gangolf Hübinger/Thomas Hertfelder (Hrsg.), Kritik und Mandat. Intellektuelle in der deutschen Politik, Stuttgart 2000, S. 11–29.

‚universalistische[n] kritische[n] Intellektuelle[n]'"[52] gewahrt und gleichzeitig die Rolle des Intellektuellen innerhalb der Arbeiterbewegung – angesichts gesellschaftlicher struktureller Umbrüche – neu konzeptionalisiert hat. In den 1980er Jahren avancierte Hobsbawm so zum unabhängigen Vordenker für eine Überwindung der Krise der britischen Arbeiterbewegung und trug maßgeblich dazu bei, Labour für reformsozialistische Positionen sowie für Mittelschichten und Intellektuelle zu öffnen. Sein Ziel war dabei eine Art „Volksfrontstrategie" gegen Margaret Thatcher.

Tomasz Zarycki lenkt den Blick auf die politische Bedeutung von Intellektuellen während der mit dem Ende des Kalten Krieges einhergehenden Transformationen in Ostmitteleuropa. Im Zentrum seines Beitrags steht Adam Michnik, der eine zentrale Rolle in der Endphase des kommunistischen Regimes und in den Umbrüchen zu einem demokratischen System in Polen spielte. Zarycki zeigt, dass Michnik während des Kommunismus mit großem Einfluss die Rolle des Intellektuellen ausübte und durch die Stiftung eines Bündnisses zwischen der linksliberalen Inteligencja und der katholischen Kirche wesentlich zur Aushöhlung der Legitimität kommunistischer Herrschaft beitrug. Im Zuge einer bereits vor der Wende einsetzenden und nach 1990 massiv dynamisierten Politisierung des intellektuellen Feldes jedoch wurden autonome Handlungsspielräume für die Sozialfigur des Intellektuellen zunehmend eingeschränkt. Unter diesen Voraussetzungen folgte Michniks Handeln und öffentliches Auftreten – obgleich er kein Mandat ausübte – immer häufiger der Logik des Politikers und nicht des Intellektuellen.

Im Zentrum des Beitrags von *Thomas Raithel* schließlich steht die Rolle der portugiesischen Wirtschaftsprofessorin Maria João Rodrigues im komplexen, bürokratischen und öffentlichkeitsfernen Raum supranationaler EU-Institutionen. Er analysiert das Agieren von Rodrigues im Entstehungs- und Umsetzungsprozess der „Lissabon-Strategie" für „Beschäftigung, Wirtschaftsreform und sozialen Zusammenhalt" (2000), in der neoliberale und sozialdemokratische Ansätze zusammenkamen und die auf informellem Weg erheblichen Einfluss auf die EU-Mitgliedstaaten erlangte. Raithel charakterisiert Rodrigues als eine „wissenschaftlich fundierte Kommunikationsmanagerin",[53] die nicht durch öffentliche Kritik hervortritt, sondern sich mit intellektuellem Habitus in politische Prozesse einbringt, um auf diesem Wege Einfluss auf gesellschaftliche Sinn- und Wahrnehmungsmuster zu erlangen.

---

52 Unten S. 179.
53 Unten S. 226.

4 Die Legende vom „Tod" des Intellektuellen

In der Zusammenschau offenbaren die Beiträge des vorliegenden Bandes vor allem eines: Die Befürchtungen eines Ablebens sind bislang unbegründet. Die Diagnose vom „Tod" des Intellektuellen erscheint als letztlich irreführender Topos. Jeremy Jennings hat mit Recht argumentiert, dass die Annahme eines Niedergangs nicht selten auf idealisierte Vorstellungen über den Intellektuellen und die Öffentlichkeit zurückzuführen ist.[54] Festzuhalten bleiben somit zunächst lediglich der Wandel und die Diversifizierung von Intellektuellenrollen.

Innerhalb der pluralistischen und vielfältigen Gesellschaften, die durch die rasanten Transformationen des späten 20. Jahrhunderts entstanden sind, verbindet sich die Sozialfigur des Intellektuellen mit neuen Habitusformen und neuen Handlungsmustern. Debatten um Demokratie, Menschenrechte und andere gesellschaftliche Grundwerte erfordern zunehmend einen transnationalen, ja globalen Blick und gleichzeitig spezifische Kenntnisse etwa aus naturwissenschaftlichen, juristischen und ökonomischen Fachdisziplinen. Auch der Wirkungsbereich des Intellektuellen überschreitet heute nicht selten den nationalen Rahmen, gleichzeitig aber erreichen Intellektuelle oftmals nur noch spezifische Fraktionen der Öffentlichkeit, die dabei vor allem kulturell und – aufgrund der Charakteristika neuer elektronischer Medien wie Fernsehen oder Internet – durch mediale Eigenlogik determiniert sind. Ob diese Veränderungsprozesse insgesamt als gesellschaftlich-politischer Bedeutungsverlust der Sozialfigur des Intellektuellen oder aber lediglich als neuartige Konstellation zu werten sind, hängt nicht zuletzt von der weiteren Entwicklung ab und obliegt weiterer zeithistorischer Forschung, die anzustoßen das Ziel dieses Bandes ist.

---

54 Jeremy Jennings, Intellectuals and the Myth of Decline, in: Critical Review of International Social and Political Philosophy 6 (2004), H. 4, S. 8–23.

Die klassische Intellektuellenrolle und der Strukturwandel der Öffentlichkeit

Gangolf Hübinger
Jürgen Habermas, der „allgemeine Intellektuelle"

Es ist nicht falsch, Jürgen Habermas, mit 90 Jahren ein noch immer öffentlich eingreifender und angreifender Philosoph, zu den „traditionellen" Intellektuellen des 20. Jahrhunderts zu rechnen. Traditionell in dem Sinne, dass er eine „allgemeine" Sprecherrolle in der öffentlichen Streitkultur für sich reklamiert. Mit Blick auf die französische Intellektuellengeschichte sieht sich Habermas in seinen eigenen Worten auf „jene Rolle des ‚allgemeinen Intellektuellen' (Foucault) festgelegt, wie sie auf der Pariser Szene immer wieder – von Zola bis Sartre – eindrucksvoll wahrgenommen worden ist". Das ist das einschlägige Zitat aus dem für unser Thema wichtigsten Aufsatz, „Heinrich Heine und die Rolle des Intellektuellen in Deutschland".[1]

Seit seinem frühen kulturkritischen Essay im „Merkur" von 1954 über „Die Dialektik der Rationalisierung" im Wohlfahrtsstaat[2] wirkt Habermas als „allgemeiner" Zeitdiagnostiker und Zeitkritiker. Seine Auftritte sind medienwirksam, wie im März 2017 in der Berliner Hertie School of Governance mit Sigmar Gabriel und Emmanuel Macron, dort als intellektueller Wahlhelfer, um den „rasenden Stillstand" in den Bemühungen um eine Neugestaltung Europas zu überwinden.

Eines muss ich vorausschicken. Ich bin kein spezieller Habermas-Forscher,[3] nur ein kontinuierlicher Habermas-Leser. Studiert habe ich ihn im kontrastierenden Vergleich zu Ralf Dahrendorf, weil mich für das 20. Jahrhundert ideen- und intellektuellengeschichtlich die Figur und die Genealogie des „engagierten Beobachters" besonders beschäftigen.[4] Der „spectateur engagé" (Raymond Aron) ist ein Typus, der allerdings Habermas und vielen anderen als zu schwach erscheint. Was macht nun Habermas zum Typus eines starken „allgemeinen Intellektuellen"? In dem gut aufgefächerten Fragespektrum dieses Bandes will ich versuchen, ihn unter fünf Gesichtspunkten knapp zu profilieren: Sein Selbstverständnis und seine Selbstreflexion als „allgemeiner Intellektueller" (1.); die Verortung in der historischen Intellektuellen-

---
[1] Jürgen Habermas, Heinrich Heine und die Rolle des Intellektuellen in Deutschland, in: ders., Zeitdiagnosen. Zwölf Essays, Frankfurt a. M. 2003, S. 50–77, hier S. 52 (ursprünglich Vortrag an der Heinrich-Heine-Universität Düsseldorf 1986).
[2] Ders., Die Dialektik der Rationalisierung. Vom Pauperismus in Produktion und Konsum, in: Merkur 8 (1954), S. 701–724.
[3] Als Forschungsüberblick Hauke Brunkhorst/Regina Kreide/Cristina Lafont (Hrsg.), Habermas-Handbuch, Stuttgart 2015.
[4] Gangolf Hübinger, Ralf Dahrendorf und Jürgen Habermas. Zwei Varianten der europäischen Aufklärung, in: ders., Engagierte Beobachter der Moderne. Von Max Weber bis Ralf Dahrendorf, Göttingen 2016, S. 215–232.

forschung (2.); die philosophische Verankerung des Intellektuellen in der „Theorie des kommunikativen Handelns" mit besonderem Bezug auf Karl Marx und Max Weber (3.); die Dichotomie Intellektuelle-Gegenintellektuelle (4.); die universalistische Idee der „weltbürgerlichen Solidarität" (5.).

Jürgen Habermas bei einer Diskussion in der Hochschule für Philosophie München, 15. Januar 2008 (Foto: Wolfram Huke at en.wikipedia, http://wolframhuke.de – Transferred from en.wikipedia; Transfer was stated to be made by User:ojs., CC BY-SA 3.0, https://commons.wikimedia.org/w/index.php?curid=4437474)

1 Selbstverständnis und Selbstreflexion als „allgemeiner Intellektueller"

1979 spielte der Suhrkamp-Verlag Habermas das Privileg zu, den symbolischen Band 1000 der Edition Suhrkamp, „Stichworte zur geistigen Situation der Zeit", herauszugeben und einzuführen. Das Genre der intellektuellen „Zeitdiagnose" ist in Deutschland marktfähig. Für Suhrkamp und Habermas diente Karl Jaspers mit Band 1000 der Sammlung Göschen, „Die geistige Situation der Zeit" von 1931, als literarischer Bezug.

Habermas lässt seine Einleitung in eine Selbstverortung des Intellektuellen mit der Pflicht zur Steuerung kultureller Orientierungsbedürfnisse münden. Intellektuelle können und sollen das beeinflussen, „was sich *unterhalb* der Schwelle der wohlinstitutionalisierten Lebensordnungen von Wissenschaft und Technik, Recht und Moral, Kunst und Literatur, *unterhalb* einer aufs Administrative geschrumpften Politik und *an den Rändern* eines hochmobilen Wirtschaftssystems anbahnt". Ihr Terrain sind Entdifferenzierungsvorgänge in der Praxis selber, sind neue symbiotische Formen im Alltag, „in denen sich das Kognitiv-Instrumentelle mit dem Moralisch-Praktischen und dem Ästhetisch-Expressiven wieder berührt". Zwischen Ordnungssystemen und Lebenswelt finden geistige „Suchbewegungen" statt.[5] Diesen Suchbewegungen zur gegenwartskritischen Sprache zu verhelfen und ihnen eine freiheitliche Richtung zu verleihen, ist Aufgabe des „allgemeinen Intellektuellen", der sich – so eine spätere Formulierung – durch einen „avantgardistischen Spürsinn für Relevanzen"[6] auszeichnet.

Das ist in der bei Habermas gewohnten Dichte formuliert. Was er dem Intellektuellen zumutet, das entfaltet er dann in seinem Heinrich-Heine-Essay, in dem er sich in die französische Tradition des „allgemeinen Intellektuellen" stellt, detaillierter und erstmals in einer expliziten Intellektuellensemantik. Gegenüber Frankreich biete Deutschland das Bild einer verspäteten Nation mit nachholender Tradition: „Erst in der Bundesrepublik hat sich eine Intellektuellenschicht gebildet, die sich selbst als solche akzeptiert",[7] so die Leitthese, gemünzt auf die Gruppe 47 und auf sein eigenes Denkmilieu der Kritischen Theorie. Auch sei erst nach 1945 die Voraussetzung für intellektuelles Engagement geschaffen worden: „eine resonanzfähige, wache und informierte Öffentlichkeit".[8] Erst jetzt sei der Raum für eine öffentliche Streitkultur entstanden. Erst jetzt stützen Intellektuelle und Öffentlichkeit einander, „in der Welt des Intellektuellen ergänzt eine politische Kultur des Widerspruchs die Institutionen des Staates".[9]

Es ist hier nicht der Ort, auf die Konjunktur des deutschen Intellektuellenbegriffs bereits im frühen 20. Jahrhundert zu verweisen, der alles andere als nur ein „Schimpfwort" war.[10] Habermas interessiert sich weniger für den Strukturwandel der Öffentlichkeit im Übergang zur demokratisierten Massengesellschaft vor und nach dem Ersten Weltkrieg als für den erneuten Strukturwandel, den er nach dem Zweiten Weltkrieg ausmacht: „Mit dem sozialstaatlichen Kompromiß und der Stillstellung des Klassenkampfes, mit der Expansion von Schul- und Hochschulbildung, mit den elektronischen Medien und einer vom Wort aufs Bild umgestellten Kulturindustrie, mit der Verselbständigung hochbürokratisierter Parteien gegenüber Mitgliedern und Wählern, mit der demoskopischen Kontrolle der öffentlichen Meinung, mit Ideologieplanung und kommerzieller Beschaffung von Massenloyalität hat sich erneut ein Strukturwandel der Öffentlichkeit vollzogen." Unter diesen neuen Strukturbedingungen komme es ihm als bundesrepublikanischem Intellektuellen „nur auf eines an: die das deutsche Bildungsbürgertum prägenden Mentalitäten" gegenüber

---

[5] Jürgen Habermas, Einleitung, in: ders. (Hrsg.), Stichworte zur „Geistigen Situation der Zeit", 2 Bände, Frankfurt a. M. 1979, Bd. 1, S. 7–35, hier S. 35 (Hervorhebung im Original).
[6] Siehe unten, Anm. 44.
[7] Habermas, Heinrich Heine, S. 71.
[8] Ebenda, S. 52.
[9] Ebenda.
[10] Vgl. ausführlicher Gangolf Hübinger, Intellektuelle, in: Forum Interdisziplinäre Begriffsgeschichte 8 (2019), H. 1, S. 34–40.

den Denkmustern der Weimarer Republik und des NS-Regimes radikaldemokratisch umzuprägen. „Ohne diese [Umprägung] ist das kritische, zugleich auf Selbstkritik angewiesene Geschäft des Intellektuellen nicht möglich."[11]

2 Der Handlungsrahmen des „allgemeinen Intellektuellen"

Der vorliegende Band zur Kulturbedeutung von „Intellektuellen" seit den 1960er Jahren fragt nach dem Handlungsrahmen, nach dem „champ intellectuel", in dem streitbare Philosophen wie Habermas agieren. Bei Habermas ist dieser Rahmen global. Er verfügt über eine breite Resonanz als Welt-Intellektueller, der unter anderem in Südkorea die Pathologien der Moderne erklärt.[12] Er konzentriert sich auf Europa, auf eine Mobilisierung der europäischen Öffentlichkeit. Der Irakkrieg von 2003 gab ihm Anlass für die Intervention, Europa müsse die bellizistischen USA mit den westlichen Aufklärungswerten konfrontieren, selbst wenn sich damit das Risiko eines „gespaltenen Westens" verknüpfe.[13] Das Problem steht mehr denn je im Raum, umso dringlicher plädiert Habermas für eine europäische Verfassung, um seinem eigentlichen Ziel einen völkerrechtlichen Schritt näher zu kommen: „Die *internationale* Gemeinschaft der Staaten muss sich zu einer *kosmopolitischen* der Staaten und der Weltbürger fortentwickeln."[14] Im nationalen Rahmen kursiert sein Dauervorwurf, die Deutschen lernen zu wenig aus ihrer Geschichte, um ihren eingeschliffenen Nationalismus europäisch und weltbürgerlich zu überwinden. Heftig polemisierte er 1989 gegen den Beitritt der DDR nach Artikel 23 des Grundgesetzes als „D-Mark-Nationalismus". Er votierte stattdessen dafür, die deutsche Einheit nach Artikel 146 zu vollziehen und einen Volksentscheid über eine neue Verfassung anzustreben.[15]

Gefragt ist weiter nach dem Komplex von Adressaten, Formen und Medien des Engagements. Die sind bei Habermas klassisch, klassischer geht es nicht. Adressa-

---

11 Zitate: Habermas, Heinrich Heine, S. 71.
12 Jürgen Habermas, Konzeptionen der Moderne. Ein Rückblick auf zwei Traditionen, in: ders., Zeitdiagnosen, S. 175–203 (ursprünglich Vortrag vor der Koreanischen Gesellschaft für Philosophie 1986).
13 Ders., Der gespaltene Westen, Frankfurt a. M. 2004, S. 43–51. Vgl. die Dokumentation der Manifeste und Zeitungsartikel in Daniel Levy/Max Pensky/John Torpey (Hrsg.), Old Europe, New Europe, Core Europe. Transatlantic Relations after the Iraq War, London 2005.
14 Jürgen Habermas, Zur Verfassung Europas. Ein Essay, Frankfurt a. M. 2011, S. 10 (Hervorhebung im Original).
15 Vgl. Hübinger, Ralf Dahrendorf und Jürgen Habermas, in: ders., Engagierte Beobachter der Moderne, S. 224–227.

ten sind die räsonierenden Bildungsschichten, der bevorzugte Kommunikationsort ist das gehobene Feuilleton von FAZ und ZEIT. Seit den 1960er Jahren ist Habermas ein Aushängeschild der Suhrkampkultur. Dort rangiert er später einträchtig neben Foucault, von dessen Typus des „spezifischen Intellektuellen" er sich im Heinrich-Heine-Vortrag ausdrücklich abgrenzt.

Das berührt die Frage nach dem Verhältnis von Experten und Intellektuellen und nach der kritischen Distanz zu politischen Beratern und Entscheidungsträgern. Der Intellektuelle vom Typus Habermas zielt nicht auf spezifischen Expertendiskurs und fachliche Politikberatung. Er zielt mit einer Sprache, die allgemeinverständlich bleiben soll, auf die von ihm selbst so bezeichneten „autonomen Öffentlichkeiten", in denen „nicht unmittelbar um Geld oder Macht, sondern um Definitionen gestritten" wird.[16] Intellektueller Streit um kulturelle Definitions- und Deutungsmacht, um „Narrative", das macht für ihn das Kerngeschäft des Intellektuellen aus.

Die „autonomen Öffentlichkeiten" sind die Arenen, um gegen die Systemressourcen „Geld" und „Macht" die lebensweltliche Ressource „Solidarität" zu stärken. Das klingt abstrakt, denn hier dringt der Experte durch, der Habermas natürlich auch ist, wenn er seine Expertise und Autorität als Philosoph und Sozialtheoretiker in die öffentliche Streitkultur überträgt. Dazu muss man eines seiner Hauptwerke, die „Theorie des kommunikativen Handelns" von 1981 in die Hand nehmen.

3 Rationalisierung der Lebenswelt und „Theorie des kommunikativen Handelns"

In einem einschlägigen Band über „Intellektuelle in der Bundesrepublik Deutschland" nennt Thomas Biebricher Jürgen Habermas einen Intellektuellen im „Nebenberuf".[17] Biebricher arbeitet mit der These von der „Arbeitsteilung zwischen dem Philosophen und dem Intellektuellen Habermas", verklammert durch die Diskurstheorie: „Erst im Rahmen der ausformulierten Diskurstheorie spielt der öffentliche Intellektuelle [...] eine systematische Rolle."[18] Dieser systematische Ort ist genauer zu fixieren, und zwar in Habermas' Hauptwerk, der „Theorie des kommunikativen

---

16 Jürgen Habermas, Die Krise des Wohlfahrtsstaates und die Erschöpfung utopischer Energien, in: ders., Zeitdiagnosen, S. 27–49, hier S. 47, 46 (zuerst 1985 in: ders., Die Neue Unübersichtlichkeit. Kleine politische Schriften V, Frankfurt a. M. 1985, S. 141–163).
17 Thomas Biebricher, Intellektueller als Nebenberuf: Jürgen Habermas, in: Thomas Kroll/Tilmann Reitz (Hrsg.), Intellektuelle in der Bundesrepublik Deutschland. Verschiebungen im politischen Feld der 1960er und 1970er Jahre, Göttingen 2013, S. 219–231.
18 Ebenda, S. 227 f.

Handelns".[19] Inwieweit in Habermas' Gesamtwerk eine „Arbeitsteilung" zwischen philosophischer Reflexion und intellektueller Intervention besteht, dürfte nachrangig sein. Wichtiger erscheint es, die Wechselbeziehung zwischen beiden Diskursen aufzuzeigen.

Habermas' Großtheorie unterscheidet bekanntlich die Ebenen „System" und „Lebenswelt" und ist zwischen den drei Polen „Geld", „Macht" und „Solidarität" angelegt. Auf der Systemebene steht die komplexe kapitalistische Marktwirtschaft mit der Ressource „Geld" in Dauerspannung mit der Ressource „Macht" in Form des administrativen, interventionistischen Planungsstaates und den Massenloyalität erzeugenden Parteien. Auf dieser System-Ebene eignet Habermas sich Max Webers Thesen zum okzidentalen Rationalismus an und spricht wie Weber vom „kapitalistisch-planungsbürokratischen Gehäuse" moderner Hörigkeiten. Für den Intellektuellen dürfe diese Dystopie der Moderne jedoch nicht das letzte Wort sein. Das müsse dem dritten Pol vorbehalten bleiben, der lebensweltlichen Ebene der „autonomen, selbstorganisierten Öffentlichkeiten" mit der Ressource „Solidarität", gar „weltbürgerliche[r] Solidarität".[20] Die Großtheorie des kommunikativen Handelns, bei Habermas zusammengefügt aus den drei Teiltheorien „verständigungsorientiertes Handeln, symbolisch strukturierte Lebenswelt und kommunikative Vernunft",[21] setzt die Potenziale des Intellektuellen frei und bringt ihn in der Arena öffentlicher Streitkultur in eine Schlüsselrolle. Seine Aufgabe besteht darin, zwischen pluralen Lebenswelten und durchrationalisierten Systemzwängen, zwischen Alltagserfahrungen und Expertenkulturen, sprachmächtig zu vermitteln. Intellektuelle zeigen auf, „wo in der kommunikativen Alltagspraxis Schaltstellen angebracht werden müssen, damit die Individuen ihre Handlungsorientierungen von einem Rationalitätskomplex auf den anderen umstellen können."[22]

Was ist damit gemeint, und warum erfordern die spätmodernen Gesellschaften die Aufwertung des Intellektuellen, nicht seine Grablegung à la Jean-François Lyotard? Habermas liefert Beispiele, wie die Theorie kommunikativer Vernunft intellektuelle Interventionen steuert.

Für historisch obsolet erklärt er alle intellektuellen Erwartungen an revolutionäre Zuspitzungen von Klassenkämpfen mit systemsprengender Wirkung. Westliche Industriegesellschaften zeichneten sich vielmehr durch das zähmende Zusammenwirken von staatlicher Intervention, Massendemokratie und Sozialstaatlichkeit

---

19 Jürgen Habermas, Theorie des kommunikativen Handelns, Band 1: Handlungsrationalität und gesellschaftliche Rationalisierung, Band 2: Zur Kritik der funktionalistischen Vernunft, Frankfurt a. M. 1981.
20 Ders., Aus Katastrophen lernen? Ein zeitdiagnostischer Rückblick auf das kurze 20. Jahrhundert, in: ders., Zeitdiagnosen, S. 204–223, hier S. 222 (zuerst 1998 in: ders., Die postnationale Konstellation. Politische Essays, Frankfurt a. M. 1998, S. 65–90).
21 Ders., Theorie des kommunikativen Handelns, Bd. 2, S. 449.
22 Ebenda, S. 341.

aus.²³ Das sei jedoch ein prekäres Zusammenwirken, das neue Legitimitätsprobleme erzeuge. Im spanischen Parlament hält er dazu 1984 eine Rede über „die Krise des Wohlfahrtsstaates und die Erschöpfung utopischer Energien". Eigentlich hätten die Abgeordneten vorher die „Theorie des kommunikativen Handelns" lesen müssen, um ihm wirklich folgen zu können. Hier nur die einschlägige These: „Die Klassiker der Gesellschafstheorie von Marx bis Weber waren sich darin einig, daß die Struktur der bürgerlichen Gesellschaft durch abstrakte Arbeit, durch den Typus einer über den Markt gesteuerten, kapitalistisch verwerteten und betriebsförmig organisierten Erwerbsarbeit geprägt ist."²⁴ Eine solche Arbeitsgesellschaft gebe es nicht mehr, folglich müssen sich die utopischen Energien der Politiker wie der Intellektuellen „vom Begriff der Arbeit auf den der Kommunikation" verlagern.

Durch diese Verlagerung ergebe „sich die schwierige Aufgabe, die demokratische Verallgemeinerung von Interessenlagen und eine universalistische Rechtfertigung von Normen bereits *unterhalb* der Schwelle der zu Großorganisationen verselbständigten und ins politische System gleichsam abgewanderten Parteiapparate zu ermöglichen".²⁵

Auf dieses „unterhalb" gründet Habermas seine These zum „Paradigmenwechsel von der Arbeits- zur Kommunikationsgesellschaft"²⁶ und fixiert darin die Rolle des „allgemeinen Intellektuellen". Es ist eine These, die neben der „universalistischen Rechtfertigung von Normen" eine weitere Tugend des „allgemeinen Intellektuellen" freisetzt, den Willen zur Utopie. „Wenn die utopischen Oasen austrocknen, breitet sich eine Wüste von Banalität und Ratlosigkeit aus."²⁷

4 „Gegenintellektuelle" und historische Intellektuellensoziologie. Exkurs zu Habermas und Max Weber

In den Kampfarenen um Werte und Weltbilder besitzt der „allgemeine Intellektuelle", den Habermas als Verfechter universalistischer Menschen- und Freiheitsrechte begreift, einen Gegenspieler, den „Gegenintellektuellen". Während die Intellektuellensoziologie seit Joseph Schumpeter auf die dichotomische Trennung von „Intellektuellen" und „Antiintellektuellen" bzw. „Gegenintellektuellen" bewusst verzichtet,

---

23 Vgl. Frank Nullmeier, Spätkapitalismus, in: Hauke Brunkhost/Regina Kreide/Cristina Lafont (Hrsg.), Habermas-Handbuch, Stuttgart 2015, S. 371–374, hier S. 372 f.
24 Habermas, Die Krise des Wohlfahrtsstaates, in: ders., Zeitdiagnosen, S. 31.
25 Ebenda, S. 43 (Hervorhebung im Original).
26 Ebenda.
27 Ebenda, S. 47.

dramatisiert Habermas diesen Gegensatz. Seinen einschlägigen Essay über „Heinrich Heine und die Rolle der Intellektuellen in Deutschland" beschließt er mit einem „impressionistischen Nachwort zur Bundesrepublik". Darin wird beklagt, die konservative bundesrepublikanische „Tendenzwende" der 1970er Jahre habe „einen neuen Typus, den des Gegenintellektuellen" hervorgebracht: „Der Gegenintellektuelle arbeitet mit den Mitteln des Intellektuellen, um zu zeigen, daß es ihn gar nicht geben dürfte." Denn in seinem Kritizismus wirke der Intellektuelle in wohlfahrtsstaatlich hinreichend ausbalancierten Gemeinwesen pathologisch und erzeuge „selbst die Krankheit, die er einer ohne ihn gut funktionierenden Gesellschaft anzudemonstrieren versucht".[28] Arnold Gehlen, Helmut Schelsky und Kurt Sontheimer hat Habermas dabei namentlich im Visier. Es geht aber um mehr als um die Ideenkämpfe der 1970er Jahre, in denen Habermas obsolet gewordene Muster aus den Ordnungs- und Deutungskämpfen der Weimarer Republik neu aufbrechen sieht. Wenn er die „Gegenintellektuellen" mit der Bemerkung einführt, sie hätten sich der „auf Max Weber zurückgehende[n] Intellektuellensoziologie von Joseph Schumpeter" bedient, dann geht es ihm um generelle Kriterien einer wissenschaftlichen Bestimmung der Intellektuellenrollen in der Moderne.[29]

Ob die Verwendung „asymmetrischer Gegenbegriffe" (Reinhart Koselleck) wie „Intellektuelle – Gegenintellektuelle" hierfür von Nutzen sein kann, lässt sich bezweifeln. Normativ aufgeladen wie in diesem Fall versperrt sie eher den Weg zu einer soziologischen Selbstbeobachtung und Typisierung von Intellektuellenfunktionen, wie sie im 20. Jahrhundert Max Weber, Joseph Schumpeter, Ralf Dahrendorf oder M. Rainer Lepsius vorgenommen haben.[30] Habermas lässt soziologisch außer Acht, wie hoch Weber Intellektuelle als „Weichensteller" von Ideen welthistorisch wie gegenwartsdiagnostisch veranschlagt. Im revolutionären Umfeld des Ersten Weltkriegs beeinflussen nach Weber „eine Unmasse von studierten Intellektuellen"[31] im revolutionären Russland wie im zerbrechenden Deutschen Kaiserreich die politische Kultur. Weber selbst agiert in der öffentlichen Streitkultur seit 1917 als Gelehrten-Intellektueller. Schumpeter formuliert daraus eine Forschungsaufgabe, nämlich herauszubekommen, wie moderne Intellektuelle „aus allen Ecken und Kan-

---

28 Habermas, Heinrich Heine, S. 75.
29 Ebenda, S. 74.
30 Vgl. zu Max Weber Kapitel 7, „Die Intellektualisierung der Welt", und 8, „Störer, Wühler, Weichensteller. Die Ideenkämpfe der Intellektuellen", in: Gangolf Hübinger, Max Weber. Stationen und Impulse einer intellektuellen Biographie, Tübingen 2019; Kapitel „Die Soziologie der Intellektuellen", in: Joseph A. Schumpeter, Kapitalismus, Sozialismus und Demokratie, München ⁵1980, S. 235–251; Ralf Dahrendorf: Versuchungen der Unfreiheit. Die Intellektuellen in Zeiten der Prüfung, München 2006; M. Rainer Lepsius, Kritik als Beruf. Zur Soziologie der Intellektuellen, in: ders., Interessen, Ideen, Institutionen, Opladen 1990, S. 270–285.
31 Max Weber, Der Sozialismus, in: Max Weber, Zur Politik im Weltkrieg, Schriften und Reden 1914–1918, hrsg. von Wolfgang J. Mommsen in Zusammenarbeit mit Gangolf Hübinger, Tübingen 1984 (Max Weber Gesamtausgabe I/15), S. 597–633, Zitat S. 628.

ten der sozialen Welt" hervortreten, um als „Störungsfaktor" ihrer Gemeinschaftsordnungen zu wirken und „von der Textkritik zur Gesellschaftskritik" überzugehen. Und wie sie „allem, was geschieht, gewissermaßen ihre Mentalität" aufdrücken, darin liege ihre spezifische Rolle.³²

Genau das herauszufinden, macht bis heute den Reiz der Intellektuellengeschichte aus. Nun ist Habermas kein Historiker. Ein sozialgeschichtlich erweiterter Intellektuellenbegriff zur Ermittlung dieser allgemeinen Wirkmächtigkeit liegt weniger in seinem Interesse als eine politische Zuspitzung der intellektuellen Sprecherrolle auf die „allgemein" verbindlichen Werte universaler Menschenrechte, persönlicher Freiheit und sozialer Gerechtigkeit. Das macht seine Beziehung zu Max Weber und zu dessen Trennung der „Politik als Beruf" von literarischen oder wissenschaftlichen Interventionen in die Politik so ambivalent: „Max Webers Gegenüberstellung von gesinnungsethisch unverantwortlichem Dilettantismus und der Tugend des kompetenten, verantwortungsbereiten, realitätsnahen Berufspolitikers"³³ habe die entscheidenden Weichen gestellt für den selbstbewussten und selbstgerechten Auftritt von „Gegenintellektuellen" in der Abwicklung emanzipatorischer Ziele von 1968. Das ist bewusst einseitig zugespitzt, wie überhaupt seine Lesart von Max Weber, dem ein Großteil seiner „Theorie des kommunikativen Handelns" gewidmet ist. Darauf ist noch einmal kurz zurückzukommen.

Zum „stahlharten Gehäuse" der industriekapitalistischen Lebenswelt, in das die Paradoxien und Pathologien der Moderne führen, wird in diesen zwei Bänden von 1981 die Theoriegeschichte von Kant und Marx zu Weber und über Weber wieder zurück zu Marx durchmessen. Marx und Weber liegen allerdings auf unterschiedlichen Ebenen. Mit Marx werden übergreifend die „philosophischen Intentionen" bestimmt, „die sich heute einer kritischen Gesellschaftstheorie stellen." Mit Weber wird auf mehreren hundert Seiten der Gesellschaftstheoretiker behandelt, der „uns noch etwas zu sagen hat".³⁴ In der Tat hat ihm für die Entwicklung seines Modells vernünftigen kommunikativen Handelns Weber mehr als alle anderen etwas zu sagen. Habermas übernimmt aus Webers historischer Anthropologie die Fragestellung nach den Wechselbeziehungen von sozialen Lebensordnungen und den Chancen persönlicher Lebensführungen unter den Bedingungen der industriekapitalistischen und massendemokratischen Moderne. Auf der Systemebene von Markt und Macht eignet er sich Webers Thesen zum okzidentalen Rationalismus weitgehend an. Nicht aber auf der lebensweltlichen Ebene der „selbstorganisierten Öffentlichkeiten".³⁵

---

32 Schumpeter, Kapitalismus, Sozialismus und Demokratie, S. 237, 239, 249.
33 Habermas, Heinrich Heine, S. 75.
34 Ders., Theorie des kommunikativen Handelns, Bd. 1, S. 8 f.
35 Ders., Aus Katastrophen lernen?, in: ders., Zeitdiagnosen, S. 222.

Hier weist er Weber in „kritische[r] Fortbildung marxistischer Grundannahmen" dezidiert ab.[36]

Webers Überlegungen zu den Rationalisierungsprozessen in Ökonomie und Staat kann Habermas weitgehend in den „Interpretationsrahmen" seiner eigenen Theorie „einarbeiten", wie er es nennt.[37] Nicht übernehmen kann er die Webers Theorie zugrunde liegende Auffassung vom universalen „Konflikt zwischen unversöhnlichen Lebensordnungen" mit einer „Ausdifferenzierung des Wissenschafts-, Rechts- und Kunstbetriebs", mit je eigenen Expertenkulturen und deren professionalisierten Handlungsrationalitäten.

In diese „Sackgasse"[38] werde man, so Habermas, durch Weber geführt. Die berühmte Passage aus dem Schlusskapitel des „Kommunikativen Handelns" ist überschrieben, „Rückblick auf Webers Theorie der Moderne". Es genüge nicht, mit Weber „die Rationalisierung der Handlungssysteme allein unter dem Aspekt der Zweckrationalität" zu untersuchen. Auf die verkürzende Lesart mit der Vernachlässigung der bei Weber nicht weniger wichtigen „Wertrationalität" gehe ich hier nicht weiter ein. Wichtig sind die Schlüsse, die Habermas aus dieser Reduktion Webers auf eine rein zweckrationale Handlungstheorie zieht: Webers letztlich dystopische „Vision vom ‚stahlharten Gehäuse'" der modernen Lebenswelt lasse sich entdramatisieren, wenn die Barrieren zwischen den Experten des „kulturellen Wissens", überhaupt zwischen den „unversöhnlichen Lebensordnungen" überwunden werden.[39] Kognitiv wie normativ sei zu fixieren, „wo in der kommunikativen Alltagspraxis Schaltstellen angebracht werden müssen, damit die Individuen ihre Handlungsorientierungen von einem Rationalitätskomplex auf den anderen umstellen können".[40]

Als Experte des „kulturellen Wissens" erhebt Habermas den zeitkritischen Anspruch, solche Schaltstellen aufzuzeigen. Ideengeschichtlich muss er dazu in seiner Werkphase der 1970er und 1980er Jahre zwei Weber'sche Grunddifferenzierungen rückgängig machen. So ist mit Marx die Trennung zwischen Sozialtheorie und Philosophie aufzuheben, auf der Webers empirische „Wirklichkeitswissenschaft" zum Schaden einer gelingenden Diagnose der Moderne beruhe. Der kommunikationstheoretische Ansatz bleibe „auf die Unterstützung einer kritischen Gesellschaftstheorie angewiesen",[41] die Weber nicht liefere. Und es ist ebenfalls mit Marx die Trennung zwischen fachgeschultem Experten und normativ-kritisch argumentierendem Intellektuellen zu überwinden, den zudem ein Überschuss von „Utopie" auszeichnen muss. In diesem Anspruch weist die „Theorie des kommunikativen Handelns" dem Intellektuellen eine Schlüsselrolle in den spätkapitalistischen Ge-

---

36 Ders., Theorie des kommunikativen Handelns, Bd. 2, S. 448.
37 Ebenda, S. 483.
38 Habermas, Konzeptionen der Moderne, in: ders., Zeitdiagnosen, S. 175–203, hier S. 183.
39 Ders., Theorie des kommunikativen Handelns, Bd. 1, S. 341f.
40 Ebenda, S. 341.
41 Habermas, Konzeptionen der Moderne, in: ders., Zeitdiagnosen, S. 203.

sellschaften zu, eine Rolle, die Habermas auf sich selbst zuschneidet. Eine eindrucksvolle Probe hat er noch zu seinem 90. Geburtstag geliefert, im Vortrag an der Universität Frankfurt am 19. Juni 2019 mit dem Titel „Noch einmal: Zum Verhältnis von Moralität und Sittlichkeit". Die leitenden Gesichtspunkte, „unter denen wir auch eine aktuelle Herausforderung der Gegenwart vielleicht etwas besser verstehen können", findet Habermas „zwischen Kant, Hegel und Marx". Max Weber ist nicht mehr einbezogen.[42]

5 Globaler Kapitalismus, Massendemokratie, Welt(innen)politik

Die von Marx aufgeworfene und von Weber erweiterte Frage nach den Chancen freiheitlicher Lebensführung im kapitalistisch-bürokratischen Gehäuse der modernen Hörigkeit bedarf bei Habermas der kulturellen Lösung. Alle Erwartungen werden auf „die zivilisierende Rolle eines demokratisch aufgeklärten Commen Sense" gerichtet, sich „im kulturkämpferischen Stimmengewirr" eines „weltanschaulichen Pluralismus" der Gegenwart zu bewähren.[43]

In der Konsequenz führt diese Denkbewegung den späten Habermas eher weg von Marx und hin zu Kant. In der Dankesrede zur Verleihung des Bruno-Kreisky-Preises in Wien 2005 mit dem sprechenden Titel, „Ein avantgardistischer Spürsinn für Relevanzen. Was den Intellektuellen auszeichnet", spricht er von „meinem Wege vom Hegelmarxismus zu einem Kantischen Pragmatismus".[44] In seinen Zeitdiagnosen lässt sich das gut verfolgen.

Eine Säkularbetrachtung von 1998 überschreibt Habermas „Aus Katastrophen lernen. Ein zeitdiagnostischer Rückblick auf das kurze 20. Jahrhundert". Es geht ihm um die klassische Trias des westlichen Wertekanons „persönliche Freiheit", „soziale Gerechtigkeit", „kommunikative Vernunft". Deren Balance sei gefährdet wie nie, „die Globalisierung der Wirtschaft zerstört eine historische Konstellation, die den sozialstaatlichen Kompromiß vorübergehend ermöglicht hat. [...] dem Nationalstaat bleiben immer weniger Optionen."[45] Konkret zielt sein Ordnungsdenken auf ein kul-

---

[42] Ders., Noch einmal: Zum Verhältnis von Moralität und Sittlichkeit, https://www.normativeorders.net/de/aktuelles/Meldungen/7312 (1.10.2019), S. 1 f.
[43] Jürgen Habermas, Glauben und Wissen. Friedenspreisrede 2001, in: ders., Zeitdiagnosen, S. 249–262, hier S. 251 f.
[44] Ders., Ein avantgardistischer Spürsinn für Relevanzen. Was den Intellektuellen auszeichnet, in: Blätter für deutsche und internationale Politik 51 (2006), S. 551–557, hier S. 552.
[45] Ders., Aus Katastrophen lernen?, in: ders., Zeitdiagnosen, S. 218, 217.

turell offensiveres Europa in globaler Verantwortung: auf einen „Perspektivenwechsel von ‚internationalen Beziehungen' zu einer Weltinnenpolitik".⁴⁶

Es ist ein Ordnungsmodell, das in der gegenwärtigen Wirklichkeit einem mindestens vierfachen Stresstest unterworfen ist. Statt Wohlstandsmehrung durch eine vernünftige Weltwirtschaft steht die Welt im Jahr 2019 an der Schwelle zu einem protektionistischen Handelskrieg mit abschwingender Konjunktur. Statt demokratischer Weltinnenpolitik erfahren wir einen neuen Nationalismus mit populistischer „Massenloyalität" für autoritäre Führungen. Statt weltbürgerlicher Solidarität öffnet sich die Schere sozialer Ungleichheit. Und für die Interventionschancen des „allgemeinen Intellektuellen" besonders gravierend, statt der „resonanzfähigen, wachen und informierten Öffentlichkeit" beobachtet Habermas selbst mit wachsender Skepsis den Internet-Wandel der Öffentlichkeit zu frei vagabundierenden Narrationen „eines anonymen und zerstreuten Publikums".⁴⁷

Wie begegnet der „allgemeine Intellektuelle" diesen gewaltigen Herausforderungen? Letztlich setzt Habermas alle Erwartungen in kosmopolitische Bildungseliten, rückgebunden an „soziale Bewegungen und Nicht-Regierungsorganisationen, also die aktiven Mitglieder einer nationale Grenzen überschreitenden Zivilgesellschaft".⁴⁸ Deren Herkulesaufgabe bestehe darin, den Dissens eines nationalen Eigensinns und einer spätmodernen „Gesellschaft der Singularitäten"⁴⁹ in einen neuen Konsens über universale Kulturwerte in einer demokratisierten Weltöffentlichkeit zu transformieren. Denn freiheitliche und gerechte „Weltinnenpolitik" könne „im wohlverstandenen Eigeninteresse der Bevölkerungen [...] nur auf der Grundlage einer bisher fehlenden weltbürgerlichen Solidarität gelingen". Sie ist darauf angewiesen, „Resonanz und Abstützung in der vorgängig reformierten Wertorientierung ihrer Bevölkerung [zu] finden".⁵⁰ Der intellektuelle Wille zur Utopie, der sich hier ausdrückt, verdient Bewunderung. Deshalb noch einmal die Losung des „allgemeinen Intellektuellen": „Wenn die utopischen Oasen austrocknen, breitet sich eine Wüste von Banalität und Ratlosigkeit aus."⁵¹

---

46 Ebenda, S. 222.
47 Ders., Ein avantgardistischer Spürsinn, in: Blätter für deutsche und internationale Politik 51 (2006), S. 554.
48 Ders., Aus Katastrophen lernen?, in: ders., Zeitdiagnosen, S. 223.
49 Jenseits von Habermas angelegt ist Andreas Reckwitz, Die Gesellschaft der Singularitäten. Zum Strukturwandel der Moderne, Berlin 2017.
50 Habermas, Aus Katastrophen lernen, in: ders., Zeitdiagnosen, S. 223.
51 Ders., Die Neue Unübersichtlichkeit, S. 161.

Andreas Langenohl
Jürgen Habermas, Alexander Kluge und die Entwicklung einer linksintellektuellen Kritiktradition in der Bundesrepublik Deutschland (1960er bis 1980er Jahre)

1 Einleitung

Dieser Aufsatz befasst sich mit Artikulationsweisen intellektueller Kritik in der Bundesrepublik der 1960er bis 1980er Jahre. Er konzentriert sich dabei auf das linke intellektuell-politische Spektrum, insbesondere auf die Beiträge der beiden herausragenden Intellektuellen Jürgen Habermas und Alexander Kluge. Am Beispiel dieser beiden weithin sichtbaren Figuren soll der Frage nachgegangen werden, auf welche Weise sich eine spezifische linksintellektuelle Kritiktradition in der Bundesrepublik herausbilden konnte, die sich von anderen parallelen Ausprägungen linker Kritik (Antisystemkritik sowie Medien- und Öffentlichkeitskritik durch Konstituierung von Gegenöffentlichkeit) unterschied und zugleich eine breite politische und kulturelle Öffentlichkeit erreichte. Habermas und Kluge verkörpern ein Verständnis von Intellektualität, das sich kritisch an vorhandenen politischen Deutungsmustern orientiert und diese Reflexionen der Öffentlichkeit zugänglich macht. Sie trugen damit wesentlich zur Herausbildung von Deutungsmustern bei, die für das Selbstverständnis der bundesdeutschen Gesellschaft von den 1960er bis 1980er Jahren bedeutsam waren und die für eine Weile auch noch die Zeit nach der Vereinigung der beiden deutschen Staaten prägten – man denke beispielsweise an die Debatten über NATO-Einsätze im Krieg im ehemaligen Jugoslawien in den 1990er Jahren, die stark von Positionen geprägt wurden, welche diese Einsätze vor dem Hintergrund der nationalsozialistischen Geschichte und damit der moralischen Rationalität deutscher (Außen-)Politik reflektierten.

Der Fokus meines Beitrags liegt auf zwei Themenkomplexen, die für Habermas und Kluge zentral waren und die konstitutiv für die linksintellektuelle Kritiktradition wurden – und darüber hinaus auch für allgemeine formative Prozesse öffentlicher intellektueller Kommunikation. Nach einer kurzen Einführung zum theoretischen und konzeptuellen Ansatz (2.) untersucht ein erster Hauptabschnitt (3.) die paradigmatische Bedeutung, welche die Auseinandersetzung mit der Verfasstheit einer Gesellschaft hatte, die Nationalsozialismus, Holocaust und Krieg nicht verhindert hatte. Befassungen mit dieser schwierigen Vergangenheit trugen zu Reflexionen auf die Moralität von Staat und Politik und auf die Möglichkeiten öffentlichen Sprechens über kollektive Identität bei. Auf diese Weise bildete sich eine reflexive Tradition linksintellektueller Kritik, die zugleich auf Gesten der moralischen Selbstbeschränkung wie der „moralischen Souveränität"[1] beruhte. Ein zweiter Hauptabschnitt (4.) deutet diese Kritik als Kritik (in) der massenmedialen Konstellation. Denn die hier zur Debatte stehenden Intellektuellen unterhielten ein spannungsvolles, zwischen Ablehnung, Unterlaufung, Affirmation und Experimentieren changierendes Verhältnis zu den Massenmedien. Medienkritik ließ sich so durch gezielte Medieninvolvierung befördern. Abschließend (5.) geht der Beitrag auf Gründe für das Abebben des linksintellektuellen Kritikmodus ein: die Institutionalisierung des Gedenkens des Holocaust und des Nationalsozialismus, und damit das weitgehende Ende ihrer Politisierbarkeit, sowie die Transformation der massenmedialen Konstellation, die eine Ermöglichungsbedingung wie auch ein konstitutiver Reflexionsgegenstand linksintellektueller Kritik war.

2 Die Konstitution intellektueller Kommunikation: Konzeptuelle Elemente

Die analytische Rekonstruktion intellektueller Kommunikation kann auf verschiedensten Ebenen ansetzen, beispielsweise bei ihrer gesellschaftlichen Institutionalisierung,[2] bei der normativen Frage nach der Angemessenheit ihres Gegenstandes[3] oder auch bei der Logik der geführten Diskurse.[4] Der Weg, der hier gewählt wird, zielt auf die Frage nach den Bedingungen für die *Herausbildung intellektueller Deutungs- und Debattentraditionen*, also auf die je im Einzelfall zu erklärende Fähigkeit oder Unfähigkeit intellektueller Kommunikation, eine mehr oder weniger dauerhafte und als kontinuierlich wahrgenommene Präsenz im öffentlichen Raum zu erzielen.[5]

---

[1] Helmut Dubiel, Niemand ist frei von der Geschichte. Die nationalsozialistische Herrschaft in den Debatten des Deutschen Bundestages, München/Wien 1999.
[2] Pierre Bourdieu, Mit den Waffen der Kritik, in: ders., Satz und Gegensatz. Über die Verantwortung des Intellektuellen, Berlin 1989, S. 24–36.
[3] Julien Benda, Der Verrat der Intellektuellen, mit einem Vorwort von Jean Améry, München/Wien 1978.
[4] Karl Mannheim, Ideologische und soziologische Interpretationen der geistigen Gebilde, in: ders., Wissenssoziologie. Auswahl aus dem Werk, eingeleitet und herausgegeben von Kurt H. Wolff, Berlin/Neuwied 1964 (1922), S. 388–407; ders., Das Problem einer Soziologie des Wissens, in: ders., Wissenssoziologie, Berlin/Neuwied 1964 (1924), S. 308–387; ders., Die Bedeutung der Konkurrenz auf dem Gebiete des Geistigen, in: ders., Wissenssoziologie, Berlin/Neuwied 1964 (1928), S. 566–613; Michel Foucault/Gilles Deleuze, Die Intellektuellen und die Macht, in: dies., Der Faden ist gerissen, Berlin 1977, S. 86–99; Michel Foucault, Die Rede von Toul, in: ders., Mikrophysik der Macht. Über Strafjustiz, Psychiatrie und Medizin, Berlin 1976, S. 28–30.
[5] Dieser Ansatz wird näher ausgeführt bei: Andreas Langenohl, Tradition und Gesellschaftskritik. Eine Rekonstruktion der Modernisierungstheorie, Frankfurt a. M./New York 2007; Andreas Langenohl, Demokratische Kritik in der späten Sowjetunion und im postsowjetischen Russland. Zur

Der hier zum Einsatz gebrachte Begriff der „Tradition" sollte dabei nicht mit Traditionalismus im Sinne eines sturen Festhaltens an (allzu oft nur vorgeblich) überkommenen Weisheiten verwechselt werden. Mit Max Weber kann stattdessen argumentiert werden, dass intellektuelle Traditionen Ergebnisse kultureller Rationalisierungsleistungen sind, das heißt sich selbst in Kommunikationsprozessen bilden, die auf die Formulierung von Prinzipien abzielen, welche die Einnahme inhaltlicher Positionen gestatten.[6] Die Voraussetzung, die gegeben sein muss, um solche Rationalisierungsprozesse auszulösen, sind Kommunikationsprozesse *innerhalb* der Gruppe, die an der Herausbildung jener Traditionen beteiligt ist. Um darüber hinaus eine breite Öffentlichkeit in diese Debatten zu involvieren, ist es erforderlich oder immerhin förderlich, dass zumindest einige Teilhabende an solchen Gruppen zu öffentlich sichtbaren *Figuren* werden, die mit bestimmten intellektuellen Positionen assoziierbar sind und an denen sich Auseinandersetzungen kristallisieren können. Habermas (Jahrgang 1929) und Kluge (Jahrgang 1932) traten beide im Zuge des überdurchschnittlich politisierten Jahrzehnts der 1960er Jahre in eine solche figurale Qualität ein, das heißt nahmen neben ihren professionellen Tätigkeiten in der Wissenschaft (Habermas) bzw. im Film und in der Literatur (Kluge) öffentlich sichtbare politische Positionen ein, die sie zu anderen intellektuellen Kritikströmungen in ein komplexes Verhältnis setzten.

Nachhaltige intellektuelle Positionen und Traditionen bilden sich also nicht einzig durch Abgrenzung von anderen Positionen, sondern auf der Grundlage einer kritischen Auseinandersetzung mit dem „eigenen" Traditionsbestand, der es zuallererst ermöglicht, mit anderen intellektuellen Positionen in eine inhaltlich gefestigte Auseinandersetzung zu treten. In institutioneller Hinsicht muss hierfür eine Kommunikationssphäre vorhanden sein, die solche Rationalisierungsleistungen ermöglicht.[7] Im Falle der hier untersuchten linksintellektuellen Kritik war diese Voraussetzung durch ein Zusammenwirken folgender institutioneller und politisch-kultureller

---

Neubegründung einer intellektuellen Tradition, in: Lars Karl/Igor Polianski (Hrsg.), Geschichtspolitik und Erinnerungskultur im neuen Russland, Göttingen 2009, S. 48–64; Andreas Langenohl, Modernization, Modernity, and Tradition. Sociological Theory's Promissory Notes, in: John N. Kim/Richard Calichman (Hrsg.), Rethinking Cultural Difference. Around the Work of Naoki Sakai, London/New York 2010, S. 192–210.

6 Weber wandte dieses Verständnis von Rationalisierung in erster Linie auf religiöse Systeme an, denen er unterschiedliche Ausgestaltungen von Rationalität attestierte – vor allem mit Blick auf die Theodizee-Frage. Vgl. Max Weber, Zwischenbetrachtung: Theorie der Stufen und Richtungen religiöser Weltablehnung, in: ders., Die Wirtschaftsethik der Weltreligionen. Konfuzianismus und Taoismus. Schriften 1915–1920, hrsg. von Helwig Schmidt-Glintzer in Zusammenarbeit mit Petra Kolonko, Tübingen 1999, S. 209–233.

7 In Webers Ansatz übernehmen diese Aufgabe in erster Linie die verschiedenen Theologien, die hierzu durch religiöse Institutionen autorisiert werden (jedoch häufig auch bevormundet, worauf Webers Augenmerk allerdings nicht lag). Vgl. Weber, Zwischenbetrachtung, in: ders., Die Wirtschaftsethik der Weltreligionen.

Komponenten gegeben: ein akademisch-intellektuelles Milieu, in dem intellektuelle Positionen vertreten wurden, die in der Bundesrepublik (wenn auch nicht bei allen) hohe Autorität besaßen und schulbildend wirkten (die aus dem Exil in den USA zurückgekehrte Frankfurter Schule); ein in Absetzung von der nationalsozialistischen Diktatur sehr hoch geschätztes und bei Verstößen entsprechend verteidigtes Recht auf freie Meinungsäußerung in der Öffentlichkeit; die Studentenbewegung der 1960er Jahre, die linke Positionen neu und breitenwirksam artikulierte und damit intellektueller Kommunikation im linken Spektrum breite Öffentlichkeitswirksamkeit verschaffte; eine politisch ausdifferenzierte Landschaft von Erzeugnissen der Qualitätspresse, die intellektuelle Positionen effektiv zueinander ins Verhältnis setzte; und nicht zuletzt die Einrichtung öffentlich-rechtlicher Rundfunkanstalten, deren gesetzmäßiges Ziel die Information der Bevölkerung und die sachbezogene Debatte politischer Fragen ist und die damit intellektueller Kommunikation ganz allgemein eine Plattform bot.

Wie im Folgenden gezeigt wird, bildete sich eine linksintellektuelle Kritiktradition vor allem in Auseinandersetzung mit folgenden Komponenten dieser Konstellation heraus: erstens mit der unmittelbaren Vergangenheit Deutschlands, das heißt dem Nationalsozialismus, dem Holocaust und dem Zweiten Weltkrieg, die in dieser Kritiktradition zu (direkten oder indirekten) Letztbezügen intellektueller Positionierung wurden; und zweitens mit der medialen Landschaft der Bundesrepublik, die in der linksintellektuellen Kommunikation sowohl theoretische Behandlung erfuhr wie auch zur intellektuellen Positionierung genutzt wurde.

3 Deutsche Vergangenheiten und die Öffentlichkeit

Linksintellektuelle Kommunikation besaß eine starke Verankerung in akademischen Diskursen, insbesondere im Umfeld des wiedereröffneten Frankfurter Instituts für Sozialforschung. Dies gilt insbesondere auch für Jürgen Habermas und Alexander Kluge, die sich in ihrem Studium im teils direkten Umfeld von Max Horkheimer und Theodor W. Adorno bewegten. Allerdings war die Bezugnahme auf die Kritische Theorie Adornos und Horkheimers nicht frei von Spannungen. Habermas reichte seine eigentlich „Frankfurter" Habilitationsschrift zum „Strukturwandel der Öffentlichkeit" (1962) aufgrund von inhaltlichen Differenzen, die mit der in dieser Schrift dominierenden Bevorzugung eines emanzipatorischen Konzepts bürgerlicher Öffentlichkeit zu tun hatten, bei Wolfgang Abendroth in Marburg ein. Alexander Kluge wiederum arbeitete seit den 1960er Jahren eng mit Oskar Negt, seinerseits Assistent bei Habermas, zusammen, der mit Adorno in zunehmende Spannung bezüglich der Unterstützung der Studentenbewegung geriet. Adorno stand ihr skeptisch gegenüber, während Negt sie stark unterstützte.[8] So zeigen sich sowohl bei Habermas wie bei Kluge (und Negt) Ansätze einer kritischen Auseinandersetzung mit der Kritischen Theorie: bei Habermas in Form einer Konzeption politischer Öffentlichkeit, die, wenn auch teils aus der Perspektive ihres Zerfalls rekonstruiert, ein wesentlich optimistischeres Bild bürgerlicher kultureller Formen zeichnete, als es bei Adorno oder Horkheimer denkbar gewesen wäre;[9] und bei Kluge (in Zusammenarbeit mit Negt und zehn Jahre später)[10] in Form eines Erfahrungsbegriffs, der sich, in Abgrenzung von Adornos fast ausschließlich negativistischer Konzeption von Erfahrung, auf die öffentliche (Mit-)Teilbarkeit kollektiver Lebenspraxis (vornehmlich unter Arbeiter/-innen) bezog.[11]

Linksintellektuelle Kommunikation in der Bundesrepublik begründete sich somit durch eine immanent kritische Auseinandersetzung mit einer ihrerseits kritisch-akademischen Tradition. Dies zeigt sich auch im weiteren Fortgang der Arbeiten von Habermas wie Kluge, die kulturellen Prozessen in der politischen Konstitution der Gesellschaft eine weitaus wichtigere und eigenständigere Rolle einräumen als die klassische kritische Theorie. Beide Intellektuelle maßen dem durch das nationalsozialistische Deutschland verursachten millionenfachen Leiden nach wie vor eine zentrale Bedeutung für das Verständnis der Gegenwart und des Gesellschaftlichen im Allgemeinen zu (und folgten darin der Kritischen Theorie). Hieraus ergaben sich indes ambivalente Wahrnehmungen jener kulturellen Prozesse sowie ein besonderes Augenmerk auf Chancen und Möglichkeiten öffentlicher Kommunikation. Dies zeichne ich im Folgenden, verkürzt und schlagwortartig, anhand einiger Einblicke in Kluges und Habermas' Werk nach.

An Kluges Werk ist in diesem Zusammenhang vermutlich vor allem der stark fragmentarische und collagenhafte Charakter hervorzuheben, durch den sich zugleich wie ein roter Faden die Exploration der Möglichkeit kollektiver und öffentlicher Erfahrung in einer kapitalistischen, postmilitaristischen Gesellschaft zieht. Fragment- und collagenhaft ist das Werk deswegen, weil es auf weite Strecken Ausschnitte und Ausrisse unterschiedlicher Diskurse sowie „kleine" literarische Formen (wie die Miniatur) mobilisiert. Die Versammlung unterschiedlicher Diskursformate und -bruchstücke findet sich beispielhaft ebenso in „Schlachtbeschreibung" (1964, wo dokumentarische, faktuale und fiktionale Darstellungsweisen der Schlacht von

---

8 Oskar Negt (Hrsg.), Die Linke antwortet Jürgen Habermas, Frankfurt a. M. 1968.
9 Jürgen Habermas, Strukturwandel der Öffentlichkeit. Untersuchungen zu einer Kategorie der bürgerlichen Gesellschaft, Neuwied/Berlin 1962.
10 Oskar Negt/Alexander Kluge, Öffentlichkeit und Erfahrung. Zur Organisationsanalyse von bürgerlicher und proletarischer Öffentlichkeit, Frankfurt a. M. 1972.
11 Miriam Hansen, Foreword, in: Oskar Negt/Alexander Kluge, Public Sphere and Experience. Toward an Analysis of the Bourgeois and Proletarian Public Sphere, Minneapolis/London 1993, S. IX-XLI, hier S. XIV-XX.

Stalingrad miteinander kombiniert werden)[12] wie in „Lernprozesse mit tödlichem Ausgang"[13] (1973) sowie vor allem in zahlreichen Fernsehbeiträgen Kluges seit den 1960er Jahren.[14] In „Öffentlichkeit und Erfahrung" (1972), gemeinsam mit Negt verfasst, stellt Kluge nicht allein eine systematische Abhandlung der Möglichkeiten und Hindernisse kollektiver Repräsentationen proletarischer Lebenswirklichkeiten in der Bundesrepublik dar, sondern baut in den Verlauf der Argumentation ausgedehnte Zitate aus der Geschichte der Kapitalismustheorie ein. Diese Zitate dienen nicht direkt belegenden Zwecken, sondern werden eher wie Monumente präsentiert, die zu einer Betrachtung von unterschiedlichen Seiten einladen. In inhaltlicher Hinsicht durchzieht die genannten Werke ein Interesse an Formen öffentlicher Repräsentierbarkeit von Lebenspraxis angesichts einer diese Praxis stark einschränkenden institutionellen und politisch-kulturellen Kontextspezifik der westdeutschen, kapitalistischen Nachkriegsgesellschaft. So weit „Schlachtbeschreibung" und „Öffentlichkeit und Erfahrung" unter inhaltlichem Gesichtspunkt auseinanderliegen mögen, eint sie die Darstellung einer Spannung zwischen Realitäten der deutschen Geschichte (die Schlacht von Stalingrad) bzw. des deutschen Alltags (der Proletarier) einerseits und Hindernissen andererseits, die einer Konstitution dieser Realitäten als Erfahrungen, das heißt kollektiv validierten und öffentlich abgegoltenen Nachvollzügen entgegenstehen. In „Schlachtbeschreibung" durchbricht Kluge solche Hindernisse, die zum Zeitpunkt der Publikation hauptsächlich in einer untrennbar scheinenden Kopplung der Erinnerung an Opfer unter deutschen Soldaten und Geschichtsrevisionismus bestanden. Dies geschieht durch Darstellungstechniken, die die Schlachterfahrung bildhaft extrem verdichten und deren monströse Groteskheit zugleich durch thematische Elemente aus der Science-Fiction-Literatur verfremden. „Öffentlichkeit und Erfahrung" repliziert die argumentative Struktur der dialektischen Methode mit Blick auf die Repräsentierbarkeit der Erfahrung proletarischer Lebenszusammenhänge: Diese werden durch die bürgerlich überformte Landschaft der Massenmedien der Bundesrepublik strategisch verfehlt (zum Beispiel durch die gezielte Auslassung von industrieller Produktion aus dem Begriff von Öffentlichkeit, obwohl massenmediale Öffentlichkeit selbst industriell geprägt ist). Gleichzeitig stellen gerade die audiovisuellen Medien technologisch eine historisch nie dagewesene Chance zur Dissemination und kollektiven Validierung proletarischer Lebenswirklichkeit dar. In beiden Texten zeigt sich zudem eine Neigung, die sich später in Kluges Werk noch verstärken sollte: Der von der Kritischen Theorie festgehaltenen, unaufhaltsam katastrophischen Tendenz moderner kapitalistischer Gesellschaften

---

12 Alexander Kluge, Schlachtbeschreibung, Frankfurt a. M. 1983. Eine erste Fassung erschien 1964 mit dem Untertitel „Der organisatorische Aufbau eines Unglücks".
13 Alexander Kluge, Lernprozesse mit tödlichem Ausgang, Frankfurt a. M. 1973.
14 Siehe hierzu Richard Langston, Toward an Ethics of Fantasy. The Kantian Dialogues of Oskar Negt and Alexander Kluge, in: The Germanic Review. Literature, Culture, Theory 85 (2010), H. 4, S. 271–293.

in Form einer Entschränkung rein instrumenteller Rationalität – verkörpert vielleicht am sinnfälligsten in Adornos Figur der „permanente[n] Katastrophe",[15] das heißt einer Gegenwart, die eskalatorisch in die Zukunft fortrollt – wird mit dem Aspekt einer möglicherweise anderen Zukunft begegnet, die kraft dieser Andersheit bereits in die Gegenwart einwirkt.[16]

In Habermas' Werk zeigt sich der auf Reformulierung abzielende Anschluss an die Kritische Theorie als maßgeblicher Stichwortgeber linksintellektueller Kritik in der alten Bundesrepublik sowohl im theoretischen Œuvre[17] wie auch in den öffentlich-politischen Interventionen. Diese Tendenz wird Anfang der 1960er Jahre im „Strukturwandel" deutlich sichtbar, in dem Habermas die Herausbildung bürgerlicher, politisch-intellektuell debattierender Öffentlichkeit als konstitutives Moment eines partizipatorischen Verständnisses der politischen Verfasstheit moderner Gesellschaften rekonstruiert: Im Erscheinen von Schriften, die in einem anonymen Publikum zirkulieren und politischer Einflussnahme zunehmend kritisch entgegentreten, erkennt er in der europäischen Frühmoderne die Entstehung eines kommunikativen Prinzips, das universelle Inklusion, umfassende Transparenz und argumentative Rationalität zusammenbringt und zu einer Kommunikationsnorm verdichtet, die das Fragen nach einer guten Gesellschaft unausweichlich macht. Habermas legt so den Grundstein eines modernetheoretischen Programms, das ins Zentrum eine dynamisierende Spannung zwischen auf Universalität zielenden Normen sozialer Kommunikation und Interaktion und ihren je empirischen Verfehlungen und Hindernissen stellt.[18] Zeitgenössische Entwicklungen – etwa die Konsequenzen massenmedialer Kommunikation, aber auch sozialstaatlicher Entwicklungen – werden aus dieser Perspektive kritisierbar, ohne den von der Moderne selbst gesetzten normativen Rahmen der (kommunikativen) Rationalität verlassen zu müssen, gerade weil sich dieser Rahmen zunehmend selbst institutionalisiert. Die Modernekritik, die ein zentrales Merkmal der Kritischen Theorie ist, wird so von Habermas fortgeführt, zugleich aber deren dialektisches Prinzip fundamental anders interpretiert: Es geht bei Habermas nicht um die stark geschichtsphilosophisch perspektivierte, eskalatorische Zuspitzung fundamentaler Selbstwidersprüche der kapitalistischen Moderne,

---

15 Theodor W. Adorno, Ästhetische Theorie, Frankfurt a. M. 1973, S. 204.
16 Siehe hierzu Leslie A. Adelson, Cosmic Miniatures and the Future Sense. Alexander Kluge's 21st-Century Literary Experiments in German Culture and Narrative Form, Berlin/Boston 2017; auch Leslie A. Adelson, Experiment Mars. Contemporary German Literature, Imaginative Ethnoscapes, and the New Futurism, in: Mark W. Rectanus (Hrsg.), Über Gegenwartsliteratur: Interpretationen und Interventionen/About Contemporary Literature: Interpretations and Interventions. Festschrift für/for Paul Michael Lützeler zum 65. Geburtstag, Bielefeld 2008, S. 23–49.
17 Siehe hierzu Axel Honneth, Frankfurter Schule, in: Hauke Brunkhorst/Regina Kreide/Cristina Lafont (Hrsg.), Habermas-Handbuch, Stuttgart 2009, S. 17–20; Rick Roderick, Habermas und das Problem der Rationalität. Eine Werkmonographie, Hamburg 1989, S. 84–129.
18 Jürgen Habermas, Theorie des kommunikativen Handelns. Band 2: Zur Kritik der funktionalistischen Vernunft, Frankfurt a. M. 1981.

sondern um die gesellschaftstheoretisch rekonstruierte, systematische Entfaltung von Konfliktfeldern, die durchaus politisch bearbeitet werden können und deren Ergebnisse daher nicht feststehen.

Diese theoretische Strategie findet einen Widerhall in Habermas' intellektuell-politischem Auftreten seit den 1960er Jahren. In zahlreichen Beiträgen zu Publikationsorganen der linksliberalen politischen Öffentlichkeit setzt sich Habermas immer wieder mit den Grundlagen politischen Handelns in der Bundesrepublik auseinander, beispielsweise mit moralisch zulässigen Formen politischen Bekenntnisses,[19] mit der Rolle der Erinnerung des Nationalsozialismus und des Holocaust für das politische Selbstverständnis der Bundesrepublik[20] und mit der Zulässigkeit öffentlicher Proteste im Zuge verschiedener sozialer Bewegungen.[21] Was diese Interventionen programmatisch verbindet und zugleich im Kontext des theoretischen Werks verankert, ist die Form ihrer intellektuellen Kritikposition: Habermas' teils auch rhetorisch scharfe Zurückweisung konservativer und revisionistischer Positionen im deutungskulturellen Diskurs der Bundesrepublik begründet sich nicht in einer resoluten und selbstgewissen Verortung im politischen Spektrum, sondern in der Inanspruchnahme von Reflexivierungsprozessen, die gebieten, jegliche politische Position theoretisch-gegenwartsdiagnostisch zu begründen und die historische Bedingtheit der Bundesrepublik durch das „Dritte Reich" als Anker der Gegenwartsdiagnose zu nehmen.

Als Zwischenfazit lässt sich festhalten, dass Kluges wie Habermas' Werk von Ausdeutungen der Kritischen Theorie im Hinblick auf die deutsche Gesellschaft getragen ist. An deren politisch-kultureller Eigendrift hatten beide Intellektuelle ein herausragendes, gegenüber der Kritischen Theorie unvergleichlich stärkeres Interesse. Gerade hierdurch konnten sie Positionen, die aus der Auseinandersetzung mit der Kritischen Theorie gewonnen wurden, stärker im Historisch-Empirischen verankern. Somit wurde dem Negativismus des Dialektikverständnisses der Kritischen Theorie eine dynamisierte und geöffnete Dialektik entgegengesetzt, die aber keinesfalls eine Abwendung von grundlegenden Dilemmata und Paradoxa der Bundesrepublik annoncierte. Vielmehr beruhten die intellektuellen Stellungnahmen in Habermas' und Kluges Schaffen gerade darauf, dass sie im Lichte der nationalsozialistischen Vergangenheit sehr ambivalent auf die Gegenwartsgesellschaft Bezug nahmen: Ihre Wortmeldungen erfolgten weder im Gestus einer selbstsicheren Be-

---

19 Jürgen Habermas, Eine Art Schadensabwicklung. Kleine politische Schriften VI, Frankfurt a. M. 1987, S. 159–179; ders., Die nachholende Revolution. Kleine politische Schriften VII, Frankfurt a. M. 1990, S. 149–175.
20 Ders., Eine Art Schadensabwicklung, S. 115–158.
21 Ders., Demokratisierung der Hochschule – Politisierung der Wissenschaft? (1969), in: ders., Kleine politische Schriften I-IV, Frankfurt a. M. 1981, S. 186–196; ders., Studentenprotest in der Bundesrepublik (1967), in: ders., Kleine politische Schriften I-IV, Frankfurt a. M. 1981, S. 217–238; ders., Die neue Unübersichtlichkeit. Kleine politische Schriften V, Frankfurt a. M. 1985, S. 79–99.

standsaufnahme des institutionellen und politisch-kulturellen Fortschritts der Bundesrepublik gegenüber dem Nationalsozialismus noch einer pauschalen Ablehnung der bundesdeutschen Institutionen als bloßen Inkarnationen von Faschismus und Kapitalismus. Stattdessen zeigten sie einen vorsichtigen Optimismus bezüglich der Etablierbarkeit und Stabilisierbarkeit von höchst reflexiven, fragilen und latent instabilen Formen kollektiver Repräsentationen und politischer Selbsteinwirkung. Von einer linken Antisystemkritik unterschieden sich diese linksintellektuellen Interventionen wiederum darin, dass der Entwurf möglicher Emanzipation auf einer Anerkennung des Eigensinns politischer und kultureller Institutionen der Bundesrepublik beruhte. Damit stand linksintellektuelle Kritik der 1960er bis 1980er Jahre auch in Kontinuität zu dem Ringen um Formen und Modalitäten der politischen Auseinandersetzung mit dem Nationalsozialismus im politischen System der Bundesrepublik – ein Ringen um die „moralische Souveränität" der Bundesrepublik im politisch-kulturellen Umgang mit der NS-Vergangenheit, wie Helmut Dubiel es in seiner Analyse der Thematisierung des Nationalsozialismus in westdeutschen Parlamentsdebatten genannt hat.[22] Solange dieses Ringen andauerte, bestand eine Ressource zur kritisch-selbstreflexiven Einnahme einer linksintellektuellen Position in der bundesdeutschen Öffentlichkeit.

4 Reflexion der und Umgang mit den Massenmedien

Der zweite Themenkomplex, der hier zur Diskussion steht, betrifft das Verhältnis linksintellektueller Kritik zu den Massenmedien der bundesrepublikanischen Öffentlichkeit. Entsprechend dem Selbstverständnis der Bundesrepublik als verfassungsgemäß demokratisch-republikanisches Gebilde war nicht nur die Pressefreiheit ein zentraler Bestandteil der politisch-öffentlichen Ordnung, sondern auch die Etablierung von Institutionen, die eine gewisse Pluralität und Sachorientiertheit der politischen Debatte gewährleisten sollten: die öffentlich-rechtlichen Rundfunkmedien. Auch wenn aus heutiger Perspektive – zumal in der Zusammenschau mit der Dominanz des Massenblattes der Bild-Zeitung – die pluralistische Qualität eher beschränkt erscheint, sollte nicht übersehen werden, dass die öffentlich-rechtlichen Medien ebenso wie eine sich ausdifferenzierende Landschaft an Erzeugnissen der Qualitätspresse die Einnahme gerade linksintellektueller Positionen stark beförderten. Zugleich formierten sich diese Positionen durchaus in kritischer Affirmation dieser Medienlandschaft.

Um dies zu zeigen, beginnt man bei Kluge sinnvollerweise wiederum bei „Öffentlichkeit und Erfahrung". Die Autoren konstatieren hier, in auch begrifflicher An-

---

[22] Dubiel, Niemand ist frei, S. 285–289.

lehnung an die Kritische Theorie, eine „Industrialisierung des Bewusstseins", das heißt eine Privatisierung, Atomisierung und Entfremdung von gelebter Erfahrung in den Formaten der Rundfunkmedien (vor allem des Fernsehens) und in sich herausbildenden multimedialen Konfigurationen (etwa Fernsehsendungen in Kombination mit dem Vertrieb von Audiokassetten).[23] Das grundlegende Problem der zeitgenössischen Massenmedien wurde insbesondere darin gesehen, dass diese eine systematische Verzerrung bzw. Ausblendung der Lebenszusammenhänge und Öffentlichkeitsformen proletarischer Milieus herbeiführten. Gerade indem multimodale mediale Formate in der Lage seien, den Anschein umfassender Repräsentation von Lebenszusammenhängen zu erzeugen, würden diejenigen, die in diesen Repräsentationen nicht vorkämen, umso effektiver ausgeblendet und in ihrer gesellschaftlichen und politischen Virulenz geleugnet. Negt und Kluge nennen dies „Scheinöffentlichkeit".[24] Das Problem wird daher nicht (wie teilweise in der Kritischen Theorie, Stichwort „Kulturindustrie" oder „Reproduzierbarkeit")[25] in der technologischen Verfasstheit der audiovisuellen Massenmedien gesehen, sondern in deren kapitalistischer Organisationsform.[26] Damit wiederum ist nicht primär die Frage der Eigentumsstruktur der Medien gemeint, sondern eine Formatierung von Öffentlichkeit entlang kapitalistischer Reproduktionszwänge. Im Falle der Massenmedien zeige sich dies an einer Ausblendung proletarischer, das heißt sich der kapitalistischen Produktionsweise verdankender Lebenszusammenhänge aus der „Scheinöffentlichkeit", worin eine Verlängerung und Radikalisierung der frühkapitalistischen Invisibilisierung materieller und sozialer Reproduktion kraft Abdrängung in den Bereich des „Privaten" zu sehen sei. Grundsätzlich seien Massenmedien aber sehr wohl in der Lage, die Reproduktionsverhältnisse der Gesellschaft zu reflektieren – mehr noch: Emanzipation kann es aus der Sicht von Kluge und Negt nur mit, nicht gegen die Massenmedien geben.[27]

Hinzu kam (insbesondere bei Kluge, aber auch bei Negt) seit den 1970er Jahren ein Experimentieren in massenmedialen Formaten.[28] Dieses Experimentieren stand

---

[23] Eberhard Knödler-Bunte, The Proletarian Public Sphere and Political Organization. An Analysis of Oskar Negt and Alexander Kluge's The Public Sphere and Experience, in: New German Critique 4 (1975), S. 51–75.
[24] Negt/Kluge, Öffentlichkeit und Erfahrung, S. 141.
[25] Max Horkheimer/Theodor W. Adorno, Kulturindustrie. Aufklärung als Massenbetrug, in: dies., Dialektik der Aufklärung. Philosophische Fragmente, Frankfurt a. M. 1969 [1944], S. 128–176; Walter Benjamin, Das Kunstwerk im Zeitalter seiner technischen Reproduzierbarkeit, Frankfurt a. M. 1966.
[26] Hansen, Foreword, in: Negt/Kluge, Public Sphere, S. XXI-XXIII.
[27] Vgl. ebenda; Rainer Stollmann, Wissen ist Nacht: Elementare Begriffe der Medientheorie von Alexander Kluge und Oskar Negt, in: Glossen: Eine internationale zweisprachige Publikation zu Literatur, Film, und Kunst in den deutschsprachigen Ländern nach 1945, 22 (2005), o. P.; David Sholle, Access through Activism. Extending the Ideas of Negt and Kluge to American Alternative Media Practices, in: The Public 2 (1995), H. 4, S. 21–35.
[28] Hansen, Foreword, in: Negt/Kluge, Public Sphere, S. XXIV.

konzeptuell in Kontinuität zu dem wichtigen Begriff der „Erfahrung". In „Öffentlichkeit und Erfahrung" wie auch in „Lernprozesse mit tödlichem Ausgang" findet sich das Motiv, dass „Erfahrung" nicht auf eine Kategorie oder ein Resultat individuellen Erlebens reduziert werden darf. Vielmehr konstituiert sie sich als kollektives, eben öffentliches Phänomen, in dem biographische Ereignisse symbolisch zu Lebenszusammenhängen aufgestuft werden, wodurch ihre gesellschaftliche Konstitution und damit Veränderbarkeit in den öffentlichen Blick gerät.[29] Erfahrung ist somit Resultat eines kollektiven Lernprozesses.[30] Kluge nutzte seit den 1970er Jahren gerade die audiovisuellen Medien, um solche Lernprozesse sichtbar zu machen. Die Massenmedien stellen daher nicht einfach eine Bühne zur Aufführung fertiger Kollektivrepräsentationen dar, sondern können, aufgrund ihres multimodalen und temporalisierten Charakters, die Produktion solcher Repräsentationen dokumentieren – wie auch die radikale Kontingenz ihrer Übereinstimmung mit der außermedialen Wirklichkeit. Kluges (und Negts) massenmediale Produktion zielte darauf ab, Lernprozesse in ihrer sozialen Situiertheit und kollektiven Anschlussfähigkeit zu zeigen, indem sie gerade nicht als universalisierte und generalisierte Repräsentationen der Gesellschaft, sondern als hochpartikulare und idiosynkratische Fomierungsprozesse zur öffentlichen Anschauung gelangen.[31] In dieser – manchmal den Anschein des Skurrilen nicht leugnenden – Nutzung der Massenmedien verbirgt sich die subtile Dekonstruktionsgeste, die Massenmedien, deren Einbahnstraßencharakter immer wieder beklagt wurde,[32] zur Dokumentation dialogischer, auf Ergebnisoffenheit und gegenseitige Inspiration zielender Lernformate zu nutzen. Dieser Entwurf, der sich zumindest implizit gegen Habermas' Prinzip kommunikativer Rationalität richtet, sieht als Ziel von Öffentlichkeit nicht einen von Subjekten abgelösten Konsens, sondern die Bewirkung eines gegenseitigen Ansporns bei der Kultivierung und Mitteilung partikularer Imaginationen.[33]

Im Falle von Habermas gestaltet sich die Reflexivität des Verhältnisses zu den Massenmedien etwas anders. Man kann seine Sozial- und Kulturtheorie als eine,

---

[29] Kluge, Lernprozesse, S. 5.
[30] Siehe auch Oskar Negt, Soziologische Phantasie und exemplarisches Lernen. Zur Theorie der Arbeiterbildung, Frankfurt a. M. 1968.
[31] Erich Mohn/Oskar Negt, Gegenöffentlichkeit, Medien und kommunikative Kompetenz. Ein Gespräch mit Oskar Negt über „Öffentlichkeit und Erfahrung", in: Medien + Erziehung. Zweimonatsschrift für audiovisuelle Kommunikation 34 (1990), H. 5, S. 260–266; Langston, Toward an Ethics of Fantasy, in: The Germanic Review. Literature, Culture, Theory 85 (2010), H. 4.
[32] Peter Hunziker, Medien, Kommunikation und Gesellschaft, Darmstadt 1988.
[33] Langston, Toward an Ethics of Fantasy, in: The Germanic Review. Literature, Culture, Theory 85 (2010), H. 4. Zur Wahrnehmung einer Spannung zwischen Kluge/Negt und Habermas s. auch Knödler-Bunte, The Proletarian Public Sphere, in: New German Critique 4 (1975); Hansen, Foreword, in: Negt/Kluge, Public Sphere, S. XXVI; Juha Koivisto/Esa Valiverronen, The Resurgence of the Critical Theories of Public Sphere, in: Journal of Communication Inquiry 20 (1996), H. 2, S. 18–36, hier S. 22–24.

wenn auch sich selbst herunterspielende, Theorie der massenmedialen Konstellation lesen. Der „Strukturwandel" hebt die Bedeutung publizistischer und literarischer Kommunikation durch die manufakturiell gesteigerte Zirkulation von Printerzeugnissen bei der Entstehung des Prinzips der Öffentlichkeit im frühmodernen Europa hervor.[34] Die „Theorie des kommunikativen Handelns" (1981) hingegen streift die zeitgenössische massenmediale Öffentlichkeit in Form des Hinweises, dass ihr grundsätzlich – ungeachtet der Konzentrationstendenzen und der Asymmetrie zwischen Sendern und Empfängern – emanzipatorische Potenziale zu eigen seien.[35] Dieses Argument nimmt sich wie ein Exempel für die oben dargestellte allgemeine theoretische Strategie der Gegenüberstellung von prinzipiellen Kommunikationsnormen und empirischen Kommunikationsweisen aus. Die Moderne erscheint im Entwurf von Habermas somit nicht nur als eine gesellschaftliche und kulturelle, sondern auch als eine mediale Konstellation – nämlich eine massenmediale.

Die auch Habermas prägende Ambivalenz im theoretischen wie intellektuellen Verhältnis zu den Massenmedien steht in Beziehung zu dieser latenten medientheoretischen Grundlegung seines Öffentlichkeitskonzepts. In seinen sozialtheoretischen Schriften changiert sie zwischen der Betonung der emanzipativen Potenziale massenmedialer Kommunikation und Zirkulation und dem Warnen vor ihren unter Umständen Herrschaft und Dominanz stabilisierenden Aspekten. Diese Ambivalenz ist vor allem im „Strukturwandel" präsent. Einerseits weist Habermas darauf hin, dass die printmediale Zirkulation der Neuzeit sich gegen politische Bevormundung richtete, feudaler Öffentlichkeit als Repräsentationsraum mit dem bürgerlichen Konzept von Öffentlichkeit als Debattierraum begegnete und sich hierdurch gewissermaßen auf dieselbe Ebene wie die politische Herrschaft begab: nämlich die Ebene politischer Kommunikation. Die Massenmedien eröffneten somit einen Raum für politische Imaginationen,[36] der den Vorstellungen der politischen Herrschaft grundsätzlich mindestens ebenbürtig war. Andererseits endet der „Strukturwandel" mit einer Warnung vor einem sich fortsetzenden Niedergang politischer öffentlicher Deliberation durch die „kommerziell[e] Umfunktionierung" der Massenmedien.[37]

Diese Art von Medienkritik sollte allerdings bei Habermas späterhin eine weitaus weniger wichtige Rolle spielen. Vielmehr dokumentieren seine eigenen sehr zahlreichen politisch-intellektuellen Interventionen in verschiedenen Blättern der politischen Qualitätspresse der Bundesrepublik auf performative Weise die Funktionalität derjenigen deliberativen Öffentlichkeit, die das politische Korrelat seines sozial- und kulturtheoretischen Öffentlichkeitsentwurfs ist. Die bundesdeutsche Pres-

---

34 Habermas, Strukturwandel, S. 55–63.
35 Habermas, Theorie, Bd. 2, S. 573.
36 Dieser Punkt wird auch unabhängig von Habermas von Charles Taylor (Modern Social Imaginaries, in: Public Culture 14 (2002), H. 1, S. 91–124) und Benedict Anderson (Imagined Communities. Reflections on the Origin and Spread of Nationalism, London 1987) gestreift.
37 Habermas, Strukturwandel, S. 185.

se- und Rundfunklandschaft bot für eine solche performative Demonstration seit den 1970er Jahren ein hochgeeignetes Terrain. Einerseits drängte sie Positionen radikaler Antisystemkritik in periphere Gegenöffentlichkeiten ab, andererseits aber war sie hinreichend differenziert, um klare Positionskonflikte zu ermöglichen. Hinzu kamen „begünstigend" einige bedeutsame politische Konflikte seit den späten 1960er Jahren (Studentenbewegung, RAF, Friedensbewegung und Anti-Atomwaffenproteste etc.), die zur immer neuen intellektuell-politischen Bestimmung der Richtung, Reichweite und moralischen Begründung deutscher Innen- und Außenpolitik drängten. Innerhalb dieser diskursiven, in den politischen Massenmedien ausgetragenen dynamischen Konstellation bot sich die Möglichkeit, revisionistische politische Positionen zu bekämpfen und gleichzeitig die Effektivität öffentlicher Deliberation als politisches Prozessprinzip unter Beweis zu stellen.

Die Beispiele von Habermas und Kluge zeigen, wie bedeutsam das Verhältnis zu den Massenmedien für die Herausbildung einer linksintellektuellen Position war. Im Umfeld der Kritischen Theorie (deren „klassische" Vertreter ja selbst eine gewisse massenmediale Präsenz hatten), die den Massenmedien eine herausragende Bedeutung bei der theoretischen Bestimmung des Kapitalismus und seiner Auswirkungen beimaß, war es schlechterdings unmöglich, sich zu den Massenmedien nicht zu verhalten. Zugleich bestand die Komplementarität zwischen der immanenten Kritik, die Habermas und Kluge an Adorno und Horkheimer übten, und ihrem Bezug auf und ihre Arbeit mit den Massenmedien, die wesentlich unbefangener war, in der Herausstellung der grundsätzlichen Ambivalenz einer kapitalistischen, modernen Gesellschaft, deren Vorgängerin den Holocaust zu verantworten hatte. Dies wird sichtbar in Kluges (und Negts) wider die Eigenlogik des Mediums gerichteten Inszenierung des Dialogischen ebenso wie in Habermas' Nutzung politischer Massenkommunikationsmedien, deren Systemcharakter er jederzeit kritisieren konnte, ohne dass ihm dies die Möglichkeit verschloss, ihre politische Binnenheterogenität zur Demonstration der Effektivität politisch-rationaler Deliberation zu nutzen.

Jürgen Habermas und Alexander Kluge (v. l. n. r.), 1986
(Foto: Bayerische Staatsbibliothek München/Bildarchiv, Felicitas Timpe)

5 Das Abebben der linksintellektuellen Kritiktradition

Wurde hier die Bezugnahme auf den Nationalsozialismus und auf die Massenmedien der Bundesrepublik ins Zentrum der Überlegungen zur Herausbildung linksintellektueller Positionen und ihrer Traditionsbildung gestellt, so sind mit diesen beiden Faktoren zugleich zwei Gründe für das allmähliche Abebben dieser Positionen angesprochen. Meiner Ansicht nach trugen zu diesem Niedergang erstens die Konsolidierung staatlich-öffentlichen Gedenkens der Opfer des Nationalsozialismus und zweitens ein erneuter „Strukturwandel der Öffentlichkeit" bei, der die mediale Verfasstheit politischer Öffentlichkeit betrifft und auf das Schlagwort der Digitalisierung gebracht werden kann. Auf beides kann ich aus Platzgründen nur skizzenhaft eingehen.

Am 8. Mai 1985 hielt der damalige Bundespräsident Richard von Weizsäcker in einer Gedenkstunde vor dem Deutschen Bundestag eine Rede mit dem Titel „Befreiung vom Nationalsozialismus", in der er erstmals die verschiedenen Opfergruppen des Nationalsozialismus ins Zentrum des moralisch-politischen Selbstverständnisses Deutschlands rückte. In den 1990er Jahren fanden heftige Debatten über die materielle Entschädigung von NS-Opfern statt, die im Ergebnis zur Einrichtung eines Entschädigungsfonds für NS-Zwangsarbeiter führten. Sie inaugurierten aber auch ein neues Verständnis staatlicher Erinnerungspolitik im nun vereinigten Deutschland, demzufolge das Gedenken des Nationalsozialismus und seiner Opfer die fraglose Grundlage des historischen Selbstverständnisses Deutschlands ist. Dieser staatlich-offizielle Konsens (der in den letzten Jahren zunehmend von weit rechten Kräften herausgefordert wird) führte zu einer Entpolitisierung der Erinnerung an den Nationalsozialismus.[38] Damit fiel auch eine wichtige inhaltliche Querstrebe zwischen linksintellektueller Selbstverständigung und ihrer streitbaren Präsenz in der Öffentlichkeit fort.

Weiterhin bildete für die linksintellektuelle Kritiktradition der Bundesrepublik die gezielt ambivalente Auseinandersetzung mit den Massenmedien einen wichtigen Traditionsanker, weil das System der Massenmedien zum Gegenstand theoretisch-kritischer Reflexion avancierte und gleichzeitig als Vehikel politischer Intervention genutzt wurde. Man kann Habermas' und Kluges Positionen nur unvollständig erfassen, wenn man nicht in Rechnung stellt, dass beide die Massenmedien nutzten, um sich in Abgrenzung zu ihnen beziehungsweise in kritischer Auseinandersetzung mit ihnen zu artikulieren. Diese massenmediale Konstellation weicht aber seit den

---

38 Andreas Langenohl, In der PR-Abteilung der Deutschland-AG? Über den Entschädigungsfonds für NS-Zwangsarbeiter, in: Herbert Willems (Hrsg.), Die Gesellschaft der Werbung. Kontexte und Texte – Produktionen und Rezeptionen – Entwicklungen und Perspektiven, Opladen 2002, S. 301–322.

2000er Jahren zunehmend einer Konstellation „nach den Massenmedien", in der digitale Kommunikationsformate, die sich abseits der großen Verlagshäuser und der öffentlich-rechtlichen Medien organisieren, rapide an Bedeutung gewinnen. Diese Veränderung führt, mit Bezug auf die politische Öffentlichkeit, dazu, dass die Spannung zwischen den politischen Normen medialer Teilhabe und den organisationalen Realitäten einer Dominanz der Massenmedien über ihr Publikum, die so wichtig für die Konstitution linksintellektueller Kritik war, kollabiert. Sie weicht der Verheißung, dass an digitalen Foren endlich „alle" teilhaben könnten.[39] Dies ist evidenterweise nicht der Fall, jedenfalls nicht in einer irgendwie politisch-kommunikativ anspruchsvollen Art und Weise – im Gegenteil scheinen Phänomene wie Shitstorm und digitale Belästigung das Prinzip der Teilhabe „aller" selbst zu diskreditieren. Es gehört daher zu den drängenden intellektuellen Aufgaben der Gegenwart, diese neue Spannung zwischen einer Norm und einer Praxis in einer Konstellation nach den Massenmedien in ähnlich anspruchsvoller Weise aufzubereiten, wie es die mittlerweile nur noch wenig präsente linksintellektuelle Kritik mit dem System der Massenmedien getan hat.

---

39 Andreas Langenohl, Informationen gegen Fake News. Zur postnormativen Moralisierung der Massenmedien, in: Stefan Joller/Marija Stanisavljevic (Hrsg.), Moralische Kollektive, Wiesbaden 2019, S. 75–95.

Stephan Isernhagen
„Es gibt noch Positionen zu verteidigen"
Susan Sontag und das Mandat des „allgemeinen Intellektuellen"[1]

Susan Sontag, die in den 1960er Jahren zu einer bekannten und prominenten Intellektuellen aufgestiegen war, lebe das Leben einer „gefährdeten Spezies", einer „aussterbenden Art", hieß es in einem Bericht über die US-Amerikanerin im November 1987 in einer Zeitung aus Dallas, Texas.[2] Im selben Jahr publizierte Russel Jacoby seine Studie „The Last Intellectuals" und wählte dieselben Wörter: Der nicht-akademische Intellektuelle sei eine „aussterbende Art".[3] Sontag selbst hatte schon 1978 über den „unabhängigen Intellektuellen" („freelance intellectual") als eine „aussterbende Spezies" in einem Essay reflektiert, in dem sie sich mit dem deutschen Philosophen Walter Benjamin befasst hatte. Benjamin habe gefühlt, dass er in einer Zeit lebe, in der „alles Wertvolle das letzte seiner Art" gewesen sei.[4] Sontag, wird gemeinhin angenommen, habe sich insgeheim mit Benjamin verglichen. Immerhin behauptete ihr eigener Verlag Farrar, Straus & Giroux (FSG) in Werbematerialien für ihre dritte Essaysammlung „Under the Sign of Saturn", in welcher der Text über Benjamin erschien, dass man Sontag, wenn man sie denn mit anderen Schriftstellern vergleiche, am ehesten neben ihn stellen könne.[5] Susan Sontag selbst äußerte sich entsprechend in Gesprächen mit Journalisten.[6] Verkörperte sie – als letzte Überleben-

---

[1] Susan Sontag in einem Essay zur Antwort auf die Frage Adornos an Walter Benjamin, warum er Frankreich so spät verlassen habe. Susan Sontag, Under the Sign of Saturn, New York 2002, S. 133. Der vorliegende Beitrag basiert auf Passagen meines Dissertationsmanuskripts, das ich 2013 an der Universität Bielefeld eingereicht habe. Die Dissertationsschrift ist 2016 erschienen, als Susan Sontag. Die frühen New Yorker Jahre, Tübingen.
[2] A. Jarmush, Sontag Lives Intellectual Life of a Dying Breed, in: Dallas Times Herald vom 23.11.1987; siehe auch Susan Sontag Papers, University of California at Los Angeles (UCLA), Special Collections, Collection 612 [im Folgenden: SSC], Box 323, Hefter ohne Nummerierungen.
[3] Russel Jacoby, The Last Intellectuals. American Culture in the Age of Academe, New York ²1989, S. 7.
[4] Sontag, Under the Sign of Saturn, S. 133.
[5] Siehe die Ankündigung von „Under the Sign of Saturn" von Farrar, Straus & Giroux, Inc. Records [im Folgenden: FSG] in der New York Public Library, Special Collections, Box 100, Hefter 8. Siehe dazu auch Michiko Kakutani, For Susan Sontag, the Illusions of the 60's Have Been Dissipated, in: The New York Times vom 11.11.1980.
[6] Siehe etwa ebenda.

de – eine Tradition, die, wie sie selbst erklärte, mit Voltaire begonnen hatte,[7] dem Vorläufer des „allgemeinen Intellektuellen"?[8]

1 Die intellektuelle Gemeinschaft

In New York schien es ab den 1970er Jahren keine intellektuelle Gemeinschaft mehr zu geben, wie sie sich bis in die 1960er Jahre um die Zeitschriften „Partisan Review" und „Commentary" versammelt hatte.[9] Als Gruppe, beklagte der New Yorker Intellektuelle Daniel Bell, hätten die New Yorker Intellektuellen aufgehört zu existieren[10] – und mit ihnen eine ganze Kritikergeneration der angloamerikanischen Welt.[11] Zentrale Akteure der New Yorker Intellektuellen verschwanden seit den 1970er Jahren von der Bühne der Literaturkritik und auch des Lebens. Edmund Wilson starb 1972, Philip Rahv kurze Zeit später 1973, Lionel Trilling und Hannah Arendt starben 1975.

Die Literaturzeitschrift „Partisan Review" existierte zwar noch, Sontags Verhältnis zu ihr hatte sich im Laufe der 1970er Jahre aber merklich abgekühlt.[12] Die Kommunikation zwischen Phillips, dem eminenten Herausgeber, und Sontag war in dieser Zeit noch nicht abgebrochen, sie lief aber, mindestens phasenweise, über Roger Straus Jr., ihren Verleger.[13] 1978 verließ die Redaktion der „Partisan Review" New York und zog an die Universität Boston. Die finanzielle und institutionelle Unabhängigkeit, die die Zeitschrift immer verteidigt hatte, hatte sie schon 1963 mit ihrem An-

---

7 Siehe Mitschrift eines Gespräches mit Sontag vom 26.12.1986, in: SSC, Box 325, Hefter ohne Nummerierungen.
8 Vgl. Ingrid Gilcher-Holtey, Nachwort, in: dies. (Hrsg.), Voltaire. Die Affäre Calas, Berlin 2010, S. 251–294.
9 Siehe dazu etwa die folgende Einschätzung eines nicht näher benannten „führenden Kritikers", der sich 1970 über das intellektuelle Leben der USA äußerte: „Ich glaube nicht, dass es [heute] irgendetwas gibt, was man eine intellektuelle Gemeinschaft in den USA nennen könnte – jedenfalls nicht in dem Sinn, wie man über eine intellektuelle Gemeinschaft in Paris oder sogar […] in London-Oxford-Cambridge reden könnte. Es gab für zirka 15 Jahre eine intellektuelle Gemeinschaft, die sich um die Zeitschrift *Partisan Review* und *Commentary* gebildet hatte und diese Gemeinschaft spielte die traditionelle Rolle, die intellektuelle Gemeinschaften in Europas Hauptstädten spielen. Aber seit den letzten 10 bis 15 Jahren haben die Universitäten viel davon verschluckt." Zit. nach: Charles Kadushin, The American Intellectual Elite, Boston/Toronto 1974, S. 22.
10 Daniel Bell, The „Intelligentsia" in American Society, in: ders., Sociological Journeys. Essays 1960–1980, London 1980, S. 119–137, hier S. 135.
11 Vgl. Alan Lelchuk, Philip Rahv. The Last Years, in: Arthur Edelstein (Hrsg.), Images and Ideas in American Culture. The Functions of Criticism: Essays in Memory of Philip Rahv, Hanover 1979, S. 204–219, hier S. 214.
12 Siehe etwa Brief William Phillips' an Roger Straus Jr. vom 16.1.1974, in: FSG, Box 342B, Hefter Sontag, Susan, General Correspondence, January 1973 – May 1974.
13 Siehe Briefverkehr zwischen Sontag und William Phillips und zwischen Roger Straus Jr. und William Phillips, in: FSG, Box 343, Hefter Susan Sontag, General Correspondence, April – July 1979.

schluss und Umzug an die Universität Rutgers aufgegeben. In den 1980er Jahren verschlechterten sich Sontags Beziehungen zur „Partisan Review" noch einmal. Die Zeitschrift führte sie als Beraterin, doch als solche wollte sie nicht mehr mit ihr in Verbindung gebracht werden. Sie beklagte sich, dass Phillips ihre Vorschläge für neue Essays zu ignorieren schien und dass sie nicht informiert werde, wenn „Partisan Review"-Autoren sie angriffen und falsche Informationen über sie verbreiteten. Das Fass zum Überlaufen brachte im Oktober 1986, dass Sontag die neueste Ausgabe der Zeitschrift trotz ihres Beraterinnen-Status nicht bekommen hatte.[14] Phillips bedauerte das und konnte es nicht nachvollziehen. Ihr Name befand sich auf einer entsprechenden Liste, sodass sie eigentlich ein Exemplar hätte bekommen müssen.[15]

2 Die Diskreditierung des „allgemeinen Intellektuellen"

In den 1970er Jahren setzte sich der Aufstieg der Neokonservativen fort – und mit ihrem Siegeszug erlangte ein ganz besonderer Typ des/der Intellektuellen an Popularität. Daniel Bell definierte 1976 eine „neue Person", den „intellektuellen Experten" („intellectual expert"), der mit fundierten Ratschlägen und über detailliertes Fachwissen verfügend der US-Gesellschaft zur Seite stehe.[16] In den 1970er Jahren war es zudem zu einer Vermehrung der Thinktanks – privat finanzierte Denkfabriken – gekommen, die den Universitäten ihre Stellung als Orte der Wissensentstehung und -vermittlung streitig machten.[17] Intellektuelle wären keine Freigeister mehr, sondern würden, erklärte Peter Steinfels in „The Neoconservatives" 1979, als Redenschreiber und Politikberater arbeiten.[18] Bell führte seine Überlegungen 1992 fort: In den USA, diagnostizierte er, hätten sämtliche Einrichtungen des kulturellen Lebens wie Universitäten, Museen, Bibliotheken, Medien und Forschungsinstitute die Intellektuellen fest im Griff. Es gehe nicht mehr um das „Denken an sich" und nicht mehr um die Diskussion von Ideen, sondern um zielorientierte und zweckgebundene Forschung und Analyse.[19]

---

14 Brief Susan Sontags an William Phillips vom 5.10.1986, in: SSC, Box 139, Hefter 53.
15 Brief William Phillips' an Susan Sontag vom 10.10.1986, in: ebenda.
16 Bell, „Intelligentsia", in: ders., Sociological Journeys. Essays 1960–1980, London 1980, S. 123.
17 Dazu und zum Thema generell siehe Thomas Medvetz, Les think tanks aux États-Unis, in: Actes de la recherche en sciences sociales, No. 176/177 (März 2009), S. 82–93.
18 Peter Steinfels, The Neoconservatives. The Men Who Are Changing America's Politics, New York 1980, S. 6.
19 Daniel Bell, Kulturkriege. Intellektuelle in Amerika, 1965–1990, in: Martin Meyer/Wolf Lepenies (Hrsg.), Intellektuellendämmerung? Beiträge zur neuesten Zeit des Geistes, München 1992, S. 113–168, hier insbesondere S. 113f., Zitat: S. 114.

Eine Antwort auf den „Experten-Intellektuellen" als Berater der Regierung und Verteidiger der Mächtigen wird in den 1970er Jahren in Frankreich formuliert: Michel Foucault hatte 1977 im Gespräch mit Gilles Deleuze ausgeführt, dass der Intellektuelle aufgehört habe, ein „repräsentierendes oder repräsentatives Bewusstsein" zu haben.[20] Zum gegenwärtigen Zeitpunkt könne er sich nicht mehr an „die Spitze oder an die Seite aller [...] stellen, um deren stumme Wahrheit auszusprechen".[21] Die postmoderne Kritik am tradierten Intellektuellenbegriff brach mit der Vorstellung eines universellen, allgemeinen Subjekts der Geschichte, in deren Namen und Auftrag die oder der Intellektuelle jeweils handelte. Das postmoderne Paradigma, das weite Teile des intellektuellen Diskurses in den 1970er Jahren dominierte, diskreditierte das Elitäre, das Original, das Authentische, das Universelle und damit die Vorstellung von der Einheit des menschlichen Denkens, Handelns und Seins, und es begrüßte die Pluralität und Komplexität der Stimmen, die schon in den 1960er Jahren sicht- und hörbar geworden waren etwa in den Ansprüchen der Protagonisten neuer sozialer Bewegungen.[22] Ein neuer, relationaler Machtbegriff bildete sich.[23] Eine Vielfalt von Stimmen ersetzte die eine, „besondere" Stimme des Kritikers, der sich über kulturelle Erzeugnisse äußerte, der sich im Besitz der „Wahrheit" wähnte und daher eine herausgehobene gesellschaftliche Position besetzte.

Für Akteure, die das Kritikverständnis der New Yorker Intellektuellen als maßgebend anerkannten, konnte diese Entwicklung nur in „kultureller Zusammenhangslosigkeit und [kulturellem] Chaos" enden. Für sie war die ganze literarische Kultur der angelsächsischen Welt im Niedergang begriffen.[24] Die Aufgabe des Intellektuellen sei es nun, erklärte Foucault, „lokale" und „umstandsbedingte Kämpfe" zu führen und „sektorenbezogene Forderungen" zu stellen.[25] Es ging um Aktion und nicht um Repräsentation.[26] Foucaults „spezifischer Intellektueller"[27] löste den „allgemeinen Intellektuellen" à la Sartre in diesen Jahren ab und reagierte gleichsam

---

[20] Gilles Deleuze/Michel Foucault, Die Intellektuellen und die Macht. Ein Gespräch zwischen Michel Foucault und Gilles Deleuze, in: dies. (Hrsg.), Der Faden ist gerissen, Berlin 1977, S. 86–100, hier S. 87.
[21] Ebenda, S. 89.
[22] Vgl. Wolfgang Welsch, Unsere postmoderne Moderne, Berlin ⁶2002, S. 31–37, zur „verlorenen Ganzheit" siehe S. 33.
[23] Siehe dazu etwa ebenda, S. 82f.
[24] Lelchuk, Rahv. The Last Years, in: Edelstein (Hrsg.), Images and Ideas, S. 214.
[25] So Foucault, zit. nach: Ingrid Gilcher-Holtey, Eingreifendes Denken. Die Wirkungschancen von Intellektuellen, Göttingen 2007, S. 14.
[26] Vgl. Deleuze/Foucault, Die Intellektuellen und die Macht, in: dies. (Hrsg.), Der Faden ist gerissen, S. 87.
[27] Zum „spezifischen Intellektuellen" siehe beispielsweise Gilcher-Holtey, Eingreifendes Denken, S. 359–391.

auf den Aufstieg des „Experten", der sich auch in Frankreich abzeichnete, indem er zum Experten der Gegenmacht avancierte.²⁸

3 Die Ambivalenz der eigenen Geschichte

Susan Sontag befand sich in den 1970er Jahren in einer ambivalenten Lage. Die Künstlerinnen und Künstler der neuen Sensibilität wie Claes Oldenburg, Yvonne Rainer, Andy Warhol und Yoko Ono waren zu Ikonen aufgestiegen und verkörperten nicht länger einen randständigen Geschmack. Sie besetzten also keine marginale Position mehr, für deren ästhetische Berechtigung bzw. ästhetischen Wert Susan Sontag so vehement gekämpft hatte. Sontag befand sich in einem Dilemma. In Notizen und in vereinzelten öffentlichen Stellungnahmen brachte sie ein tiefes Unbehagen gegenüber ihren eigenen früheren Haltungen zum Ausdruck, für die sie von den Neokonservativen angegriffen wurde, von denen sie sich aber öffentlich nicht distanzieren konnte.²⁹ Das wäre einer Selbstdemontage gleichgekommen, die der Komplexität ihrer Argumente niemals hätte gerecht werden können.

Hinzu kam eine Identitätskrise: Susan Sontag hatte sich in den 1960er Jahren, insbesondere in der zweiten Hälfte des Jahrzehnts, an so vielen Fronten engagiert und sich in so viele unterschiedliche Projekte eingebracht, dass sie am Ende nicht mehr wusste, was ihr Auftrag, ihre Bestimmung als Schriftstellerin, Filmemacherin und Intellektuelle war, die Einfluss auf den öffentlichen Diskurs nahm. Die Zeitung „Independent Star News" aus Pasadena City hatte bereits im Juni 1969 angesichts des breiten Spektrums der in ihrer zweiten Essaysammlung „Gesten des radikalen Willens" bedienten Themen konstatiert, dass sich Sontag noch nicht entschieden habe, wer sie eigentlich sei.³⁰ An ihrem 38. Geburtstag, dem 16. Januar 1971, bemerkte sie eine „Krise der Selbstachtung". Sie fühle sich „weggeworfen" und habe ihr Gleichgewicht verloren.³¹ In dieser Zeit zog sie sich nach Paris zurück und war phasenweise für ihren New Yorker Verleger nicht mehr zu erreichen.³² Schwere Selbstzweifel hatten sie seit jeher geplagt, das Gefühl, als Kunstkritikern nicht empfind-

---

28 Vgl. Gisèle Sapiro, Modèles d'intervention politique des intellectuels. Le cas français, in: Actes de la recherche en sciences sociales, No. 176/177 (März 2009), S. 8–31, hier insbesondere S. 27–31.
29 Siehe Entwurf zum Vorwort für die spanische Übersetzung von „Gesten des radikalen Willens" aus dem Jahr 1985 in: SSC, Box 59, Hefter 5. Siehe auch: SSC, Box 128, Hefter 3; und Einträge im Tagebuch etwa vom Mai 1975: Susan Sontag, As Consciousness is Harnessed to Flesh. Journals & Notebooks, 1964–1980, New York 2012, S. 379 f.
30 Die Buchbesprechung ist zu finden in: SSC, Box 118, Hefter 1.
31 Sontag, Consciousness, S. 313.
32 Siehe etwa: Briefe Roger Straus' Jr. an Susan Sontag vom 7.7.1971 und 20.7.1971, auch: Brief Roger Straus' Jr. an Susan Sontag vom 1.7.1971, in: Roger Straus Correspondence in New York Public Library, Special Collections, Box 8, Hefter 9.

sam genug, als Schriftstellerin nicht wirklich erstklassig und als Partnerin nicht liebenswert zu sein. Und all das blieb bis in die 1980er Jahre hinein so.³³

Susan Sontag, 1979
(Foto: LynnGilbert5 – Crop of File:Susan Sontag 1979 ©Lynn Gilbert.jpg, CC BY 4.0, https://commons.wikimedia.org/w/index.php?curid=63378055)

4 Reaktualisierung des Mandats des „allgemeinen Intellektuellen"

Vor dem Hintergrund des Wegbruchs der New Yorker intellektuellen Gemeinschaft, des Aufstiegs neuer Intellektuellentypen und im Wissen um die Ambivalenz ihrer eignen Geschichte reklamierte Susan Sontag in den 1970er und 1980er Jahren das Mandat des „allgemeinen Intellektuellen" für sich. Sie interessiere sich nicht so sehr für eine bestimmte Gesellschaft und erst recht nicht für den Aufbau einer neuen Gesellschaft. Ihr Fokus sei die Welt insgesamt.³⁴ Vermutlich am 4. September 1975 schrieb sie in ihr Tagebuch:

> "I am an adversary writer, a polemical writer. I write to support what is attacked, to attack what is acclaimed. But thereby I put myself in an emotionally uncomfortable position. I don't,

---

33 SSC, Box 129, Hefter 4. Siehe dazu auch Sontag in einem Interview, in: SSC, Box 321, Hefter ohne Nummerierungen.
34 Siehe SSC, Box 128, Hefter 5.

secretly, hope to convince, and can't help being dismayed when my minority taste (ideas) becomes majority taste (ideas): then I want to attack again. I can't help but be in an adversary relation to my own work."[35]

Intensiv – wie in den 1960er Jahren – dachte sie darüber nach, was mit radikalen Ideen in einer Konsumgesellschaft passiere. Das war eine geschichtsträchtige Frage, mit der sich schon die intellektuellen Vordenker der New Left wie C. Wright Mills und E. P. Thompson in den frühen 1950er Jahren befasst hatten.[36] Die moderne Konsumgesellschaft absorbiere die Gesellschaftskritik des Künstlers, notierte Sontag vermutlich 1978.[37] Das galt für sämtliche Trägergruppen eines möglichen radikalen gesellschaftlichen Wandels, wie etwa die Studentenschaft, von der sie sich in den 1970er Jahren distanzierte.[38] Dabei hatte sie sich immer als eine Intellektuelle verstanden, die dem Dominierenden skeptisch und feindlich gegenüberstand und die für den Wert des Randständigen gestritten hatte. Bei einer Rede über „The Writer as Social Critic", die sie am 16. April 1979 im Tokyo American Center hielt, brachte sie zum Ausdruck, dass Gesellschaftskritik die Aufgabe der Schriftsteller sei, die gleichzeitig die Freiheit hätten, sich von der Gesellschaft zurückzuziehen.[39] Die Freiheit zum Rückzug von der Gesellschaft war ein wichtiges Element ihres Intellektuellenbegriffs, auch wenn dieser Individualismus zur Absage an das universelle Mandat des Intellektuellen führen konnte: In einem Entwurf für eine Rede auf dem PEN-Kongress in Hamburg 1986 führte sie aus: Die Schriftsteller müssten als Individuen sprechen und sollten nicht versuchen, repräsentativ zu sein. Sie spreche für sich selbst, nicht für andere US-Amerikaner. Im Interesse der Schriftsteller und demokratischer Gesellschaften könne es nicht liegen, Literatur ausschließlich nach gesellschaftlichen Nützlichkeitserwägungen zu bewerten.[40]

Für Sontag befand sich in der Kunst nach wie vor eine Form des Anderen, des Ausgeschlossenen und damit insgeheim, so die Hoffnung bzw. Vorstellung, auch die (bessere) Alternative zum Bestehenden. Indem Sontag die Intellektuellen als Reisende beschrieb, die nirgendwo auf der Welt zu Hause seien, knüpfte sie in den 1980er Jahren an ihre in den 1960er Jahren entwickelten Vorstellungen über Intellektuelle an, insbesondere an ihre Thesen aus ihrem Essay über Lévi-Strauss.[41] Wie der avantgardistische Künstler, der sich waghalsig aus der Gegenwart löst, um im

---

35 Sontag, Consciousness, S. 397.
36 Siehe etwa: Kevin Mattson, Intellectuals in Action. The Origins of the New Left and Radical Liberalism, 1945–1970, University Park, PA 2002, S. 95.
37 SSC, Box 271, Hefter 15.
38 [o. V.], Sontag: „Young People Have Less Intellectual Energy", in: U. S. News and World Report vom 9.7.1979, in: SSC, Box 310, Hefter ohne Nummerierung.
39 Siehe einen Bericht über die Rede von Yasunari Takahashi, in: SSC, Box 319, Hefter 7.
40 Der Entwurf der Rede ist zu finden in: SSC, Box 73, Hefter 6.
41 Vgl. dazu Stephan Isernhagen, Susan Sontag. Die frühen New Yorker Jahre, Tübingen 2016, S. 308–310.

Unbekannten die Zukunft zu erspüren, hielt sich, dachte Sontag, der Intellektuelle an der Grenze auf. Er leitete seine Interventionen aus seiner „besonderen Empfindsamkeit" ab. Der Typus des „empfindsamen Intellektuellen", den sie in den 1960er Jahren geprägt hatte, definierte den Intellektuellen als ein fühlendes, empfindendes Subjekt, das in exemplarischer Weise – darin dem „allgemeinen Intellektuellen" folgend – das „wahrhafte" Menschsein gegenüber seinen Zuhörern und Lesern verkörperte und für alle Menschen sprach.[42] Er war ein Grenzgänger, dem unwohl war, weil das Zuhause, das er fand, und in das er immer wieder zeitweise einkehrte, nur ein zeitlich befristeter Unterschlupf sein konnte. Da für einen „wahrhaften" Intellektuellen stets alles kompliziert war und sich jederzeit eine Alternative zum Bestehenden anbot, musste er heimatlos bleiben.[43]

Zwei Jahre später, bei einer Rede am 28. August 1988 beim 52. PEN-Kongress in Seoul, griff Sontag erneut auf ihre Ausführungen zum Intellektuellen zurück: Die Schriftsteller müssten als einzelne Individuen sprechen und den Werten der Pluralität und der Freiheit verpflichtet sein, sagte sie in Südkorea.[44] In einem Interview in Stockholm Mitte November desselben Jahres behauptete sie, dass Kulturkritik die Hauptaufgabe der Intellektuellen sei. Seit Diderot und Voltaire sei es die Aufgabe der Schriftsteller, kritische Ideen und Gegenstandpunkte zu formulieren. Das sei in einer von der Massenkultur dominierten Gesellschaft noch wichtiger als zu vorherigen Zeiten. Sontag sprach in diesem Zusammenhang von der US-Gesellschaft als einer Gesellschaft, die aus ihrer Sicht die Schriftsteller zu Entertainern degradiere. In ihr sei es nicht mehr möglich, soziale Konflikte zu thematisieren. Die Schriftsteller schienen ihre öffentliche Stimme verloren zu haben. Ihr kritisches Bewusstsein war ihnen abhandengekommen, und damit die Fähigkeit, zu intervenieren. Doch genau darin lagen der Gewinn und die Attraktivität der randständigen Position, die ein „wahrhafter" Schriftsteller innehatte, der Reiz, nicht dazuzugehören.

Sontag sprach nicht direkt aus, was sie meinte, klar ist es allemal: Die Künstler besaßen ein kritisches Bewusstsein, weil, und nur weil sie im Abseits standen. Sie waren die nahezu Letzten mit einem klaren Blick. Sie kannten die „wahrhaften" Standards. Sie konnten noch kritisieren, weil sie die Gesellschaft durch ihre Marginalität aus einer anderen Perspektive betrachten konnten und sich ihnen dadurch Abgründe auftaten, die ein in sie integrierter Mensch nicht wahrnahm. Sontag sah die Institution der Literatur unmittelbar bedroht. Das Fernsehen verderbe Sprache, erklärte sie in einem Gespräch in Stockholm mit Stefan Jonsson am 14. November

---

42 Stephan Isernhagen, Susan Sontag und der Vietnamkrieg, in: Ingrid Gilcher-Holtey (Hrsg.), Eingreifende Denkerinnen. Weibliche Intellektuelle im 20. und 21. Jahrhundert, Tübingen 2015, S. 149–173, hier S. 171.
43 Siehe Mitschrift eines Gespräches mit Sontag vom 26.12.1986, in: SSC, Box 325, Hefter ohne Nummerierungen.
44 Der Entwurf der Rede ist zu finden in: SSC, Box 73, Hefter 9.

1988.[45] Und was hatten Schriftsteller anderes als die Sprache? Das „Postmoderne" stand in einem solchen Zusammenhang für alles, was den Standard der „Ernsthaftigkeit" durch den Rausch einer um sich greifenden Unterhaltungskultur ersetzte, für kulturellen Relativismus, der jede ästhetische Hierarchisierung unmöglich machte.[46]

Sontag bezog sich auf das postmoderne Denken, das der Philosoph Wolfgang Welsch als „feuilletonistische Postmoderne" bezeichnet und das im trivialen „anything goes" seinen paradigmatischen Ausdruck fand. Dabei ging es der Postmoderne nicht, hält Welsch dem entgegen, um die Aufhebung von Pluralität durch Beliebigkeit und Oberflächlichkeit, sondern um einen ernst gemeinten Umgang mit Pluralität und Differenz, um den Versuch, den Wert der „Pluralität" zu denken und zu praktizieren, ihn, wie etwa bei Derrida, zur Grundlage des Schreibens zu machen.[47] Sontags Vorstellungen können unmittelbar mit diesen Ansichten in Zusammenhang gebracht werden. Sie plädierte für „Pluralität", diese durfte aber nicht in eine von ihr diskreditierend als „postmodern" beschriebene ungebremste Gleichmacherei übergehen. Neben diesem negativen Postmoderne-Begriff benutzte Sontag „postmodern" auch als positiv besetztes Konzept. Sie begrüßte ausdrücklich die Versuche, durch Pluralität und Differenz zu einer anderen Praxis und auch einem anderen Verständnis von Kunst zu kommen.[48]

Sontag grenzte sich von postmodernen Kritikern ab, beispielsweise John Wyver und Angela McRobbie, die in der Massenkultur, wie etwa dem Fernsehen, keineswegs nur negative Entwicklungen erkennen wollten, sondern allmählich, vor allem in der zweiten Hälfte der 1980er Jahre, von der Dekonstruktion des Subjekts abließen und das Subjekt und dessen Autonomie und Widerstandskraft in den Mittelpunkt der Überlegungen rückten.[49] Mit semiotischer und dekonstruktivistischer Theorie konnte Sontag nicht viel anfangen.[50] Sie schrieb in „modernen" Begriffen über avantgardistische und auch als „postmodern" wahrgenommene Kunst[51] und ließ sich auch auf die neuen, wohlwollenden Argumente nicht ein, die in den 1980er Jahren über die Massenkultur entstanden. Zu Recht gilt Sontag daher als eine „verspätete Modernistin" („belated modernist") und nicht als Vertreterin der Postmoderne.[52]

---

45 Siehe Transkript zum Interview mit Stefan Jonsson, in: SSC, Box 325, Hefter ohne Nummerierungen.
46 Siehe Transkript zum Interview mit Jonsson, in: ebenda.
47 Siehe dazu Welsch, Moderne, S. 81, 322 f.; zu Derrida siehe ebenda, S. 143–149.
48 Siehe SSC, Box 164, Hefter 18.
49 Vgl. Hans Bertens, The Idea of the Postmodern. A History, London/New York 1995, S. 96.
50 Vgl. Elaine Ellman, Desperately Seeking Sontag, in: Fame vom April 1984, S. 86, 88–95, 94. „When she [Sontag] hears the jargon of semiotic and deconstructionist schools, she confides, ‚I feel something in my own head go dead. I'm not saying it's of no use to other people, but it's of no use to me'", erklärte Sontag im Gespräch mit „Fame".
51 James Wood, The Great Interpreter, in: The Guardian vom 28.3.1991, in: SSC, Box 52, Hefter 15.
52 Wood, Great Interpreter.

Sie glaubte an das Projekt der Moderne, das für sie in der Aufklärung, im Humanismus und im demokratischen Sozialismus zusammenlief.[53] Ihre gesamte bisherige Arbeit – ihr literarisches Schaffen und all ihre Essays – seien der Idee des Modernen verpflichtet, erklärte sie 1985.[54] Die gegenwärtige kulturelle Situation definierte sie im November 1988 als nihilistisch, jetzt wieder auf die von Welsch definierte „feuilletonistische Postmoderne" abhebend. Es gebe keine Standards mehr, alles sei gleich viel wert. Für Sontag hatte das mit Demokratisierung der Kultur nichts zu tun. Das sei nur ein Vorwand, um das Unbequeme und nicht Massentaugliche aus dem Weg zu schaffen.[55] „The democratisation of culture, beyond a certain point, makes me unhappy, because a great deal of the culture I value is culture for small audiences", zitierte der britische „Guardian" sie 1991.[56] Alte, bewährte und ihr gut vertraute ästhetische Hierarchien schienen nicht mehr zu gelten. Man habe es, führte Sontag im Gespräch mit dem „Boston Globe" am 31. Januar 1989 aus, mit einem „Niedergang der Fähigkeit [des Menschen] für Ernsthaftigkeit" zu tun,[57] mit einem, wie sie bereits im Vorjahr in Stockholm erklärt hatte, Verlust der Ernsthaftigkeit.[58]

Ernsthafte Kultur, die sie etwa als deutsche, französische, englische und auch russische Literatur definierte,[59] blieb, bis zu ihrem Tod in 2004, ein wichtiges Anliegen für sie, ein „Ausdruck menschlicher Würde".[60] Vielleicht sei Ernsthaftigkeit, fragte sie sich 1988, alles, was sie suche, alles, was sie verteidige, der zentrale Punkt ihres kunstkritischen und literarischen Schaffens. US-amerikanische Literatur befriedigte Sontags Erwartungen nicht. Sie klassifizierte einen Großteil zeitgenössischer amerikanischer Literatur als oberflächlich[61] – und hörte sich darin wie ihr Vorbild Lionel Trilling an, der in den 1940er, 1950er und 1960er Jahren partout keinen Gefallen an neuer US-amerikanischer Literatur hatte finden können.

Die Themen, mit denen sich Susan Sontag ab den 1970er Jahren befasste, betrafen die Welt und den Menschen im Allgemeinen. Das stellte sie auch explizit so heraus, etwa in einem Brief 1974 an ihren Verleger anlässlich ihres Essays über Fotogra-

---

53 Siehe Transkript zum Interview mit Jonsson, in: SSC, Box 325, Hefter ohne Nummerierungen.
54 Siehe zweiten Entwurf des Vorworts für die Neuauflage von „Styles of Radical Will", in: SSC, Box 59, Hefter 5.
55 Siehe Transkript zum Interview mit Jonsson, in: SSC, Box 325, Hefter ohne Nummerierungen.
56 Wood, Great Interpreter.
57 Gail Caldwell, Singularly Sontag, in: The Boston Globe vom 3.1.1989, S. 57. Siehe dazu auch Ellman, Desperately Seeking Sontag, in: Fame vom April 1984, S. 90.
58 Siehe Transkript zum Interview mit Jonsson, in: SSC, Box 325, Hefter ohne Nummerierungen.
59 Siehe dazu undatiertes Transkript einer Rede, die Sontag in Polen hielt, in: SSC, Box 164, Hefter 18.
60 Es handelt sich um einen Kommentar gegenüber der „Stuttgarter Zeitung" aus dem Jahr 1994 anlässlich ihres Engagements in Sarajevo. Siehe Presseausschnitte, in: SSC, Box 36, Hefter 10.
61 Siehe Transkript zum Interview mit Jonsson, in: SSC, Box 325, Hefter ohne Nummerierungen.

fie.⁶² Auch hatte sie kein Interesse daran, sich als eine spezifisch weibliche Intellektuelle zu verstehen bzw. als eine solche wahrgenommen und dargestellt zu werden. Vehement wehrte sie sich gegen Etikettierungen wie „woman intellect",⁶³ „culture woman"⁶⁴ und „femme écrivain",⁶⁵ die sie als herablassend und diskriminierend empfand, ebenso wie „lady critic", „lady novelist" und „lady poet".⁶⁶ Eine dezidiert weibliche Schreibweise wurde für Sontag, im Gegensatz etwa zu Feministinnen aus Frankreich, wie Hélène Cixous, Luce Irigaray und Julia Kristeva, nie zum Thema. An den Versuchen US-amerikanischer Feministinnen, wie Adrienne Rich, Marge Piercy und Judy Chicago, weibliches Schreiben und eine lesbische Ästhetik zu definieren, beteiligte sie sich nicht, ebenso wenig wie an anderen Debatten der feministischen Literaturkritik, die in den späten 1960er Jahren entstanden war. So ist es auch nicht verwunderlich, dass Sontag weder als Literaturkritikerin noch als Schriftstellerin und Literaturtheoretikerin in einschlägiger Literatur zum Thema vorkommt.⁶⁷

Sie verstand sich zwar als Feministin, ging aber nicht davon aus, dass Frauen qua ihres Geschlechts bessere Politik als Männer machen würden. Politikerinnen seien nicht zwangsläufig menschlicher, empfindsamer, liberaler oder toleranter als ihre männlichen Mitstreiter, führte sie während eines Vortrags am 22. Juni 1979 in New York anlässlich des Wahlsiegs Margaret Thatchers aus. Macht zu haben heiße vor allem, soziale Beziehungen definieren zu können. Frauen seien wichtige Akteure in der Politik – daher begrüßte sie auch, trotz politischer Differenzen, den Sieg Thatchers –, weil traditionelle Machtstrukturen auf sexistischen Werten fußen würden.⁶⁸

---

62 Brief Susan Sontags an Roger Straus Jr. vom 7.2.1974 [über die Monatsangabe hat Sontag ein Fragezeichen gesetzt], in: FSG, Box 342B, Hefter Susan Sontag, General Correspondence, June 1973 – May 1974.
63 Siehe Bericht aus dem S[an] F[rancisco] Sunday Examiner & Chronicle vom 26.3.1978, in: SSC, Box 98, Hefter 15.
64 Siehe Bericht, [ohne weitere Angaben], in: SSC, Box 98, Hefter 16.
65 Siehe Schriftverkehr anlässlich einer französischen Übersetzung von „Warten auf Godot": Fax Susan Sontags an Antoine de Gaudemar vom 29.10.1993, in: SSC, Box 36, Hefter 9.
66 Siehe etwa Leticia Kent, Susan Sontag Speaks Up on The Young, The Movies, The Insult of Being „Called Lady", in: Vogue vom 1.8.1971, S. 88, 132, in: SSC, Box 321, Hefter ohne Nummerierungen; und Fax Susan Sontags an Christian Bourgeois vom 2.7.1993, in: SSC, Box 61, Hefter 9.
67 Vgl. Elaine Showalter (Hrsg.), The New Feminist Criticism, New York 1985; Maggie Humm, Feminist Criticism. Women as Contemporary Critics, Brighton 1986; Nicole Masanek, Männliches und weibliches Schreiben? Zur Konstruktion und Subversion in der Literatur, Würzburg 2005.
68 Susan Sontag, Susan Sontag on the Meaning of Margaret Thatcher, in: Ms. vom Juli 1979, S. 68.

5 Wieso war Susan Sontag in der Lage, sich einem Intellektuellentypus zuzuordnen, der ab den 1970er Jahren längst diskreditiert war?

Sontag verfügte über ein beträchtliches symbolisches Kapital und galt als die prominenteste Intellektuelle Nordamerikas, als „führende" Intellektuelle der Zeit, als „Kult" (1978),[69] als „la Beauvoir américaine" (1979),[70] als „une nouvelle Simone de Beauvoir"[71] (1979) und als „intellektuelle Berühmtheit" (1980).[72] Auch Ende der 1980er Jahre stellten Zeitungen sie ihren Lesern als die „berühmteste weibliche Intellektuelle der Vereinigten Staaten"[73] vor, als „Königin der Intelligentzia"[74] und als „Celebrity-Intellektuelle".[75] Ihr Vorbild, führte Sontag selbst aus, seien die Philosophen des 18. Jahrhunderts.[76]

Die Art und Weise ihres öffentlichen Auftretens ließ sie unnahbar erscheinen. „Miss Sontag treats an interviewer like a door-to-door evangelist for Jehovah's Witnesses. Her manner would air-condition Memphis", schrieb der Autor Leslie Hanscom am 2. Juli 1978 über eine Begegnung mit ihr anlässlich der Publikation von „Krankheit als Metapher".[77] Vielleicht war der Eindruck der Unnahbarkeit der Grund dafür, dass ein spanischer Verlag Mitte der 1960er Jahre gedacht hatte, Susan Sontag sei ein Kunstprodukt und die Person gebe es in Wirklichkeit gar nicht. Wer, so hatte man wissen wollen, steckte dahinter?[78]

Sontag wirkte rätselhaft und einschüchternd.[79] Immerhin habe sie bereits als Vierjährige lesen, schreiben und rechnen können und würde jede Nacht mindestens

---

69 Caroline Drewes, Life and Death. A Conversation with Susan Sontag, in: S. F. Sunday Examiner & Chronicle vom 26.3.1978. Siehe ebenso zahlreiche Buchbesprechungen über Sontags Publikationen in: SSC, Box 98, Hefter 15.
70 Siehe Elle (französische Ausgabe) vom 23.7.1979, in: SSC, Box 321, Hefter ohne Nummerierungen.
71 Siehe Le Nouveau Courrier de la Presse vom Juli 1979, in: ebenda.
72 Kakutani, Illusions.
73 Siehe Buchbesprechung aus „Newsday" von Jonathan Mandell vom 7.2.1989, in: SSC, Box 119, Hefter 11.
74 Caldwell, Singularly Sontag, in: Boston Globe vom 31.1.1989, S. 55, 57.
75 Chauncey Mabe, Sontag Confronts AIDS Metaphors, in: New Book, in: SSC, Box 119, Hefter 13.
76 Bericht über Sontag, in: Newsday vom 2.7.1978, in: SSC, Box 98, Hefter 15.
77 Leslie Hanscom, From Coterie Favorite to Star, in: Newsday vom 2.7.1978, in: SSC, Box 98, Hefter 15.
78 Siehe Brief Carmen Balcells' an Lila Karpf vom 29.9.1965, in: FSG, Box 344, Hefter Sontag, Susan, General Correspondence, The Benefactor, Foreign, 1964–9.
79 Siehe dazu etwa Genevieve Stuttaford, The Very Special Vision of Susan Sontag, in: S. F. Sunday Examiner & Chronicle vom 16.11.1969, in: SSC, Box 320, Hefter 3; ebenso Presseberichterstattung in SSC, Box 321, Hefter ohne Nummerierungen.

ein Buch lesen.⁸⁰ Ihr Geist schien so stark zu sein, dass sie aus dem Kopf alle Bücher zitieren konnte, die sie jemals gelesen hatte. Nur um Zitate zu kontrollieren, sagte sie in einem Gespräch, habe sie während des Verfassens von „Krankheit als Metapher" in die Literatur geschaut, auf die sie sich bezog.⁸¹ Sontag hinterließ seit jeher einen exotischen Eindruck. Da ihr leiblicher Vater in China gearbeitet hatte, hatten Schulkameraden angenommen, sie sei auch dort geboren worden.⁸² Als sie Philip Rieff in den 1950er Jahren kennenlernte, mutmaßten die Leute auf dem Campus, der junge, aufstrebende Soziologe habe eine „Indianerin" geheiratet.⁸³ Schon als sie mit ihrer Partnerin Harriet Sohmers Ende der 1950er Jahre von Frankreich aus durch Europa gereist war, hatte ein nicht näher benannter Deutscher sie eine „exotische Katze" genannt.⁸⁴ Ein Journalist beschrieb sie 1977 als „dunkel wie eine Zigeunerin".⁸⁵ Bereits in den 1960er Jahren hatte Verlegern die Kombination aus einem offenbar deutschen Familiennamen, ihrem mexikanisch anmutenden Äußeren und dem intellektuellen Ton, den sie anschlug und der an die „Nouvelle Revue Française" erinnerte, gefallen.⁸⁶

Der Eindruck von Sontag als einer Unnahbaren, als Exotin und „Einsiedlerin",⁸⁷ als der reizvollen „Anderen" und der geheimnisvollen Unvertrauten, kam ihrem Selbstverständnis als Intellektuelle entgegen, die nicht zur selben Welt gehörte wie die Menschen, denen gegenüber sie sich äußerte, nicht zur Mehrheitsgesellschaft, gegenüber der sie als kritisches Bewusstsein auftrat und ihren Finger auf die Wunden legte. Der besondere Status, den sie für einen männlichen und heterosexuellen Blick hatte und den sie für sich einklagte, fand eine Entsprechung in ihrem dunklen Äußeren, ihrem abschreckenden Verhalten und ihrem begehrenswerten Körper. All das war wohl auch der Grund dafür, dass viele Menschen nicht zu Sontags Publikationen aufgrund der von ihr behandelten Themen fanden, wie Kritiker berichteten, sondern weil sie sich für die Autorin als prominente Person interessierten.⁸⁸

---

80 Siehe einen Bericht von Barbara Rowes über Sontag, vermutlich anlässlich der Publikation von „Illness as Metaphor" 1978, [ohne weitere Angaben], in: ebenda.
81 Ellman, Desperately Seeking Sontag, S. 94.
82 Susan Sontag (Hrsg.), Ich etc. Erzählungen, München/Wien 1982, S. 27.
83 Leslie Garis, Susan Sontag Finds Romance, in: The New York Times vom 2.8.1992.
84 Carl E. Rollyson/Lisa Paddock, Susan Sontag. The Making of an Icon, New York/London 2000, S. 46.
85 Cobey Black, Susan Sontag. High Priestess in Bluejeans, in: The Honolulu Advertiser vom 13.7.1977, in: SSC, Box 321, Hefter ohne Nummerierungen.
86 Brief John Bright-Holmes' an Roger Straus Jr. vom 30.8.1963, in: FSG, Box 344, Hefter Sontag, Susan, General Correspondence, The Benefactor, Foreign, 1963.
87 Black, Susan Sontag. High Priestess in Bluejeans (s. Anm. 85).
88 Vgl. Walter Kendrick, Eminent Victorian, in: Village Voice vom 15.–21.10.1980, S. 44–46, hier S. 44, siehe auch SSC, Box 100, Hefter 8.

Susan Sontag brachte etwas in die intellektuelle Welt ein, das gemeinhin nicht mit dieser assoziiert wurde: Schönheit.[89] Schon in den 1960er Jahren war sie als eine „intellektuelle femme fatale" beschrieben worden.[90] „You wouldn't think a pretty young thing like Susan Sontag could cause all that trouble", hatte ein Kritiker, der Sontag mehrmals nur „the little lady" nannte, 1966 anlässlich der Publikation von „Against Interpretation" geschrieben.[91] Wie konnte, hatten sich Kritiker 1969 anlässlich der Publikation ihrer zweiten Essaysammlung verwundert gefragt, eine so schöne Frau auch noch so intelligent sein: „Nobody who could carry off the display of sheer brain power of ‚Against Interpretation' could possibly look like the beautiful woman whose photographs appears on the dust jacket [...]. It's an affront to one's sense of stereotypes."[92] Sontag sei eine attraktive Frau aufgrund ihrer Intelligenz, behauptete ein Kommentator im Juli 1977, aber auch wegen ihrer *physischen* Schönheit".[93] Sontag besitze die „tief verwitterte Schönheit einer griechischen Karyatide", schrieb beispielsweise ein Journalist 1978 über sie.[94] Vor der Publikation ihrer ersten Essaysammlung in Japan waren Gerüchte aufgekommen, Sontag sehe einer nicht näher benannten Filmschauspielerin ähnlich.[95] Beschrieben als „geheimnisvoll schön",[96] als eine Frau, die eine „gefährliche Schönheit"[97] besitze, faszinierte vor allem ihr als sinnlich beschriebener Mund und ihre „starke[n] Lippen".[98]

Sontags Persönlichkeit und die Zuschreibungen, denen sie ausgesetzt war, unterstrichen ihren Status als Intellektuelle und erlaubten ihr, den Anspruch zu formulieren, als fühlendes, empfindendes Subjekt in exemplarischer Weise das „wahrhafte" Menschsein zu verkörpern und in letzter Konsequenz dann für alle Menschen zu sprechen. Gerade weil es immer weniger Intellektuelle zu geben schien und sie dennoch ein hohes Ansehen genoss, wurde sie zur „Legende" stilisiert und begann sich

---

[89] Vgl. Mike McGrady, Notes on Susan Sontag, in: Newsday vom 2.12.1967.
[90] Walter Spearman, Best Short Stories, and The Others, in: The Greensboro Record vom 17.5.1969, in: SSC, Box 118, Hefter 1.
[91] Douglas M. Davis, Miss Sontag, the Compleat Critic, Is Very Much of the Here and Now, in: National Observer, [o. D.], in: SSC, Box 95, Hefter 4.
[92] Charles Duncan, Prima Donna for Eggheads. Bericht aus einer Zeitung aus Atlanta, [ohne weitere Angaben], in: SSC, Box 118, Hefter 1.
[93] [o. V.], A Thinker, an Analyst, in: Oakland Tribune vom 20.7.1977, in: SSC, Box 321, Hefter ohne Nummerierungen, [Hervorhebung im Original].
[94] Der Bericht ist zu finden in: SSC, Box 98, Hefter 15. Siehe auch Presseberichterstattung in: SSC, Box 320, Hefter 4.
[95] Siehe einleitende Worte zu einem Besuch Sontags in Tokyo am 24.4.1979, in: SSC, Box 322, Hefter ohne Nummerierungen.
[96] Daphne Merkin, The Dark Lady of Intellectuals, in: The New York Times vom 29.10.2000.
[97] John Gruen, Interpreting Susan. In Spite of Herself, in: World Journal Tribune vom 1.1.1967; siehe auch Zeitungsartikel, in: SSC, Box 98, Hefter 15.
[98] Friedrich Christian Delius, Als die Bücher noch geholfen haben. Biografische Skizzen, Berlin 2012, S. 54.

als solche zu verstehen. Das Deutungsmuster der Legende stabilisierte ihre soziale Identität und es ermöglichte ihr, sich als herausragende Gestalt zu begreifen. Es erlaubte ihr, als Objekt männlich-heterosexuellen Begehrens noch aus den Debatten über den Niedergang des „allgemeinen Intellektuellen" einen Auftrag für sich abzuleiten. Sie bedauerte diesen Niedergang, war aber durch den großen Rückhalt in der Öffentlichkeit, den sie im selben Moment erfuhr, die Preise, die sie zugesprochen bekam, und die Institutionen, die sie unterstützten, überhaupt nicht angehalten, ihn auf sich zu beziehen. Der Niedergang des „allgemeinen Intellektuellen" war eine Frage der Kultur, der Universitäten und der Gesellschaft, eine Frage, die andere Akteure des kulturellen Feldes durchaus in eine schwierige Lage bringen konnte, aber keine, die sie in ihrem Selbstverständnis als Intellektuelle betraf und herausforderte. Ihre Stellung im kulturellen Feld war schließlich unbestritten, sowohl in den USA als auch in Europa. Der Niedergang des „allgemeinen Intellektuellen" bestärkte Susan Sontag in ihrem Selbstverständnis, weil sie sich nun legitimerweise als die „letzte Intellektuelle" verstehen konnte.

Intellektuelle im Kontext sozialer Bewegungen

Gerd-Rainer Horn
Der Geist des Zweiten Vatikanischen Konzils
Die Rolle von Theologen im progressiven Katholizismus

Von Anfang an gab es innerhalb der katholischen Kirche Querdenker und Nonkonformisten, die sich kritisch gegenüber dem Status quo verhielten. Bereits im vierten Jahrhundert unserer Zeitrechnung verkündete Ambrosius von Mailand, wie Karl Marx in Trier geboren, als Bischof wiederholt und in aller Öffentlichkeit, dass Eigentum prinzipiell Diebstahl sei: „Superfluum quod tenes tu furaris". Ähnlich wie dem französischen Anarchisten Pierre-Joseph Proudhon, der bereits in der Mitte des 19. Jahrhunderts den berühmten Satz „La propriété, c'est le vol!" prägte, ging es Ambrosius nicht darum, jegliches Eigentum von vornherein als negativ auszuschließen, sondern hauptsächlich darum, die Exzesse an den Pranger zu stellen. Nonkonformisten wie Ambrosius übten in unregelmäßigen Abständen in der katholischen Kirche Gesellschafts- und Machtkritik.

Ende des 19. und zu Beginn des 20. Jahrhunderts stellte sich eine Reihe von Priestern, im französischsprachigen Raum oft *abbés démocrates* genannt, auf die Seite der infolge der zweiten industriellen Revolution rasant expandierenden Arbeiterschaft.[1] In den 1930er und noch mehr in den 1940er Jahren kam es im Kontext der Großen Depression, der nationalsozialistischen Okkupation weiter Teile Europas sowie des antifaschistischen Widerstands zu einer regelrechten Welle eines teilweise die Massen der Gläubigen einbeziehenden Linkskatholizismus. Allerdings wurde dieser von den jeweiligen nationalen kirchlichen Hierarchien und dem Vatikan parallel zum Erstarken des Kalten Krieges in den späten 1940er und frühen 1950er Jahren in Acht und Bann geschlagen.[2]

Der vorliegende Beitrag setzt sich mit der Blütezeit linkskatholischen Gedankenguts von Mitte der 1960er bis Mitte der 1970er Jahre auseinander. Dieses Jahrzehnt zeitigte die bisher letzte größere Welle progressiver Theologie innerhalb der römisch-katholischen Kirche, ein relativ kurzzeitiges Aufflackern radikal-progressiven Gedankenguts, das freilich seither außerhalb kirchengeschichtlicher Kreise zum gro-

---

1 Zu diesem ersten transnationalen Aufbäumen einer Reihe von einflussreichen Einzelpersönlichkeiten in den verschiedensten Ländern Westeuropas sei exemplarisch auf einige Arbeiten über Flandern, Wallonien, Frankreich und Italien verwiesen: Frans-Jos Verdoodt, De zaak-Daens. Een priester tussen Kerk en christendemocratie, Leuven 1993; Jean-Louis Jadoulle, La pensée de l'Abbé Pottier (1849–1923). Contribution à l'étude de la démocratie chrétienne en Belgique, Louvain-la-Neuve 1991; Jean-Marie Mayeur, L'abbé Lemire 1853–1928. Un prêtre démocrate, Paris 1968; Maurilio Guasco, Romolo Murri e il modernismo, Rom 1968.
2 Siehe dazu Gerd-Rainer Horn, Western European Liberation Theology 1924–1959. The First Wave, Oxford 2008.

ßen Teil ignoriert wird. Ins Zentrum rückt das Zweite Vatikanische Konzil, ein Ereignis von ganz außergewöhnlicher globaler Dynamik. Stellte es doch, aufgrund der global vernetzten Organisation der Katholischen Kirche, eine weltweite religiöse Öffentlichkeit her, die wiederum mit politischen Öffentlichkeiten verwoben war und auf diese ausstrahlte.

Mein Aufsatz untersucht die Rolle der Theologen, die den Geist des Konzils und seine globale Rezeption prägen. Dabei wird auf Max Webers Unterscheidung zwischen „Priestern" und „Propheten" als idealtypische Figuren des religiösen Feldes zurückgegriffen, die gegenüber dem religiösen „Laien"-Publikum für universelle Werte eintreten. Während der „Priester" in die Institutionen und hierarchische Ordnung der Kirche einbezogen ist und gerade hieraus seine Autorität schöpft, steht der „Prophet" außerhalb der tradierten Ordnung. Max Weber schreibt ihm Anerkennung aufgrund seines Charismas zu. Für Pierre Bourdieu bringen die unberücksichtigten Anliegen und Bedürfnisse der „Laien" den „Propheten" hervor. Folgt man letzterer Deutung, sind es strukturelle Faktoren, die die Figur des Propheten kennzeichnen, der eine neue, „andere" Weltdeutung und Sinngebung hervorbringt. Betrachtet man den Personenkreis, der Einfluss auf das Zweite Vatikanische Konzil nimmt, so lässt sich zwischen „Priestern" und „Propheten" in Gestalt von Vertretern der Amtskirche (Bischöfen) und Wissenschaftlern (Theologen) differenzieren, die zwar zur Kirche gehören, aufgrund ihres Status als wissenschaftliche Experten in der Auslegung von Dogmen zugleich aber über relativ größere Autonomie gegenüber dieser verfügen. Es sind Theologen, die, wie nachfolgend gezeigt werden soll, als Intellektuelle in den Prozess der Erneuerung der Amtskirche intervenierten und dabei – und gerade dies verschaffte ihnen öffentliche Resonanz – bislang unberücksichtigte Interessen der katholischen Laien artikulieren.[3]

1 Die Rolle von Theologen während des Konzils

Es ist hier nicht der Ort, den Verlauf des Zweiten Vatikanischen Konzils (1962–1965) aufzuzeigen. Daher muss es genügen, darauf hinzuweisen, dass es dieser Weltkonferenz gelang, das Ruder der katholischen Kirche kurzzeitig in Richtung Weltoffenheit, soziales Engagement und kritischer Auseinandersetzung mit den großen Fragen der Gegenwart umzusteuern. Bisher galten im Großen und Ganzen die althergebrachten Dogmen als Vorbilder für die Antworten auf Probleme und Fragestellungen, die von

---

[3] Max Weber, Wirtschaft und Gesellschaft. Grundriß der verstehenden Soziologie, Tübingen 1987, S. 278 f.; Pierre Bourdieu, Das religiöse Feld. Texte zur Ökonomie des Heilsgeschehens, Konstanz 2000, S. 28; Alexander Hirschfeld/Vincent Gengnagel, Zur „Krise der Intellektuellen" – von alten und neuen Propheten (2014), unter: https://www.academia.edu/31486968/Zur_Krise_der_Intellektuellen_von_alten_und_neuen_Propheten (22.4.2019).

der Kirche eine Haltung abverlangten. Von nun an sollte eine wissenschaftliche Methodik ausschlaggebend für die Neuorientierung der Kirche sein. Dieser Prozess der Modernisierung der Vorgehensweise der Katholischen Kirche wurde gleichzeitig mit einem Plädoyer für den Einsatz der Kirche im Kampf gegen soziale Ungleichheit und politische Ungerechtigkeit auf dieser Welt versehen. Einer der Gründe für den kometenhaften Aufstieg radikaler sozialer Bewegungen und Revolten in den späten 1960er Jahren ist mit Sicherheit das grüne Licht, das das Zweite Vatikanische Konzil für katholisch motivierte Aktivisten auf allen Kontinenten signalisierte, sich in die Debatten und sozialen Kämpfe jener Jahre konkret einzumischen.[4]

Oft wird in der Sekundärliteratur auf die bedeutsame Rolle von Bischöfen der Dritten Welt in den Auseinandersetzungen des Zweiten Vatikanischen Konzils verwiesen. Wichtiger noch als diese leichte Machtverschiebung – europäische Konzilsväter waren auch damals noch weitaus zahlreicher als ihre aus dem Trikont stammenden Kollegen – war allerdings die intellektuell ausschlaggebende und auch quantitativ prominente Präsenz von Theologen, die meist als Berater der stimmberechtigten Bischöfe oder als direkt vom Papst ernannte sogenannte Periti (Konzilstheologen) fungierten. Die Schaffung eines organisationellen und intellektuellen Freiraums zur Ernennung von Wortführern progressiver Strömungen innerhalb der Kirche als Experten, die oft hinter den Kulissen die Bischöfe berieten und tonangebend die Debatten in Rom beeinflussten, war vielleicht die außergewöhnlichste Tat von Papst Johannes XXIII.

In den 1950er Jahren waren viele dieser linkskatholischen Theologen von Papst Pius XII. und seinen Unterstützern sanktioniert worden, unter ihnen die damals waghalsigsten französischen Wortführer der *nouvelle théologie*, Yves Congar und Marie-Dominique Chenu, die beide als Wissenschaftler und Hochschullehrer tätig waren. Nach dem Tode Pius' XII. im Jahr 1958 wurden viele von ihnen jedoch von den auf dem Weltkonzil stimmberechtigten Bischöfen und Kardinälen als Berater im Rahmen des Konzils nach Rom berufen – so etwa Chenu als Ratgeber des Bischofs von Antsirabé (Madagaskar), Claude Rolland, der selbst in den 1930er Jahren bei Chenu studiert hatte.[5] Eine Reihe dieser Berater wurde im Laufe des Vatikanums II vom Papst zu unabhängig fungierenden Konzilstheologen ernannt. Diese Theologen sowie die theologischen Assistenten der Konzilsväter konnten sich meist problemlos in einer Reihe von Weltsprachen ausdrücken und prägten als intellektuelle Wortführer die Inhalte der wichtigsten Dokumente des Weltkonzils maßgeblich mit.

Seit den 1930er Jahren hatten Chenu, Congar und andere Protagonisten der Neuen Theologie immer wieder darauf bestanden, dass die Orientierung der Kirche auf

---

4 Siehe hierzu Gerd-Rainer Horn, The Spirit of Vatican II. Western European Progressive Catholicism in the Long Sixties, Oxford 2015.
5 Siehe den Briefwechsel zwischen Rolland und Chenu im Fonds Chenu, Correspondance H-Z, „Mgr. Claude Rolland", Bibliothèque de Saulchoir, Paris.

unkritische Wiederholung dogmatischer Traditionen weltfremd und kontraproduktiv sei. Anstatt die Probleme dieser Welt in all ihrer Widersprüchlichkeit so zu sehen, wie sie sind, bestanden die Vertreter der kirchlichen Hierarchie traditionell mit wenigen Ausnahmen darauf, die Fakten und Daten der Gegenwart in das Korsett gedanklicher Vorgaben vergangener Jahrhunderte hineinzudrücken. Diese frontale Infragestellung kirchlicher Traditionen war der Hauptgrund für die oft explizit repressive Reaktion der Hierarchie in den 1940er und 1950er Jahren auf das Erstarken der Neuen Theologie. Im Vorfeld des Zweiten Vatikanischen Konzils wurden dann die Befürworter dieser Erneuerungsbewegung quasi über Nacht zu Wortführern der von Papst Johannes XXIII. initiierten Reorientierung der Katholischen Kirche. Das erste vom Vatikanum II beschlossene Dokument, die in ihrer ursprünglichen Fassung von Marie-Dominique Chenu verfasste „Botschaft an die Welt" der in Rom anwesenden Konzilsväter vom 20. Oktober 1962, bekannte sich bereits ausdrücklich zum neuen Zug der Zeit.

Insbesondere die mit Abstand einflussreichste Pastoralkonstitution, „Gaudium et Spes", die während des Konzils formuliert und 1965 von Papst Paul VI. promulgiert wurde, ist primär auf die Initiative katholischer Intellektueller und ganz besonders Marie-Dominique Chenus zurückzuführen. Dieses Dokument proklamierte neben einigen der bereits oben ausgeführten Grundsätzen der Nouvelle Théologie unter anderem die Enteignung von brachliegendem Grundeigentum der Latifundien sowie eine substanzielle und nicht nur formelle Arbeitermitbestimmung in Fabriken und Büros des Spätkapitalismus.[6] Auch der Fall Karl Rahner entspricht dem eben umrissenen Muster: Aus Anlass des Konzils wurde der Theologieprofessor als Berater des österreichischen Kardinals Franz König nach Rom geholt, obgleich er noch Sanktionen durch seinen Orden unterlag. Bereits 1962 ernannte ihn Papst Johannes XXIII. zum Konzilstheologen (Peritus). Rahner war einer der wortgewaltigsten Theologen in den Hinterzimmern des Konzils – wie überhaupt das Zweite Vatikanische Konzil die Quasi-Monopolstellung der französischen Theologen der vorausgegangenen drei Jahrzehnte nachhaltig zurückdrängte.[7]

---

[6] Giovanni Turbanti, Un concilio per il mondo modern. La redazione della costituzione pastorale „Gaudium et Spes" del Vaticano II, Bologna 2000, wird sicherlich auf Jahrzehnte hinaus die grundlegende Studie zur Entstehungsgeschichte dieses zweifelsohne wichtigsten Textes, der aus dem Vatikanum II hervorging, bleiben. Zu Chenus Beitrag zur Revitalisierung eines Reformkatholizismus vgl. auch Christian Bauer, Ortswechsel der Theologie. M.-Dominique Chenu im Kontext seiner Programmschrift „Une école de théologie: Le Saulchoir", Vol. I + II, Berlin 2010. Obwohl das Hauptaugenmerk Bauers in diesem Werk auf Chenus Werdegang bis in die 1940er Jahre liegt, liefert Bauer eine herausragende Einschätzung des Gesamtwerks Chenus insbesondere in einem zirka zweihundert Seiten umfassenden Teil des zweiten Bandes seiner Studie.

[7] Zum Aspekt der Verdrängung frankophoner Theologen als Avantgarde eines radikalen Reformkurses in der katholischen Kirche ab den 1960er Jahren siehe Christian Sorrel, La théologie francophone au lendemain du concile Vatican II. Dominante ou dominée?, in: Dominique Avon/Michel Fourcade (Hrsg.), Un nouvel âge de la théologie? 1965–1980, Paris 2009, S. 181–191.

2 Ausstrahlung des Konzils auf die globale katholische Öffentlichkeit und Formierung einer konservativen Gegenströmung

Rahner und auch andere wie Hans Küng, von 1960 bis 1983 Theologe an der Universität Tübingen, unternahmen es zudem, den Brückenschlag zu der rasch anwachsenden Masse von linkskatholischen Aktivisten vor Ort zu bewerkstelligen.[8] Einer von Rahners Schülern, Johann Baptist Metz, selbst noch zu jung, um am Zweiten Vatikanischen Konzil teilzunehmen, wurde in den späten 1960er und dann 1970er Jahren zum wohl international einflussreichsten linkskatholischen Intellektuellen. Die Seminare des Münsteraner Theologieprofessors waren lange Jahre übervoll mit Studenten, insbesondere aus Spanien und Lateinamerika, Gegenden dieser Welt, die damals selbst im Umbruch waren.[9] Die Verschiebung des Epizentrums innerhalb progressiver katholischer Theologie von Frankreich in den germanischen Sprachbereich, insbesondere die deutsch- und niederländischsprachigen Gebiete, war maßgeblich dafür, dass theologische Fachbereiche bundesdeutscher und niederländischer Universitäten eine große internationale Attraktivität erlangten. Als Berater der Würzburger Synode und wichtigster Autor des Synodendokuments „Unsere Hoffnung" prägte Metz zudem in den frühen 1970er Jahren erheblich die Rezeption des Zweiten Vatikanischen Konzils in Westdeutschland.

Metz wurde nicht nur stark von Karl Rahner beeinflusst, sondern noch mehr von dem einzigartigen nonkonformistischen und atheistischen Marxisten Ernst Bloch, in dessen Haus in Tübingen eine nicht enden wollende Abfolge von Vertretern der kritischen Intelligenz ein und ausging, unter ihnen Jürgen Moltmann, der evangelische Theologe der Hoffnung, Rudi Dutschke und eben Johann Baptist Metz. Schon 1966 schlug Metz, das *enfant terrible* des Linkskatholizismus in den langen 1960er Jahren, Wellen mit seiner ersten öffentlichen Verkündigung einer Politischen Theologie, die unverkennbar unter anderem vom Philosophen des „Prinzips Hoffnung", Ernst Bloch, geprägt war. In dieser „eschatologisch-politischen Theologie [...] wird Welt primär als gesellschaftliche Mitwelt und Geschichtswelt, Geschichte primär als Endgeschichte, Glaube primär als Hoffnung, Theologie primär als eschatologisch-gesellschaftskritische Theologie sichtbar".[10] Eine Ausrichtung auf das Hier und Jetzt, gekoppelt mit der Hoffnung auf eine revolutionäre Weltwende, waren die Kennzeichen der Politischen Theologie von Johann Baptist Metz, eine Aufforderung zum aktiven

---

8 Die zweifelsohne wichtigste Biographie Karl Rahners ist Herbert Vorgrimmler, Karl Rahner. Gotteserfahrung in Leben und Denken, Darmstadt 2004.
9 Die informativste Biographie zu diesem enorm wichtigen Theologen der zweiten Welle des Linkskatholizismus ist immer noch: Tiemo Rainer Peters, Johann Baptist Metz. Theologie des vermissten Gottes, Mainz 1998.
10 Johann Baptist Metz, Zur Theologie der Welt, Mainz 1968, S. 76.

Eingreifen in die Geschehnisse dieser Welt. Kein Wunder, dass seine Lehrveranstaltungen oft hoffnungslos überfüllt waren. Seine handfeste Nähe zur irdischen Realität spielte sicherlich ebenfalls eine Rolle, und daher noch dieses Bonmot aus seiner oberpfälzisch geprägten Feder: „Der Bayer hat ein irdisches Verhältnis zur Religion und ein mystisches zum Bier."[11]

Karl Rahner und Johann Baptist Metz, 1971
(Foto: Lambiotte – Stadtmuseum Münster, CC BY-SA 4.0, https://commons.wikimedia.org/w/index.php?curid=67252053)

Hinter den Kulissen des Vatikanums II tobte ein gewaltiger Machtkampf. Anfangs von konservativ-traditionalistisch ausgerichteten Mitgliedern der römischen Kurie dominiert, eroberten sich die progressiven Konzilsväter und Theologen nach und nach immer größere Freiräume, wobei es ohne die tatkräftigen Handlungen und Entscheidungen von Johannes XXIII. sicherlich nie zu einem Sieg dieser Fraktion gekommen wäre.[12] Die ersten postkonziliären Jahre, 1965 bis 1968, kann man deshalb durchaus zur Hochphase des Linkskatholizismus rechnen. Inspiriert von „Gaudium et Spes" und anderen ähnlich motivierten Grundsatzdokumenten, die aus den drei Jahren des Konzils hervorgingen, verstanden sich die Theologen der anscheinend siegreichen Welle des progressiven Katholizismus nun als offiziell sanktionierte Wortführer eines Mehrheits-Katholizismus, der den sozialen, politischen und kulturellen Fragen seiner Zeit offen gegenüberstand. Die 1965 gegründete Zeitschrift

---

11 Peters, Metz, S. 18.
12 Zum Einfluss von Angelo Giuseppe Roncalli (bürgerlicher Name von Johannes XXIII.) wird die Studie von Alberto Melloni, Papa Giovanni. Un cristiano e il suo concilio, Turin 2009, auf lange Sicht grundlegend bleiben.

„Concilium" verstand sich als Ausdruck dieser Trendwende, nicht als interne Opposition, sondern als Sprachrohr einer Mehrheitsströmung des Katholizismus. „Concilium" galt von Anfang an als Medium des Geistes von Vatikanum II. Ausschließlich in Privatinitiative einer Reihe von führenden Theologen gegründet, darunter viele Teilnehmer an den Beratungen in Rom, verfügte „Concilium" über keine offiziellen (auch keine finanziellen) Verbindungen zur kirchlichen Hierarchie in ihrer progressiven Phase, geschweige denn seit den 1970er Jahren. Explizit ökumenisch ausgerichtet, beteiligten und beteiligen sich auch nichtkatholische und nichtchristliche Theologen an den oft lebhaft geführten Diskussionen dieses Journals.[13]

Und in der Tat war das Spektrum des Herausgeberkreises dieser überaus bedeutenden Zeitschrift in der zweiten Hälfte der 1960er Jahre denkbar breit. Bereits die erste Nummer dieses Megaphons des Reformkatholizismus – der sich damals als neue Mitte verstand und keinesfalls als linker Flügel – beinhaltete einen wichtigen Beitrag des noch relativ jungen Joseph Ratzinger. In den Jahren des Vatikanums II an den Universitäten Bonn (1959–1963) und Münster (1963–1966) tätig, war er zu diesem Zeitpunkt ein einflussreicher Mitstreiter der neuen Welle des Katholizismus und blieb bis 1973 im Herausgeberteam von „Concilium". Am Vatikanum II nahm Ratzinger erst als Berater des Kölner Erzbischofs Josef Frings und dann als vom Papst ernannter Konzilstheologe (Peritus) teil. Andere ehemalige Berater und/oder Periti auf dem Vatikanum II, wie Yves Congar, Hans Küng, Karl Rahner und Edward Schillebeeckx, zeichneten ebenfalls als maßgeblich verantwortliche Herausgeber. In dieser Hochphase des Linkskatholizismus der zweiten Hälfte der 1960er Jahre sahen sich die Theologen im Umfeld von „Concilium" als die Wortführer einer als transnational, ja global verstandenen katholischen Öffentlichkeit.

Erst mit der zunehmenden Distanz, ab zirka 1968, der verschiedenen katholischen Hierarchien zu diesen von „Concilium" als Trendwende angesehenen Entwicklungen wurde „Concilium" mehr und mehr lediglich als Zeitschrift *einer* Tendenz innerhalb des Katholizismus angesehen. 1972 kam es daher zur Etablierung einer konkurrierenden Zeitschrift, „Comunio", die unter anderem von einigen ehemaligen Mitstreitern von „Concilium" mitbegründet wurde, so zum Beispiel Joseph Ratzinger, Hans Urs von Balthasar, dem Jesuitenorden zugehörig und zeit seines Lebens universitäre Berufungen ablehnend, oder Henri de Lubac. Letzterer, wie Rahner oder von Balthasar Jesuit, galt als einer der Vorreiter der Nouvelle Théologie, und war aus diesem Grund in den 1950er Jahren mehrere Jahre lang von einem Berufsverbot an der Katholischen Universität Lyon betroffen, wo er von 1929 bis 1961 unterrichtete. Gemeinsam mit Joseph Ratzinger und Hans Urs von Balthasar ent-

---

[13] Bisher liegen keine Monographien zur Geschichte dieses zentralen Diskussionsforums fortschrittlicher Ideen innerhalb der postkonziliären Kirche vor. Einen ersten knappen Überblick liefert Hadewych Snijdewind, Genèse et organisation de la revue internationale de théologie Concilium, in: Cristianesimo nella storia XXI/3 (2000), S. 645–674.

fremdete er sich ab den 1970er Jahren mehr und mehr von seinen ehemaligen Bundesgenossen im Herausgeberteam von „Concilium". Hiermit formierte sich eine Gruppierung von Intellektuellen, die die radikale Trendwende, wie sie von „Concilium" konsequent vertreten wurde, zurückwies und eine vergleichsweise moderate – wenn auch zunächst immer noch relativ weltoffene – Haltung zur Schau trug.[14] Ähnlich wie „Concilium" war und ist „Comunio" eine von Theologen gegründete und geleitete Zeitschrift ohne direkte Verbindungen zur Kirchenhierarchie. Da sich der Schwerpunkt der Kirche in den seither verflossenen Jahrzehnten deutlich in eine konservative Richtung verschoben hat, verzeichnet „Comunio" im Gegensatz zu „Concilium" allerdings ein deutliches Wachstum der Leserschaft. „Comunio" wird inzwischen in siebzehn Sprachen veröffentlicht. „Concilium", anfangs in sieben Sprachen erhältlich, wird heute nur noch in fünf Sprachen publiziert.

3 Radikalisierung des Linkskatholizismus

Zu einer mehrheitsfähigen Strömung entwickelte sich der progressive Katholizismus somit nicht. Die Zersplitterung des Milieus, das sich im Kielwasser des Zweiten Vatikanischen Konzils als *der* moderne Katholizismus verstanden hatte, war die Folge zweier konträr zueinander verlaufender Mobilisierungen, die das Bild des Katholizismus ab zirka 1968 maßgeblich beeinflussten. Einerseits kam es – wie unten in Abschnitt vier darzustellen sein wird – zu einem scheinbar unaufhaltsamen Aufstieg moderater und konservativer Strömungen des postkonziliären Katholizismus. Andererseits – und dies ist das Hauptanliegen meines dritten Abschnitts – wurde im Siegestaumel von Vatikanum II das Gedankengut des Konzils in einer Weise weiterentwickelt, die nicht ohne Weiteres mit seinen Texten in Übereinstimmung gebracht werden konnte. Viele Aktivisten, aber auch so manche Theologen in der postkonziliären zweiten Hälfte der 1960er Jahre, interpretierten das grüne Licht für Weltoffenheit als Aufforderung, die Theorie und Praxis des katholischen Milieus in Richtung einer dezidierten Radikalisierung noch weiter voranzutreiben.[15]

---

[14] Zur Entstehungsgeschichte von „Comunio" siehe Philippe Denis/François-Xavier Huberlant, Le mouvement Communio, in: Esprit 86 (Februar 1984), S. 11–25.
[15] Einfühlsame und stimulierende Länderstudien dieser Phase des progressiven Katholizismus in den späten 1960er Jahren bieten u. a. Philippe Alfonsi/Patrick Pesnot, L'Église contestée. Hollande/Espagne, Paris 1971; Denis Pelletier, La crise catholique. Religion, société, politique en France (1965–1978), Paris 2002; Bart Latré, Strijd & Inkeer. De kerk- en maatschappijkritische beweging in Vlaanderen 1958–1990, Leuven 2011; sowie Alessandro Santagata, La contestazione cattolica. Movimenti, cultura e politica dal Vaticano II al '68, Rom 2016. Eine vergleichende Betrachtung, die zusätzlich zu diesen Kernländern die Sachlage in der Bundesrepublik, in Portugal und in der Schweiz analysiert, wird in einer Sondernummer von „Histoire@Politique" angeboten: Gerd-Rainer Horn/Yvon Tranvouez (Hrsg.), L'Esprit de Vatican II. Catholiques de gauche dans l'Europe occiden-

So kam es unter anderem ab dem Schlüsseljahr 1968 zur Formierung einer international agierenden Assoziation radikaler Priester, deren eigentliche Stärke zwar in den verschiedenen nationalen Organisationen lag, deren transnationale Dynamik aber letztendlich die Radikalisierung des Linkskatholizismus forcierte. Diese Priester stellten das Zölibat offen in Frage, forderten ein Mitspracherecht in kirchlichen Belangen auf allen Ebenen und riefen bei außergewöhnlichen Anlässen auch zu Protesthandlungen auf. Beispielsweise wurden im spanischen Baskenland zu Zeiten der tiefsten Diktatur Ende der 1960er Jahre ein bischöflicher Palast und die Gebäude eines wichtigen Priesterseminars okkupiert.[16] Radikalisierte Priester waren ab 1965 auch oftmals das Zünglein an der Waage in der Genese von Basisgemeinden insbesondere in Spanien und Italien, ab zirka 1968 auch anderswo in Westeuropa. Basisdemokratisch ausgerichtete Gemeinden dieser Art entstanden in der zweiten Hälfte der 1960er Jahre in vielen Orten und entwickelten sich rasch zu Zentren einer allgemeinen Radikalisierung der jeweiligen Zivilgesellschaften auch jenseits des katholischen Milieus.[17] In Spanien stand der Linkskatholizismus an der Wiege der notgedrungen im Untergrund operierenden Neuen Linken; in Italien trugen mehrheitlich linkskatholische Basisgemeinden maßgeblich zur Formierung der ab 1968 schnell anwachsenden radikalen Linken bei.[18]

Wahrscheinlich die international bekannteste Basisgemeinde dieser Art – in kirchenhierarchischen Kreisen freilich eher berüchtigt als berühmt – entstand am linken Ufer des Arno zirka zweieinhalb Kilometer flussabwärts von den Uffizien in Florenz, benannt nach dem neu aus dem Boden gestampften Stadtteil Isolotto. Hier verstand es das dynamische Priesterduo Don Enzo Mazzi und Don Sergio Gomiti, weite Teile der dortigen unterprivilegierten Bevölkerung in basisdemokratischer Handlungsweise und Selbstverantwortung für ihre Rechte vis-à-vis den zivilen und kirchlichen Autoritäten auftreten zu lassen und Furore zu machen. Ähnlich wie die Uhrenfabrik LIP in der Nähe von Besançon wenige Jahre später zum internationalen Zentrum einer neuen radikaldemokratischen, von nichtorthodoxen Stoßtruppen der Neuen und radikalen Linken tatkräftig unterstützten Bewegung wurde, so entwickelte sich die Comunità dell'Isolotto bald zum symbolischen Ort kirchlicher Gegenmacht nicht nur in Italien, sondern in ganz Europa.[19]

---

tale des années 1968, in: Histoire@Politique 30, September – Dezember 2016, https://www.histoire-politique.fr/index.php?numero=30&rub=dossier&item=277 (22.4.2019).
16 Horn, Spirit of Vatican II, S. 82–111.
17 Horn, Spirit of Vatican II, Kapitel 3: Spontaneous Ecclesial Communities, S. 111–170. Einen soliden und informativen Überblick über die Geschichte der italienischen Basisgemeinden weit über die späten 1960er und frühen 1970er Jahre hinaus bietet Mario Campli/Marcello Vigli, Coltivare speranza. Una chiesa altra per un altro mondo possibile, Pescara 2009.
18 Horn, Spirit of Vatican II, S. 189–192 (Spanien) und S. 136–149 (Italien).
19 Horn, Spirit of Vatican II, S. 151–170; siehe aber auch Comunità dell'Isolotto (Hrsg.), Isolotto 1954/1969, Bari 1971; Comunità dell'Isolotto (Hrsg.), Isolotto sotto processo, Bari 1971, im April

Auch bei den studentischen sozialen Bewegungen, die spätestens ab 1968 die westeuropäische politische Landschaft prägten, standen in vielen Ländern linkskatholische Aktivisten in vorderster Front, so zum Beispiel in Italien, Spanien, Belgien oder den Niederlanden.[20] Die erste Universitätsstadt Westeuropas, die im Anlauf auf Mai 1968 von handfesten Auseinandersetzungen zwischen Studenten und Ordnungskräften heimgesucht wurde, war Löwen, Heimatort der ältesten katholischen Universität nördlich der Alpen – bereits ab Mai 1966![21] Die ersten Universitätsbesetzungen in Italien fanden an katholischen Universitäten statt, zuerst in Trient (Oktober 1966) und dann an der größten katholischen Universität Italiens, an der Universität des Heiligen Herzens – genannt „La Cattolica" – in Mailand (November 1967). Universitätsbesetzungen wurden von radikalen katholischen Kreisen außerdem als Aufforderung verstanden, auch Kirchen und Kathedralen zu besetzen, wie zum Beispiel mehrere Kirchen in Paris (Juni 1968) oder die Kathedrale von Parma (September 1968). Und sicherlich trugen Vorlesungsstörungen militanter Studenten in Joseph Ratzingers Vorlesungen in Tübingen dazu bei, seinen Werdegang vom Mitgestalter der Reformströmung zum konservativ-traditionalistischen Papst zu beschleunigen.

Das Gedankengut einiger der wichtigsten theologischen Wortführer des Geistes des Zweiten Vatikanischen Konzils radikalisierte sich nach 1965.[22] Die messianisch-apokalyptische Vision, die manche von ihnen postulierten, durchlief eine dezidierte Weiterentwicklung – nicht zuletzt bei dem bereits erwähnten Johann Baptist Metz. Maßgeblich beeinflusst durch den marxistisch-atheistischen Philosophen und Religionswissenschaftler Ernst Bloch entwickelte Metz seine eschatologisch-politische Theologie hin zu einer eschatologisch-apokalyptischen Revolutionsverkündigung. Ähnlich wie sein Mentor Bloch behielt Metz allerdings ein gesundes Kritikvermögen gegenüber historischen Realitäten. Er zitierte gerne den Autor des Standardwerks

---

1971 veröffentlicht, kurz bevor der Basisgemeinde Isolotto ein Aufsehen erregender Gerichtsprozess von der florentinischen Kirchenhierarchie aufgezwungen wurde. Zu diesem skandalösen Schauprozess der Basisgemeinde siehe Comunità dell'Isolotto (Hrsg.), Il processo dell'Isolotto, Rom 2011. Zu den hierzu auf Deutsch erschienenen Titeln siehe u. a. Hans-Dieter Bastian (Hrsg.), Experiment Isolotto. Dokumentation einer neuen Gemeinde, München 1970. Siehe last but not least die wichtige Studie einer der Protagonisten, Sergio Gomiti, L'Isolotto. Una comunità tra Vangelo e diritto canonico, Trapani 2014.

20 Horn, Spirit of Vatican II, Kapitel 4: From Seminarians to Radical Student Activists, S. 173–213.
21 Zu den Auseinandersetzungen in Löwen siehe u. a. die autobiographischen Beschreibungen des ehemaligen Priesterseminaristen, Paul Goossens, der durch die Ereignisse in Löwen zum Rudi Dutschke Flanderns avancierte: Leuven '68 of het geloof in de hemel, Zellik 1993; sowie das Buch des ehemaligen Aktivisten und Historikers, Louis Vos, der vor wenigen Jahren eine Reihe seiner wichtigsten Veröffentlichungen zu diesem Thema in einem Sammelband veröffentlichte: Idealisme en engagement. De roeping van de katholieke studerende jeugd in Vlaanderen (1920–1990), Leuven 2011.
22 Vgl. Horn, Spirit of Vatican II.

marxistischer Philosophie im zwanzigsten Jahrhundert, „Das Prinzip Hoffnung", in dem Bloch vor überhöhten Heilserwartungen an soziale Revolutionen warnte: „Im Citoyen der Französischen Revolution steckte der Bourgeois; gnade uns Gott, was im Genossen steckt."[23]

Yves Congar, der gemeinsam mit Karl Rahner unbestrittener Wortführer der progressiven Fraktion auf dem Vatikanum II gewesen war, schrieb zehn Jahre nach der Schlusszeremonie des Zweiten Vatikanischen Konzils: „Während des Konzils erkannte die Kirche, dass man Christ sein muss, um Katholik zu sein. In der postkonziliären Periode haben wir gelernt, dass man Mensch sein muss, um Christ zu sein. Das heißt, man muss im Aufbau dieser Welt, dieser großartigen Befreiungsbewegung, die koexistent mit der Geschichte der Menschheit ist, von innen heraus teilnehmen."[24] Die anthropologische Wende des progressiven Katholizismus, bereits von der Nouvelle Théologie der Mitte des zwanzigsten Jahrhunderts aktiv vorangetrieben, das heißt die Konzentration auf den einzelnen Menschen in der Wirklichkeit historischer Zustände in der Jetzt-Zeit, wurde nun von Congar an die Notwendigkeit einer individuellen und kollektiven Befreiung der Menschheit von den Restriktionen der allseits grassierenden Ungleichheiten und Ungerechtigkeiten gekoppelt. Kein Wunder, dass „Messianismus" eines der am häufigsten verwendeten Schlagwörter postkonziliärer Theologie wurde. Die hieran anknüpfende Heilserwartung, die oftmals auf den Wunsch nach Erfüllung politisch-sozialer Hoffnungen hinauslief, war allerdings nun nicht mehr als transzendentale Endzeitlösung konzipiert, sondern rückte ganz konkret in den Aufgabenbereich christlicher Aktivisten in der weltlichen Gegenwart. Für Marie-Dominique Chenu verbanden sich schon seit langem aufs engste weltliche und christliche Hoffnung: „Die Geschichte der Menschheit ist von nun an eine heilige Geschichte, die im Begriff ist, die messianischen Prophezeiungen zu verwirklichen."[25] Nach 1965 wurde der Messianismus bald zu einem quasi-organischen Bestandteil linkskatholischen Gedankenguts. Diese offen zur Schau getragene Radikalisierung führender Vertreter des fortschrittlichen Katholizismus in den langen 1960er Jahren trug sicherlich zur Spaltung des Redaktionsbeirats von „Concilium" und zur Neugründung von „Comunio" bei. Nun allerdings traten auch andere katholische Intellektuelle und Theologen in das Rampenlicht der Weltöffentlichkeit, die bisher eher im Abseits gestanden hatten, obwohl sie oft in ihren jeweiligen nationalen Kontexten seit Jahr und Tag bekannt und aktiv gewesen waren.

Der florentinische Querdenker Ernesto Balducci, Mitglied des Männerordens der Piaristen, verfügte zu keiner Zeit über einen Lehrstuhl an einer Universität, sondern

---

23 Zitat in: Johann Baptist Metz, Glaube in Geschichte und Gegenwart. Studien zu einer praktischen Fundamentaltheologie, Mainz 1977, S. 106. Ernst Blochs klassische Trilogie, Das Prinzip Hoffnung, wurde zwischen 1938 und 1947 im US-amerikanischen Exil verfasst.
24 Yves Congar, Un people messianique. Salut et libération, Paris 1975, S. 151.
25 Marie-Dominique Chenu, Peuple de Dieu dans le monde, Paris 1966, S. 31.

konzentrierte seine Energien auf diverse journalistische Tätigkeiten, insbesondere die Herausgabe von „Testimonianze", der einflussreichsten progressiven katholischen Zeitschrift jener Jahrzehnte in Italien. Wohl der bedeutendste linkskatholische italienische Theologe der langen 1960er Jahre, war Balducci in den frühen 1970er Jahren fest davon überzeugt, dass „Klassenkampf das historisch notwendige Mittel ist", um das Reich Gottes zu realisieren.[26] Der 1916 geborene spanische Theologe, José María González Ruiz, der vielleicht radikalste und wichtigste Wortführer des linkskatholischen Widerstandes gegen Franco und die spanische Kurie, agierte lebenslang außerhalb universitärer Strukturen, die selbstredend für jemanden, der Marxismus und Christentum als artverwandt verstand, in den vierzig langen Jahren der frankistischen Diktatur nicht offenstanden. Der andalusische Theologe paraphrasierte bereits Ende der 1960er Jahre die elfte Marx'sche These zu Feuerbach: „Theologen haben bisher die Erlösung verheißende Geste Gottes verschieden interpretiert; es kommt nun darauf an, jetzt und hier das Reich Gottes auf Erden zu realisieren."[27] Als führender europäischer Vertreter einer Theologie der Revolution war González Ruiz zeitlebens darauf bedacht, der Praxis diejenige Schlüsselrolle zu geben, die für die meisten Philosophen und Theologen der Theorie oder der Theologie zugedacht war. Theologie ohne praktische Anwendungen und Auswirkungen auf das tägliche Leben der Gläubigen, ohne soziales Engagement, war für Ruiz eine inhaltsleere Formel. Dennoch war Ruiz ein Intellektueller klassischen Typs. Ruiz schrieb: „Es ist nicht ehrlich von einer ‚Theologie der Revolution' zu reden, wenn man im Vorlauf nicht eine ‚Revolution der Theologie' erfochten hat."[28] Die Transformation der Gesellschaft wurde vom andalusischen Rebellen somit an eine ihr vorausgehende kognitive Subversion geknüpft. Praxis ohne Theorie war für Ruiz letztendlich genauso steril wie Theorie (Theologie) ohne Praxis.

Vor dem Hintergrund solcher Verkündigungen europäischer Theologen und der radikalen Umstände Lateinamerikas kam es 1968 zum großen Durchbruch der lateinamerikanischen Befreiungstheologie auf der Bischofskonferenz in Medellín. Auch hier begann nun ein Zyklus weitergehender Radikalisierung. Der 1959 nach Lateinamerika ausgewanderte belgische Theologe Joseph Comblin war nur einer von vielen europäischen Priestern, die sich im Laufe der langen 1960er Jahre der damals rasch an Bedeutung gewinnenden lateinamerikanischen Befreiungstheologie verschrieben und zu ihrer Weiterentwicklung beitrugen. Eine wichtige Rolle in der Entstehung und Vernetzung im Bann der Befreiungstheologie stehender Priesterseminare in Lateinamerika spielend, veröffentlichte Joseph Comblin 1970 seine einflussreiche „Theologie der Revolution", gefolgt von der noch radikaler ausgerich-

---

[26] Ernesto Balducci, Le speranze vissute all'interno della storia, in: Ernesto Balducci/Roger Garaudy, Cristianesimo come liberazione, Rom 1975, S. 41.
[27] José María González Ruiz, Dios está en la base, Barcelona 1970, S. 12.
[28] Ebenda, S. 175.

teten – wenn dies überhaupt noch möglich war – „Theologie der revolutionären Praxis" (1974). War die kompromisslose Parteinahme für die Notwendigkeit einer Revolution bereits kontrovers, so gingen die praktischen Ausführungsbestimmungen seiner Verkündigung der Unerlässlichkeit einer revolutionären Praxis 1974 noch eine Stufe weiter. Ähnlich wie bei González Ruiz war für Comblin die Praxis letztendlich noch wichtiger als die dazugehörige Theorie. Wie Comblin in seinem Vorwort zum zweiten Band verdeutlicht, war Band I das Resultat historischer Prozesse der 1960er Jahre; der zweite Band stand unter dem Eindruck der noch heißeren Phase der nach-68er, frühen 1970er Jahre.[29]

4 Der Wiederaufstieg konservativer Theologen

Andererseits – und dies ist das Gegenstück zur permanenten Revolution linkskatholischer Milieus ab 1968 – waren bei weitem nicht alle Konzilsväter und Theologen, die Anfang der 1960er Jahre konservative Traditionen verteidigten, im Schlepptau von Vatikan II marginalisiert worden – im Gegenteil. Sie agierten weiterhin – und oft in prominenten Positionen – für eine Rückkehr zu kirchlichen Dogmen. Als es zu den maßgeblich auch von katholischen Aktivisten herbeigeführten sozialen und kulturellen Explosionen von 1968 kam, verhärteten sich die Fronten innerhalb der Kirche. Kirchenbelagerungen, Kathedralenbesetzungen, Priester, die in öffentlichen Zeremonien ehemalige Nonnen heirateten – diese und ähnliche offensive Grenzüberschreitungen, die vom radikalsten Teil des buntgemischten progressiven Katholizismus insbesondere ab 1968 organisiert und öffentlich dargeboten wurden, machten es zusehends schwierig, Kompromisse zu finden. Einer der wenigen mit dem gemäßigten Linkskatholizismus sympathisierenden Konzilsväter Italiens, der Erzbischof von Turin Michele Pellegrino, brachte den schwelenden Konflikt in einem Interview mit der wichtigsten Tageszeitung des Landes im November 1968 scherzhaft auf den Punkt: „Diese Diözese ist nicht einfach zu leiten. Manche stehen fest auf dem Boden von Vatikan I. Andere befinden sich bereits im Umfeld von Vatikanum III. Es gibt hier nur wenige, die sich mit den Positionen von Vatikanum II identifizieren."[30]

Papst Paul VI. – einstmals ein Weggefährte des radikalen Reformers Papst Johannes XXIII. und in den 1950er Jahren einer der wenigen Ansprechpartner inner-

---

[29] Joseph Comblin, Théologie de la révolution. Théorie, Paris 1970; sowie Joseph Comblin, Théologie de la pratique révolutionnaire, Paris 1974. Comblins vergleichende Einschätzung der unterschiedlichen Ausrichtung der zwei Teile seines Hauptwerks als Reaktion auf konkrete historische Ereignisse befindet sich auf der ersten Seite des „Avant-Propos" zu seiner Théologie de la pratique révolutionnaire, S. 11.
[30] Zitiert in: Alfredo Pieroni, Il Ritratto di Mao in Canònica, in: Corriere della Sera, 20.11.1968, S. 3.

halb der Kurie für zu jener Zeit als Außenseiter diffamierte Linkskatholiken – begann ab 1968, die Bremsen anzuziehen. Nicht von ungefähr wurde die „Enzyklika Humanae Vitae", die für viele selbst ansonsten eher gemäßigte Katholiken das Fass zum Überlaufen brachte, am 25. Juli 1968 veröffentlicht – also unmittelbar nach dem nicht nur in Frankreich, sondern europaweit als gesellschaftliche Zerreißprobe angesehenen französischen „Mai 1968". Repressionen der kirchlichen Hierarchie gegen innerkirchliche Aktivisten nahmen nun immer konkretere Gestalt an. Zwar ging der radikalste Flügel der kirchlichen Linken weiterhin seinen konfrontativen Gang. Teile der Mitte hingegen fühlten sich, nicht zuletzt aufgrund der päpstlichen Enzyklika zur Geburtenregelung, zunehmend von der Kirche im Stich gelassen. Die bewusste Trennung der Zeitschrift „Comunio" von „Concilium" verschaffte zögerlichen Reformern ein Sprachrohr – so etwa Jean Daniélou, Jesuit, Lehrstuhlinhaber und ab 1962 Dekan der Katholischen Universität Paris, Peritus auf dem Vatikanum II, oder der bereits erwähnte Henri de Lubac –, die ähnlich wie Joseph Ratzinger zwischen 1965 und 1968 den als Mehrheitskatholizismus verstandenen Kurs von Vatikanum II unterstützt hatten. Diese Strömung sollte sich in den kommenden Jahrzehnten als Gegenpol zum offenen Reformflügel entwickeln.

Im Juni 1972 nahm Paul VI. die Kirche in Schutz gegen radikale Reformer: Diese seien, so der Papst, für „den Rauch des Satans im Tempel Gottes" verantwortlich.[31] Der Geist von Vatikanum II war unwiderruflich verblasst. Die unterschiedlichsten Fraktionen verfolgten nun ihre oft disparaten Ziele. Eine wachsende Anzahl ehemaliger kirchlicher Aktivisten verlagerte ihre Energien in die Vielfalt nicht-religiös orientierter Organisationen der alten, Neuen oder radikalen Linken. Eine nur schwer quantitativ zu erfassende Anzahl kirchlich engagierter Personen gab bald jegliche reformerische Tätigkeit auf und konzentrierte sich (spätestens) ab Mitte der 1970er Jahre auf das Privatleben, Familie bzw. Karriere.

Die Ernennung des offen konservativen Papstes Johannes Paul II. im Oktober 1978 war nicht so sehr ein Wendepunkt, sondern eher der Schlusspunkt einer Phase, die mit der Eröffnung des Zweiten Vatikanischen Konzils im Oktober 1962 begonnen hatte. Die Intellektuellen der Ära des Vatikanums II verteilten sich bereits in den 1970er Jahren auf die diversen Fraktionen und spielen seither eher eine untergeordnete Rolle. Die Aufbruchsstimmung des Vatikanums II, die progressive Theologen ins Rampenlicht sowohl der kirchlichen als auch der Weltöffentlichkeit katapultiert hatte, war nun definitiv ad acta gelegt. Tonangebend wurden nun Theologen, die als quasi-„staatstragende" Verteidiger des Status quo innerhalb der Kirche – und somit als „Priester" im Sinne Max Webers – fungierten. Dies war das Resultat eines Prozesses der Deradikalisierung, der nur in Lateinamerika und einigen anderen Ländern des Trikont im Rahmen der Entfaltung der Befreiungstheologie noch eine Weile lang

---

[31] Omelia di Paolo VI, 29.6.1972: http://w2.vatican.va/content/paul-vi/it/homilies/1972/documents/hf_p-vi_hom_19720629.html (22.4.2019).

aufgehalten werden konnte, bevor auch dort repressive Handlungen, wie Sanktionen seitens der kirchlichen Hierarchie, zum Beispiel Disziplinarstrafen oder Amtsenthebungen, ab den 1980er Jahren einem Kurswechsel in Richtung Traditionalismus den Weg bereiteten.

In den späten 1960er und frühen 1970er Jahren schien es, als könne die weltweit vernetzte katholische Kirche die einzigartige Möglichkeit einer globalen Öffentlichkeit bieten, die in der Lage wäre, zu den Herausforderungen beschleunigter globaler Transformationen kritisch Stellung zu beziehen. Der innerkirchliche Niedergang revolutionärer und messianischer Hoffnungen und „Propheten" freilich brachte die Dynamik des Zweiten Vatikanischen Konzils zum Erliegen. Linke Theologen verloren in der Folge ihre Bedeutung als Intellektuelle einer globalen politischen Öffentlichkeit. Trotzdem bildete das Zweite Vatikanische Konzil und die damit einhergehende kurzzeitige Blüte des progressiven Linkskatholizismus einen wesentlichen Anstoß für die weitreichenden Umwälzungen, die ab zirka 1968 außerhalb des kirchlichen Bereichs wichtige Teile der westlichen Welt erfassen sollten.

Ingrid Gilcher-Holtey
Dekonstruktion und Neudefinition eines Rollenmodells

Von der Intellektuellenkritik der 68er-Bewegung zum Typus des „spezifischen Intellektuellen"

Intellektuellen fällt bei der Konstruktion und Subversion von Wahrnehmungs-, Denk- und Klassifikationsschemata der sozialen Welt eine Schlüsselrolle zu. Soziale Bewegungen eröffnen neue Denk- und Möglichkeitsräume, in denen alternative Werte, Normen oder Beziehungsstrukturen erprobt werden können. Hat die 68er-Bewegung die Rolle der Intellektuellen und ihre Interventionsstrategien in die politische Arena verändert? Um diese Frage zu beantworten, werden nachfolgend, *erstens*, die Kritik der 68er-Bewegung am Typus des klassischen „allgemeinen" oder „universellen Intellektuellen" skizziert und, *zweitens*, fünf Merkmale eines sich im Mobilisierungsprozess der 68er-Bewegung herauskristallisierenden neuen Rollenverständnisses aufgezeigt, bevor vor diesem Hintergrund, *drittens*, der von Michel Foucault zu Beginn der 1970er Jahre entfaltete Typus des „spezifischen Intellektuellen" historisch verortet und am Beispiel von Naomi Klein und der globalisierungskritischen Bewegung illustriert wird.

1 Kritik des klassischen Intellektuellen

Paris, 20. Mai 1968: „Scheiße, was will denn der hier? Er ist ein Star und Stars können wir hier nicht gebrauchen." Diese Worte muss Jean-Paul Sartre hören, als er sich den Weg bahnt zum großen Hörsaal der Sorbonne. Seit einer Woche schon ist die Sorbonne besetzt. Tausende sind gekommen, die Besetzer zu unterstützen. Die Studenten sitzen überall, auch in den Gängen. Der Hörsaal quillt über.[1] Die Worte auf dem Weg zum Hörsaal haben ihn irritiert. Er fühlt sich von der neuen linken Bewegung angefeindet, die er doch, nach seinen eigenen Worten, stets herbeigesehnt hat. Diese Bewegung akzeptierte, so sein Eindruck, Intellektuelle wie ihn „nicht so, wie wir waren".[2] „Ich bin nicht gekommen, um zu lehren, sondern um zu hören", erklärt er, als er das Amphitheater erreicht hat. Auch mit dieser Geste trifft er die

---
1 Ingrid Gilcher-Holtey, „Die Phantasie an die Macht". Mai 68 in Frankreich, Frankfurt a. M. ²2001, S. 9f.
2 Jean-Paul Sartre/Philippe Gavi/Pierre Victor, Der Intellektuelle als Revolutionär, Reinbek bei Hamburg 1976, S. 49.

Erwartungen der Studenten nicht. Weigert er sich doch zu tun, wozu man ihn auffordert: praktische Vorschläge zu machen. So geht die Bewegung über ihn hinweg. Jemand schiebt ihm einen Zettel zu, auf dem zu lesen ist: „Sartre, fasse Dich kurz." Sartre hält sich daran, überzeugt, wie er später erklärt, im Mai 1968 politisch „auf Null" und in einem „provisorischen Elfenbeinturm" gefangen gewesen zu sein.[3] Als nachhaltige Wirkung der 68er-Bewegung sieht er es rückblickend an, Intellektuelle wie ihn in Frage gestellt zu haben.

Das von Studierenden besetzte Odéon-Theater in Paris, 28. Mai 1968
(Foto: Eric Koch / Anefo – http://proxy.handle.net/10648/ab428ce6-d0b4-102d-bcf8-003048976d84, CC0, https://commons.wikimedia.org/w/index.php?curid=65673626)

Der Typus des „allgemeinen" oder „universellen Intellektuellen" in der Tradition Voltaires und Émile Zolas, in der Sartre steht, übt Kritik außerhalb seiner beruflichen Zuständigkeit. Er mischt sich in die politische Arena unter Berufung auf abstrakte, universelle Werte (Freiheit, Gleichheit, Gerechtigkeit) ein. Er tritt auf als Verteidiger der Wahrheit, als Ankläger von Unrecht und Ungerechtigkeit, als Kritiker der Macht.[4] Es lassen sich zudem, wie der Soziologe Luc Boltanski und die Historikerin Élisabeth Claverie dargelegt haben, ausgehend von Voltaires Eingreifen in die Af-

---

3 Ebenda, S. 52.
4 Vgl. zum Typus des „allgemeinen Intellektuellen" Ingrid Gilcher-Holtey, Nachwort, in: dies. (Hrsg.), Voltaire, Die Affäre Calas, Berlin 2010, S. 251–294.

färe Calas (1762–1765) und Zolas Engagement in der Dreyfus-Affäre (1894–1906), drei weitere Kriterien festmachen, die seine Rolle präfiguriert haben: erstens, die Verteidigung einer zu Unrecht beschuldigten (gewöhnlichen) Person, zweitens, die Umkehr der Rollen von Ankläger und Beschuldigtem, mithin die Anklage des Anklägers, sowie, drittens, die Umkehr des Urteils über das Opfer und den Ankläger in der Wahrnehmung der Öffentlichkeit.[5] Es ist, so folgt daraus, die Subversion der öffentlichen Meinung, die das Engagement des „allgemeinen Intellektuellen" auszeichnet. Erfolgreiche Subversion der öffentlichen Meinung wird analytisch an die Umkehr von Wahrnehmungsschemata und die Entstehung eines neuen Publikums geknüpft.

Was Sartre im Mai '68 widerfährt, haben Schriftsteller der Gruppe 47 bereits einige Monate zuvor, im Oktober 1967, erfahren. Die literarische Gruppe, die seit ihrer Gründung im Jahre 1947 von der Peripherie zum zentralen Forum des literarischen Feldes avanciert ist und sich zugleich als einzige „wirkliche", „antiautoritäre" Opposition in der Bundesrepublik versteht, ist von Studenten des Sozialistischen Deutschen Studentenbunds (SDS), der zentralen Trägergruppe der 68er-Bewegung in der Bundesrepublik, als „Papiertiger" bezeichnet worden. SDS-Mitglieder haben das jährliche Zusammentreffen der Gruppe gestört, indem sie vor der Tagungsstätte Exemplare der Bild-Zeitung verbrannten und den Saal, in dem die Lesungen stattfanden, zu besetzen versucht haben. Mit ihren performativen, provokativen Aktionen forderten sie die Schriftsteller heraus, die Anti-Springer-Kampagne der Außerparlamentarischen Opposition (APO), wie die 68er-Bewegung in der Bundesrepublik genannt wird, gegen die Manipulation der Öffentlichkeit durch Monopolbildung auf dem Zeitungsmarkt zu unterstützen. Was die rebellierenden Studenten nicht wussten, war, dass Mitglieder der Gruppe 47 bereits am Vorabend eine Resolution verfasst hatten, in der sie die Kontrolle von 32,7 Prozent aller deutschen Zeitungen und Zeitschriften durch einen Verlag, den Springer-Konzern, als „Gefährdung der Grundlagen der Demokratie" gebrandmarkt und zugleich erklärt haben, in Zukunft an keiner Zeitung oder Zeitschrift des Springer-Konzerns mehr mitzuarbeiten, und andere Schriftsteller sowie ihre Verleger auffordern, diesem Beispiel zu folgen. Die Resolution wurde verlesen. Vergeblich.[6] Für die SDS-Studenten blieb die Gruppe „ein Papiertiger". Die Studenten haben, wie im „Kursbuch", dem zentralen Forum der APO

---

5 Luc Boltanski/Élisabeth Claverie, Du monde social en tant que scène d'un procès, in: Luc Boltanski/Élisabeth Claverie/Nicolas Offenstadt, Stéphane Van Damme (Hrsg.), Affaires, Scandales et grandes causes. De Socrate à Pinochet, Paris, S. 395–453, hier S. 397.
6 Die Resolution ist abgedruckt in: Ulrich Ott/Friedrich Pfäfflin (Hrsg.), Protest! Literatur um 1968, Marbach 1998, S. 123. Zum Kontext der Proteste gegen die Gruppe 47: Ingrid Gilcher-Holtey, Was kann Literatur und wozu schreiben? Handke, Enzensberger, Grass, Walser und das Ende der Gruppe 47, in: dies., Eingreifendes Denken. Die Wirkungschancen von Intellektuellen, Weilerswist 2007, S. 184–221, hier S. 184 f.

zu lesen ist, durch ihren Protest „nach zwanzig Jahren Gruppe 47 [...] die oppositionelle Intelligenz zum ersten Kassensturz genötigt".[7]

Appelle und Manifeste, Resolutionen und Petitionen sind, aus Sicht der Neuen Linken, die die 68er-Bewegung prägt, nicht genug. Die Kritik des neuen außerparlamentarischen politischen Akteurs an der weltweit bekannten Schriftstellergruppe, die seit 1947 für sich reklamiert, die Mentalitätsstrukturen im Nachkriegsdeutschland demokratisieren zu wollen, polarisiert und spaltet die Mitglieder. Ein Teil der Schriftsteller – darunter Hans Magnus Enzensberger und Peter Weiß – schließt sich den Aktionen der APO an. Unterschiedliche Auffassungen von der Rolle der Literatur im Prozess gesellschaftlicher Transformation sowie unterschiedliche Definitionen der Aufgaben und des Mandats des Intellektuellen tragen zum Zerfall der Gruppe 47 bei. So findet nach der Störung durch den SDS kein weiteres Treffen der Schriftstellergruppe mehr statt. „Als die Studentenbewegung auftrat", so Hans Magnus Enzensberger, „hat sich die Gruppe postwendend aufgelöst."[8]

Die Beispiele zeigen: Der im intellektuellen Feld der 1960er Jahre in Frankreich dominante und in der Bundesrepublik sich langsam etablierende Typus des „allgemeinen Intellektuellen" sieht sich im Mobilisierungsprozess der 68er-Bewegung radikaler Kritik ausgesetzt. Die Waffe der Kritik auch gegeneinander zu richten, ist eine der hervorstechendsten Eigenschaften von Intellektuellen.[9] Umkämpft ist unter ihnen dabei nicht zuletzt, wer und was ein „legitimer" Intellektueller ist. Noch setzt die Dekonstruktion des Intellektuellen, die das postmoderne Denken propagiert, den Kampf um den Begriff und die „wahre" Rolle und Funktion des Intellektuellen fort. Die Weigerung anzuerkennen, dass es überhaupt noch Intellektuelle gibt, kennzeichnet, so Régis Debray, den „intellectuel jusqu'au boutiste" (Hardliner).[10] Jean-François Lyotards Diktum vom „Tod" des Intellektuellen, der seine Mission erfüllt habe, ist ein Beispiel hierfür.[11] Indes, im Kontext der 68er-Bewegung führen, wie gezeigt werden soll, Kritik und Selbstreflexion der Intellektuellen zur experimentellen Erprobung neuer intellektueller Rollenmodelle. Diese Neudefinition der Rolle des Intellektuellen ist eine bislang nicht akzentuierte Folge der 68er-Bewegung.

---

7 Hans Magnus Enzensberger, Berliner Gemeinplätze, in: Das Kursbuch 11 (1968), S. 151–169, hier S. 157.
8 Ders., „Sie hatten nie eine politische Forderung". Ein Gespräch mit dem Schriftsteller Hans Magnus Enzensberger über die Hintergründe der RAF, in: Wolfgang Kraushaar (Hrsg.), Die RAF und der linke Terrorismus, Bd. 2, Hamburg 2006, S. 1392–1411, hier S. 1407.
9 Maurice Blanchot, Les intellectuels en question. Ébauche d'une réflexion, Paris 1996.
10 Régis Debray, i. f. suite et fin, Paris 2000, S. 17.
11 Jean-François Lyotard, Das Grabmal des Intellektuellen, Graz/Wien 1985.

2 Entfaltung und Erprobung alternativer Rollenmodelle

Was setzen die rebellischen Studenten dem klassischen Intellektuellen entgegen? Was kennzeichnet den neuen Typus des Intellektuellen, den die Neue Linke sich vorstellt und antizipiert? Fünf Merkmale seien nachfolgend aufgezeigt und exemplarisch illustriert.

Aufklärung durch Aktion: Nicht nur mit Worten, sondern durch provokative performative Aktionen in die gesellschaftlichen Auseinandersetzungen einzugreifen – so lautet die Maxime der Neuen Linken, die in allen westlichen Industrieländern den Mobilisierungsprozess der 68er-Bewegungen anstößt. Die Neue Linke setzt auf Aufklärung durch Aktion, auf Revolutionierung der Köpfe durch Handeln. Handlungsmotivierend wirkt der Rat des französischen Philosophen Régis Debray, der nach Kuba und Bolivien aufgebrochen ist, um die Befreiungsbewegungen in Lateinamerika zu unterstützen: „Um einen Intellektuellen zu beurteilen, genügt es nicht, seine Gedanken zu prüfen: was den Ausschlag gibt, ist die Beziehung zwischen dem, was er denkt, und dem, was er tut."[12]

In ihren Aktionsstrategien knüpft die Neue Linke an Techniken der künstlerischen Avantgarde und der anarchistischen Bewegung an. „Ohne Provokationen", so Rudi Dutschke, die Symbolfigur der 68er-Bewegung in der Bundesrepublik Deutschland, „werden wir überhaupt nicht wahrgenommen."[13] Der Typus des klassischen „allgemeinen" oder „universellen Intellektuellen" wird von der jungen, kritischen Intelligenz als in das System integriert verstanden. Seine Relevanz angesichts der alles absorbierenden „Bewusstseins-Industrie" wird bezweifelt, und bisweilen völlig negiert. Die „Bewusstseins-Industrie", angesehen als eigentliche Schlüsselindustrie des 20. Jahrhunderts, habe eine neue Form der Ausbeutung geschaffen, argumentiert Hans Magnus Enzensberger, Mitglied des inneren Kreises der Gruppe 47. Bereits 1961 schreibt er: „Wer Herr oder Knecht ist, das entscheidet sich nicht nur daran, wer über Kapital, Fabriken und Waffen verfügt, sondern je länger je deutlicher daran, wer über das Bewusstsein der anderen verfügen kann." Und er ergänzt: „An die

---

12 Hans Magnus Enzensberger, Offener Brief an den Präsidenten der Wesleyan University Mr. Edwin D. Etherington vom 31.1.1968, unter: https://www.zeit.de/1968/09/warum-ich-amerika-verlasse, letzter Zugriff am 11.6.2019.
13 Rudi Dutschke in der Fernsehsendung Monitor am 3.11.1967, hier zit. nach Rudi Dutschke, Mein langer Marsch. Reden, Schriften und Tagebücher aus zwanzig Jahren, hrsg. von Gretchen Dutschke-Klotz/Helmut Gollwitzer/Jürgen Miermeister, Reinbek bei Hamburg 1980, S. 79.

Stelle der materiellen tritt eine immaterielle Verelendung, die sich am deutlichsten im Schwinden der politischen Möglichkeiten des einzelnen ausdrückt."[14]

Die Bewusstseins-Industrie, ausgerichtet auf eine „Zementierung der etablierten Herrschaft", verändere dergestalt die soziale Rolle des Intellektuellen. Er könne Kulturkritik nicht üben, ohne sich der Bewusstseins-Industrie zu bedienen, die ihrerseits auf Kritik der Kulturkritik ziele. So werde er zum „Komplizen einer Industrie", deren Los von ihm abhänge wie umgekehrt er von dem ihren. Doch sei der Auftrag der Bewusstseins-Industrie, „die etablierte Herrschaft zu zementieren, mit dem seinen unvereinbar".[15] Die Intellektuellen würden der Radikalität ihrer Stellungnahmen beraubt, schon allein dadurch, dass die Bewusstseins-Industrie sie aufnehme. Kurz: Sie würden gedruckt und zugleich verschluckt.

Enzensberger, der die Funktion der Bewusstseins-Industrie seit 1961 kritisch beleuchtet, gehört zu denjenigen Schriftstellern der Gruppe 47, die die studentische Kritik an der Gruppe 47 unterstützen. Zwar ist er selbst nicht anwesend, als Studenten des SDS „Die Gruppe ist ein Papiertiger" skandieren, aber einer seiner Freunde, der chilenische Student und Schriftsteller Gaston Salvatore, der zugleich ein enger Freund Rudi Dutschkes ist. Salvatore bekennt auf einer Party in Berlin, es sei die „Pflicht gegenüber der Weltrevolution" gewesen, die Gruppe 47 demaskiert zu haben.[16] Was sollte an die Stelle der Interventionsstrategien des „allgemeinen Intellektuellen" treten? Enzensberger stellt es im Juni 1968 klar heraus: Störungen in allen Bereichen des öffentlichen Lebens – „Störungen des autoritären Betriebs und Bildung von Gegeninstitutionen".[17] Potenzielle Störungen der Bewusstseins-Industrie, die zum Aufbau von Gegenmacht führen können, beschreibt er mit den Worten: „Liefern schlucken, liefern schlucken. Das ist der Imperativ des Marktes; wenn Schreiber und Leser bemerken, dass wer liefert geschluckt wird und wer schluckt geliefert ist, führt das zu Stockungen."[18]

Mit dem Rekurs auf Gegenmacht und Gegeninstitutionen nimmt Enzensberger ein Kernelement der Transformationsstrategie der Neuen Linken auf, die nicht auf Machteroberung, sondern Veränderung von Macht- und Herrschaftsstrukturen, eben auf den Aufbau von Gegenmacht und Gegeninstitutionen setzt. So klagt er nicht länger nur das Recht auf freie Meinungsäußerung und eine freie Presse ein, sondern mischt sich im April 1968 nach dem Attentat auf Rudi Dutschke auch selbst unter die Demonstranten des Protestzugs zum Sender Freies Berlin und fungiert als

---

14 Hans Magnus Enzensberger, Bewußtseins-Industrie, in: ders., Einzelheiten I, Frankfurt a. M. 1962, S. 1–7, hier S. 4. Vgl. auch Henning Marmulla, Enzensbergers Kursbuch. Eine Zeitschrift um 68, Berlin 2011, S. 162 ff.
15 Hans Magnus Enzensberger, Gemeinplätze die neueste Literatur betreffend, in: Kursbuch 15 (1968), S. 187–197, hier S. 188.
16 Hans Werner Richter, Briefe, hrsg. von Sabine Cofalla, München 1997, S. 662.
17 Marmulla, Enzensbergers Kursbuch, S. 172.
18 Enzensberger, Gemeinplätze die neueste Literatur betreffend, in: Kursbuch 15 (1968), S. 188.

Sprecher der APO in Verhandlungen mit dem Intendanten, um eine einstündige Sendezeit für die APO im Tagesprogramm des Senders einzuklagen. Rückblickend kommentiert er:

> „Unsere Forderung lautete: Wir wollen Sendezeit. Die Berichterstattung nicht nur in der Presse, sondern auch im Rundfunk und im Fernsehen war ja sehr einseitig. Diese Forderung war also insofern gewiss nicht illegitim. Aber merkwürdig war es schon, dass sich ein Intendant bereit fand, in eine turbulente Versammlung zu kommen und dort zu versuchen, sich zu rechtfertigen. In gewisser Weise war das schon eine Machtumkehr, wenn auch nur an einem Abend."[19]

In den nachfolgenden Monaten hört Hans Magnus Enzensberger auf, Gedichte zu schreiben, gibt das Stipendium einer amerikanischen Universität zurück und bricht nach Kuba auf. Er praktiziert, was bereits Walter Benjamin in Erwägung gezogen hat, die „Unterbrechung der Künstlerlaufbahn".[20] Er betrachtet die Befreiungsbewegungen als einen Faktor, der über die Zukunftsgestalt auch der westlichen Demokratien entscheide, und vertritt die These, dass die „Selbstprüfung" der „linken" Schriftsteller in der Bundesrepublik sich an den revolutionären Prozessen in der Dritten Welt zu orientieren habe.[21]

Jean-Paul Sartre unterbricht seine Arbeit nicht. Er schreibt im Mai '68 und danach weiter an seiner großen Studie über Gustave Flaubert.[22] Impulse der Bewegung übernimmt aber auch er. Wenn man die Formen seiner Interventionen als „allgemeiner", „universeller Intellektueller" betrachtet, verändern sich diese. Zwar hört Sartre nicht auf, Manifeste, offene Briefe und Protesterklärungen zu verfassen oder zu unterzeichnen, aber auch die provokative Aktion und die begrenzte Regelverletzung rücken in das Repertoire seiner Interventionsstrategien. Ist Sartre nach dem Zweiten Weltkrieg davon ausgegangen, dass Sprechen eine Form von Handeln ist und Worte „wie geladene Pistolen" wirken,[23] flankiert er das Tun, das für ihn im Sprechen und Schreiben lag, jetzt durch die Tat. Er versucht, durch Handlungen wie die Übernahme der Herausgeberschaft von „La Cause du Peuple" (Die Sache des Volkes) sowie die Verteilung dieses verbotenen Blattes Situationen zu schaffen, welche die Öffentlichkeit und die Regierung zu Stellungnahmen zwingen. Émile Zola hat es in der Dreyfus-Affäre vorgemacht und auch Sartre hat als einer der Unterzeichner des Ma-

---

19 Ders., „Sie hatten nie eine politische Forderung", in: Kraushaar (Hrsg.), Die RAF, Bd. 2, S. 1407.
20 Walter Benjamin, Der Sürrealismus. Die letzte Momentaufnahme der europäischen Intelligenz, in: ders., Gesammelte Schriften, Bd. II/1: Aufsätze. Essays. Vorträge, hrsg. von Rolf Tiedemann/Hermann Schweppenhäuser, Frankfurt a. M. 1977, S. 295–310, hier S. 309.
21 Hans Magnus Enzensberger, Klare Entscheidungen und trübe Aussichten (1967), in: Joachim Schickel (Hrsg.), Über Hans Magnus Enzensberger, Frankfurt a. M. 1970, S. 225–332, hier S. 230.
22 Jean-Paul Sartre, Der Idiot der Familie: Gustave Flaubert 1821–1857, Bde. 1–5, Reinbek bei Hamburg 1977–1980.
23 Ders., Was ist Literatur? (1948), Reinbek bei Hamburg 1981, S. 26.

nifests der 121 die Strategie der Wahrnehmungsveränderung durch Provokation schon 1961 erprobt. 1971 handelt er allein, unterstützt lediglich von Simone de Beauvoir, die neben ihm in den Straßen von Paris „La Cause du Peuple" verteilt.

Indem er als Herausgeber die Verantwortung für das Blatt übernimmt und es, dem Publikationsverbot des Innenministers und allen Beschlagnahmungen zum Trotz, selbst in den Straßen von Paris verteilt, setzt er sein Prestige und sein Renommee als unantastbarer Intellektueller ein, um zu verhindern, dass die Regierung ein revolutionäres Presseorgan „erstickte", und um diese vor eine Herausforderung zu stellen.[24] „Ich bin der dritte Herausgeber, also verhaftet mich"[25] lautet seine Botschaft in Anspielung auf eine Äußerung Charles de Gaulles, der in Bezug auf Sartre anlässlich des Manifestes der 121 gegen den Algerienkrieg den Satz „Voltaire verhaftet man nicht" geprägt hat. Sartre stellt die Regierung vor die Wahl: „Falls ihr mich verhaftet, werdet ihr einen politischen Prozess am Hals haben, falls ihr mich nicht verhaftet, werdet ihr zeigen, dass die Justiz mit zweierlei Maß misst".[26] Sartre wird nicht verhaftet, nicht sanktioniert. Mit einem Stapel verbotener Zeitschriften unter dem Arm klagt er in den Straßen von Paris die Gleichheit vor dem Gesetz, die Pressefreiheit sowie die Freiheit der Meinungsäußerung auch für Mitglieder einer, wie er es nennt, „radikalen Bewegung" ein und kritisiert die unter dem Druck des Staatsanwaltes – der „seinerseits von der Exekutive vollkommen abhängig" sei – handelnde Justiz.[27]

Leicht fällt ihm diese neue Form des Engagements nicht. Er wünscht, wie er seinen maoistischen Gesprächspartnern erklärt, mit der „radikalen Bewegung" im Alter von 50 und nicht 67 Jahren konfrontiert worden zu sein. Kann er doch, wie er spürt, die Kraft zur Aktion, zur aktiven Unterstützung, die man von ihm erwartet, nur begrenzt aufbringen.[28] Wenn er es dennoch tut und sich an Aktionen beteiligt, geschieht dies nicht zuletzt, um die sich radikalisierende und in Teilen zum Terrorismus tendierenden Nachfolgegruppen der Mai-Bewegung vom Schritt in den Untergrund abzuhalten, sie darin zu bestärken, Koalitionen mit der Intelligenz zu suchen und sich auf das Projekt der Schaffung einer Gegenöffentlichkeit zu konzentrieren, das in der Gründung der Zeitschrift „Libération" (1975) Gestalt gewinnt. Last but not least lenkt er damit die Energien und Phantasien auf die Macht der Worte zurück.

Enzensberger, geboren 1929 und damit 24 Jahre jünger als Sartre, geht es besser. Studenten suchen ihn in seiner Berliner Wohnung auf und nehmen weder den Status- noch den Altersunterschied wahr, lediglich die Schnelligkeit und Makellosigkeit

---

24 Ders., Justiz und Staat, in: ders., Plädoyer für die Intellektuellen, Reinbek bei Hamburg 1995, S. 457–479, hier S. 468 f.
25 Ebenda, S. 469.
26 Ebenda.
27 Ebenda, S. 466.
28 Sartre/Gavi/Victor, Der Intellektuelle, S. 73.

seiner Sätze. Erst rückblickend taucht für sie die Frage auf, wie er „die Nachbarschaft so vieler schauderhaft geschriebener Flugblätter und Pamphlete ausgehalten hat".[29] Enzensberger sucht besonders Kontakt auch zu lateinamerikanischen Studenten und besucht Gaston Salvatore, der aus Chile stammt, im Studentenwohnheim, um aus dessen Freundeskreis Autoren für das „Kursbuch"-Heft 11 über Lateinamerika zu rekrutieren. Er besteht darauf, während der Debatten und des Abendessens wie die lateinamerikanischen Studenten auf dem Boden zu sitzen. Einen „Dichterstuhl" lehnt er ab.[30]

Versucht man eine Zwischenbilanz zu ziehen, so kann man sagen: Bereit, die Kämpfe sozialer Gruppen und Bewegungen nicht nur durch Worte, sondern Taten zu unterstützen, gibt der neue Typus des Intellektuellen den Standort außerhalb des Konflikts auf, der den „allgemeinen Intellektuellen" auszeichnet. Er stellt sich an die Seite sozialer Gruppen oder Bewegungen, entschlossen, deren Kämpfe nicht nur durch Worte, sondern Taten zu unterstützen. Er wird zum Mitkämpfer. Er steht damit, betrachtet man seine deutschen historischen Wurzeln, in der Tradition des Aktivismus, einer Strömung innerhalb des literarischen Expressionismus, die auf die Aktivierung der „Geistigen" zielte, so dass man ihn auch als „aktivistischen" oder „revolutionären Intellektuellen" bezeichnen kann.[31] Gisèle Sapiro schlägt den Ausdruck „intellectuel contestataire" („rebellischer Intellektueller") vor. Der Typus des „aktivistischen", „rebellischen" oder „revolutionären Intellektuellen" kann als Einzelkämpfer agieren, tendiert jedoch zum Engagement in der Gruppe.[32]

Vom Einzelkämpfer zum Kollektiv: Der Zusammenschluss von Intellektuellen zu Gruppen oder kollektiven Protestaktionen ist, wie Gisèle Sapiro dargelegt hat, häufig Ausdruck mangelnden individuellen symbolischen Kapitals. Gruppen der historischen Avantgarde – wie die Dadaisten, Surrealisten oder der literarische Aktivismus – versuchten, dieses Manko durch Gruppenmanifeste und/oder geräuschvolle, lautstarke kollektive Protestaktionen zu überwinden. Ihre auf etwas Neues zielenden Praktiken zeichneten sich dabei durch Grenzüberschreitungen, Grenzverletzungen aus. Zu den Transgressionen gehörten u. a. provokative, performative Regelverlet-

---

29 Peter Schneider, Bildnis eines melancholischen Entdeckers, in: Rainer Wieland (Hrsg.), Der Zorn altert, die Ironie ist unsterblich. Über Hans Magnus Enzensberger, Frankfurt a. M. 1999, S. 137–145, hier S. 139.
30 Gaston Salvatore, Vom Luxus der Freundschaft, in: Rainer Wieland (Hrsg.), Der Zorn altert, die Ironie ist unsterblich. Über Hans Magnus Enzensberger, Frankfurt a. M. 1999, S. 130–136, hier S. 131.
31 Ingrid Gilcher-Holtey, Konkurrenz um den „wahren" Intellektuellen: Intellektuelle Rollenverständnisse aus zeithistorischer Sicht, in: Thomas Kroll/Tillmann Reitz (Hrsg.), Intellektuelle in der Bundesrepublik Deutschland. Verschiebungen im politischen Feld der 1960er und 1970er Jahre, Göttingen 2013, S. 21–40; dies., Das Dilemma des revolutionären Intellektuellen, in: dies., Eingreifendes Denken, S. 262–305.
32 Gisèle Sapiro, Modèles d'intervention politique des intellectuels. Le cas français, in: Actes de la recherche en sciences sociales 1 (2009), S. 9–31, hier S. 28.

zungen, um die Regeln der Regeln zu verändern, oder „die Hinwendung zum Versuch, unbewusste Prozesse zu gestalten und nicht-rationalen Strukturen Geltung zu verleihen".[33] Die Neo-Avantgarde der 1960er Jahre, die Neue Linke und die Neuen Sozialen Bewegungen (Frauen-, Alternativ-, Friedens- und gobalisierungskritische Bewegung) knüpften an Techniken und Aktionsstrategien der klassischen Avantgarde an. Die Negation durch übersteigerte Affirmation, wie sie die neue Frauenbewegung mit ihrer Kampagne „Ich habe abgetrieben" propagiert, ist der Avantgarde ebenso entlehnt wie die Intervention als Gruppe/Kollektiv.[34]

So traten die „feministischen Intellektuellen" innerhalb der Neuen Frauenbewegung öffentlich stets in der Gruppe auf, um das Wort zu ergreifen. Dem Vorbild der kollektiven Arbeitsweise der Avantgarde folgend, verzichteten sie zudem darauf, ihre individuelle Autorenschaft kenntlich zu machen. Mit der Neuen Linken, von der sie sich ablösten, verband sie noch die Bezugnahme auf ein revolutionäres Subjekt. Sie räumten „Frauen mit Kindern" die Definitionsmacht über die Organisation des gesellschaftlichen Lebens ein. Jeglicher Stellvertreterpolitik wurde eine Absage erteilt. Selbstartikulation lautete die Maxime.[35] Dies implizierte ein neues Muster im Prozess der Bewusstseinsbildung: die Abkehr von einer Bewusstseinsbildung „von außen" und „von oben".

Von der Vermittlung „von außen" zur Vermittlung „nach außen": Die Neue Linke lehnt nicht nur den Typus des „allgemeinen" oder „universellen Intellektuellen" ab, sondern bricht auch mit dem „marxistischen Intellektuellen" in der Tradition von Karl Kautsky und Wladimir I. Lenin, die den Intellektuellen als Vermittler von Bewusstsein definierten, das „von außen" in die Arbeiterklasse hineingetragen werden müsse. Die Neue Linke hört auf, im Proletariat das alleinige „revolutionäre Subjekt" zu sehen. Sie macht vielmehr neue Träger sozialen Wandels aus: die „neue Arbeiterklasse", die Befreiungsbewegungen der Dritten Welt, soziale Rand-, Teil- oder Opfergruppen und schließlich die junge Intelligenz. Deren Interessen, Forderungen und Ziele „nach außen" zu vermitteln, setzt sich der „aktivistische" oder „rebellische Intellektuelle" der Neuen Linken zum Ziel. Er rückt damit in die Rolle des „Vermittlers" von Wahrnehmungs- und Bewertungskriterien ein, die den herrschenden Sicht- und Teilungsprinzipien der sozialen Welt entgegenstehen. Der Intellektuelle in der Tradition der Neuen Linken tritt zudem nicht mit einem theoretischen Deutungs- und Führungsanspruch auf, sondern geht davon aus, dass sich aus den Aktionen sozialer Gruppen oder Bewegungen die Bausteine einer neuen Theorie freile-

---

33 Ebenda, S. 21
34 Vgl. dazu Bazon Brock, Affirmation, unter: https://bazonbrock.de/bazonbrock/themen/affirmation/, letzter Zugriff am 11.6.2019.
35 Regina-Maria Dackweiler, Feministische Intellektuelle. Kollektive Gesellschaftskritik und Gesellschaftsutopien der Neuen Frauenbewegung Ende der 1960er Jahre, in: Kroll/Reitz (Hrsg.), Intellektuelle, S. 87–102.

gen lassen. Im Gegensatz zum Intellektuellen in der Tradition Voltaires und Zolas versucht er nicht, Unrecht unter Berufung auf allgemeine, abstrakte Werte anzuklagen, sondern Werte, Wahrnehmungs- und Klassifikationsschemata aus sozialen Kämpfen abzuleiten und zu verallgemeinern. Er trägt, indem er Ziele und Forderungen sozialer Gruppen und Bewegungen aufzeichnet und dokumentiert, nicht nur zu deren Selbstdarstellung, sondern auch zur internen Selbstverständigung bei. Wie das beispielsweise aussehen kann, machten Hans Magnus Enzensberger und Werner Henze mit ihrer Oper „El Cimarrón" deutlich, die die Geschichte eines Sklaven erzählt, der sich selbst aus der Sklaverei befreit. Enzensberger und Henze suchen diesen Sklaven auf, der 1968 108-jährig auf Kuba lebt, und kehren mit ihrer Verarbeitung seiner Lebensgeschichte die vorherrschende Richtung des Kulturtransfers um. Sie vermittelten die Stimme der Dritten Welt „nach außen" und grenzen sich damit von den vorherrschenden Rollenmustern des europäischen Intellektuellen ab.

Eine Umkehrung sozialer Rollen nimmt auch Jean-Paul Sartre vor, der auf dem Höhepunkt des Generalstreiks ein Interview mit Daniel Cohn-Bendit, der Symbolfigur der Mai-Bewegung in Frankreich führt, in dem er die Fragen stellt und Daniel Cohn-Bendit die Antworten formuliert. Cohn-Bendit erläutert ihm „die Theorie von der handelnden Minderheit", die die Aktion vorwärtstreibe, ohne sie lenken zu wollen. Weltweit drucken Zeitungen das Interview nach. Cohn-Bendit argumentiert gegenüber Sartre, dass man die Theorie der „dirigierenden Avantgarde" durch diese „Theorie der handelnden Minderheit" ersetzen müsse. Die Neue Linke lehnt den Intellektuellen als Lenkungs- und Entscheidungsinstanz ab. Die Bewegung versteht sich als basisdemokratisch, antiautoritär, antiorganisatorisch, antihierarchisch. Ihr Mobilisierungsprozess soll „von unten" ausgehen, von kleinen Gruppen, die Situationen konstruieren, begrenzte Regelverletzungen durch Regelbruch begehen – mit dem Ziel, die Regeln der Regeln zu verändern. „Was an Eurer Aktion interessant" ist, gesteht Sartre gegenüber Cohn-Bendit am 20. Mai 1968, ist, dass sie „die Phantasie an die Macht" setzt. „Auch Eure Phantasie hat gewiß Grenzen, aber Sie haben viel mehr Ideen, als Ihre Väter hatten."[36]

„Wer Situationen konstruiert", war in der Zeitschrift „Situationstische Internationale" zu lesen, „wandelt, indem er durch seine Bewegung auf die äußere Natur wirkt und sie umwandelt, zugleich seine eigene Natur um."[37] Handeln, verstanden als „permanenter Lernprozeß der an der Aktion Beteiligten",[38] wurde auch von der antiautoritären Neuen Linken in der Bundesrepublik Deutschland als der zentrale Faktor angesehen, „Momente der Ich-Stärke" zu erzeugen und die Individuen in der

---

36 Die Phantasie an die Macht. Jean-Paul Sartre: Ein Gespräch mit Daniel Cohn-Bendit, unter: https://www.zeit.de/1968/22/die-phantasie-an-die-macht, letzter Zugriff am 29.5.2019.
37 Der Sinn im Absterben der Kunst, in: Situationistische Internationale 1 (1959), S. 78–85, hier S. 82.
38 Dutschke, Mein langer Marsch, hrsg. von Dutschke-Klotz/Gollwitzer/Miermeister, S. 103.

Überzeugung zu bestärken, „das System als Ganzes in Zukunft doch stürzen zu können".[39] Die antiautoritäre Handlungsmaxime entwickelte eine einzigartige Mobilisierungsdynamik, ließ sich antiautoritäres Handeln doch in einer Vielzahl von Institutionen durchführen: von der Familie über den Hörsaal bis zum Gerichtssaal. Die Reaktionen auf die provokativen Aktionen enthüllten häufig, was gezeigt werden sollte: das Repressionspotenzial, das in den autoritären Institutionen enthalten war. Die Verbindung von individueller und kollektiver Emanzipationsstrategie – Selbstverwirklichung und Selbstverwaltung – machte eine Besonderheit und die Attraktivität der Neuen Linken aus.

Die Konstruktion von Situationen, die Sprecher der Bewegung wie Daniel Cohn-Bendit und Rudi Dutschke vortrefflich beherrschten, zog die Aufmerksamkeit der Medien auf die Akteure. Binnen kurzem avancierten sie zu Sprechern und Stars, zu Ikonen der Bewegung. Die Medien stürzten sich auf sie und prägten durch ihre Fotos und Berichte nicht zuletzt das Bild von ihnen in der Bewegung. Der Starkult, den die Massenmedien inszenierten, rief jedoch die Kritik der Bewegung hervor.

Vom charismatischen Anführer zur temporären Führungsrolle: In den Zeitungen und im Fernsehen sei schon längst nicht mehr von der Bewegung, sondern nur noch von Dutschke die Rede, lautet die Kritik innerhalb des Sozialistischen Deutschen Studentenbunds. Der Personenkult passe nicht zum Anspruch der Bewegung. „Für viele befindet sich", so seine Biographin Michaela Karl, „der antiautoritäre Revolutionär auf dem Weg zu einem autoritären Verhalten."[40] Dutschke wehrt ab. Er erklärt im November 1967 im Politmagazin „Monitor" des Ersten Deutschen Fernsehens, dass „die Bewegung über viele Dutschkes" verfüge und die Antiautoritären keines Chefideologen bedürften. Im Januar 1968 argumentiert er im Deutschlandfunk:

> „Dutschke ist ein Sprachrohr der Außerparlamentarischen Opposition. Sie geht aber nicht in Dutschke auf, und das werden die Herren bald begreifen, und das ist auch die Chance der Zukunft, denn die Bewegung steht und fällt nicht mit einem Führer, sie steht und fällt mit der Selbsttätigkeit der Menschen."[41]

Er ist entschlossen, auf einige Zeit aus der Bundesrepublik wegzugehen, um im Ausland politisch zu arbeiten.[42] Er will die Leitidee einer „temporären Führerschaft" in

---

[39] Rudi Dutschke, Die Widersprüche des Spätkapitalismus, die antiautoritären Studenten und ihr Verhältnis zur Dritten Welt, in: Uwe Bergmann u. a. (Hrsg.), Rebellion der Studenten oder Die neue Opposition, Reinbek bei Hamburg 1968, S. 33–93, hier S. 76.
[40] Michaela Karl, Rudi Dutschke. Revolutionär ohne Revolution, Frankfurt a. M. 2003, S. 200.
[41] Rudi Dutschke, Rede in Baden-Baden, Deutschlandfunk, 5.1.1968, hier zit. nach Karl, Rudi Dutschke, S. 201.
[42] Portrait Rudi Dutschke. Fernsehfilm von Wolfgang Venohr, gesendet am 19.4.1968 im WDR, hier zit. nach Karl, Rudi Dutschke, S. 202.

die Tat umsetzen und Berlin verlassen. Die Koffer sind gepackt und schon auf dem Weg nach Chicago, als am 11. April 1968 drei Schüsse auf Dutschke abgegeben werden.

Daniel Cohn-Bendit erfährt dieselbe Brechung seiner herausragenden Position als Symbolfigur der Mai-Bewegung. Er feiert am 24. Mai 1968 in der Sorbonne triumphal seine Rückkehr nach Paris allen Grenzsperren zum Trotz, die der französische Staat errichtet hat, um den „deutschen Anarchisten" fernzuhalten. Am nächsten Tag auf einer eigens einberufenen Pressekonferenz der Bewegung des 22. März ist er nicht mehr anwesend. Statt seiner erscheint ein Kollektiv und erklärt den wartenden Journalisten: „Cohn-Bendit – das sind wir." Die Journalisten ziehen ab.[43]

Die kritische Intelligenz als Avantgarde und revolutionäres Subjekt: Ein noch nicht aufgebrauchter „Vorrat an Vertrauen in die Möglichkeit, durch Handeln die Welt zu verändern", kennzeichnet die Neue Linke, so das Urteil Hannah Arendts, die von New York aus die Entwicklung der Protestbewegungen in den USA, in der Bundesrepublik Deutschland und in Frankreich aufmerksam verfolgt.[44] Das Geschichtsbild der Neuen Linken spiegelt dergestalt 1968 noch einmal die Vorstellung, „Geschichte machen" zu können, die, seit 1780 auftauchend, ein zentrales Element der Moderne ist.[45] Die Neue Linke schreibt sich in diese Tradition ein, erklärt die junge Intelligenz zum revolutionären Subjekt und ist überzeugt, Geschichte beschleunigen, Bewusstseins- und Mobilisierungsprozesse in der Gesellschaft in Gang setzen zu können.[46] „Es war ein Hochgefühl", diagnostiziert rückblickend der Schriftsteller Peter Schneider,

> „das in jenen Monaten wie ein berauschender Wind durch die Berliner Straßen fuhr. Damals schien alles möglich, besonders das Unmögliche – und wir, die von diesem Wind Getragenen, fühlten uns von der Geschichte selbst dazu berufen, eine andere Gesellschaft nach neuen Regeln aufzubauen."[47]

In Paris war es nicht anders: „Man lebt hier wie in einer Art Rauschzustand", schreibt die Soziologin Elisabeth Lenk an ihren Doktorvater Theodor W. Adorno im Mai

---

43 Daniel Cohn-Bendit, Der große Bazar, München 1975, S. 50; vgl. zum Kontext Gilcher-Holtey, „Die Phantasie an die Macht", S. 456.
44 Hannah Arendt, Macht und Gewalt, München 1970, S. 19.
45 Vgl. dazu Shmuel Eisenstadt, Vertrauen, kollektive Identität und Demokratie, in: Martin Hartmann/Claus Offe (Hrsg.), Vertrauen. Die Grundlagen des sozialen Zusammenhalts, Frankfurt a. M. 2001, S. 333–363, hier S. 343; Reinhart Koselleck, Über die Verfügbarkeit von Geschichte, in: ders., Vergangene Zukunft. Zur Semantik historischer Zeiten, Frankfurt a. M. 1979, S. 260–277, hier S. 270; Ingrid Gilcher-Holtey, 1968 – Eine Zeitreise, Frankfurt a. M. 2008, S. 108 ff.
46 Vgl. dazu Gilcher-Holtey, 1968 – Eine Zeitreise, S. 108 ff.
47 Peter Schneider, Rebellion und Wahn. Mein '68, Köln 2008, S. 11.

1968.⁴⁸ Die Sorbonne, das Theater Odéon, Universitäten und Fabriken besetzt und das Wort erobert zu haben, wird in Paris mit der Eroberung der Bastille verglichen.

3 Von der Praxis zur neuen idealtypischen Rollendefinition

Während all dieser Ereignisse war einer nicht in Paris, nicht einmal in Europa, sondern weit entfernt in Tunis: Michel Foucault. Nach Zerfall der Mai-Bewegung in Frankreich übernimmt er es, die Merkmale des neuen Intellektuellentypus zu bündeln und zu abstrahieren zu einer Figur des Intellektuellen, die aus der Soziologie des Intellektuellen nicht mehr wegzudenken ist: dem „spezifischen Intellektuellen". Erst zu Beginn des Wintersemesters 1968/69 ist Michel Foucault aus Tunis nach Frankreich zurückgekehrt, um eine Professur an der neugegründeten Fakultät von Vincennes anzutreten. Als Leiter des Fachbereichs Philosophie, der zu den aufrührerischsten Fachbereichen in Vincennes zählt, beteiligt er sich an einigen studentischen Demonstrationen, zieht sich nach Möglichkeit aber vom Campus in die Bibliothèque Nationale zurück und bereitet seine Bewerbung für das Collège de France vor. „Ich hatte genug davon", erklärt er später, „ständig von Halbverrückten umgeben zu sein."⁴⁹ Geliebt habe er, so sein Biograph Eribon, den engen Kontakt zu den Studenten keineswegs.⁵⁰ Aber Foucault wehrt nicht ab, als, vermittelt durch seinen Lebensgefährten, Daniel Denfert, Studenten mit der Bitte an ihn herantreten, er möge sich für inhaftierte maoistische Studenten einsetzen. Zwar engagiert er sich nicht so, wie die Studenten es erhoffen. Er setzt sich nicht dafür ein, dass sie als politische Gefangene anerkannt werden. Er macht die Haftbedingungen einer Minderheit (29 Maoisten sitzen im Gefängnis) zu einem generellen Problem, das alle angeht.

Michel Foucault und die G. I. P.: Drei Buchstaben repräsentieren das Projekt Groupe d'information sur les prisons (G. I. P.). Sie werden zum Markenzeichen für ein kollektives Unternehmen, das, um Foucault zentriert, eine Bewegung entfacht, die zu den Nachfolgebewegungen des Mai '68 gerechnet werden kann und aus dem Philosophieprofessor am Collège de France einen „engagierten Philosophen" macht. Die Gruppe soll keine Untersuchung durchführen, sondern Informationen vermitteln. Sie soll nicht über die Gefangenen sprechen, sondern die Gefangenen zum Sprechen

---

48 Elisabeth Lenk an Theodor W. Adorno, Brief vom 15.5.1968, in: Lutz Schulenburg (Hrsg.), Das Leben ändern, die Welt verändern. 1968. Dokumente und Berichte, Hamburg 1978, S. 211–213, hier S. 211.
49 Zit. nach Didier Eribon, Michel Foucault. Eine Biographie, Frankfurt a. M. 1991, S. 296.
50 Vgl. ebenda.

bringen, nicht von außen Zustände im Inneren der Gefängnisse erfragen, sondern die Gefangenen selbst zur Befragung anregen – mithin aus (Forschungs-)Objekten Subjekte machen. Die Handlungsmaxime, „Parole aux détenus" (Das Wort den Gefangenen), kommt den Maoisten entgegen, welche die Gefangennahme und Anklage ihrer Genossen zum Ausgangspunkt eines Prozesses gegen die Gesellschaft machen wollen.

Parallel zu den Untersuchungen der G. I. P. entfaltet Foucault sein Konzept des „spezifischen Intellektuellen", das er einerseits vom „allgemeinen" oder „universellen Intellektuellen" abgrenzt, wie ihn Jean-Paul Sartre repräsentiert, sowie andererseits vom „marxistischen Intellektuellen", wie ihn Louis Althusser, sein *caïman* (Betreuer) an der École Normale Supérieure, verkörpert. Der „spezifische Intellektuelle", wie Foucault ihn definiert, ist weder Träger allgemeiner Werte noch Vermittler von Klassenbewusstsein. Er wirkt vielmehr, gestützt auf seine Fachkompetenz, als Vermittler von Informationen und Wissen, denen er Zugang zum Informationssystem bahnt.[51] Ausgehend von einem Machtbegriff, der die Ubiquität von Machtbeziehungen außerhalb des Staates und seiner Apparate betont, sieht Foucault das Mandat des Intellektuellen in den 1970er Jahren darin, das Machtsystem, das „Sprechen" und „Wissen" der Arbeiter blockiere, bloßzulegen. Gisèle Sapiro, die eine Typologie intellektueller Interventionen erstellt hat, verortet den „spezifischen Intellektuellen" in der Tradition des Experten der Gegenmacht, der sein Wissen nicht den Herrschenden, sondern den Beherrschten zu Verfügung stellt, denen die Mittel, sich auszudrücken, genommen worden sind.[52] Er unterscheidet sich damit grundsätzlich vom klassischen Typus des Experten als Berater der Macht (*conseiller du prince*). Wie ein solches Mandat erlangt und ausgeübt werden kann, zeigt in jüngster Zeit exemplarisch Naomi Klein.

Naomi Klein und die globalisierungskritische Bewegung: Die globalisierungskritische Bewegung, als deren Sprecherin Naomi Klein angesehen wird, ist eine transnationale Bewegung, deren Netzwerke und Teilbewegungen sich nicht gegen die Regierung eines Nationalstaates richten, sondern gegen „power-holders in at least one state other than their own or against an international institution, or a multinational economic actor".[53] Sie entstand nach Ende des Kalten Kriegs parallel zur weltweiten Liberalisierung des Handels und globalen Verbreitung neuer Informations- und

---

51 Michael Foucault, Die politische Funktion des Intellektuellen, in: ders., Dits et Ecrits. Schriften, Bd. III 1976–1979, hrsg. von Daniel Defert/François Ewald, Frankfurt a. M. 2003, S. 145–163. Vgl. auch Ingrid Gilcher-Holtey, Der „spezifische Intellektuelle": Michel Foucault, in: dies., Eingreifendes Denken, S. 359–391.
52 Sapiro, Modèles d'intervention, in: Actes de la recherche en sciences sociales 1 (2009), S. 9–31, hier S. 28.
53 Sidney Tarrow, Transnational Politics: Contestation and Institutions in International Politics, in: Annual Review of Political Science 4 (2001), S. 1–20, hier S. 11.

Kommunikationstechnologien. Antihierarchisch, basisdemokratisch, horizontal und konsensorientiert ausgerichtet, sieht die Bewegung Intellektuelle in ihren Reihen nicht ungern, verweigert ihnen aber eine führende oder anleitende Rolle.[54] Der Intellektuelle als wegweisender marxistischer Partei-Kader, der noch im Zerfallsprozess der transnationalen 68er-Bewegung sein Comeback feierte, gehört für die Mehrzahl der Globalisierungskritiker ebenso der Vergangenheit an wie der „allgemeine" oder „universelle Intellektuelle".[55] Naomi Klein trägt in der Selbstbeschreibung ihrer Rolle dieser kognitiven Struktur der Bewegung Rechnung. Sie weist die Zuschreibung, „Vorkämpferin" oder „Anführerin" der Bewegung[56] zu sein, ebenso entschieden zurück wie die Rolle der „Vordenkerin" oder gar „utopischen Denkerin".[57] Als Intellektuelle will sie, wie sie nach der Publikation ihres ersten Buches erklärt, den Bewegungen grundsätzlich keine fertigen Lösungsvorstellungen präsentieren, sondern sich einsetzen „für mehr Raum, damit die Leute daher eigene Lösungen entwickeln können".[58] Sie avanciert zur Sprecherin einer Bewegung, ohne jemals beauftragt oder gewählt worden zu sein.[59] Wie macht sie das?

Vier Jahre lang hat Naomi Klein die Praktiken der Global Players und die Alternativen der Konzernkritiker untersucht, bevor sie ihre Studie 2000 unter dem Titel „No Logo. Taking Aim at the Brand Bullies" veröffentlicht.[60] Über eine abgeschlossene Universitätslaufbahn verfügt sie zu diesem Zeitpunkt nicht. Klein hat Anglistik und Philosophie studiert, doch ihr Studium zunächst unterbrochen,[61] bevor sie es abgebrochen hat, um als freie Journalistin selbst gesetzte Recherchen durchzuführen. Als das Manuskript ihrer Studie über die Global Players im Druck ist, erlangen

---

[54] Steffen Vogel, Abtritt der Avantgarde? Die Demokratisierung des Intellektuellen in der globalisierungskritischen Bewegung, Marburg 2012, S. 107.
[55] Vgl. dazu David Graeber, The Twilight of Vangardism, in: ders., Possibilities. Essays on Hierarchy, Rebellion and Desire, Oakland/Edinburgh 2007, S. 301–312.
[56] Keine Macht den Marken! Naomi Klein im Gespräch mit Claudia Riedel, in: Die Zeit vom 15.3.2001, unter: https://www.zeit.de/2001/12/200112_aussehen_no_lo.xml, letzter Zugriff am 10.6.2019.
[57] Larissa MacFarquhar, Outside Agitator. Naomi Klein and the New Left, in: The New Yorker vom 8.12.2008, unter: https://www.newyorker.com/magazine/2008/12/08/outside-agitator, letzter Zugriff am 10.6.2019.
[58] Die Folterkeller der Globalisierung. Naomi Klein im Gespräch mit Thomas Fischermann, in: Die Zeit vom 7.9.2007, unter: https://www.zeit.de/online/2007/37/naomi-klein-interview, letzter Zugriff am 10.6.2019.
[59] Vgl. zum Aufstieg Ingrid Gilcher-Holtey, Naomi Klein & Co: Intellektuelle in der Globalisierungskritischen Bewegung, in: Ingrid Gilcher-Holtey (Hrsg.), Eingreifende Denkerinnen. Weibliche Intellektuelle im 20. und 21. Jahrhundert, Tübingen, 2015, S. 213–228.
[60] Naomi Klein, No Logo. Taking Aim at the Brand Bullies, Toronto 2000 (dt. Übersetzung: No Logo! Der Kampf der Global Players um Marktmacht. Ein Spiel mit vielen Verlierern und wenigen Gewinnern, München 2001).
[61] Um gemeinsam mit ihrem Vater, Michael Klein, einem Arzt, ihre nach einem Unfall schwer erkrankte Mutter, Bonnie Sherr Klein, eine Dokumentarfilmerin und Feministin, zu pflegen.

die Gruppen und Netzwerke konzernkritischen Widerstands, die sie besucht und interviewt hat, einen Durchbruch in der öffentlichen Wahrnehmung durch die Blockade der WTO-Konferenz in Seattle am 30. November 1999. Die spektakulären Protestaktionen der Konzernkritiker, die zur Verhängung des Ausnahmezustands in Seattle führen, bereiten den Boden für die Rezeption ihres Buches, das als „Bibel der Bewegung" („New York Times") gedeutet wurde. Die britische Zeitung „The Observer" bezeichnet es sogar als „das neue ‚Kapital'".[62] Das „Time Magazine" stuft „No Logo" unter die besten nicht-fiktionalen 100 Bücher ein, die seit 1923 geschrieben worden seien.[63] Die Autorin avanciert zum „Star der Globalisierungsgegner" („Die Zeit"), als deren Aktivistin sie zuvor niemals hervorgetreten war. „Marches depress me." „Going for a walk and chanting – I get nothing out of it"[64], erklärt sie im Gespräch mit der Zeitschrift „The New Yorker". Sie weiß, wovon sie spricht. Als Tochter von Vietnamkriegsgegnern, die 1967 die USA verlassen und Zuflucht in Kanada gesucht haben, ist Naomi Klein, geb. 1970, in einem vom Geist der 68er-Bewegung und deren Aktionsformen geprägten Elternhaus aufgewachsen.

Nach Erscheinen von „No Logo" reist sie zweieinhalb Jahre von Vortrag zu Vortrag durch 22 Länder.[65] Überzeugt, dass nur soziale Bewegungen sozialen Wandel herbeiführen können, nimmt sie die Herausforderung an, Sprecherin der Bewegung zu sein. In Notizen, Reden und Artikeln, die sie 2003 in dem Buch „Über Zäune und Mauern. Berichte von der Globalisierungsfront" zusammenfasst, hält sie ihre Eindrücke fest. Sie charakterisiert die Sammlung von Texten als kleinen Teil

> „eines gewaltigen basisdemokratischen Informationsaustauschs, der eine Unzahl von Menschen, die keine studierten Wirtschaftswissenschaftler, internationale Handelsjuristen oder Patentexperten sind, ermutigt hat, an der Debatte über die Zukunft der Weltwirtschaft teilzunehmen".[66]

Analytisch betrachtet, reklamiert sie damit, gestützt auf Sachkompetenz, anderen Zugang zu Informationen verschafft, sie zum Sprechen gebracht und damit Ungesagtes sagbar gemacht zu haben. Naomi Klein vermittelt Informationen in die globalisierungskritische Bewegung sowie Informationen über die Bewegung in die Öffentlichkeit. Die Autorin von „No Logo" bietet der nach den Ereignissen von Seattle in den westlichen Industrieländern rasch sich ausbreitenden globalisierungskritischen Bewegung ein Gesicht. Zugleich vermittelt Naomi Klein die Anliegen der Bewegung weit über die nationalen Grenzen hinaus. Die Global Players (Weltkonzerne) kritisierend, wird ihr Buch von einem Global Player publiziert: der Edition Knopf, die zum

---

62 Keine Macht den Marken! Naomi Klein im Gespräch mit Claudia Riedel (s. Anm. 56).
63 Vgl. About Naomi Klein, unter: https://www.naomiklein.org, letzter Zugriff am 9.6.2019.
64 Zit. nach MacFarquhar, Outside Agitator (s. Anm. 57).
65 Naomi Klein, Über Zäune und Mauern. Berichte von der Globalisierungsfront, Frankfurt a. M. 2003, S. 13.
66 Ebenda, S. 16 f.

Bertelsmann-Konzern gehört. Seine weltweite Verbreitung wird von zwei Literaturagenten von Westword Creative Artists gefördert, die bereits ein Jahr nach seiner Veröffentlichung in Kanada das Buch in Dänisch, Finnisch, Französisch, Deutsch, Italienisch, Japanisch, Norwegisch, Schwedisch, Spanisch und Neuseeland erscheinen lassen. Bis heute wurde „No Logo" in 25 Sprachen übersetzt und über eine Million Mal verkauft.

Als Bestsellerautorin wird Naomi Klein unterstützt von erfahrenen Lektoren sowie von einem kleinen alternativen Thinktank, bestehend aus Mitgliedern ihrer Familie, langjährigen wissenschaftlichen Mitarbeitern sowie Experten aus der globalisierungskritischen Bewegung. Sie stützt ihre Analysen, wie anschaulich auch ihr zweites Buch „Die Schock-Strategie. Der Aufstieg des Katastrophen-Kapitalismus" (2007) ausweist, auf Informationen von Menschenrechtsorganisationen sowie von Komitees und Teilbewegungen, die mit der globalisierungskritischen Bewegung zusammenarbeiten. Von einem analytischen Standpunkt aus betrachtet, ist Naomi Klein einer „Politik der Wahrnehmung" (Bourdieu) verpflichtet,[67] der kognitiven Subversion der etablierten Ordnung durch alternative Leitideen und Ordnungsprinzipien, die eine neue Weltsicht eröffnen. Im Kollektiv arbeitend, reklamiert sie die Verantwortung für ihre Bücher jedoch allein. Buchpreise und Ehrungen, darunter die Ehrendoktorwürde in Civil Law der Universität von Halifax 2007 sowie die Auszeichnung für Outstanding Lifetime Achievement Award for Humanism in Culture (Rushdie Award – Havard) 2020,[68] zeigen die weltweite Anerkennung, die Naomi Klein entgegengebracht wird. Parallel zu ihren Recherchen tritt sie kontinuierlich als Sprecherin und Unterstützerin von Teilbewegungen der globalisierungskritischen Bewegung auf.[69] Als Expertin der Gegenmacht interpretiert sie auf innovative, eigensinnige und widerständige Weise die Rolle des Intellektuellen im 21. Jahrhundert und widerlegt Lyotards These vom „Tod" des Intellektuellen, dem es lediglich ein Grabmal zu setzen gelte. Ihr Beispiel zeigt, dass die 68er-Bewegung und die neuen sozialen Bewegungen durch ihre Kritik und alternativen Interventionsmodelle langfristig zur Redefinition der Rolle des Intellektuellen beigetragen haben.

---

[67] Pierre Bourdieu, Meditationen. Zur Kritik der scholastischen Vernunft, Frankfurt a. M. 2001, S. 237 f.

[68] 2000, Guardian First Book Award; 2001, Prix Médiation; 2004, James Aronson Award for Social Justice Journalism, Hunter College New York; 2007, Doctor of Civil Law, honoris causa, University of Halifax; 2007, Miliband Fellow, London School of Economics (LSE); 2009, National Magazine Award, American Society of Magazine Editors (ASE); 2015, American Book Award, Before Columbus Foundation; 2016, Sydney Peace Prize; 2020, Inaugural Gloria Steinem Chair for Media, Culture and Feminist Studies at Rutgers University (New Brunswick, NJ).

[69] Vgl. Naomi Klein, This Changes Everything. Capitalism vs. The Climate, New York/London/Toronto 2014 (dt.: Die Entscheidung. Kapitalismus vs. Klima, Frankfurt a. M. 2015); dies., On Fire. The (Burning) Case for a Green New Deal, New York 2019 (dt.: Warum nur ein Green New Deal unseren Planeten retten kann, Hamburg 2019).

Eva Oberloskamp
Intellektuelle und die Janusköpfigkeit der technischen Moderne

Der Konflikt um die Atomenergie und der Wandel von Intellektuellenrollen in der Bundesrepublik Deutschland

Die soziale Figur des klassischen Intellektuellen ist ein Kind der modernen Epoche:[1] Sie steht im Dienste aufklärerischen, vernunftgeleiteten Denkens, das den Glauben an einen universellen geschichtlichen Fortschritt zum Besseren impliziert. Eben dieser Glaube, freilich, bleibt rational schwer zu rechtfertigen. Denn der mit der Moderne einhergehende Wandel birgt ein Potenzial des Totalitären, das im politisch-gesellschaftlichen Feld in die Diktaturen des 20. Jahrhunderts mündete. Und auch die technische Moderne hat sich als zutiefst ambivalent erwiesen. In wohl kaum einem anderen Feld wird die Janusköpfigkeit des naturwissenschaftlich-technischen Fortschritts so greifbar wie im Bereich der Kernphysik, deren frühe Anfänge im Zeichen apokalyptischer militärischer Vernichtung standen, die aber trotzdem seit den 1950er Jahren weitreichende utopische Hoffnungen auf eine bessere Zukunft der Menschheit nährte.[2]

Eine Beschäftigung mit der Frage nach den Reaktionen von Intellektuellen auf Versuche einer breiten praktisch-technischen zivilen Anwendung der Nukleartechnologie verspricht somit nicht nur Erkenntnisse zum Verhältnis zwischen Intellektuellen und neuen sozialen Bewegungen. Sie eröffnet auch Perspektiven auf Ambivalenzen, durch welche die Sozialfigur des „allgemeinen Intellektuellen" selbst charakterisiert ist. Plakativ wurden diese Ambivalenzen von Jean-François Lyotard in seinem Essay „Tombeau de l'intellectuel" beschrieben, der sich als Plädoyer lesen lässt, den Intellektuellen „von der Paranoia zu scheiden, als welche die ‚Moderne' erscheint".[3] Die soziale Figur, die dann bliebe, ließe sich nicht mehr als „allgemeinen Intellektuellen" bezeichnen, der sich im Namen eines universellen Subjekts oder universeller Werte engagiert. Vielmehr fordert Lyotard gesellschaftliche Eliten,

---

1 Für einen Überblick zu möglichen Begrifflichkeiten und zeitlichen Zäsuren der modernen Epoche vgl. Thomas Raithel, Konzepte der „Moderne" und Ansätze der „Postmoderne", in: Oldenbourg Geschichte Lehrbuch. Neueste Zeit, hrsg. v. Andreas Wirsching, München 2006, S. 267–280, hier S. 267 f.
2 Vgl. Holger Nehring, „Atomzeitalter". Die Debatten um Atomenergie in der Bundesrepublik Deutschland der fünfziger Jahre, in: Hendrik Ehrhardt/Thomas Kroll (Hrsg.), Energie in der modernen Gesellschaft. Zeithistorische Perspektiven, Göttingen 2012, S. 223–243.
3 Jean-François Lyotard, Grabmal des Intellektuellen, in: ders., Grabmal des Intellektuellen, hrsg. v. Peter Engelmann, Graz u. a. 1985, S. 9–19, hier S. 19. (Der französische Text ist erstmals am 8.10.1983 in „Le Monde" erschienen.)

die sich „aufgrund einer ethischen und bürgerlichen Verantwortlichkeit" geschmeidig, tolerant und wendig einmischen, ohne dabei der „Obsession der Totalität" zu erliegen.[4] Es steht freilich zu vermuten, dass Lyotard trotz seiner harten Diagnose, der „allgemeine Intellektuelle" sei – soweit es ihn überhaupt noch gebe – verblendet und habe ausgedient, Sympathien für dessen Anliegen hegt.[5] Letztlich steht auch Lyotard, trotz aller postmodernen Skepsis, „mit einem Bein im Universellen".[6]

Der vorliegende Aufsatz fragt, welche Intellektuellen sich kritisch in die bundesdeutsche Atomenergiedebatte der 1970er und 1980er Jahre eingemischt haben und wie ihre Argumentation und ihr Engagement aussahen. Auf den ersten Blick scheint es, als bilde das 1973/74 formulierte Ziel der von Willy Brandt geführten sozial-liberalen Koalition, Atomkraftwerke (AKWs) in der Bundesrepublik Deutschland massiv auszubauen,[7] einen geradezu klassischen Moment für den klassischen Intellektuellen. Anwohner der geplanten Standorte sahen sich in ihrer Existenz bedroht und protestierten, obwohl sie sich offensichtlich in einer David-gegen-Goliath-Situation befanden, mit verzweifelter Hartnäckigkeit gegen den Bau der AKWs.[8] Sie argumentierten, dass die Kernspaltung nicht nur in ökologischer Hinsicht die menschlichen Lebensgrundlagen gefährde, sondern dass sie darüber hinaus, so eine Formulierung des „Spiegel", „Lebensfragen einer freiheitlichen Gesellschaft" berühre:[9] In dem Konflikt ging es auch um die Transparenz politischer Entscheidungen, um Demokratie, um die Freiheit der Bürger gegen staatliche Überwachung und Kontrolle und um Gerechtigkeit.

Es gab also einen „Skandal": Die politische Entscheidung, übereilt und über die Köpfe betroffener Bürger hinweg im großen Stil in eine Energiequelle einzusteigen,

---

[4] Ebenda, S. 18.
[5] Hierauf verweist unter anderem die im Französischen sehr poetische Mehrdeutigkeit des Titels: „Tombeau" bedeutet hier nicht nur „Grabmal", sondern bezeichnet auch ein Genre der französischen Barockmusik – eine Art musikalischen Nachruf auf einen Fürsten oder eine berühmte Persönlichkeit. Vertreter der französischen Moderne in Literatur und Musik (Stéphane Mallarmé, Maurice Ravel) griffen das Genre wieder auf.
[6] Christian Schwaabe, Der Intellektuelle nach dem Ende der Metaerzählungen. Jean-François Lyotards „Tombeau de l'intellectuel" und das Erbe des universellen Intellektuellen, in: Harald Bluhm/Walter Reese-Schäfer (Hrsg.), Die Intellektuellen und der Weltlauf. Schöpfer und Missionare politischer Ideen in den USA, Asien und Europa nach 1945, Baden-Baden 2006, S. 195–210, hier S. 208 f.
[7] Bis 1985 sollten in der Bundesrepublik ca. 45 neue große Atomkraftwerke und weitere nukleare Infrastruktur gebaut werden; die Kapazitäten zur Produktion von Atomstrom sollten so um das Zwanzigfache gesteigert werden. Vgl. Die Energiepolitik der Bundesregierung, BT-Drs. 7/1057, S. 10; Erste Fortschreibung des Energieprogramms der Bundesregierung, BT-Drs. 7/2713, S. 15.
[8] Zur Anti-AKW-Bewegung in der Bundesrepublik Deutschland vgl. zuletzt Dolores L. Augustine, Taking on Technocracy. Nuclear Power in Germany, 1945 to the Present, New York/Oxford 2018, S. 93–160; Stephen Milder, Greening Democracy. The Anti-Nuclear Movement and Political Environmentalism in West Germany and Beyond, 1968–1983, Cambridge 2017; Andrew S. Tompkins, Better Active than Radioactive! Anti-Nuclear Protest in 1970s France and West Germany, Oxford 2016.
[9] Mit Frau Mustermann in den Plutoniumstaat, in: Der Spiegel vom 5.9.1983, S. 99–112, hier S. 99.

die unbegrenzte technologische Risiken sowie Gefährdungen der Demokratie mit sich bringt und deren Kosten-Nutzen-Vorteile zumindest hochgradig fraglich waren, wurde von den Protestierenden als eklatantes Fehlverhalten der bundesdeutschen Eliten interpretiert. Dies hätte, so scheint es, auch den klassischen Intellektuellen auf den Plan rufen müssen. Indes, die „Skandalisierung des Skandals"[10] durch die großen bundesdeutschen Intellektuellen blieb aus. Die Durchsicht von Werkausgaben und Biografien zu Heinrich Böll, Hans Magnus Enzensberger, Günter Grass und Jürgen Habermas hat keine Hinweise auf direkte Äußerungen zur Atomkraft ergeben, allenfalls vage Sympathiebekundungen für die Protestierenden.[11] Auf mögliche Gründe hierfür wird am Ende des Beitrags zurückzukommen sein. Stattdessen waren basisdemokratische Graswurzelbewegungen, die aus engagierten Bürgern bestanden, das entscheidende Antriebsmoment des Widerstands gegen Atomenergie. Im Laufe des Jahrzehnts formierte sich so in der Bundesrepublik eine breite gesellschaftliche Front gegen AKWs. Einzelne kritische Wissenschaftler gaben den Protesten zusätzliche Rechtfertigung.

Dennoch finden sich Persönlichkeiten, die im Konflikt um die Atomenergie die Rolle von Intellektuellen spielten. Es lassen sich dabei neue Intellektuellentypen erkennen, deren Funktion auf spezifische Weise durch die Existenz einer starken sozialen Bewegung und die naturwissenschaftlich-technische Eigenart des Themas Atomkraft geprägt war. Im Folgenden werden exemplarisch drei Personen in den Mittelpunkt gestellt, die jeweils einem bestimmten Intellektuellentypus entsprechen: Hans-Helmut Wüstenhagen[12] als „Bewegungsintellektueller", Dieter von Ehrenstein als „spezifischer Intellektueller" sowie Robert Jungk, der dem „allgemeinen Intellektuellen" zwar nahekommt, dabei aber durch besondere Spezifika charakterisiert ist.

---

10 Vgl. Ingrid Gilcher-Holtey, Skandalisierung des Skandals: Intellektuelle und Öffentlichkeit, in: Andreas Gelz/Dietmar Hüser/Sabine Ruß-Sattar (Hrsg.), Skandale zwischen Moderne und Postmoderne. Interdisziplinäre Perspektiven auf Formen gesellschaftlicher Transgression, Berlin/Boston, Mass. 2014, S. 217–234.
11 Heinrich Bölls kurzer Artikel „Brokdorf und Wyhl", der 1976 in der „Frankfurter Allgemeinen Zeitung" erschienen ist, hebt allgemein auf Wertvorstellungen und Wachstumskritik ab, enthält aber keine konkrete Stellungnahme zur Atomenergie. Vgl. Heinrich Böll, Brokdorf und Wyhl, in: ders., Werke. Kölner Ausgabe, Bd. 19: 1974–1976, hrsg. v. Werner Jung, Köln 2008, S. 359 f. In Günter Grass, Kopfgeburten oder Die Deutschen sterben aus, Darmstadt/Neuwied 1980, ist die potenzielle Gefahr von Atomkraftwerken ein wiederkehrendes Motiv, auch hier ist jedoch keine eindeutige Position oder Forderung auszumachen.
12 Der Vorname Hans-Helmut ist in unterschiedlichen Schreibweisen anzutreffen: In der Mehrzahl der von Wüstenhagen publizierten Titel wird „Helmut" am Ende ohne h geschrieben. Daher wird diese Schreibweise im vorliegenden Text übernommen. Die Titelangaben in den Fußnoten orientieren sich an der Schreibweise der jeweiligen Publikation.

1 Hans-Helmut Wüstenhagen

Der US-amerikanische Soziologe Ron Eyerman hat 1994 den Begriff „movement intellectual" geprägt. Die Rolle des „Bewegungsintellektuellen" besteht darin, der kollektiven Akzeptanz von Werten, Sinn- und Deutungsangeboten innerhalb einer sozialen Bewegung Nachdruck zu verleihen. Dadurch prägt er die Identität der Bewegung, innerhalb derer er wirkt. Er agiert primär innerhalb der Teilöffentlichkeit der Bewegung und ihrer spezifischen Institutionen und Strukturen. In diese Funktion kommt er aus der Bewegung heraus – und zwar zumeist ohne das kulturelle und symbolische Kapital des klassischen Intellektuellen.[13]

Hans-Helmut Wüstenhagen entspricht weitgehend dieser Beschreibung: 1923 geboren, arbeitete er als wissenschaftlicher Mitarbeiter des Chemiekonzerns Degussa AG und engagierte sich seit den 1950er Jahren in Bürgerinitiativen für den Umweltschutz. Dieses Engagement setzte er im Rahmen der „Karlsruher Bürgerinitiative" und später der „Bürgeraktion Umweltschutz Zentrales Rheingebiet" fort. Gleichzeitig war Wüstenhagen aktives Mitglied der FDP. 1972 wurde er Vorsitzender des neu gegründeten „Bundesverbands Bürgerinitiativen Umweltschutz" (BBU). Die rund 900 Mitgliedsinitiativen des BBU, in denen Mitte der 1970er Jahre ca. 300 000 Menschen organisiert waren, bildeten einen zentralen Bestandteil der Anti-AKW-Proteste und erlangten dadurch bundesweite Publizität. Aufgrund des Zustroms linker Gruppierungen zur Anti-AKW-Bewegung, die Wüstenhagens selbstbewussten Führungsstil in Frage stellten, und aufgrund der teilweise gewaltbereiten Radikalisierung der Bewegung in der zweiten Hälfte der 1970er Jahre trat Wüstenhagen 1977 zurück.[14]

Bis zu diesem Zeitpunkt jedoch wirkte er innerhalb der Bewegung als charismatischer Redner, als Autor von Büchern, Artikeln, Flugblättern und Anti-AKW-Poesie.[15] Bei den Protestaktionen in Wyhl trat er so prominent auf, dass er von der Presse teilweise als Führer des lokalen Widerstands wahrgenommen wurde.[16] Von identitätsstiftender Bedeutung für die Bewegung war insbesondere sein Buch „Bür-

---

13 Vgl. Ron Eyerman, Between Culture and Politics. Intellectuals in Modern Society, Cambridge 1994, S. 100 f.
14 Zur Biographie vgl.: „Hans-Helmuth Wüstenhagen", https://www.munzinger.de/search/portrait/Hans+Helmuth+W%C3%BCstenhagen/0/15027.html (17.7.2019); Annette Jensen, Das Portrait: Ein Bürger im Kampf gegen AKW. Hans-Helmut Wüstenhagen, in: die tageszeitung vom 4.12.1996, S. 11; Jens Ivo Engels, Naturpolitik in der Bundesrepublik. Ideenwelt und politische Verhaltensstile in Naturschutz und Umweltbewegung 1950–1980, Paderborn u. a. 2006, S. 336 f.
15 Ebenda, S. 336; „Ich möchte, ich möchte, ich möchte". Hermann Schreiber über den Chef der Bürgerinitiativen Umweltschutz, Hans-Helmuth Wüstenhagen, in: Der Spiegel vom 21.2.1977, S. 31 f.
16 Engels, Naturpolitik, S. 338.

ger gegen Kernkraftwerke. Wyhl – der Anfang?",[17] das zwischen 1975 und 1977 vier Auflagen erzielte und in insgesamt 28 000 Exemplaren im Rowohlt Taschenbuchverlag publiziert wurde. Hierin werden die Wyhler Ereignisse aus Perspektive der Aktivisten ausführlich dargestellt. Das Buch hat einen wesentlichen Beitrag dazu geleistet, dass die Widerstandsgeschichte des kleinen badischen Ortes zu einer Art Ursprungsmythos[18] der bundesdeutschen Anti-AKW-Bewegung geworden ist.

Inhaltlich formulierte Wüstenhagen seit ca. 1975 eine pointierte Deutung, durch die er den Bau von AKWs in der Bundesrepublik als „öffentlichen Skandal" charakterisierte:[19] Der Beschluss hierzu sei völlig übereilt gefasst worden. Die Technologie berge ein immens gefährliches Restrisiko, zentrale Problemkomplexe seien nicht umfassend untersucht und die Atomenergie bringe eine Tendenz zum undemokratischen Polizeistaat mit sich.[20] Für Wüstenhagen war die politische Entscheidung zum Ausbau der Atomkraft unter dem Einfluss von – eigene Interessen verfolgenden – Wissenschaftlern und Atomindustrie zustande gekommen. Die Politiker hätten die Zusammenhänge nicht durchdrungen, das Parlament habe sich „im Grunde [...] entmachte[n]" lassen.[21] Dies sei ein „Versagen der Parteien-Demokratie",[22] das auf eine Gefährdung des Rechtsstaates hinauslaufe.[23] Wüstenhagen beharrte darauf, dass die „Verantwortung" für diese Fehlentwicklungen bei den „Politiker[n]" zu suchen sei.[24]

Das Engagement der Bürgerinitiativen war für Wüstenhagen eine Reaktion auf das Versagen insbesondere des Parlaments. Angesichts dessen müsse „der Bürger" „sein Recht in der Demokratie selbst vertreten".[25] Die Abwehrreaktionen staatlicher Stellen bestätigten Wüstenhagens Sorge um Recht und Demokratie.[26] Wie drama-

---

[17] Hans-Helmut Wüstenhagen, Bürger gegen Kernkraftwerke. Wyhl – der Anfang?, Reinbek bei Hamburg 1975.
[18] Vgl. Jens Ivo Engels, Südbaden im Widerstand. Der Fall Wyhl, in: Kerstin Kretschmer/Norman Fuchsloch (Hrsg.), Wahrnehmung, Bewusstsein, Identifikation. Umweltprobleme und Umweltschutz als Triebfedern regionaler Entwicklung, Freiberg 2003, S. 103–130.
[19] Hans-Helmut Wüstenhagen, Bürgerinitiativen, Atomenergie und Wissenschaft, in: Blätter für deutsche und internationale Politik 21 (1976), S. 1360–1367, hier S. 1365.
[20] Ebenda, S. 1362.
[21] Ebenda, S. 1360; ähnlich auch Hans-Helmuth Wüstenhagen, Erfahrungen mit Bürgerinitiativen für Umweltschutz, in: Bernd Moldenhauer/Hans-Helmuth Wüstenhagen, Atomindustrie und Bürgerinitiativen gegen Umweltzerstörung, Köln 1975, S. 37–43, hier S. 42; ders., Brokdorf und die Privatarmee, in: Blätter für deutsche und internationale Politik 11 (1976), S. 1201–1203, hier S. 1203.
[22] Ders., Bürger gegen Kernkraftwerke, S. 101.
[23] Ders., Bürgerinitiativen, Atomenergie und Wissenschaft, in: Blätter für deutsche und internationale Politik 21 (1976), S. 1360, 1365.
[24] Ebenda, S. 1365.
[25] Ebenda, S. 1365. Vgl. ähnlich auch: Das Risiko Kernenergie. Aus der öffentlichen Anhörung des Innenausschusses des Deutschen Bundestages am 2. und 3. Dezember 1974, hrsg. v. Presse- und Informationszentrum des Deutschen Bundestages, Bonn 1975, S. 267.
[26] Vgl. etwa Wüstenhagen, Brokdorf und die Privatarmee, in: Blätter für deutsche und internationale Politik 11 (1976), S. 1202.

tisch er diese Gefahr einschätzte, zeigen die häufig anzutreffenden Vergleiche zum NS-Staat.[27] Sich in dieser Situation für den gewaltfreien „Widerstand" zu entscheiden, sei eine „Gewissensfrage"[28] – auch hier schwingt die NS-Vergangenheit mit, ebenso wie in der Parole „Widerstand ist Pflicht"[29] und in der Berufung auf den Artikel 20 des Grundgesetzes,[30] der ein „Recht zum Widerstand" garantiert, wenn die Gefahr einer Beseitigung der verfassungsmäßigen Ordnung besteht und „andere Abhilfe nicht möglich ist". Wüstenhagen legitimierte seine Forderungen durch Verweise auf aufklärerische Werte und auf das Grundgesetz: Es gehe um den „Schutz des Lebens", um „Demokratie" und „Rechtsstaat", um die Rechte „mündiger" und „aufgeklärter Bürger", um die Verantwortung gegenüber kommenden Generationen – kurz: Es gehe um „Vernunft und Humanität".[31]

Wüstenhagen wirkte nicht nur innerhalb der Anti-AKW-Bewegung. Von der breiteren Öffentlichkeit wurde ihm die Rolle zugedacht, als eine Art Sprachrohr zu fungieren – und diese Rolle übernahm er bereitwillig. So trat er 1974 in der Experten-Anhörung auf, die der Innenausschuss des Deutschen Bundestages über „Das Risiko Kernenergie" abhielt.[32] Zahlreiche große Zeitungen fragten ihn immer wieder für Interviews an, „Der Spiegel", „Die Zeit" und das Fernsehmagazin „Monitor" der ARD brachten Porträts zu seiner Person.[33] Den Medien galt er als „charismatische Symbolfigur" der Anti-AKW-Bewegung.[34]

Insgesamt ist festzuhalten, dass Wüstenhagen eine doppelte Funktion erfüllte: Nach innen wirkte er identitätsbildend für die Bewegung, indem er einen Gründungsmythos, Urteilskriterien und Deutungsmuster pointiert formulierte und verbreitete. Nach außen trat er als Sprecher auf, adressierte die breite Öffentlichkeit und politische Akteure. Dabei ging es ihm – ganz klassisch – um die „Skandalisie-

---

27 Vgl. etwa ders., Erfahrungen mit Bürgerinitiativen für Umweltschutz, in: Moldenhauer/Hans-Helmuth Wüstenhagen, Atomindustrie und Bürgerinitiativen, S. 43; ders., Bürgerinitiativen, Atomenergie und Wissenschaft, in: Blätter für deutsche und internationale Politik 21 (1976), S. 1363.
28 Ders., Brokdorf und die Privatarmee, in: Blätter für deutsche und internationale Politik 11 (1976).
29 Untertitel zu: ders., Nachbemerkung: Widerstand ist Pflicht, in: Werner Biermann, Plutonium und Polizeistaat, Bonn 1977, S. 113 f., hier S. 113.
30 Vgl. „Schwarz oder rot, wir schlagen euch tot". Bürgerinitiativen – Stopp für den Staat?, in: Der Spiegel vom 21.3.1977, S. 34–49, hier S. 47.
31 Sämtliche Zitate aus: Wüstenhagen, Bürgerinitiativen, Atomenergie und Wissenschaft, in: Blätter für deutsche und internationale Politik 21 (1976), S. 1363–1367. Vgl. auch Das Risiko Kernenergie, hrsg. v. Presse- und Informationszentrum des Deutschen Bundestages, S. 266.
32 Vgl. ebenda.
33 Vgl. Horst Bieber, Nummer Eins der Bürgerinitiativen: Aufwiegler mit bürgerlichen Skrupeln. Hans-Helmuth Wüstenhagen: Der Regisseur des anti-atomaren Protests, in: Die Zeit vom 18.2.1977; „Ich möchte, ich möchte, ich möchte". Hermann Schreiber über den Chef der Bürgerinitiativen Umweltschutz, Hans-Helmuth Wüstenhagen, in: Der Spiegel vom 21.2.1977, S. 31 f.; Diese Woche im Fernsehen, in: Der Spiegel vom 7.3.1977, S. 223.
34 Engels, Naturpolitik, S. 336.

rung des Skandals" und um eine Umkehr der herrschenden öffentlichen Meinung. Seine Argumentation bewegte sich auf politischer Ebene und blieb auf das engere Themenfeld der Kernenergie beschränkt. Er berief sich explizit auf die zivilgesellschaftliche Verantwortung, die alle Bürger dazu verpflichte, das Handeln von Staat und Eliten kritisch zu hinterfragen. Die Legitimität seiner Positionen wurzelte nicht in Faktoren, die seiner Person inhärent waren, sondern in der Stärke der Bewegung, die hinter ihm stand. Seine Autonomie war somit begrenzt, und seine gesamtgesellschaftliche Legitimität schwand, als er wichtige Teile der Bewegung nicht mehr hinter sich sah.

2 Dieter von Ehrenstein

Für Foucault ist der Atomphysiker das Paradebeispiel des „spezifischen Intellektuellen". Dieser habe spezifische Kompetenzen, doch „weil die atomare Bedrohung [...] das Schicksal der Welt" betreffe, sei „sein Diskurs zugleich der Diskurs des Universalen".[35] Nach Foucault interveniert der „spezifische Intellektuelle" nur in Themenbereiche, für die ihn sein Fachwissen prädestiniert. Seine Legitimität und Beweggründe resultieren aus seiner Expertise. Dennoch – und das unterscheidet ihn vom Sachverständigen in der Politikberatung – geht es ihm auch darum, Kernfragen des Gemeinwesens von universeller Tragweite anzusprechen und ein kritisches Gegengewicht zu den politischen Entscheidungsinstanzen und der sie legitimierenden öffentlichen Meinung aufzubauen.

Dieter von Ehrenstein (Jahrgang 1931), der im Folgenden exemplarisch im Mittelpunkt steht, hatte den Lehrstuhl für experimentelle Physik an der 1971 gegründeten Reformuniversität Bremen inne. Er gehörte zu den frühesten im akademischen Feld etablierten Physikern der Bundesrepublik, die den Ausbau der Atomenergie öffentlich kritisierten. 1974 wurde Ehrenstein erstmals als Sachverständiger angefragt und trat in der erwähnten Anhörung des Bundestags-Innenausschusses auf.[36] Auch in Expertengesprächen des Bundesministeriums für Forschung und Technologie sowie beim Gorleben-Hearing war er vertreten.[37] In seinen Stellungnahmen war er stets be-

---

35 Michel Foucault, Die politische Funktion des Intellektuellen, in: ders., Schriften in vier Bänden. Dits et Ecrits, Bd. III: 1976–1979, hrsg. v. Daniel Defert u. François Ewald unter Mitarb. v. Jacques Lagrange, Frankfurt a. M. 2003, S. 145–152, hier S. 147.
36 Vgl. Das Risiko Kernenergie, hrsg. v. Presse- und Informationszentrum des Deutschen Bundestages.
37 Vgl. Schnelle Brüter Pro und Contra. Protokoll des Expertengesprächs vom 19.5.1977 im Bundesministerium für Forschung und Technologie, Villingen-Schwenningen 1977, S. 28–31; Energiebedarf und Energiebedarfsforschung. Referate und Ergebnisse einer Tagung des BMFT [Bundesministerium für Forschung und Technologie] in Zusammenarbeit mit dem Projekt „Kernenergie" der Universität Bremen, red. v. Dieter von Ehrenstein u. Joachim Wichert, Villingen-Schwenningen 1977; Dieter von

müht, über die reine Darstellung der technisch-wissenschaftlichen Sachverhalte hinauszugehen und die politischen, gesellschaftlichen und ethischen Implikationen der technischen Fakten aufzuzeigen.

Ehrenstein wirkte nicht nur im Feld der staatlichen Politik, sondern auch auf die Öffentlichkeit. Dies geschah zunächst innerhalb verschiedener Teilöffentlichkeiten. Besonders zentral war hierbei die breitere wissenschaftliche Öffentlichkeit.[38] Auch seine Heimatuniversität, die besonderen Wert auf Interdisziplinarität und gesellschaftliche Verantwortung legte, war ein wichtiger Wirkungsraum. Es gab dort weitere Professoren[39] und engagierte studentische Gruppen, die sich gegen die Atomenergie wandten und in Eigenregie mehrere kritische Bücher publizierten.[40] Ehrenstein veröffentlichte einen Großteil seiner Stellungnahmen nochmals in universitätseigenen Publikationsreihen. Auch in seiner Lehre wird er kritisch gewirkt haben. Eine zusätzliche Teilöffentlichkeit, in der Ehrenstein auftrat, war die der Gewerkschaften: Er publizierte unter anderem auf Anfrage der auflagenstarken Gewerkschaftszeitung „Metall" zusammen mit Bremer Kollegen eine ausführliche Artikelserie. Es folgten Beiträge in anderen gewerkschaftsnahen Periodika.[41] Auch im Kontext der evangelischen Kirchen, die sich sehr in der Atomenergiedebatte enga-

---

Ehrenstein, Stellungnahme für das Expertengespräch: „Reaktorsicherheitsforschung" im Bundesministerium für Forschung und Technologie in Bonn, am 31.8. und 1.9.1978, [Bremen 1978] (= Universität Bremen. Information zu Energie und Umwelt Teil C Nr. 3); ders., Behandlung einiger Probleme des Konzeptes und der grundsätzlichen sicherheitstechnischen Realisierbarkeit des beantragten Nuklearen Entsorgungszentrums bei Gorleben. Gutachterliche Stellungnahme, Bremen 1979 (= Universität Bremen. Information zu Energie und Umwelt Teil C Nr. 4).

38 Vgl. etwa Dieter von Ehrenstein, Das militärische Interesse am Schnellen Brüter und die besondere militärische Bedeutung von Kriegseinwirkungen auf das Brüterkraftwerk Kalkar, in: Klaus M. Meyer-Abich/Reinhard Ueberhorst (Hrsg.), AUSgebrütet – Argumente zur Brutreaktorpolitik, Basel u. a. 1985, S. 89–107; ders., Einige Probleme der weltweiten Kernenergietechnik, Report Nr. 28 des Fachbereichs Physik der Universität Bremen, Nov. 1985; ders., Zur Plutonium-Problematik, in: Armin Hermann/Rolf Schumacher (Hrsg.), Das Ende des Atomzeitalters? Eine sachlich-kritische Dokumentation, München 1987, S. 135–139; ders., Das Danaergeschenk der „friedlichen" Nutzung, in: Der Griff nach dem atomaren Feuer, hrsg. v. Ulrich Albrecht u. a., 2. überarb. Aufl., Frankfurt a. M. u. a. 1997, S. 121–130.

39 So insbesondere die Physiker Jens Scheer und Inge Schmitz-Feuerhake.

40 Vgl. Autorengruppe des Projektes SAIU [Schadstoffbelastung am Arbeitsplatz und in der Industrieregion Unterweser] an der Universität Bremen: Zum richtigen Verständnis der Kernindustrie. 66 Erwiderungen. Kritik des Reklamehefts „66 Fragen, 66 Antworten: Zum besseren Verständnis der Kernenergie", Berlin 1975; Arbeitsgruppe „Wiederaufarbeitung" (WAA) an der Universität Bremen: Atommüll oder Der Abschied von einem teuren Traum, Reinbek bei Hamburg 1977.

41 Nachdruck sämtlicher Artikel in: Diskussion über die Atomenergie in der Gewerkschaftszeitung „Metall", Bremen 1978 (= Universität Bremen. Information zu Energie und Umwelt Teil C Nr. 2).

gierten,⁴² meldete er sich zu Wort.⁴³ Auffallend ist, dass der Physikprofessor nicht im eigentlichen Umfeld der Anti-AKW-Bewegung aktiv war: Er trat weder als Redner auf einschlägigen Veranstaltungen auf, noch ist sein Name in nennenswertem Maße in Publikationen der Bewegung zu finden.

In den nationalen Medien war Ehrenstein als Mitunterzeichner des „Heidelberger Memorandums" vom Januar 1976 präsent, in dem knapp 2000 Wissenschaftler vor einem vorschnellen und irreversiblen Ausbau der Kernenergie warnten und das in der Presse breit kommentiert wurde.⁴⁴ Darüber hinaus wurde er in großen Zeitungen mit einzelnen Aussagen zitiert. 1977 verfasste er ein Manuskript für ein Radio-Feature im NDR.⁴⁵ Tatsächlich prominent jedoch trat er in den nationalen Medien erst nach Tschernobyl in Erscheinung: 1986 brachten „Der Spiegel" und „Die Zeit" lange kritische Artikel von ihm.⁴⁶

Inhaltlich entwickelte Ehrenstein eine eigene Argumentationslogik: Auch er sah in der politischen Festlegung auf einen schnellen Ausbau der Kernkraft eine „katastrophale Fehlentscheidung":⁴⁷ Die Gefährdungen der Nukleartechnologie seien nicht beherrschbar, grundsätzliche Fragen schlicht nicht lösbar, und die Bewachung nuklearen Materials erfordere Eingriffe in demokratische Grundrechte. Ehrenstein betonte zudem die Querverbindungen zum militärischen Bereich.⁴⁸ Im Kern ging es ihm um die Rückkehr zu demokratischen Verfahren: Es sei unzulässig, durch den massiven Ausbau von AKWs vollendete Tatsachen zu schaffen. Über eine „Thematik mit derartiger Tragweite"⁴⁹ dürfe erst entschieden werden, nachdem eine „ausführliche Sachdebatte in der Öffentlichkeit" geführt worden sei.⁵⁰

---

42 Vgl. Thomas Kroll, Protestantismus und Kernenergie. Die Debatte in der Evangelischen Kirche der Bundesrepublik Deutschland in den 1970er und frühen 1980er Jahren, in: Hendrik Ehrhardt/ Thomas Kroll (Hrsg.), Energie in der modernen Gesellschaft. Zeithistorische Perspektiven, Göttingen 2012, S. 93–115; Michael Schüring, „Bekennen gegen den Atomstaat". Die evangelischen Kirchen in der Bundesrepublik Deutschland und die Konflikte um die Atomenergie 1970–1990, Göttingen 2015.
43 Vgl. Dieter von Ehrenstein, Der gegenwärtige Stand der wissenschaftlichen Kontroverse um die friedliche Nutzung der Kernenergie, in: Kernenergie – Probleme des Energiebedarfs und der Energiesteuerung. Programm einer Tagung an der Evangelischen Akademie Rheinland-Westfalen/Haus der Begegnung Mülheim an der Ruhr, 23. und 24. Oktober 1976, [o. O., o. D.], S. 2–14.
44 Vgl. hierzu Günter Altner, Das Kreuz dieser Zeit: Von den Aufgaben des Christen im Streit um die Kernenergie, München 1977, S. 31–55. Die Erklärung im Wortlaut findet sich ebenda, S. 34–39.
45 Dieter von Ehrenstein, Kernkraftwerk kritisch, Bremen 1977.
46 Ders., „Zielkonflikt zum Nachteil der Sicherheit". Lehren aus Tschernobyl, in: Der Spiegel vom 8.9.1986; ders., Tschernobyl war noch gar nichts. Der weltweite Ausbau der Kernenergie birgt unkontrollierbare Risiken, in: Die Zeit vom 21.11.1986.
47 Ders., Der gegenwärtige Stand der wissenschaftlichen Kontroverse, in: Kernenergie, S. 4.
48 Vgl. etwa ders., Das militärische Interesse am Schnellen Brüter; ders., Einige Probleme der weltweiten Kernenergietechnik, S. 10.
49 Ebenda.
50 Schnelle Brüter Pro und Contra (s. Anm. 37), S. 29.

Das setze aber voraus – und hierin besteht eine Besonderheit der Argumentation Ehrensteins –, dass atomkritische Wissenschaftler gleichberechtigt beteiligt würden. Die Strukturen des Wissenschaftsbetriebs jedoch verhinderten dies: Immer wieder monierte Ehrenstein, eine „fundierte, kritische Beschäftigung mit den einschlägigen wissenschaftlichen Sachfragen" werde „durch groteske materielle Beschränkungen eingeengt".[51] Die mangelnde Autonomie der Wissenschaft gefährdete somit für ihn eine sachliche und demokratische Entscheidung. Dass die Physiker der Großforschungsanlagen unisono als Befürworter der Kernenergie aufträten, sei nicht „gutgläubige[r] Unwissenheit"[52] zuzuschreiben. Vielmehr unterstellte ihnen der Physikprofessor bewusste Verharmlosung, Verheimlichung und verantwortungslose Irreführung der Öffentlichkeit.[53] Ehrenstein baute somit innerhalb des atomwissenschaftlichen Feldes – in dem der Ausbau von AKWs ganz überwiegend befürwortet wurde – eine Gegenposition auf, die er dann darüber hinaus auch in die Öffentlichkeit vermittelte.

Ehrenstein hat selbst reflektiert, dass sein Engagement weit mehr war als die Stellungnahme eines Sachverständigen: Sein bewusstes Ziel war eine generelle Umkehr der öffentlichen Meinung. So endet einer seiner Vorträge mit den Worten: „Es muß ein neues Energiebewußtsein entstehen. [...] Wir brauchen eine ‚Kulturrevolution', und zwar nicht das Zerbrechen von Eiern oder Fensterscheiben oder Hauswänden oder gar Schädeln von unseren Mitmenschen, sondern ein Zerbrechen der Verkrustung im Denken".[54] Um dies herbeizuführen, appellierte er vor allem an intermediäre Instanzen wie Gewerkschaften und Kirche.

Der Physikprofessor bezog sich hingegen nicht auf die Anti-Atomkraft-Bewegung und grenzte sich sogar demonstrativ von deren gewaltbereiten Segmenten ab. Umgekehrt schien auch die eher elitenskeptische Bewegung selbst wenig an Ehrenstein interessiert und berief sich kaum auf ihn als kritischen Experten. In seiner eigenen Wahrnehmung beruhte die Legitimität seiner Kritik auf der fachlichen Expertise im Bereich der Nuklearphysik, aus der er weiterreichende, Politik und Gesellschaft betreffende Schlussfolgerungen ableitete. Hierzu sah er sich aufgrund seiner ethischen Verantwortung als Wissenschaftler, aber auch als Bürger verpflichtet. Sein Engagement erfolgte freilich auch in Verteidigung der Leitidee des wissenschaftli-

---

51 Von Ehrenstein, Stellungnahme für das Expertengespräch: „Reaktorsicherheitsforschung" (s. Anm. 37), S. 1; ähnlich auch ders., Einige Probleme der weltweiten Kernenergietechnik, S. 21 f. Hierin bestand ein wichtiger Unterschied zur US-amerikanischen Forschungslandschaft, in der unter anderem private Universitäten und anders strukturierte Beschäftigungsverhältnisse kritischen Wissenschaftlern größere Unabhängigkeit von staatlicher Bevormundung boten. Vgl. hierzu Augustine, Taking on Technocracy, S. 88.
52 Von Ehrenstein, Kernkraftwerk kritisch, S. 31.
53 Vgl. Diskussion über die Atomenergie in der Gewerkschaftszeitung „Metall", S. 58; von Ehrenstein, Einige Probleme der weltweiten Kernenergietechnik (s. Anm. 38), S. 2.
54 Ders., Der gegenwärtige Stand der wissenschaftlichen Kontroverse, in: Kernenergie, S. 14.

chen Feldes: der Autonomie der Wissenschaft gegenüber der Politik. Im wissenschaftlichen Feld standen seine Positionen den Stellungnahmen einer Mehrheit von Nuklearwissenschaftlern entgegen, die an der Kernenergie festhalten wollten. Das gesellschaftliche und politische Gewicht seines Engagements resultierte somit keineswegs aus der Tatsache, dass er seine Sicht im wissenschaftlichen Feld durchgesetzt hätte. Vielmehr war es trotz Ehrensteins persönlicher Distanz die Stärke der Anti-AKW-Bewegung, die ihm Resonanzräume verschaffte: Es gab ein großes öffentliches Interesse für sein Anliegen, und politische Entscheidungsträger waren bereit, kritische Expertenstimmen anzuhören.

3 Robert Jungk

Robert Jungk kommt der Rolle des „allgemeinen Intellektuellen" insofern nahe, als er mit seinem Engagement ein erhebliches persönliches Renommee in die Waagschale warf und sich dabei auf abstrakte universelle Werte berief. Neben seinem persönlichen Ansehen verlieh jedoch auch die fachliche Expertise als Wissenschaftsjournalist seiner Kritik Legitimität. Anders als die klassische Figur des in der Regel geistes- und gesellschaftswissenschaftlich geprägten „allgemeinen Intellektuellen", der sich um politisch einzufordernde Menschenrechte sorgt, kreisten Jungks Interessen stets eng um die Themen Technik und Gesellschaft, Frieden, Ökologie und Zukunftsgestaltung – und damit eben gerade um die Janusköpfigkeit des technischen Fortschritts – jene Ambivalenzen der Moderne, die im technisch-naturwissenschaftlichen Bereich in den 1970er Jahren unter anderem aufgrund neuer ökologischer Gefährdungen in den Fokus der Öffentlichkeit kamen. Insgesamt ließe sich die Intellektuellenrolle, die Jungk im Atomenergiekonflikt einnahm, als Versuch deuten, die Rolle des „allgemeinen Intellektuellen" auf das komplexe Themenfeld des technischen Fortschritts auszuweiten. Er intervenierte als Experte unter Berufung auf universelle Werte und stellte sich damit den in Politik, Wirtschaft und Gesellschaft vorherrschenden Leitideen modernen Fortschritts- und Wachstumsglaubens entgegen.

Jungk, Jahrgang 1913, war während der NS-Zeit gezwungen gewesen, aufgrund linker politischer Überzeugungen und seiner jüdischen Herkunft ins Exil zu fliehen. In Paris, Prag und Zürich war er neben seinem Studium, unter anderem der Philosophie und Geschichte, auch journalistisch tätig. Nach Kriegsende verbrachte er eine prägende Zeit in den USA, in denen er das Kernforschungszentrum in Los Alamos und den einflussreichen, anfänglich vor allem auf militärische Themen ausgerichteten Thinktank „RAND Corporation" besuchte, von wo aus er aber auch eine Reise nach Hiroshima unternahm. Seit den späten 1950er Jahren lebte er wieder dauerhaft in Österreich und Westdeutschland. Hier erlangte er als Publizist, Wissenschaftsjournalist, Friedensaktivist und Zukunftsforscher Bekanntheit.[55] 1970 wurde er zum Honorarprofessor an der TU Berlin ernannt. 1986 erhielt er den „alternativen Nobelpreis".[56]

Jungks wichtigste Stellungnahme zur Atomenergie war sein Buch „Der Atom-Staat. Vom Fortschritt in die Unmenschlichkeit". Allein im Erscheinungsjahr 1977 erreichte es im Kindler-Verlag fünf Auflagen, bis 1986 wurde seine deutsche Fassung in 77 000 Exemplaren gedruckt und in sieben Sprachen übersetzt. Jungk äußerte sich auch in großen nationalen Periodika und trat im Fernsehen gegen AKWs auf. Darüber hinaus steuerte er Vor-, Nach- oder Geleitworte zu Publikationen der Anti-AKW-Bewegung bei, sprach als Redner auf deren Kundgebungen[57] und solidarisierte sich so mit den Aktivisten, die seine Thesen und das Schlagwort vom „Atom-Staat" schnell aufgriffen.

„Der Atom-Staat" ist ein umfassend recherchiertes Buch über die politischen Gefahren, die von der Atomenergie ausgehen. Es fußt auf der Auswertung einschlägiger Texte sowie auf Informationen, die Jungk bei Besuchen atomarer Anlagen, Konferenzen und Gesprächen mit Atomwissenschaftlern gesammelt hat. Jungks Deutung der Atomenergie ist dabei im Kontext einer allgemeinen Technikkritik zu sehen, die ihn seit den 1950er Jahren umtrieb.[58]

Jungk argumentiert im „Atom-Staat" auf ethischer Ebene: Die Kernspaltung erschließe – egal ob sie für friedliche oder militärische Zwecke genutzt werde – eine „neue Dimension der Gewalt";[59] ihr Gefährdungspotenzial sei von apokalyptischem Ausmaß. Dies „beeinträchtig[e], ja beschädig[e]" die Zukunft in bisher unbekanntem Umfang.[60] Um einen „Atomterrorismus" mit extremem Gefährdungspotenzial zu verhindern, müsse der Staat Bürgerrechte einschränken und zu totalitären Überwachungspraktiken greifen. Dabei könne er sich auf den übermächtigen Zwang eines extremen Gefahrenpotenzials berufen.[61] Menschliches Fehlverhalten dürfe im Um-

---

55 1963 war Jungk Gründungsmitglied des Instituts für soziale Gegenwartsfragen e. V., 1964 gründete er das Institut für Zukunftsfragen in Wien, 1985 die Robert-Jungk-Bibliothek für Zukunftsfragen.
56 Zu Jungk als Zukunftsforscher vgl. ausführlich Elke Seefried, Zukünfte. Aufstieg und Krise der Zukunftsforschung 1945–1980, Berlin/Boston 2015, S. 134–153.
57 Jungks Presseartikel erschienen u. a. in: „Die Zeit", „Der Spiegel", „Frankfurter Allgemeine Zeitung" und „die tageszeitung". Im Fernsehen war Jungk u. a. in den Sendern ARD, ZDF, ORF, BR und NDR zu sehen. Vgl. insgesamt Auswahlbibliographie zu Robert Jungk, zusammengestellt von Alfred Auer, in: Die Triebkraft Hoffnung. Robert Jungk zu Ehren, Weinheim u. a. 1993, S. 295–320.
58 Zuletzt hatte er das Buch „Der Jahrtausendmensch. Bericht aus den Werkstätten der neuen Gesellschaft" (München u. a. 1973) publiziert, in dem er fragte, wie moderne Großtechnologien Gesellschaft und politisches System verändern.
59 Robert Jungk, Der Atom-Staat. Vom Fortschritt in die Unmenschlichkeit, 3. durchges. Aufl., München 1977, S. IX.
60 Ebenda, S. 53.
61 Ebenda, S. 83.

gang mit nuklearem Material nicht vorkommen. Der Mensch sei jedoch „gemessen an den präzisen [...] Anforderungen" der Nukleartechnik „eine Fehlkonstruktion".[62] Bestrebungen, den Menschen durch Ausbildung und Kontrolle den Anforderungen der Technik anzupassen, führten in die „Unmenschlichkeit".[63] In der Verantwortung sieht Jungk Politik, Atomwirtschaft und Wissenschaft, deren Beweggründe von blindem Fortschritts- und Wachstumsglauben bis hin zum Machtwillen reichten. Den „Spitzenexperten" der Atomphysik wirft er vor, sie seien „mehr oder weniger [...] fast alle [...] von der Vorstellung besessen, Gott spielen zu können".[64] Brillant, pointiert und eindringlich formuliert, wurde „Der Atom-Staat" unter anderem ausgerechnet von Klaus Traube[65] – sozusagen dem lebenden Beweis für Jungks Thesen – dafür kritisiert, punktuell so sehr überspitzt zu haben, dass es der Sache schaden könne.[66]

Das Hauptanliegen Jungks besteht darin, die Öffentlichkeit aufzuklären und zum Widerstand aufzufordern, damit die politische Entscheidung für die Atomenergie revidiert wird. Die „erschreckenden" Potenziale würden „nur dann nicht Wirklichkeit werden, wenn die Öffentlichkeit rechtzeitig genug um sie weiß und sich gegen sie wehrt".[67] Auch bei Jungk zielt das Engagement somit klassisch auf eine Umkehr der öffentlichen Meinung und die Verteidigung aufklärerischer und demokratischer Werte. Legitimität und Gewicht von Jungks Stellungnahme zur Atomenergie beruhten auf seinem kulturellen und symbolischen Kapital. Trotzdem gilt auch hier, dass die starke Anti-AKW-Bewegung seine Rezeption erheblich erweiterte. Anders als Ehrenstein, der die Notwendigkeit möglichst weitreichender Sachlichkeit betont,[68] unterstreicht Jungk, er habe das Buch in „Angst und Zorn geschrieben": „In Angst um den drohenden Verlust von Freiheit und Menschlichkeit. In Zorn gegen jene, die bereit sind, diese höchsten Güter für Gewinn und Konsum aufzugeben."[69] Diese Haltung ist im Kontext seiner NS-Erfahrungen zu sehen, aufgrund derer er

---

62 Ebenda, S. 3.
63 Jungk spielt auf Alvin Weinbergs Idee einer „nuklearen Priesterschaft" an. Ebenda, S. 70 f., Zitat im Titel des Buches.
64 Ebenda, S. 59.
65 Klaus Traube war Spitzenmanager der Atomindustrie, entwickelte jedoch im Laufe der 1970er Jahre eine zunehmend kritische Sicht auf die zivile Nutzung der Kernenergie. 1976 wurde er aufgrund des Verdachts, er habe Kontakte zur Roten Armee Fraktion, vom Verfassungsschutz illegal abgehört. Eine Enthüllung des „Spiegel" löste 1977 einen politischen Skandal aus, der zum Rücktritt von Bundesinnenminister Werner Maihofer führte.
66 Vgl. Klaus Traube über Robert Jungk: „Der Atom-Staat". Thesen gegen Supertechnik, in: Der Spiegel vom 26.12.1977, S. 104–107.
67 Jungk, Der Atom-Staat, S. 87.
68 Vgl. beispielsweise von Ehrenstein, Der gegenwärtige Stand der wissenschaftlichen Kontroverse, in: Kernenergie, S. 2.
69 Jungk, Der Atom-Staat, S. X f.

sich verpflichtet glaubte, alles tun zu müssen, damit Katastrophen gar nicht erst eintreten.[70]

Anti-AKW-Demonstration im Bonner Hofgarten am 14. Oktober 1979
(Foto: Hans Weingartz, Leonce49 at de.wikipedia – Eigenes Werk, CC BY-SA 2.0 de, https://commons.wikimedia.org/w/index.php?curid=2212663)

4 Resümee

Das Allensbacher Jahrbuch der Demoskopie offenbart für die Jahre 1978 bis 1983, wie gespalten die öffentliche Meinung zum Thema Atomenergie in der Bundesrepublik war. So sprachen sich 1981 zwei etwa gleich große Gruppen von 41 bzw. 44 Prozent der Befragten gegen bzw. für den Bau neuer AKWs aus. Auch die anderen Antworten auf die Fragen der Demoskopen vermitteln ein ambivalentes Bild.[71] Die Atomkraftgegner hatten somit zwar keine vollständige Umkehr der öffentlichen Meinung erkämpft, es war ihnen aber gelungen, das Klima im Land nachhaltig zu beein-

---

[70] Vgl. Seefried, Zukünfte, S. 138 f.
[71] Vgl. Allensbacher Jahrbuch der Demoskopie 1978–1983, Bd. VIII, hrsg. v. Elisabeth Noelle-Neumann u. Edgar Piel, Berlin u. a. 1983, S. 522–531, zitierte Zahlen auf S. 523. Vgl. auch unter Auswertung anderer Quellen Engels, Naturpolitik, S. 347; sowie Augustine, Taking on Technocracy, S. 152 f., die eine noch deutlich geringere Zustimmung zur Kernenergie konstatiert.

flussen. Neben wirtschaftlichen Entwicklungen (insbesondere einem insgesamt langsameren Anstieg des Energieverbrauchs als erwartet) war dies ein Faktor, der dazu beitrug, dass die Bundesregierung das Ausbauprogramm für AKWs reduzierte. Bis 1985 wurden die Kapazitäten zur Produktion von Atomstrom im Vergleich zu 1973 lediglich um das Neunfache – und nicht wie ursprünglich geplant um das Zwanzigfache – gesteigert.[72] Langfristig betrachtet hatten die Proteste in der Bundesrepublik mehr Erfolg als in anderen Staaten, die bereits AKWs nutzten – wenngleich der deutsche Atomausstieg auch heute noch ein politisches Ziel ist, das in der Praxis auf Umsetzungsprobleme stößt.

Zur Rolle von bundesdeutschen Intellektuellen bei den Protesten gegen Atomenergie sollen resümierend fünf Punkte hervorgehoben werden: Erstens ist zu konstatieren, dass jede intellektuelle Intervention zum Thema Atomenergie in den 1970er und 80er Jahren vor dem Hintergrund der Existenz einer starken und dynamischen sozialen Bewegung erfolgte. Die gesellschaftliche Mobilisierung war zunächst ohne die Einmischung von Intellektuellen entstanden. Trotzdem waren die hier exemplarisch in den Mittelpunkt gestellten Personen nicht irrelevant für die Proteste. Ihr Verhältnis zur Anti-AKW-Bewegung lässt sich als das einer wechselseitigen Einflussnahme und Verstärkung charakterisieren. Ohne die Aktivisten an der Basis wäre keiner von ihnen so präsent in der Öffentlichkeit gewesen. Gleichzeitig sind wichtige Rückwirkungen auf die Bewegung zu konstatieren, die Argumente und Deutungsmuster der Intellektuellen rezipierte und von deren Publizität oder Expertise profitierte.

Zweitens melden sich die klassischen Intellektuellen der Bundesrepublik zum Thema AKWs kaum zu Wort – trotz eventuell, zumindest bei einigen, vorhandener Sympathien für die Protestierenden. Der vermeintlich „universelle Intellektuelle" scheint auf dem technischen Auge blind gewesen zu sein – entsprechende Themen gehörten nicht zu seinem Repertoire. Es ließe sich argumentieren, dass das Vorhandensein einer starken zivilgesellschaftlichen Bewegung intellektuelle Interventionen überflüssig machte – zumal Schriftsteller bzw. Geisteswissenschaftler, anders als die drei von mir untersuchten Personen, weder über eine naturwissenschaftliche Bildung verfügen, noch über andere spezifische Legitimierungsgrundlagen. Möglicherweise liegt der Grund für das Schweigen aber auch darin, dass die Hoffnung des „allgemeinen Intellektuellen" auf historischen Fortschritt schwer mit einer Anerkennung fundamentaler Ambivalenzen der Moderne zu vereinbaren ist.

Drittens waren es somit Vertreter neuartiger Intellektuellentypen, die sich in der Atomenergiedebatte zu Wort meldeten. Ihnen ging es nicht darum, „das Gewissen

---

[72] Vgl. die statistischen Angaben in der Tabelle 5A „Status and Performance of Nuclear Power Plants (including Prototype and Experimental Reactors)" im „Country Nuclear Power Profile" der International Atomic Energy Agency (IAEA) zu Deutschland, https://cnpp.iaea.org/countryprofiles/Germany/Germany.htm (17.7.2019).

aller zu sein".[73] Ganz im Gegenteil scheint eher – im Sinne der eingangs zitierten Forderung Lyotards – das Gefühl einer persönlichen „ethischen und bürgerlichen Verantwortlichkeit"[74] themenspezifische Formen der Intervention motiviert zu haben. Neuartig ist die in allen drei Fällen als fundamental erachtete Verbindung eines technisch-naturwissenschaftlich-ökonomischen Themas mit politischen Grundsatzfragen. Auffallend ist dabei die sehr stark ausgeprägte Sensibilität für totalitäre Gefahren, die eng mit dem Bewusstsein der deutschen NS-Vergangenheit verwoben ist. Klassisch hingegen bleibt bei den untersuchten Personen das Bestreben, eine Umkehr der öffentlichen Meinung und die Rücknahme einer „falschen" politischen Entscheidung von universeller Tragweite über die Bande der Öffentlichkeit zu erwirken sowie demokratische und aufklärerische Werte zu verteidigen.

Viertens war die Autonomie der Intellektuellen unterschiedlich ausgeprägt. Wüstenhagens gesamtgesellschaftliche Einflusschancen beruhten primär auf seiner Akzeptanz durch die Anti-AKW-Bewegung. Ehrenstein sah die Autonomie der Wissenschaft – und damit auch seine persönliche Selbstbestimmtheit – durch politischen Einfluss auf den Wissenschaftsbetrieb bedroht; auch seine Beachtung hing wesentlich von der Bewegung ab. Unabhängiger erscheint Jungk; doch selbst hier hat die Bewegung seine Resonanzräume erweitert. Je gefährdeter die Autonomie des Intellektuellen erschien, desto größer war seine Abhängigkeit von der sozialen Bewegung.

Fünftens zeitigte die Interaktion von Anti-AKW-Bewegung und Intellektuellen letztlich nur begrenzte Erfolge. Dies hängt auch mit den begrenzten Handlungsfreiheiten in der Energiepolitik zusammen – die als paradigmatisch für die Komplexität demokratischer Herausforderungen in der allerjüngsten Zeitgeschichte gelten mag: Entscheidungen und Handlungen sind hier nur zum geringen Teil Ergebnis demokratisch legitimierter nationalstaatlicher Politik; übermächtig erscheinen technologische Pfadabhängigkeiten, wirtschaftliche Interessen und internationale Verflechtungen. Die Persistenz technologischer und wirtschaftlicher Strukturen mindert so die Einflusschancen von Intellektuellen ebenso wie die von sozialen Bewegungen.

---

73 Laut Foucault war dies der Anspruch des „allgemeinen Intellektuellen". Vgl. Foucault, Die politische Funktion des Intellektuellen, S. 145.
74 Vgl. oben S. 102.

Christian Neuhierl
Radikale Selbst-Ermächtigung

Rosa von Praunheim als schwuler Intellektueller

1 Einleitung

Intellektuelle, das waren lange Zeit für die historische Forschung ebenso wie für die deutsche Medienöffentlichkeit in der Mehrheit alte, weiße, heterosexuelle Männer. Frauen hingegen,[1] ebenso wie ethnische und sexuelle Minderheiten, und ihre spezifischen Themata wurden konsequent ausgeschlossen aus dem einflussreichen Spiel öffentlicher wie wissenschaftlicher Zuschreibung, Proklamation, Analyse und Typisierung intellektuellen Engagements. Warum war das aber im Fall Homosexueller so? Theodor W. Adorno, einer der einflussreichsten linksintellektuellen Gründungsväter der Bundesrepublik,[2] hat Intellektuelle 1963 in einem Aufsatz über Sexualtabus eindrücklich neben einen „Typus von Homosexuellen" gestellt:

> „Besonders auffällig ist [die eigenverantwortliche sexuelle Unterdrückung] bei jenem Typus von Homosexuellen, bei dem die Begeisterung für das Virile mit der für Zucht und Ordnung sich paart, und der, mit der Ideologie des edlen Leibes, zur Hetze gegen andere Minoritäten, etwa die Intellektuellen, bereit ist."[3]

Der unterdrückte Homosexuelle firmiert bei Adorno als Schirmherr des Antiintellektualismus. Dieser Satz und sein Vokabular, obwohl sie originär auf eine Entkriminalisierung von Homosexualität in der Bundesrepublik abzielten, zeigen eindrucksvoll die Differenz zwischen intellektuellem Engagement und der Thematisierung von Homosexualität: Homosexuelle wurden im 19. und 20. Jahrhundert als „Typus" oder „Spezies" von der Wissenschaft geprägt.[4] Vorurteile mischten sich dabei in Analysen und Feststellungen mit vermeintlich wissenschaftlichen Erkenntnissen. Homosexuelle selbst blieben aber zumeist Objekte, über die die wissenschaftliche Community stritt, denen man aber nicht die Möglichkeit gab, eigenständig für sich zu sprechen. Ebenso hütete sich die Wissenschaft davor, solidarisch im Namen universeller Wer-

---

[1] Vgl. Ingrid Gilcher-Holtey, Prolog, in: dies. (Hrsg.), Eingreifende Denkerinnen. Weibliche Intellektuelle im 20. und 21. Jahrhundert, Tübingen 2015, S. 1–16.
[2] Clemens Albrecht u. a., Die intellektuelle Gründung der Bundesrepublik. Eine Wirkungsgeschichte der Frankfurter Schule, Frankfurt a. M. 1999.
[3] Theodor W. Adorno, Sexualtabus und Recht heute. Fritz Bauer zum Gedächtnis, in: ders., Kulturkritik und Gesellschaft II. Eingriffe. Stichworte, Frankfurt a. M. 2003, S. 533–554, hier S. 543.
[4] Vgl. Michel Foucault, Der Wille zum Wissen, Frankfurt a. M. 1977; Bernd-Ulrich Hergemöller, Einführung in die Historiographie der Homosexualitäten, Tübingen 1999, S. 16–18, 32–37.

te[5] für sie das Wort zu ergreifen. Das hatte zur Folge, dass Homosexualität in Deutschland lange kein Thema für Intellektuelle war, sondern vielmehr ausschließlich für wissenschaftliches Expertentum.

In der öffentlichen Debatte galt das für alle Teilnehmer*innen. Die Verweisstruktur im Diskurs blieb von wissenschaftlicher Objektivierung durchzogen.[6] So war auch die Argumentation für ein Ende der Pönalisierung homosexuellen Verhaltens ab Ende des 19. Jahrhunderts eng mit vermeintlich wissenschaftlichen Erkenntnissen zu Homosexualität verknüpft. Sie sollten die Grundlage für rechtspolitische Reformen sein und nicht universelle Rechte homosexueller Bürger*innen, die über intellektuelles Engagement öffentlich eingeklagt werden können.[7] Denn Homosexualität galt in der Mehrheitsgesellschaft als unsittliches Verhalten, das außerhalb der gesellschaftlichen Grenzen stand. Es wurde zudem von verschiedenen, wechselnden Leitwissenschaften immer wieder als reversibel definiert und sollte möglichst vermieden, aufgelöst, abgewehrt oder gar ausgemerzt werden. Damit wurde Homosexualität zu einem primär sozialpolitischen, wenn nicht gar sozialhygienischen „Problem".[8]

Die Feststellung, dass die öffentliche Diskursivierung von Homosexualität in Deutschland lange Zeit vor allem über wissenschaftliche Parameter erfolgte, gilt auch für einen großen Teil der Geschichte des männlichen homosexuellen Aktivismus im Land: Denkt man an die Anfänge der ersten Homosexuellenbewegung im deutschen Kaiserreich und in der Weimarer Republik mit ihren wichtigsten Protagonisten wie Magnus Hirschfeld, so hat man es zum überwiegenden Teil mit Aktivisten zu tun, die aus der Position eines Wissenschaftlers für die Aufhebung der strafrechtlichen Verfolgung von Homosexualität argumentierten. Die eigene Betroffenheit verschwieg ein Großteil der Protagonisten oder stellte sie hintan.

Doch wann änderte sich dieses Verhältnis? Und wann verknüpfte sich intellektuelles Engagement in der bundesdeutschen Öffentlichkeit enger mit dem Thema Homosexualität? Gebunden war das Auftreten dezidiert schwuler Intellektueller an die gesellschaftliche Neubewertung von Homosexualität seit den 1960er Jahren. Homosexualität wurde in diesem Prozess aus den Fängen der Wissenschaft befreit und breiter öffentlich diskutiert und verhandelt. Einher ging diese Entwicklung mit der

---

5 Zur Definition des „allgemeinen Intellektuellen" mit Rekurs auf universelle Werte vgl. Gilcher-Holtey, Prolog, in: dies. (Hrsg.), Eingreifende Denkerinnen, S. 3 f.
6 Norman Domeier, Der Eulenburg-Skandal. Eine politische Kulturgeschichte des Kaiserreichs, Frankfurt a. M. 2010, S. 164–166.
7 Ebenda, S. 150, 170–186.
8 Vgl. Susanne zur Nieden, Homophobie und Staatsräson, in: dies. (Hrsg.), Homosexualität und Staatsräson. Männlichkeit, Homophobie und Politik in Deutschland 1900–1945, Frankfurt a. M. 2005, S. 17–51, hier S. 21–23; Domeier, Eulenburg-Skandal, S. 190–192.

Entstehung der westdeutschen Schwulenbewegung im Zuge der Nachwehen von 1968.[9]

Dennoch will ich im Folgenden zeigen, dass es nicht allein der Kontext der Schwulenbewegung war, der intellektuelles Engagement zum Thema Homosexualität in der deutschen Öffentlichkeit hervorbrachte. Vielmehr gilt es zu verdeutlichen, dass schwule Intellektuelle in einem ambivalenten Verhältnis zur Bewegung standen. Einerseits profitierten sie vom Aktivismus und sahen die Bewegung als Publikum und Handlungsfeld an, waren aber andererseits als Einzelkämpfer starker Kritik und persönlichen Beleidigungen aus dem Bewegungsmilieu ausgesetzt. Zudem griffen schwule Intellektuelle in ihrem Engagement über den Bewegungszusammenhang hinaus. Ebenso soll gezeigt werden, dass die Verknüpfung Intellektueller mit dem Thema Homosexualität eng mit der Medialisierung des Themas seit den 1970er Jahren verbunden war. Im Mittelpunkt des vorliegenden Beitrags steht dabei eine der schillerndsten Figuren der westdeutschen Schwulenbewegung: Rosa von Praunheim.

Praunheims intellektuelles Engagement wird im Folgenden auf der Grundlage seines Films „Nicht der Homosexuelle ist pervers, sondern die Situation, in der er lebt", verschiedener Artikel über Aids im Magazin „Der Spiegel", seiner Outing-Kampagne 1991 sowie der retrospektiven Selbstdarstellung in seinen Memoiren[10] genauer betrachtet. Ich frage dabei zunächst nach den Werten und Zielen von Praunheims intellektuellem Engagement und umreiße daraufhin seinen Handlungsrahmen. Sodann charakterisiere ich seine Mediennutzung und widme mich zum Schluss seinem Verhältnis zur westdeutschen Schwulenbewegung. In einer Zusammenfassung versuche ich schließlich, den Mehrwert des Geschilderten für den größeren Kontext einer historischen Bewegungsforschung zu skizzieren.

2 Zur Biographie Rosa von Praunheims

Rosa von Praunheim, bürgerlich Holger Mischwitzky, ist ein deutscher Filmregisseur. Er studierte zunächst in den frühen 1960er Jahren freie Malerei an der Kunsthochschule in West-Berlin, wechselte allerdings bald darauf zum Film und feierte Ende der 1960er Jahre erste kleinere Erfolge mit experimentellen Kurzfilmen. Der

---

9 Vgl. Wolfgang Theis, Mach dein Schwulsein öffentlich. Bundesrepublik, in: Schwules Museum/ Akademie der Künste Berlin (Hrsg.), Goodbye to Berlin? 100 Jahre Schwulenbewegung, Berlin 1997, S. 279–293; Andreas Pretzel/Volker Weiß, Die westdeutsche Schwulenbewegung in den 1970er Jahren, in: dies. (Hrsg.), Rosa Radikale. Die Schwulenbewegung der 1970er Jahre, Hamburg 2012, S. 9–26.
10 Rosa von Praunheim, 50 Jahre pervers. Die sentimentalen Memoiren des Rosa von Praunheim, Köln 1993.

Durchbruch gelang ihm 1971 mit der Komödie „Die Bettwurst" über eine ungleiche Beziehung zwischen einer bürgerlichen Frau und einem jungen Kriminellen. Darauf folgte nach einigen kleineren Projekten bereits der Film, der Praunheim noch heute eng mit der deutschen Schwulenbewegung verbindet: „Nicht der Homosexuelle ist pervers, sondern die Situation, in der er lebt" aus dem Jahr 1971. Dieser Film gilt als symbolischer Gründungsmythos der deutschen Schwulenbewegung. Die vehemente Kritik des Films an der westdeutschen Schwulenszene der späten 1960er Jahre in Verknüpfung mit der radikalen Forderung nach einer Politisierung des eigenen Schwulseins führte in verschiedenen Städten im Westen wie im Osten Deutschlands nach öffentlichen Vorführungen zu ersten Gruppengründungen, die den Grundstein für eine ost- wie westdeutsche Schwulenbewegung legten.

Rosa von Praunheim auf der Berlinale 2018
(Foto: Martin Kraft – Eigenes Werk, CC BY-SA 3.0, https://commons.wikimedia.org/w/index.php?curid=67477512)

Doch darin erschöpfte sich Rosa von Praunheims intellektuelles Engagement nicht. Wie kaum ein Zweiter thematisierte er bereits in den frühen 1980er Jahren öffentlich in seinen Filmen, in Interviews und in Gastbeiträgen für den „Spiegel" die Krankheit Aids, forderte eine Aufklärungs- und Safer-Sex-Kampagne und schreckte nicht davor zurück, dabei auch Akteure innerhalb der Schwulenbewegung massiv zu kritisieren. Sein Engagement erreichte am 10. Dezember 1991 seinen skandalträchtigen Höhepunkt, als Praunheim in einer Live-Sendung auf RTL-Plus ohne Vorwarnung den Comedian Hape Kerkeling und den Entertainer Alfred Biolek als schwul outete.

3 Eine solidarische Gemeinschaft aller Schwulen – Werte und Ziele

Was waren die Werte, die hinter Rosa von Praunheims intellektuellem Engagement in der bundesdeutschen Öffentlichkeit standen, welche Ziele verfolgte er und wie legitimierte er sein Handeln gegenüber anderen?

Hinter Praunheims Aktivismus steht das Gesellschaftsbild der Neuen Linken der 1960er und 1970er Jahre, das die bundesdeutsche Gesellschaft radikal kritisierte und in verschiedensten privaten wie beruflichen Bezügen für eine Veränderung eintrat. Praunheim verband diese Radikalkritik in seinem Film „Nicht der Homosexuelle ist pervers, sondern die Situation, in der er lebt" zum ersten Mal mit der Frage, welche Folgen dieser Gesellschaftszustand für die homosexuelle Szene hatte. Sein erstes Ziel war damit – für diese Zeit geradezu klassisch –, die „repressive Gesellschaft"[11] am Sujet der homosexuellen Szene möglichst eindrucksvoll aufzuzeigen.

Praunheim machte bei dieser Kritik allerdings nicht Halt. Er sah bundesdeutsche Schwule nicht nur als Opfer der Mehrheitsgesellschaft, sondern gestand ihnen vielmehr im Film eine große Freiheit zu, nach der erfolgten Strafrechtsreform 1969 ihr Zusammenleben umzugestalten. So formulierte Praunheim rückblickend: „Der Film war geprägt von Wut und Frust, die sich in meinem bisherigen schwulen Leben in Berlin aufgestaut hatten. Wir Schwulen müssen unser Schicksal selber in die Hand nehmen, [...] radikal, fordernd und revolutionär."[12]

Die Umgestaltung sollte für Praunheim sowohl politische wie auch emotionale Facetten aufweisen. Politisch trat Praunheim für eine solidarische, öffentlich sichtbare Gemeinschaft der Homosexuellen in Deutschland ein, die über eine Partizipation in linken Gruppen und eigene Gruppengründungen die sexuelle wie politische Revolution im Land vorantreiben sollte.[13] Emotional kämpfte Praunheim aber zudem für eine andere Begegnungs- und Beziehungskultur in der Szene. Gegenseitige Liebe, die Achtung voreinander, die Möglichkeit von Partnerschaften und ähnliche Werte sollten eine größere Rolle spielen und es ermöglichen, die Szene positiv zu

---

11 Vgl. Stephan Klecha, Niemand sollte ausgegrenzt werden. Die Kontroverse um Pädosexualität bei den frühen Grünen, in: Franz Walter/Stephan Klecha/Alexander Hensel (Hrsg.), Die Grünen und die Pädosexualität. Eine bundesdeutsche Geschichte, Göttingen 2015, S. 160–227, hier S. 163 f.; Antke Engel, Bilder von Sexualität und Ökonomie. Queere kulturelle Politiken im Neoliberalismus, Bielefeld 2009, S. 24–36.
12 Praunheim, Memoiren, S. 119.
13 Ebenda, S. 120–123.

besetzen und nicht nur mit Triebsublimierung zu verbinden. Und auch wenn Praunheim diese Forderung an wenigen Stellen mit linken Argumentationsfiguren wie dem „Konsumcharakter" der Sexualität verband, war dies vor allem auch ein sehr persönlicher Wunsch von ihm.[14]

Die persönlichen Wünsche sowie eigene Erfahrungen und damit in der Summe ein radikaler Subjektivismus waren die Legitimationsgrundlage für Praunheims intellektuelles Engagement. So verneinte Praunheim schon Anfang der 1970er Jahre die Möglichkeit, objektive Erkenntnisse zu Homosexualität zu generieren und allein dadurch politische und gesellschaftliche Veränderungen zu bewirken.[15] Praunheim ging es vielmehr darum, mit seinem radikalen Subjektivismus zunächst grundlegend zu provozieren und so Diskussionen anzuregen, die dann konkrete politische und gesellschaftliche Folgen zeitigen sollten.[16]

Die gleichen Motive und Ziele stehen auch noch in den 1980er und 1990er Jahren hinter Praunheims Engagement im Kontext von Aids. Wie bereits in den 1970er Jahren ging es Praunheim darum, eine andere Begegnungs- und Beziehungskultur in der schwulen Szene einzuklagen, die Praunheim in seinen Texten für den „Spiegel" weiterhin mit emotionalen Kategorien wie „Wärme", „Romantik" und „Nähe" umschrieb, sowie darum, das Verhältnis von Homosexuellen zur Gesamtgesellschaft positiv zu verändern.[17] Reminiszenzen an die linke Utopie einer sexuell wie politisch befreiten Gesellschaft traten dagegen in den 1980er und 1990er Jahren in Praunheims Texten immer mehr in den Hintergrund. Hier erscheint eine Leerstelle in Praunheims Wertesystem: Ohne die argumentative Grundlage linker Utopismen fiel es ihm sichtlich schwer, gesellschaftliche Gegenentwürfe zu benennen, obwohl er immer wieder die Notwendigkeit einer kollektiven Antwort der „schwulen Gemeinschaft" auf Aids betonte.[18]

Die Antwort blieb Praunheim aber schuldig. Er begrenzte sich auf die Anklage des Bestehenden in Form eines weiterhin wirkmächtigen radikalen Subjektivismus, der allein aus eigenen Erfahrungen und Wünschen gespeist war. Damit ist Rosa von

---

14 Ebenda, S. 119–124.
15 Eine ähnliche Selbstlegitimation findet sich im Kontext des Vietnamkrieges bei der amerikanischen Intellektuellen Susan Sontag. Vgl. Stephan Isernhagen, Susan Sontag und der Vietnamkrieg – Die empfindsame Intellektuelle, in: Gilcher-Holtey, Eingreifende Denkerinnen, S. 149–172, hier S. 155–157.
16 Vgl. Praunheim, Memoiren, S. 119; „Ein Skandal ist etwas Fruchtbares". Interview mit Rosa von Praunheim, in: Spiegel Online, 26.2.2009 (http://www.spiegel.de/kultur/gesellschaft/schwulen-aktivist-praunheim-ein-skandal-ist-etwas-fruchtbares-a-610000.html [1.6.2019]).
17 Rosa von Praunheim, Bumsen unterm Safer-Sex-Plakat. Rosa von Praunheim über Aids, einen (fast) verlorenen Kampf, in: Der Spiegel 1990, H. 20, S. 244–246, 249, hier S. 245 f. Im Zeichen von Aids hatte Praunheim zudem ein kommunikatives Anliegen in der Bewegung, das er auf die eingängige Formel „Erst reden, dann ficken!" brachte. Vgl. Rosa von Praunheim, Gibt es Sex nach dem Tode? Thesen zum Thema Aids, in: Der Spiegel 1984, H. 48, S. 228 f., hier S. 228.
18 Ebenda, S. 228 f.; ders., Bumsen, in: Der Spiegel 1990, H. 20, S. 246.

Praunheim ein Prototyp des „empfindsamen Intellektuellen": Dieser macht eigene subjektive Empfindungen zur Grundlage seiner intellektuellen Interventionen und setzt sich in einem vorzugsweise linken politischen Kontext in verschiedenen Bezügen für die Aufhebung der existenziellen „Entfremdung" des Menschen ein.[19]

4 Über die Bewegung hinaus – Handlungsrahmen und Öffentlichkeit

Seit dem Homosexuellen-Film Anfang der 1970er Jahre hatte Praunheim mit seinem intellektuellen Engagement ein disperses Publikum im Blick. Er versuchte einerseits, die entstehende Schwulenszene der 1970er Jahre, andererseits aber auch die westdeutsche Kultur- und Medienöffentlichkeit zu erreichen. Den intendierten Handlungshorizont kann man allerdings in beiden Sphären gleichermaßen als emanzipativ kennzeichnen.

In der Schwulenszene sollte, so Praunheims Intention, eine Diskussion über die sexuelle Orientierung und ihre Folgen losgetreten werden, die sich auch politisch auswirkte und schließlich zur Entstehung einer linken deutschen Schwulenbewegung führte. So bezog sich die Filmsprache wiederholt auf das kollektive „Wir" einer sozialen Bewegung und auch im Kontext der öffentlichen Vorführungen des Films in ganz Deutschland waren anschließende Diskussionen mit dem Regisseur Praunheim fest eingeplant.[20] Namenslisten für interessierte Diskussionsteilnehmer luden zudem zu lokalen Gruppengründungen ein, die auch in vielen deutschen Städten wenige Tage nach den Filmvorführungen erfolgten.[21] Praunheim nutzte damit die Möglichkeiten der neu entstandenen Schwulenszene nach der Strafrechtsreform 1969 und prägte so die noch junge Teilöffentlichkeit der Szene mit seinen Filmvorführungen und Diskussionen wesentlich mit. Die Happenings aus Vorführung und Diskussion können darum in ihrer Bedeutung für die erste Mobilisierungswelle der westdeutschen Schwulenbewegung kaum überschätzt werden.[22]

Praunheim richtete sich allerdings mit seinem Film nicht nur an die Schwulenszene. Ihm ging es ebenso um die Medienöffentlichkeit der Bundesrepublik. Über die Auseinandersetzung in den Medien sollte die Politik zu weiteren sexualpoliti-

---

19 Isernhagen, Sontag, in: Gilcher-Holtey, Eingreifende Denkerinnen, S. 171 f.
20 Vgl. Praunheim, Memoiren, S. 138–140.
21 Ebenda, S. 141.
22 Besonders deutlich wird dies im Off-Kommentar zur letzten Szene des Films: „Wir schwulen Säue wollen endlich Menschen werden und wie Menschen behandelt werden. Und wir müssen selbst darum kämpfen! Wir wollen nicht nur toleriert, wir wollen akzeptiert werden!" Rosa von Praunheim, Filmtext zu „Nicht der Homosexuelle ist pervers, sondern die Situation, in der er lebt", Berlin 1971.

schen Reformen gedrängt und zudem der grundsätzlich repressive Charakter des politischen Systems aufgezeigt werden. Das erste Ziel wurde insofern erreicht, als dass auf die Erstausstrahlung des Films im Januar 1972 im Westdeutschen Rundfunk ein großes Presseecho folgte. Überregionale Tageszeitungen wie die „Frankfurter Allgemeine Zeitung", die „Welt" und die „Frankfurter Rundschau" berichteten umfangreich und positiv über den Film.[23] Der Protest der CSU in Bayern gegen die geplante deutschlandweite Ausstrahlung brachte weiterhin rege Berichterstattung.[24] Aber nicht nur das: Über die Berichterstattung hinaus konnten sich Schwule zudem in Leserbriefen zum Film äußern und fanden somit eine erste Artikulationsmöglichkeit in der deutschen Medienöffentlichkeit, was ihnen bis zu diesem Zeitpunkt zum Großteil verwehrt geblieben war.[25] Eine solche Agitprop-Strategie, wie sie Praunheim mit seinem Film verfolgte, passte perfekt in die medienpolitische Gegenwart der Zeit, die provokative Aktionen bereits aus der Studentenbewegung kannte und ausgiebig über „Tabubrüche" berichtete.[26]

Dem dispersen Publikum blieb Praunheim in seinem intellektuellen Engagement auch in den 1980er und 1990er Jahren treu. Seine Aids-Artikel im „Spiegel" und die Outing-Kampagne wandten sich gleichermaßen an die Medienöffentlichkeit und das weitere Umfeld der Schwulenbewegung. Seine Kritik sollte wie schon zuvor emanzipativ wirken: Sie sollte eine Selbstkritik gegenüber dem bisherigen Verhalten innerhalb der Szene hervorbringen, einen verstärkten Diskurs über die Krankheit zeitigen und einen Anti-Aids-Aktivismus in Gang setzen.[27]

Das Magazin „Der Spiegel" bot Praunheim schließlich die Grundlage, um nicht nur die Szene, sondern auch die heterosexuelle Mehrheitsgesellschaft zu erreichen: Rosa von Praunheim ging es mit seinen Gastbeiträgen im Magazin darum, durch die Darstellung seines eigenen subjektiven Erlebens die Folgen der Krankheit für Schwule greifbar zu machen und so Empathie und Solidarität zu erwecken.[28] Daher schilderte er seinen Alltag im Angesicht der drohenden Ansteckung. Auch die Outing-Kampagne ist durchaus in diesem Kontext zu sehen, stellt allerdings eine Radikalisierung dar: Nicht mehr die eigene Subjektivität stellte Praunheim in den Dienst der Sache. Vielmehr wollte er über das Outing Prominente dazu zwingen, mit ihrem Gesicht und ihren Beliebtheitswerten für die „schwule Gemeinschaft" einzustehen und auf ihre Belange – gerade auch in Zeiten von Aids – aufmerksam zu machen.

---

23 Praunheim, Memoiren, S. 140.
24 Hans-Georg Stümke, Homosexuelle in Deutschland. Eine politische Geschichte, München 1989, S. 161 f.
25 Sebastian Haunss, Identität in Bewegung. Prozesse kollektiver Identität bei den Autonomen und in der Schwulenbewegung, Wiesbaden 2004, S. 192.
26 Vgl. Sven Felix Kellerhoff, 1968 und die Medien, in: Bernhard Vogel/Matthias Kutsch, 40 Jahre 1968. Alte und neue Mythen – eine Streitschrift, Freiburg i. Br. 2008, S. 86–110.
27 Vgl. Praunheim, Memoiren, S. 309–316, 319, 373.
28 Ebenda, S. 309–314.

Praunheim beschrieb diese Motivation immer wieder mit dem Satz: „Eine Bewegung braucht Gesichter."[29]

5 Maximale Reichweite und Provokation – Rosa von Praunheim und die Medien

Welche Rolle spielten Medien für Praunheims intellektuelles Engagement und wie nutzte er sie? Die vorherigen Punkte haben die entscheidende Bedeutung der Mediennutzung für das intellektuelle Engagement Rosa von Praunheims bereits unterstrichen. Praunheim wusste mediale Veränderungsprozesse früh zu erkennen und für sich und seine Ziele nutzbar zu machen. Das gilt in den 1970er Jahren für seinen Homosexuellen-Film ebenso wie für seine Outing-Kampagne Anfang der 1990er Jahre. In den 1970er Jahren nutzte Praunheim als einer der ersten deutschen Regisseure die Möglichkeit, nach der Strafrechtsreform 1969 das Thema Homosexualität radikal anders darzustellen und zu behandeln. Er verband die Thematisierung dabei mit dem künstlerischen Avantgardismus des Autorenfilms, der in dieser Zeit gerade modern wurde.[30] Ein Echo in linken Studentenkreisen und im Feuilleton größerer Zeitungen war ihm so sicher. Über ein großes Netzwerk befreundeter Schwuler bei verschiedenen deutschen Filmförderungs- und Rundfunkanstalten erreichte Praunheim zudem, dass es nicht dabei blieb, sondern sein Film über die Ausstrahlung im öffentlich-rechtlichen Fernsehen ein noch breiteres Publikum erreichen konnte.[31]

Gleiches gilt für die 1990er Jahre. Früh erkannte Praunheim die neuen Möglichkeiten des kurz zuvor entstandenen Privatfernsehens, in dem – gerade in der Anfangszeit – relativ ungefiltert und unkonventionell brisante Themen verhandelt werden konnten. Ebenso im „Spiegel": Dieser berichtete wie kaum ein zweites deutsches Magazin in den 1980er Jahren intensiv über Aids und schreckte dabei auch nicht vor kontroversen und provokanten Artikeln zurück.[32] Praunheims Mediennutzung war damit im gesamten Untersuchungszeitraum von möglichst hoher Reichweite und maximalem Provokationspotenzial bestimmt.

---

29 Vgl. besonders ebenda, S. 162; „Ein Skandal ist etwas Fruchtbares". Interview mit Rosa von Praunheim, in: Spiegel Online, 26.2.2009 (s. Anm. 16).
30 Vgl. exemplarisch Claudia Lenssen, Film der siebziger Jahre. Die Macht der Gefühle, in: Wolfgang Jacobsen/Anton Kaes/Hans Helmut Prinzler (Hrsg.), Geschichte des deutschen Films, Berlin 1993, S. 249–284.
31 Praunheim, Memoiren, S. 123, 138 f.
32 Zum Aids-Diskurs im Magazin „Der Spiegel" vgl. Magdalena Beljan, Rosa Zeiten? Eine Geschichte der Subjektivierung männlicher Homosexualität in den 1970er und 1980er Jahren der BRD, Bielefeld 2014, S. 174–183.

Schwule Bewegungsmedien besaßen hingegen in Praunheims intellektuellem Wirken keinen prominenten Rang: Er führte zwar hin und wieder Interviews für verschiedene Schwulenzeitschriften oder stand selbst als Interviewpartner zur Verfügung, seine bevorzugten Kanäle waren Bewegungsmedien allerdings nicht. Diese stellten vielmehr eine Ergänzung seines intellektuellen Engagements dar, das sich vorrangig über Filme, Interviews im Fernsehen sowie Einzelbeiträge für größere Zeitschriften vollzog. Und dies war zum großen Teil auch Praunheims Verhältnis zur Schwulenbewegung geschuldet.

6 Der verlorene Vater – Rosa von Praunheims Verhältnis zur deutschen Schwulenbewegung

Rosa von Praunheims intellektuelles Engagement polarisierte in der Schwulenszene von Anfang an. Vor allem Homophile, das heißt betont bürgerliche Homosexuelle, die versuchten, sich möglichst stark in die bundesdeutsche Gesellschaft der 1950er und 1960er Jahre zu integrieren und nicht weiter aufzufallen, kritisierten Praunheim für seinen Film als „Nestbeschmutzer" und „Lügner".[33]

Aber gerade in der studentischen Linken, die in den 1970er Jahren mit ihren Themen die Medienöffentlichkeit beherrschte, hatte Praunheim großen Rückhalt, bekam viel Zuspruch und Solidaritätsbekundungen. Und das, obwohl er selbst nie zum Prototyp eines Schwulenaktivisten wurde: Denn Praunheim war mit dem Aktivismus der ersten westdeutschen Schwulengruppen relativ schnell unzufrieden und stieß sich an der starken Neigung der studentischen Aktivisten zu gesellschaftlichen Großtheorien und langen Diskussionen. An mehreren Gruppengründungen war er zwar persönlich beteiligt, zog sich aber nach wenigen Monaten aus den neu entstandenen politischen Schwulengruppen zurück und engagierte sich in den 1970er und 1980er Jahren nur marginal.[34] Dennoch blieb Praunheim durch seinen Film als Gründungsmythos der deutschen Schwulenbewegung eng mit dem Bewegungsnarrativ verknüpft. Von dieser Legitimation innerhalb der Bewegung konnte Praunheim zunächst auch persönlich über seinen Film hinaus zehren.

Bis in die 1980er Jahre. Denn Praunheims Engagement im Kontext von Aids wurde ihm innerhalb der Bewegung sehr übelgenommen. Besonders, weil Praunheim

---

33 Praunheim, Memoiren, S. 139. Zur Geschichte der Homophilen in Westdeutschland vgl. Raimund Wolfert, Gegen Einsamkeit und „Einsiedelei". Die Geschichte der Internationalen Homophilen Welt-Organisation, Hamburg 2009; Florian Mildenberger, Die Verfemten der Schwulenbewegung. Zur Geschichte der Verbände/Vereine IHWO, DHO, IDH, SDH, IHID, in: Schwule Geschichte. Zeitschrift für schwule Geschichtswerkstätten, Archive und Bibliotheken 2 (1998), S. 10–18, hier S. 15–18.
34 Praunheim, Memoiren, S. 141.

das repressive Narrativ zum Thema Aids, das in der Bewegung vorherrschte und das die Krankheit vor allem als ordnungspolitische Gefahr für die sexuelle Freiheit und die Rechte von Schwulen ansah,[35] kaum bediente. Im Gegenteil, in einem Artikel für den „Spiegel" von 1990 geißelte Praunheim diese Ängste innerhalb der Bewegung sogar als „Paranoia".[36] Bereits Anfang der 1980er Jahre sprach er sich zudem kategorisch für Safer Sex aus, zu einer Zeit, in der diese Sexualtechnik in Bewegungskreisen noch massiv umstritten war.[37] Von anderen Aktivisten wurde er deshalb als „Moralapostel" und „konservativ" beschimpft.[38]

Ähnliches galt für die Frage nach der Legitimation von Outings: Diese wurden zwar die gesamten 1980er Jahre hindurch in Bewegungsmedien immer wieder diskutiert, zu einer gemeinsamen Position konnten sich größere Bewegungsgruppen wie der Bundesverband Homosexualität (BVH) allerdings nicht durchringen.[39] Outings blieben so in Deutschland zunächst aus. Praunheim stellte die Bewegung im Dezember 1991 mit seiner Kampagne vor vollendete Tatsachen, weil er ganz persönlich entschied, dass Outings im Kontext von Aids legitim waren – ohne diese Entscheidung mit Bewegungsorganisationen vorher abgesprochen oder auch nur diskutiert zu haben.

Damit hatte Praunheim seine Legitimation für große Teile der deutschen Schwulenbewegung endgültig verspielt. Geradezu paradigmatisch brachte dies die Schwulenzeitschrift „Magnus" 1991 in einem Editorial auf den Punkt: „Welche andere soziale Bewegung würde es über zwanzig Jahre ertragen, mit schöner Regelmäßigkeit immer wieder durch jemanden vertreten zu werden, der lediglich sich selbst vertritt?"[40] In der Folge war Praunheim in breiten Kreisen der bundesdeutschen Schwulenbewegung weitgehend isoliert. Es folgte eine bundesweite Medienkampagne gegen ihn, die weitere Auftritte seiner Person im Fernsehen verhindern wollte.[41] Praunheim wurde von vielen Schwulenaktivisten als Gefahr angesehen, weil er in der Öffentlichkeit durch seine Prominenz ein Bild von der deutschen Schwulenbewegung mitprägte, das ein Großteil der Bewegung nicht teilen wollte.

---

35 Vgl. dazu: Beljan, Zeiten, S. 174–231; Michael Bochow, Hat Aids die soziale Situation schwuler Männer in Deutschland verändert? Entwicklungen in den 1980er und 1990er Jahren, in: Andreas Pretzel/Volker Weiß (Hrsg.), Zwischen Autonomie und Integration. Schwule Politik und Schwulenbewegung in den 1980er und 1990er Jahren, Hamburg 2013, S. 161–170, hier S. 161; Haunss, Identität, S. 204 f.
36 Praunheim, Bumsen, in: Der Spiegel 1990, H. 20, S. 245; ders., Gibt es Sex nach dem Tode?, in: Der Spiegel 1984, H. 48, S. 229.
37 Vgl. Beljan, Zeiten, S. 217–231.
38 Praunheim, Memoiren, S. 316; ders., Bumsen, in: Der Spiegel 1990, H. 20, S. 244.
39 Vgl. Edle Absicht. Die Schwulenszene ist zerstritten: Sollen Prominente öffentlich als Homosexuelle enttarnt werden?, in: Der Spiegel 1991, H. 51, S. 212 f., hier S. 213.
40 Zitiert nach ebenda, S. 213.
41 Praunheim, Memoiren, S. 164.

Und dies beurteilten nicht nur Aktivisten der Schwulenbewegung im engeren Sinne so, sondern beispielsweise auch führende Funktionäre der Deutschen Aidshilfe (DAH).[42] Denn Praunheim kritisierte auch die DAH radikal. Er machte im Laufe der 1980er Jahre immer wieder deutlich, dass er vom professionalisierten Aids-Aktivismus der DAH nichts hielt, diffamierte die Führungsmitglieder der Organisation als „Aids-Profis" und geißelte ihren Ansatz als „Präventionsimperialismus", der nur an staatlichen Fördergeldern interessiert sei.[43]

Infolge dieser Auseinandersetzungen war Rosa von Praunheim Anfang der 1990er Jahre sowohl in der Schwulenbewegung als auch in der DAH höchst umstritten. Der Vater der deutschen Schwulenbewegung war damit zur Persona non grata geworden. Und als Angriffspunkt diente seinen Gegner*innen vor allem die persönliche Motivation Praunheims, die sein intellektuelles Engagement immer wesentlich mitbestimmt hatte: Es war der radikale Subjektivismus, welcher der um Objektivität und Professionalität bemühten Schwulenbewegung und Aidshilfe fremd geworden war.

7 Zusammenfassung und Einordnung

Das Fallbeispiel Rosa von Praunheim macht deutlich, welchen Mehrwert der intellektuellengeschichtliche Zugang für die historische Bewegungsforschung generieren kann. So weist das ambivalente Verhältnis Praunheims zur westdeutschen Schwulenbewegung ab den 1980er Jahren auf die Professionalisierung der Bewegung hin: Der radikale Subjektivismus Praunheims, der in den 1970er Jahren erst den Tabubruch seines Films ermöglicht hatte, geriet zunehmend in Konflikt mit der routinierten, professionellen Medienpolitik der etablierten Bewegungsorganisationen. Die Schwulenbewegung war inzwischen so weit in der westdeutschen Öffentlichkeit etabliert, dass die führenden Aktivisten penibel über das Außenbild der Bewegung zu bestimmen gedachten.[44] Ein radikaler Subjektivismus, wie ihn Praunheim als „empfindsamer Intellektueller" stolz betonte und der stark emotional und erfahrungsba-

---

42 Zur Geschichte der DAH vgl. Dieter Telge, Krise als Chance. Aids-Selbsthilfebewegungen in Wechselwirkung mit schwulen Emanzipationsbestrebungen der 1980er Jahre, in: Pretzel/Weiß (Hrsg.), Zwischen Autonomie und Integration, S. 153–160, hier S. 154; Michael Bochow, Dreißig Jahre Aidshilfen. Von den schwulen Gründungsjahren in eine queere Zukunft?, in: Barbara Höll/Klaus Lederer/Bodo Niendel (Hrsg.), Queer. Macht. Politik. Schauplätze gesellschaftlicher Veränderung, Hamburg 2013, S. 41–55.
43 Vgl. Praunheim, Memoiren, S. 371, 373 f.; ders., „Die Freunde ringsum sterben". Rosa von Praunheim über Aids in New York, in: Der Spiegel 1988, H. 7, S. 182, 184 f.; hier S. 185; ders., Bumsen, in: Der Spiegel 1990, H. 20, S. 244, 246.
44 Vgl. Andreas Pretzel/Volker Weiß, Bewegung zwischen Autonomie und Integration, in: dies. (Hrsg.), Zwischen Autonomie und Integration, S. 9–20.

siert argumentierte, stand dieser professionellen Medienpolitik im Wege. Praunheims symbolisches Kapital als „Vater der Schwulenbewegung" schwand so innerhalb weniger Jahre. Und je provokanter, subjektiver und polarisierender Praunheim agierte, desto schneller vollzog sich der Legitimationsverlust innerhalb der Bewegung. Dies zeigt gerade die Outing-Kampagne 1991 noch einmal eindrücklich.

Die eben skizzierte Entwicklung verdeutlicht, dass es in der westdeutschen Schwulenbewegung ab den 1980er Jahren immer schwieriger wurde, als selbstständige Einzelperson die Sprecherrolle eines Intellektuellen legitim einzunehmen. Und im Besonderen galt das, wenn man wie Rosa von Praunheim der Bewegung nur symbolisch verbunden war, keine formale Führungsposition innehatte und den radikalen Subjektivismus seines Engagements sogar noch betonte.

Das Fallbeispiel Rosa von Praunheim weist aber über die soziale Bewegung hinaus. Es stärkt zudem den Blick für den Wandel der westdeutschen Medienöffentlichkeit. Praunheims Engagement verdeutlicht, wie sich gerade im Zuge der 1980er Jahre das Bild von Privatheit in Bezug auf die sexuelle Orientierung stark verändert hat. Das Private war weniger politisch geworden, zumindest was das Thema Homosexualität betraf. Diese Feststellung steht in einem engen Wechselverhältnis zur Normalisierung[45] von Homosexualität und zum neuen Möglichkeitsraum schwuler Bürgerrechtspolitik. Ab den 1980er Jahren wurde dieser Möglichkeitsraum immer stärker gerade von jungen Aktivisten wie Volker Beck besetzt und mitgeprägt.[46] In der Politik- und Medienlandschaft der Bundesrepublik wurde es in diesem Zeitraum sag-, denk- und diskutierbar, Homosexualität als Teil der pluralen Mehrheitsgesellschaft anzusehen.[47] Auf Schlagwörter gebracht: Neben der Emanzipation stand ab diesem Zeitpunkt verstärkt der Begriff der Gleichberechtigung, neben der sexuellen Revolution die Reform und neben dem Widerstand das primär legislative Projekt der Integration. Diese schwulenpolitische Pluralisierung ging damit einher, dass die homosexuelle Orientierung individualisiert wurde. Jeder einzelne Homosexuelle war im Zuge dieses Prozesses selbst dafür verantwortlich, den Umgang mit seiner sexuellen Orientierung zu bestimmen, sie öffentlich zu machen oder zu verschweigen. Der Ruf nach einer Pflicht des Einzelnen, seine Zugehörigkeit zum kollektiven „Wir" der Schwulenbewegung öffentlich auszudrücken, war dagegen zunehmend verpönt.

---

45 Vgl. Benno Gammerl, Ist frei sein normal? Männliche Homosexualitäten seit den 1960er Jahren zwischen Emanzipation und Normalisierung, in: Peter-Paul Bänziger u. a. (Hrsg.), Sexuelle Revolution? Zur Geschichte der Sexualität im deutschsprachigen Raum seit den 1960er Jahren, Bielefeld 2015, S. 223–243, hier S. 225–231.
46 Zur Wechselwirkung von politischen Möglichkeitsräumen und intellektuellem Engagement vgl. Ingrid Gilcher-Holtey, Eingreifendes Denken. Die Wirkungschancen von Intellektuellen, Weilerswist 2007, S. 9 f.
47 Pretzel/Weiß, Bewegung, in: dies. (Hrsg.), Zwischen Autonomie und Integration, besonders S. 15–18. Michael Schwartz, Homosexuelle, Seilschaften, Verrat. Ein transnationales Stereotyp im 20. Jahrhundert, Berlin 2019, S. 278 ff.

Praunheims Outing-Kampagne stieß darum auch in der deutschen Medienöffentlichkeit auf wenig Gegenliebe.[48] Homosexualität hatte in den 1990er Jahren keineswegs als medialer Skandalisierungsgrund ausgedient.[49] Lebende Personen wurden von der Skandalisierung allerdings ausgenommen, soweit sie sich nicht selbst dazu entschieden, in einem Coming-out an die Öffentlichkeit zu treten.[50] Alles andere war „Pfui!", wie die BILD-Zeitung Praunheims Outing-Kampagne kommentierte.[51]

In der deutschen Medienöffentlichkeit fand Rosa von Praunheims intellektuelles Engagement somit ihr vorläufiges Ende, weil Praunheim auch in den 1990er Jahren mit einem politischen Kollektivverständnis von schwuler Identität operierte, das ein Großteil der Diskursteilnehmer*innen nicht (mehr) mit ihm teilte. Die individuelle Entscheidung jedes Einzelnen, wie er seine Sexualität privat leben und mit der Öffentlichkeit teilen wollte, wurde als höheres Gut eingestuft als die Pflicht, sich als Teil der Schwulenbewegung zu bekennen.

Die radikale Selbst-Ermächtigung, die immerzu als prägendes Motiv hinter Rosa von Praunheims intellektuellem Engagement in der westdeutschen Öffentlichkeit und Schwulenbewegung gestanden hatte, war Anfang der 1990er Jahre zu einem Fluch geworden. Selbst-Ermächtigung wurde nicht mehr als Aufgabe eines Intellektuellen angesehen, der als Sprecher einer Gruppe auftritt. Selbst-Ermächtigung war in den 1990er Jahren die individuelle Aufgabe jedes einzelnen schwul empfindenden Mannes geworden. Und infolgedessen wurde die bewusst subjektive Selbst-Ermächtigung Praunheims, die sein öffentliches Wirken seit seinem Homosexuellen-Film 1971 bestimmt hatte, zur *Selbst-Anmaßung* eines prominenten Regisseurs umgedeutet, der kein Recht hatte, für andere zu sprechen, geschweige denn, in der Öffentlichkeit als Intellektueller zum Thema Homosexualität aufzutreten.

---

48 Edle Absicht. Die Schwulenszene ist zerstritten: Sollen Prominente öffentlich als Homosexuelle enttarnt werden?, in: Der Spiegel 1991, H. 51, S. 212 f.
49 Vgl. die mediale Berichterstattung über den Mord am Münchner Volksschauspieler Walter Sedlmayr 1990.
50 Vgl. Andreas Heilmann, Normalität auf Bewährung. Outings in der Politik und die Konstruktion homosexueller Männlichkeit, Bielefeld 2011, S. 151 f.
51 Pfui, Rosa! Schwulenverrat im TV, in: BILD-Zeitung vom 12.12.1991, S. 1.

Trond Kuster
Noam Chomsky, die globalisierungskritische Bewegung und Occupy Wall Street

Es ist der 22. Oktober 2011. In dem von Finanzfirmen und Banken geprägten Herzen der US-Metropole Boston, genauer auf dem Dewey Square im Stadtzentrum, haben sich seit Wochen zigtausende Aktivisten des Occupy-Wall-Street-Ablegers „Occupy Boston" versammelt, um gegen die neoliberale Globalisierung zu demonstrieren. Sie warten gespannt auf den ersten Redner der „Howard Zinn Memorial Lectures", der ihnen als großer „social activist and great radical thinker" angekündigt wird. Schließlich betritt der fast 83-jährige Intellektuelle Noam Chomsky in einer mehr als ausgetragenen Parker-Jacke und ausgebeulten Jeans die kleine provisorische Bühne. Berührt von den überschwänglich jubelnden und wild applaudierenden Zuhörern und in Gedanken bei seinem ein Jahr zuvor verstorbenen Freund, dem Historiker und politischen Aktivisten Howard Zinn, erklärt Chomsky sichtlich bewegt:

> "Delivering a Howard Zinn lecture is a bittersweet experience for me. I regret that he's not here to take part in and invigorate a movement that would have been the dream of his life. Indeed, he laid a lot of the groundwork for it. If the bonds and associations being established in these remarkable events can be sustained through a long, hard period ahead – victories don't come quickly – the Occupy protests could mark a significant moment in American history. I've never seen anything quite like the Occupy movement in scale and character, here and worldwide."[1]

Was fasziniert Chomsky an Occupy und was verbindet die globalisierungskritische Bewegung mit ihm? Verkörpert er einen neuen Typus des „Bewegungsintellektuellen" oder schreibt er die Rolle des „allgemeinen Intellektuellen" nach Lyotards Verdikt vom Tod des Intellektuellen fort? Welches Verständnis hat Chomsky von seiner Rolle? Wie kommt es zu der bemerkenswerten Szene im Herbst 2011?

1 Werdegang Noam Chomskys

Geboren 1928 in Philadelphia als Sohn jüdisch-russischer Einwanderer, gehört Noam Chomsky der Eltern- oder Großelterngeneration seiner Zuhörerschaft an. Er ist aufgewachsen in einer bürgerlichen Familie – sein Vater war ein bekannter He-

---

[1] Noam Chomsky, Occupy the Future. The Occupy Movement Is an Unprecedented Opportunity to Overcome America's Current Hopelessness, Vortrag gehalten am 22.10.2011 in Boston, veröffentlicht am 1.11.2011 unter: http://inthesetimes.com/article/12206/occupy_the_future (22.5.2019).

bräist –, die von jüdischen Traditionen geprägt, aber nicht streng religiös war.² Erstmals öffentlich hervorgetreten ist er 1957 mit seinem Buch „Syntactic Structures".³ Chomsky gilt seitdem – er war damals Ende 20 – als Erneuerer der Linguistik und gehört bis heute zu den meist zitierten Wissenschaftlern des vergangenen Jahrhunderts.⁴ Zugleich nimmt er seit Mitte der 1960er Jahre – erstmals im Kontext der Anti-Vietnamkriegsproteste – kontinuierlich die Rolle des Intellektuellen wahr. Chomsky setzt sein Renommee als Wissenschaftler ein, um sich in die Politik einzumischen. Immer wieder nimmt er Zeitdiagnosen und Gesellschaftsanalysen vor. Er übt Zeitkritik als Intellektueller unter Berufung auf die universellen und aufklärerischen Werte der Gerechtigkeit, Freiheit, Wahrheit, Gleichheit und Vernunft.⁵ Seit über 50 Jahren gehört er zu den weltweit bekanntesten Intellektuellen.⁶

Noam Chomsky in Toronto, 7. April 2011
(Foto: Andrew Rusk, Toronto, Canada – chomsky-1893Uploaded by Skeezix1000, CC BY 2.0, https://commons.wikimedia.org/w/index.php?curid=14838213)

---

2 Robert F. Barsky, Noam Chomsky. Libertärer Querdenker, Zürich 1999, S. 27–32.
3 Noam Chomsky, Syntactic Structures, Den Haag 1957.
4 Chomsky Is Citation Champ, in: MIT [Massachusetts Institute of Technology] Tech Talk 36 (1992), H. 27, siehe unter: http://news.mit.edu/1992/citation-0415 (27.5.2019).
5 Georg Jäger, Der Schriftsteller als Intellektueller. Ein Problemaufriss, in: Sven Hanuschek/Therese Hörnigk/Christine Malende (Hrsg.), Schriftsteller als Intellektuelle. Politik und Literatur im Kalten Krieg, Tübingen 2000, S. 1–25, hier S. 5–7.
6 Duncan Campbell, Chomsky Is Voted World's Top Public Intellectual, in: The Guardian vom 18.10.2005, siehe unter: https://www.theguardian.com/world/2005/oct/18/books.highereducation (27.5.2019).

Die globale Verflechtung der amerikanischen Politik und Wirtschaft, die Klimapolitik sowie der Nahost-Konflikt sind ihm besondere Herzensanliegen. In unzähligen Reden, Interviews, Essays und Büchern widmet er sich diesen Themenkomplexen. Noch immer geht der mittlerweile 90-jährige Chomsky den Fragen nach, wie sich die unzähligen Konflikte in der Welt – nicht selten eine Folge westlicher Wirtschaftspolitik und Lebensweise – auf humane und friedliche Weise lösen lassen. Chomsky sieht hier den Intellektuellen – eine Figur, der er keineswegs unkritisch gegenübersteht – in einer besonderen Verantwortung. Wie sieht sein Verständnis der Rolle des Intellektuellen genau aus und was bedeutet dies für seine Beziehung zu sozialen Bewegungen?

2 Verantwortung des Intellektuellen

Über die gesellschaftliche Rolle von Intellektuellen schreibt Chomsky bereits 1967 in seinem berühmten Aufsatz „Die Verantwortlichkeit der Intellektuellen" Folgendes:

> „Die Intellektuellen sind in der Lage, die Lügen der Regierungen aufzudecken und deren Handlungen auf ihre Ursachen, ihre Motive und ihre oft verborgenen Intentionen hin zu analysieren. Zumindest in der westlichen Welt verfügen sie über eine Macht, die sich aus politischer Freiheit, dem Zugang zu Informationen und der Redefreiheit herleitet. Für eine privilegierte Minderheit hält die westliche Demokratie genügend Zeit, Hilfsmittel und Ausbildung bereit, die Wahrheit zu suchen, die hinter einem Schleier von Verzerrungen und Verdrehung, Ideologie und Klasseninteressen verborgen ist."[7]

Chomsky hebt in seinem Aufsatz, der 1967 nicht nur in den USA erschien und die amerikanische Linke beeinflusste, sondern – neben Aufsätzen von Herbert Marcuse, Uwe Johnson und Martin Walser – auch im deutschen „Kursbuch" veröffentlicht wurde, die gesellschaftliche Rolle und die Funktion von Intellektuellen hervor. Intellektuelle sollen seiner Meinung nach keine einfachen Antworten auf die Fragen der Zeit geben oder belehren, sondern vielmehr jeden einzelnen Menschen dazu ermutigen, sich seiner individuellen Verantwortung für die Welt bewusst zu werden und sich seines eigenen Verstandes zu bedienen. Es geht Chomsky mit seiner Kritik und seinen Interventionen darum, etablierte, gängige und allzu oft unreflektierte Wahrnehmungsschemata zu hinterfragen und offen zu sein für Formen gesellschaftlichen Miteinanders jenseits der konventionellen Rahmenbedingungen. Chomsky ist nicht daran gelegen, auf eine bestimmte zukünftige Gesellschaftsordnung hinzuarbeiten, sondern er möchte dazu ermutigen, die traditionellen und oft enggewordenen Denk- und Wahrnehmungsschemata zu überwinden. Doch um die Wahrnehmungsschema-

---

[7] Noam Chomsky, Vietnam und die Redlichkeit des Intellektuellen, in: Hans Magnus Enzensberger (Hrsg.), Kursbuch 9, Frankfurt a. M. 1967, S. 142–167, hier S. 142.

ta einer Gesellschaft zu ändern, so Chomsky, sind Reden und Schriften von Politikern oder vermeintlichen Intellektuellen nicht ausreichend. Selbst die Forderung nach dem so zentralen individuellen Verantwortungsbewusstsein und einem davon abgeleiteten Handeln reicht Chomsky nicht aus. Ein grundlegender gesellschaftlicher Wandel bedarf – davon ist er überzeugt – einer sozialen Bewegung.[8] Soziale Bewegungen, zu denen auch die globalisierungskritische Bewegung zu zählen ist, lassen sich definieren als ein „Prozess des Protestes gegen bestehende Verhältnisse", dessen Ziel die Veränderung grundlegender gesellschaftlicher Strukturen ist.[9] Es geht ihnen um einen Wandel der Gesellschaft. Soziale Bewegungen artikulieren und vermitteln gesellschaftliche Widersprüche oder Fehlentwicklungen und lösen öffentliche Debatten hierüber aus. Um ihre formulierten Ziele jedoch umsetzen zu können, sind sie auf Vermittler (z. B. Gruppen, Parteien oder auch Intellektuelle) angewiesen, die ihre Ideen in den gesamtgesellschaftlichen Diskurs weiter einbringen.[10]

Nicht zuletzt deshalb sieht Chomsky die Rolle der Intellektuellen vor allem in der Verbindung mit sozialen Bewegungen als gesellschaftsrelevant an. Ende der 1980er Jahre – zu einer Zeit, in der Lyotard dem Intellektuellen bereits ein Grabmal gesetzt hat, konstatiert Chomsky, noch an das Überleben des Intellektuellen glaubend: „The appropriate role for intellectuals, I guess, is to try to contribute to the work of mass, popular, democratic libertarian movements."[11] Allerdings ist auch bei Chomsky festzustellen, dass er in den 1980er Jahren für die Intellektuellen diesbezüglich wenig Chancen auf erfolgreiche Interventionen sieht, denn die für ihn so zentralen sozialen Bewegungen, die Intellektuelle unterstützen könnten, seien damals praktisch nicht (mehr) existent. („But right now they barely exist.")[12]

Sowohl Chomsky als auch Lyotard sehen in den 1980er Jahren – wenn auch aus gänzlich anderen Gründen – die Rolle des Intellektuellen in einer Krise bzw. die Möglichkeiten erfolgreicher Interventionen für Intellektuelle als schwierig an. Was ändert sich in den nachfolgenden 1990er Jahren in Bezug auf die Entstehung der globalisierungskritischen Bewegung und die Rolle des Intellektuellen?

---

8 MIT Libraries, Noam Chomsky personal archives MC 600 Papers Box 160, Middle East Nationalism and Conflict in Palestine_Talk to Arab Students 1969, S. 6. Siehe auch: ders., Intellectual and Social Change, in: The New York Society for Ethical Culture (Hrsg.), The Ethical Platform (1969), S. 1–17, hier S. 1–3.
9 Otthein Rammstedt, Soziale Bewegung, Frankfurt a. M. 1978, S. 134, 178; sowie Ingrid Gilcher-Holtey, 1968 aus heutiger Sicht. Leitideen, Mobilisierungsdynamik und Wirkungsmacht, in: Clemens Kammler u. a. (Hrsg.), Achtundsechzig. Beiträge zu Literatur und Zeitgeschichte, Duisburg 2019, S. 11–30, hier S. 12.
10 Vgl. Geoffrey Pleyers, Alter-Globalization. Becoming Actors in the Global Age, Cambridge, UK 2010, S. 16.
11 Noam Chomsky/James Peck, The Chomsky Reader, New York/Toronto 1987, S. 51.
12 Ebenda.

3 Wiederentdeckung des Anarchismus

Mit der zunehmenden Unzufriedenheit über das in den 1990er Jahren weltweit expandierende und als „Sieger" aus dem Kalten Krieg hervorgegangene, zunehmend neoliberal geprägte kapitalistische System werden andere, zum Teil längst vergessene politische Ideen und Konzepte, die weder kapitalistisch noch kommunistisch sind, von vielen sozialen Bewegungen gesucht und wiederentdeckt. Eine dieser beinahe vergessenen politischen Strömungen ist der Anarchismus.[13]

Ab Mitte der 1990er Jahre erfahren anarchistische Ideen und Gesellschaftsmodelle neues Interesse und mit ihnen einer der wenigen sich seit jeher zum Anarchismus bekennenden Intellektuellen: Noam Chomsky. Schon als Jugendlicher liest er Bücher der Anarchisten Rudolf Rocker, Michael Bakunin, Peter Kropotkin sowie George Orwells Erinnerungen an den spanischen Bürgerkrieg.[14] Zudem ist Chomsky stark beeinflusst und geprägt durch seine Auseinandersetzungen mit anarchistischen Ideen, die er in den 1940er Jahren durch den Kontakt zu spanischen Anarchisten, die nach New York geflohen waren, praktisch aus „erster Hand" vermittelt bekam.[15] Chomsky sieht seither nur in einer internationalen globalen sozialen Bewegung das Potenzial zur Entwicklung eines gesellschaftlichen Gegenmodells zur nationalstaatlichen Verfasstheit.[16] Er selbst versteht Anarchismus nicht als starre Ideologie oder politische Doktrin, sondern vielmehr als eine besondere Art des Denkens und Handelns innerhalb des politischen Spektrums: „It's at most a historical tendency, a tendency of thought and action, which has many different ways of developing and progressing and which, I would think, will continue as a permanent strand of human history."[17]

Sich selbst als libertären Sozialisten bezeichnend und für den Erhalt anarchistischen Wissens einsetzend, verfasst er 1970 nicht nur den als Vorwort für Daniel Guérins Buch „Anarchism" veröffentlichten Aufsatz „Notes on Anarchism",[18] sondern unterstützt 1989 auch die Neuauflage des seit 1938 nicht mehr verlegten Werkes „Anarcho-Syndikalismus" von Rudolf Rocker. Auch hier schreibt Chomsky ein Vor-

---

13 Vgl. Gabriele Kuhn, Einleitung, in: dies. (Hrsg.), ‚Neuer Anarchismus' in den USA. Seattle und die Folgen, Münster 2008, S. 7–50, hier S. 37.
14 Barsky, Noam Chomsky, S. 47. Seine Erlebnisse im anarchistischen Spanien der 1930er Jahre verarbeitet George Orwell in Homage to Catalonia, London 1938 (dt.: Mein Katalonien, München 1964).
15 Chomsky, Chomsky Reader, S. 23.
16 Auf Fragen, wie neue Formen einer Gesellschaft aussehen könnten, antwortet er 1996: „[...] that answers to most such questions have to be learned by experiment." Noam Chomsky, On Anarchism, Interview mit Tom Lane für ZNet vom 23.12.1996, siehe unter: https://chomsky.info/19961223/ (9.6.2018).
17 Chomsky, Chomsky Reader, S. 29.
18 Noam Chomsky, Introduction [= Notes on Anarchism], in: Daniel Guérin, Anarchism. From Theory to Practice, New York 1970, S. VII-XX.

wort, in dem er die Zukunftsrelevanz der anarchistischen Überlegungen Rockers besonders hervorhebt:

> "Rocker expresses throughout his faith in the capacity of ordinary people to construct for themselves a world suited to their inner needs, to create and participate in an advancing culture of liberation in free communities, to discover through their own thought and engagement the institutional arrangements that can best satisfy their deeply rooted striving for freedom, justice, compassion and solidarity, at a particular historical moment. This vision remains as inspiring as when it was written a half century ago, and no less valid as a stimulus to our thinking and our constructive action."[19]

Für Aussagen wie diese, die Chomskys anarchistische Überzeugungen betreffen, habe sich, so erklärt er später, bis Mitte der 1990er Jahre niemand interessiert.[20] Dann aber sind es genau diese politischen Aussagen und die u. a. von Chomsky verfassten und bereits seit 1995 im damals noch sehr jungen Internet frei zur Verfügung stehenden Ausführungen zum Anarchismus sowie die von ihm genannten Schriften,[21] für die sich viele Globalisierungskritiker zu interessieren beginnen.[22] Der Anarchismus – nicht selten direkt oder indirekt vermittelt durch Chomsky – liefert der neuen globalisierungskritischen Bewegung genau das, was eine Bewegung braucht, wenn sie erfolgreich sein will: eine kognitive Orientierung.

Auch das bereits angeführte Occupy Wall Street Movement ist eine solche soziale Bewegung und gilt als eine der unzähligen Teilbewegungen der globalisierungskritischen Bewegung. Es lassen sich deutliche Parallelen zwischen ihrer eigenen kognitiven Orientierung und den von ihr genannten Prinzipien und Zielen, die sich gegen die auf alle Lebensbereiche ausdehnende Ökonomisierung richten, und Chomskys Ausführungen zum Anarchismus erkennen. Occupy Wall Street stellt im Jahr 2011 zehn Forderungen auf und verlangt u. a. eine Erhöhung des Mindestlohns, bedingungsloses Grundeinkommen, freie Universitätsausbildung, offene Grenzen und unbeschränkte Migration sowie einen Erlass sämtlicher Staats- und Privatschulden.[23]

---

19 Noam Chomsky, Preface, in: Rudolf Rocker, Anarcho-syndicalism, London/New York 1989, S. VI-VII, hier S. VII.
20 Barsky, Noam Chomsky, S. 276.
21 Chomsky unterstützt als Autor und mit der kostenlosen Bereitstellung seiner Schriften die u. a. von seinem ehemaligen Studenten Michael Albert betriebenen alternativen Medien, so auch das 1995 gegründete ZNet, siehe hierzu: https://zcomm.org/author/noamchomsky/ (27.5.2019).
22 Das belegen neben den eigenen Aussagen Chomskys auch diverse, oft internationale Interviews mit Chomsky zum Thema Anarchismus, siehe etwa Noam Chomsky, Noam Chomsky on Anarchism, Marxism, and Hope for the Future, Interview geführt von Kevin Doyle, in: Red and Black Revolution 2 (1995), S. 17–21.
23 Die komplette Liste der inoffiziellen Forderungen findet sich auf der Occupy-Homepage im Occupy Forum, Eintrag vom 25.9.2011, siehe hierzu: http://occupywallst.org/forum/proposed-list-of-demands-for-occupy-wall-st-moveme/ (10.7.2019).

Es sind aber nicht nur diese in der Bewegung diskutierten Forderungen, die ihre Nähe zu anarchistischen Überzeugungen aufzeigen, sondern auch die internen Strukturen der Occupy-Wall-Street-Bewegung, die sich auf anarchistische Konzepte stützen. Der Anthropologe, Anarchist und Aktivist David Graeber verweist auf vier Grundsätze der Occupy-Bewegung, die sie deutlich als anarchistisch kennzeichnen:

> "1. The refusal to recognize the legitimacy of existing political institutions.
> 2. The refusal to accept the legitimacy of the existing legal order.
> 3. The refusal to create an internal hierarchy, but instead to create a form of consensus-based direct democracy.
> 4. The embrace of prefigurative politics."[24]

Im Kern versteht Graeber die Occupy-Bewegung, von deren Anhängern sich viele selbst als „new anarchists" bezeichnen, als eine von anarchistischen Ideen geprägte soziale Bewegung, die die Legitimation der bestehenden politischen und rechtlichen Ordnung anzweifelt und hinterfragt bzw. negiert.[25] Sie kämpft gegen den Neoliberalismus, unter dem sie „eine ökonomische Denkweise und Strategie" versteht, „die radikalen Freihandel, Deregulierung und Privatisierung befürwortet" und „primär den Interessen ökonomischer und politischer Eliten dient", jedoch „die Interessen der großen Mehrheit der Bevölkerung, insbesondere in den ärmeren Ländern der Welt, missachtet".[26] Occupy Wall Street fordert stattdessen – wie viele andere globalisierungskritische Bewegungen auch – eine basisdemokratische Neuausrichtung der Gesellschaft in Form einer direkten Demokratie, die sie in ihrer eigenen Organisation bereits konsequent umzusetzen versucht und als Grundlage allen Handelns versteht. Mit dieser präfigurativen Politik steht die Occupy-Bewegung nicht nur in einer Traditionslinie mit historischen anarchistischen Bewegungen, sondern auch mit der Neuen Linken der 1960er Jahre.[27] Was bedeuten nun dieses Selbstverständnis und die auf anarchistische Ideen zurückgehenden Strukturen und Prinzipien der globalisierungskritischen Occupy-Bewegung in Bezug auf Noam Chomskys Interventionen als Intellektueller?

---

24 Siehe hierzu die frühe Analyse der Bewegung vom 30.11.2011 von David Graeber, Occupy Wall Street's Anarchist Roots. The 'Occupy' Movement Is One of Several in American History to Be Based on Anarchist Principles, unter: http://www.aljazeera.com/indepth/opinion/2011/11/201111287283590450 8.html (28.5.2019).
25 David Graeber, The New Anarchists, in: New Left Review 13 (2002), S. 61–73, hier S. 62.
26 Dieter Rucht/Roland Roth, Globalisierungskritische Netzwerke, Kampagnen und Bewegungen, in: dies. (Hrsg.), Die sozialen Bewegungen in Deutschland seit 1945. Ein Handbuch, Frankfurt a. M./New York 2006, S. 494–512, hier S. 494.
27 Zur New Left und deren Entstehung siehe: Wini Breines, Community and Organization in the New Left. 1962–1968. The Great Refusal, New Brunswick 1989.

4 Alternativen denken und Bewusstseinsprozesse unterstützen

Mit ihren Vorstellungen und Werten stimmt die Occupy-Bewegung in großen Teilen mit Noam Chomsky überein. Auch er wehrt sich – seinen eigenen Überzeugungen treu bleibend – nicht gegen eine positive und auf Kooperation basierende Globalisierung, sondern kritisiert vielmehr die ausschließlich neoliberale Globalisierungsagenda.[28] Chomsky selbst nennt die Bewegung deshalb übrigens korrekterweise „global justice movement".[29] Die weltweit agierende Occupy-Bewegung fordert eine Abkehr vom Denken in rein nationalen Kontexten und will neue Formen des gesellschaftlichen Miteinanders entwickeln. Hiermit will sie genau das sein – wenigstens in der Theorie –, was Chomsky schon 1969 fordert, nämlich ein

> "international left-wing movement [...] that could provide an alternative framework to thought and action, that is alternative to the system of national states [...]."[30]

Konkret denkt er an eine

> "alternative of cooperation between people who have common interests. Now personally it seems to me that the common interests of the mass of the people [...] is the construction of a world of democratic communities in which political institutions an[d] in fact, the entire commercial and industrial system are all under the direct control, popular control at every level."[31]

Chomsky gibt mit diesen Ausführungen zu einer alternativen Ordnung nicht nur eine Antwort auf den erst ein Jahrzehnt später von Margaret Thatcher und heute von Angela Merkel geprägten Begriff der „Alternativlosigkeit",[32] sondern nimmt zugleich das zentrale Motto der globalisierungskritischen Bewegung(en) vorweg, das – formuliert auf dem Weltsozialforum 2001 – lautet: „Eine andere Welt ist möglich".[33]

---

28 Siehe hierzu das Interview von Maria Ahmed, Globalization, geführt 2006, veröffentlicht unter: https://chomsky.info/2006 (28.5.2019).
29 Noam Chomsky, You Ask the Question, in: The Independent vom 28.8.2006, siehe unter: https://www.independent.co.uk/news/people/profiles/noam-chomsky-you-ask-the-questions-5330371.html (28.5.2019).
30 MIT Libraries, Noam Chomsky personal archives MC 600 Papers Box 160, Middle East Nationalism and Conflict in Palestine_Talk to Arab Students 1969, S. 6. Chomsky verdeutlicht hier am konkreten Fall des Israel-Palästina-Konfliktes, wo und wie er die Vorteile einer linken sozialen Bewegung sieht.
31 Ebenda, S. 15.
32 Vgl. Bradley W. Bateman, There are Many Alternatives. Margaret Thatcher in the History of Economic Thought, in: Journal of the History of the Economic Thought 24 (2002), H. 3, S. 307–311.
33 Zum Weltsozialforum, das 2001 dieses Motto hatte, siehe: http://weltsozialforum.org/wsd.einfuehrung.1/index.html (28.5.2019).

Es sind eben diese Forderungen und Vorstellungen der Occupy-Bewegung sowie Chomskys anarchistische Ideen und Grundüberzeugungen, die dazu beitragen, die unterschiedlichen Interessen der globalisierungskritischen Bewegung sowie die Bedürfnisse und Hoffnungen der einzelnen Akteure und des Intellektuellen miteinander kompatibel zu machen.[34] Die Intellektuellen sollen Chomskys Ansicht nach dabei helfen, den kritischen Dialog innerhalb der Bewegung zu fördern und die erarbeiteten Forderungen zu formulieren, verständlich auszudrücken und deren Verbreitung zu unterstützen.[35] Damit grenzt sich seine Definition des Intellektuellen klar vom Modell des „marxistischen Intellektuellen" ab und prägt zugleich ein Rollenverständnis (des Intellektuellen), das sich Lyotards Diktum vom Tod des Intellektuellen widersetzt. Chomsky beansprucht nicht, unter Berufung auf allgemeine Werte und ein universelles Subjekt, Bewusstsein in soziale Bewegungen hineinzutragen, sondern Bewusstseinsprozesse in der Gesellschaft, die sich in sozialen Bewegungen manifestieren, zu unterstützen. Seine Jahrzehnte alten Überzeugungen werden von großen Teilen der globalisierungskritischen Bewegung geteilt. Mit der klaren Absicht, keinen Führungsanspruch zu formulieren, sondern lediglich in der Rolle als Intellektueller seinen Beitrag für die gesellschaftliche Entwicklung zu leisten, kommen die auf Basisdemokratie und Führerlosigkeit bestehende globalisierungskritische Bewegung und die von Chomsky schon Ende der 1960er Jahre geforderten Bemühungen um eine internationale, linke Bewegung zusammen.

Spätestens mit dem Aufkommen der globalisierungskritischen Bewegung in den 1990er Jahren ergeben sich schließlich für die Intellektuellen allgemein – wie etwa auch der 1994 von Ron Eyerman durch Beschäftigung mit der Neuen Linken entwickelte Typus des „Bewegungsintellektuellen" verdeutlicht[36] – neue Handlungs- und Interventionsmöglichkeiten, die auch Chomsky für sich zu nutzen weiß. Während Lyotard den Intellektuellen in den 1980er Jahren zu Grabe trägt, weil er die vermeintlich sicheren Merkmale eines herannahenden Todes zu diagnostizieren meinte, vertraut Chomsky auf die Selbstheilungskräfte des Intellektuellen und lässt ihn leben. Mit Erfolg.

---

34 Noam Chomsky, Intellectuals and the War Lords, in: The Activist. A Student Journal of Politics and Opinion 24 (1969), S. 26–33, hier S. 33.
35 Ebenda.
36 Ron Eyerman, Between Culture and Politics, Cambridge 1994, S. 101. Eyerman entwickelt diesen neuen Intellektuellentypus durch die Beschäftigung mit den 68er-Bewegungen und der Neuen Linken. Siehe hierzu die Analyse Ingrid Gilcher-Holteys: dies., Prolog, in: dies. (Hrsg.), Eingreifende Denkerinnen. Weibliche Intellektuelle im 20. und 21. Jahrhundert, Tübingen 2015, S. 1–16, hier S. 7.

5 Chomsky und die Occupy-Bewegung

Wie sieht Chomskys Einsatz für die Occupy-Bewegung nun konkret aus und was macht sein intellektuelles Engagement im Spezifischen aus? Chomskys Unterstützung für die Occupy-Bewegung beginnt nicht erst mit der Rede in Boston und beschränkt sich auch nicht auf derartig kurze Rede-Auftritte. Bereits zu Beginn der Bewegung, die am 17. September 2011 im New Yorker Zuccotti Park ihren Ursprung hat, unterstützt er die Proteste. Nur wenige Tage nach ihrer Gründung erklärt Chomsky seine Solidarität mit ihr – die von Occupy sofort online veröffentlicht wird – und stellt fest:

> "Anyone with eyes open knows that the gangsterism of Wall Street – financial institutions generally – has caused severe damage to the people of the United States (and the world). [...] That has set in motion a vicious cycle that has concentrated immense wealth, and with it political power, in a tiny sector of the population, a fraction of 1%. [...] The courageous and honorable protests underway in Wall Street should serve to bring this calamity to public attention, and to lead to dedicated efforts to overcome it and set the society on a more healthy course."[37]

Neben direkter Partizipation an Veranstaltungen von Occupy Wall Street befasst sich Chomsky auch in einem Buch mit dem Titel „Occupy" sowie in diversen Interviews und Artikeln mit der Bewegung.[38] Er ist somit nicht nur Unterstützer nach innen, sondern zugleich auch Vermittler der Ideen und Konzepte der globalisierungskritischen Occupy-Bewegung nach außen, da er dank seines Renommees bei vielen Medien weltweit für seine Anliegen Gehör findet oder aber als bekannter Ansprechpartner einer Bewegung dient, die bewusst keine Führungsebene hat. Chomskys mediale Breitenwirkung und Unterstützung von Occupy reicht hierbei von Beiträgen in bekannten Zeitungen (u. a. The Guardian, Die Welt, Süddeutsche Zeitung) über Interviews auf Online-Plattformen bis hin zu Reden vor Occupy-Gruppen in Kanada und Australien.[39] Offensichtlich scheint für Chomsky die globalisierungskritische Occupy-Bewegung – wie das Eingangszitat belegt – eine gesellschaftliche Rolle einzunehmen, die er sich schon in den 1960er Jahren von der Neuen Linken erhofft hatte. Wo sieht Chomsky die größten Unterschiede der beiden Bewegungen?

---

[37] Noam Chomsky Announces Solidarity With #occupywallstreet, veröffentlicht am 26.9.2011 auf Occupy Wall Street. We are the 99 percent. Siehe unter: http://occupywallst.org/article/noam-chomsky-solidarity/ (22.5.2019).

[38] Vgl. Noam Chomsky, Occupy, New York 2012. Interviews finden sich etwa in: The Guardian vom 30.4.2012, siehe hierzu: https://chomsky.info/20120530/ (28.5.2019).

[39] Siehe hierzu: https://www.democracynow.org/2012/5/14/chomsky_occupy_wall_street_has_created (28.5.2019).

Das, was Ende der 1960er Jahre selbst für Noam Chomsky noch utopisch und nicht umsetzbar wirkt, nämlich eine durch anarchistische Ideen inspirierte,[40] global agierende und organisierte soziale Bewegung, die über nationale Grenzen und Hindernisse hinweg gemeinsam gesellschaftliche und gemeinwohlorientierte Gegenmodelle zu entwickeln und erproben versucht, scheint sich für ihn in der Occupy-Bewegung – die bereits im Oktober 2011 in 82 Ländern vertreten ist und alle Vorteile einer digitalen Welt zu nutzen weiß – zu erfüllen.[41] Zudem ist es der Occupy-Bewegung gelungen, mit ihrem Anspruch, 99 Prozent der Bevölkerung zu vertreten, eine breite Öffentlichkeit anzusprechen und dieser die unmittelbare persönliche Betroffenheit durch die Folgen des Neoliberalismus und des Finanzkapitalismus bewusst werden zu lassen.[42] Occupy habe, so Chomsky, bereits durch diese veränderte Wahrnehmung der Arbeit an der Wall Street und des dahinterstehenden Systems die gesamten Rahmenbedingungen der gesellschaftlichen Diskussions- und Fragekultur verändert.[43] Die Neue Linke hingegen, so konstatiert Chomsky 1969, habe allzu oft an der Realität der Menschen vorbei argumentiert und es nicht geschafft, die tatsächlichen Möglichkeiten einer sozialen Revolution aufzuzeigen.[44] Außerdem habe die Zunahme von radikalen Tendenzen innerhalb der Neuen Linken ab Ende der 1960er Jahre zu einem zusätzlichen Verlust gesamtgesellschaftlicher Akzeptanz geführt.[45] Hinzu kommt ferner, dass sich die Neue Linke und die übrigen Bewegungen der 1960er Jahre – zumindest in der öffentlichen Wahrnehmung – primär aus Jugendlichen, jungen Erwachsenen und Studenten zusammensetzten und auf diese Weise als eine Rebellion der Jungen gegen die Alten wahrgenommen wurden. Schon 1968

---

40 Zu den anarchistischen Wurzeln siehe etwa das „Port Huron Statement. Agenda for a Generation" von 1962, unter: http://www2.iath.virginia.edu/sixties/HTML_docs/Resources/Primary/Manifestos/SDS_Port_Huron.html (15.5.2019).
41 In mindestens 82 Ländern und in über 950 Städten kam es weltweit zu Occupy-Protesten. Siehe hierzu: https://web.archive.org/web/20111205005640/http://www.france24.com/en/20111015-indignant-protests-go-global-saturday (14.6.2018).
42 Vier Wochen nach Beginn der Proteste unterstützen fast Zweidrittel der US-Bevölkerung die Occupy-Bewegung, siehe Matthew Cooper, Poll: Most Americans Support Occupy Wall Street, in: The Atlantic vom 19.10.2011, unter: https://www.theatlantic.com/politics/archive/2011/10/poll-most-americans-support-occupy-wall-street/246963/ (10.7.2019). Vgl. auch die Betrachtung der Langzeitfolgen von Occupy Wall Street von Michael Levitin, The Triumph of Occupy Wall Street. The movement that began in Zuccotti Park didn't disappear – it just splintered and regrouped around a variety of focused causes, in: The Atlantic vom 10.6.2015, siehe unter: https://www.theatlantic.com/politics/archive/2015/06/the-triumph-of-occupy-wall-street/395408/ (10.7.2019).
43 Noam Chomsky, What Next for Occupy? Interview mit: The Guardian vom 30.4.2012, veröffentlicht unter: https://chomsky.info/20120530/ (28.5.2019).
44 Noam Chomsky, Intellectuals and the War Lords, S. 33. Außerdem auch MIT Libraries, Noam Chomsky personal archives MC 600 Papers Box 145, Intellectuals, the Left, Students, A Conversation on Intellectuals and the Movement_Makoto Oda. Gespräch mit Makoto Oda über Intellektuelle und die Studentenbewegungen in Japan und den USA, undatiert (ca. 1969).
45 Chomsky, Intellectual and Social Change, S. 1, 3.

entgegnet Chomsky allerdings jedes Mal merklich empört auf die immer wieder aufkommende Frage, weshalb die Jungen und die Studenten rebellierten:

> "[W]hy do students rebel? Like many questions that are repeatedly asked but never seem to receive a satisfactory answer, this question is wrongly put. The serious question that we must face is not why students rebel, but rather why students are virtually alone, in the white middle classes, in their rebellion, and why they rebel only now, and not before. There is no need to explain why a movement of protest, radical political action, and resistance has arisen. The real question is why so few join it. The answer, no doubt, is that they do not join because they have a stake in the maintenance of the social order, and they do not want their well-being threatened."[46]

Weiß man um diese Auffassung Chomskys, wird seine beinah überschwängliche Hoffnung, die er 2011 in die Occupy-Bewegung setzt, verständlich. Sowohl die globalisierungskritische Bewegung als Ganzes als auch Occupy Wall Street haben, wie erwähnt, den Anspruch, 99 Prozent der Bevölkerung zu vertreten. Und wenngleich viele der Aktivistinnen und Aktivisten der jüngeren Generation zuzurechnen sind, ist das Konzept dieser neuen sozialen Bewegung doch klassen-, alters- und generationenübergreifend und auf einen grundlegenden gesellschaftlichen Wandel und nicht nur auf wenige Teilbereiche ausgerichtet.

Chomsky ist sich des Potenzials sozialer Bewegungen, aber auch des oft nur kurzzeitigen medialen Interesses an ihnen bewusst. Nicht zuletzt durch seine Erfahrungen mit der Neuen Linken ist er realistisch und kritisch genug, um sich auch der Probleme und der Gegenwehr, der eine soziale Bewegung ausgesetzt ist, bewusst zu sein. Gerade die Erfahrungen aus den 1960er Jahren mögen begründet haben, dass er in seiner Rede im Oktober 2011 die Bostoner Occupy-Aktivisten vor allem zu Langatmigkeit aufruft und ihnen ihre gesellschaftliche Relevanz und ihre Bedeutung für die Gestaltung der Zukunft bewusst zu machen versucht.

6 Renaissance des Intellektuellen

Was bedeutet und verdeutlicht das angeführte Beispiel von Noam Chomsky und der globalisierungskritischen Occupy-Bewegung für Chomskys Intellektuellenrolle und für das Konzept der Rolle des Intellektuellen allgemein?

Noam Chomsky fühlt sich der Occupy-Bewegung sowie den globalisierungskritischen Bewegungen, deren Werte und Oppositionsprinzip er nahezu uneingeschränkt teilt und die er schon in den 1960er Jahren vordenkt und einfordert, tief

---

[46] Noam Chomsky, Introduction to Cohen and Hale, The New Student Left, June 17, 1968, in: MIT Libraries, Noam Chomsky personal archives MC 600 Papers Box 145, Intellectuals, the Left, Students_Introduction to the New Student Left_ 1968, S. 4 f.

verbunden. Dennoch ist er kein „Bewegungsintellektueller", wie ihn Ron Eyerman entwirft. Wenngleich auch Chomsky ab Mitte der 1990er in seiner Intellektuellenrolle eine Renaissance erlebt, gehört er nicht zu diesem neuen Typus des Intellektuellen. Chomsky ist weiterhin unabhängig von jeder Bewegung und agiert autonom. Er erlaubt sich immer schon Kritik an den unterschiedlichen Bewegungen und Organisationen, versteht es stets, auf einer gewissen Distanz zu ihnen zu bleiben und ist nur locker mit ihnen verbunden. Nie ist er ein Mitglied, das Gefahr laufen könnte, doch eine (wenn auch ungewollte) Führungsposition einzunehmen oder sich von einer einzelnen Bewegung oder Gruppe (und ihren Zielen) zu sehr vereinnahmen zu lassen.

Chomsky versteht seine Rolle als Intellektueller – seinen auf Hierarchie- und Autoritätslosigkeit bestehenden anarchistischen Überzeugungen folgend – so, dass er sozialen Bewegungen allenfalls Schützenhilfe geben darf. Wie im Falle der jungen globalisierungskritischen Occupy-Bewegung übt er sich in der Rolle des Fürsprechers und Unterstützers, indem er – wie in seiner Rede bei „Occupy Boston" – eine gemeinschaftsfördernde Agenda formuliert, der möglichst viele Sympathisantinnen und Sympathisanten bzw. Aktivistinnen und Aktivisten folgen können und von der aus kritisch weitergedacht werden kann, um am Ziel einer alternativen und sich stetig verändernden gemeinwohlorientierten Gesellschaft zu arbeiten. Für Chomsky steht fest, dass ein einzelner Intellektueller gar nichts ausrichten kann. Nur wenn sich die Intellektuellen nicht in abstrakten Theoriegebäuden verschanzten, sondern sich im Idealfall global mit anderen Intellektuellen vernetzten und so ihrer Verantwortung nachkommen, zu den „einfachen Leuten" auf die Straße gehen und soziale Bewegungen ansprechen, könnten ihre Gedanken und Ausführungen, ihre Interventionen und Kritiken ihren vollen, gesamtgesellschaftlichen Nutzen entfalten.[47]

Vielleicht ist es gerade dieses Verständnis und dieses Ausleben der Intellektuellenrolle, was Chomsky von anderen Intellektuellen seiner Generation unterscheidet. Er sieht soziale Bewegungen aufgrund seiner anarchistischen Ideale schon immer als eine wesentliche Bedingung für gesellschaftlichen Wandel und als einen der zentralen Adressaten seiner Ideen und Gedanken, allerdings ersetzen sie die Rolle des Intellektuellen nicht. Während Jean-Paul Sartre 1968 von sich behaupten muss, „auf Null gewesen" zu sein und von den Protestierenden Ablehnung erfährt und auch ein Hans Magnus Enzensberger sich in zurückhaltendem Zuhören übt,[48] wird Chomsky im Herbst 1967, als die Proteste in den USA ihre Hochphase erreicht haben, von der Studentenvertretung der Brandeis University als neuer Universitätspräsident vorgeschlagen und wenig später, im Januar 1968, von der Uni-Zeitung des Massachusetts

---

47 Chomsky, What Next for Occupy, S. 2 (s. Anm. 43); sowie Barsky, Noam Chomsky, S. 269, 287.
48 Jean-Paul Sartre/Phillipe Gavi/Pierre Victor, Der Intellektuelle als Revolutionär. Streitgespräche, Hamburg 1976, S. 52.

Institute of Technology (MIT) zum „Man of the Year" gekrönt.[49] Chomsky scheint trotz seiner Präsenz und seines großen Engagements für die Studenten nicht zu autoritär und dominant gewirkt zu haben. Noch heute möchte er nicht belehren, sondern – mit seiner gesellschaftlichen Position einhergehenden Verantwortung nachkommend – informieren, die Wahrheit suchen und sich für Gerechtigkeit einsetzen. Es sind Chomskys anarchistische Grundmotivation, seine alles betreffende Autoritätskritik und seine stetige Skepsis gegenüber der (eigenen) Intellektuellenrolle, die ihn und soziale Bewegungen seit jeher kompatibel sein lassen. Nie drängt er sich in eine Führungsposition oder gibt konkrete Handlungsanweisungen, sondern ruft stattdessen zum gemeinsamen Neu- und Weiterdenken auf. Was die globalisierungskritische Bewegung im Speziellen angeht, liefert Chomsky ihr sowohl mit dem Erhalt anarchistischer Grundlagenwerke als auch mit der Zurverfügungstellung seiner politischen Reden und Schriften den notwendigen intellektuellen und theoretischen Unterbau. Dies ermöglicht ihr eine kognitive Orientierung an vorherigen sozialen Bewegungen sowie politisch linken Ideen und Zukunftsvisionen jenseits einer sozialistisch-kommunistischen Ausrichtung. Zugleich unterstützt Chomsky die Globalisierungskritiker seit den 1990ern durch Reden, die Verbreitung ihrer Ideen und Forderungen und liefert ihr durch seine Bücher und kritischen Recherchen bis in die Gegenwart hinein neue Argumente. Intellektuellen, die so agieren, muss sicherlich niemand ein Grabmal setzen. Der „anarchistische Intellektuelle" à la Chomsky hat sich von Lyotard nicht dekonstruieren lassen.[50] Chomsky versteht es, dank seiner politischen Einstellungen, seiner Jahrzehnte langen Erfahrung in der Rolle als Intellektueller und aufgrund seines unautoritären Auftretens, den „allgemeinen Intellektuellen" immer wieder an neue Umstände anzupassen und ihn stets weiter zu transformieren. Im Falle Chomskys hat, wenn man so will (um den Titel dieses Sammelbandes aufzugreifen), Godot auf die globalisierungskritische Bewegung gewartet.

---

49 Trustees Receive Plan To Select New President, in: The Justice vom 7.11.1967, S. 1. Die offizielle Zeitung der Brandeis University ist archiviert und digitalisiert unter: https://archive.org/stream/thejustice05reel05#page/n281/search/chomsky (13.9.2018). Siehe auch: David Caplan, Man of the Year. Noam Chomsky, in: Innisfree vom Januar 1968, S. 7 f.; MIT Libraries, Noam Chomsky personal archives MC 600 Papers Box 167_Interviews Innisfree_Man of the Year 1968_January 1968.
50 Russell Jacoby, The Last Intellectuals. American Culture in the Age of Academe, New York 1987, S. 96 f.

Rechter (Anti-)Intellektualismus

Armin Pfahl-Traughber
Die Neue Rechte – eine rechtsextremistische Intellektuellenströmung

Eine Analyse zu Entstehung, Entwicklung, Positionen und Wirkung

Intellektuellen schreibt man meist eine liberale oder linke Orientierung zu. Doch es gibt auch rechte Intellektuelle, was häufig ignoriert und verkannt wird. Dies erklärt sich womöglich dadurch, dass diese entweder nur den politischen Status quo rechtfertigen oder sich in reaktionären Wertvorstellungen verlieren. Es gibt aber sehr wohl einschlägige Rechtsintellektuelle, die im Sinne Max Webers sinnstiftend auf Gesellschaft und Politik einwirken bzw. darum bemüht sind. Ein Beispiel hierfür bildet die rechtsextremistische Intellektuellenströmung der Neuen Rechten – wobei es sich um einen schillernden Terminus handelt. Im Folgenden soll deshalb zunächst erläutert werden, was unter dem Begriff zu verstehen ist. In einem zweiten Schritt geht es um die Entstehung der Neuen Rechten sowie drittens um ihre Foren und Netzwerke. Abschließend soll eine Bilanz ihrer gesamtgesellschaftlichen Wirkung gezogen werden. Dabei ist eine extremismustheoretische Blickrichtung erkenntnisleitend.[1]

1 Ideologische Wurzeln, Organisation, Strategie und Grundpositionen

Hinsichtlich der Ideologie beruft sich die Neue Rechte auf die Konservative Revolution[2] in der Weimarer Republik. Diese ambivalent wirkende Bezeichnung bedeutete, dass man das Bestehende – die Weimarer Republik als demokratischer Verfassungsstaat – nicht bewahren, sondern überwinden wollte. Demgegenüber sollten angeblich verlorene Wertvorstellungen wiederbelebt werden: Elite, Führung, Gott, Nation, Natur, Ordnung, Rasse und Volksgemeinschaft. Mit Aufklärung, Gleichwertigkeit,

---

[1] Der Autor des vorliegenden Beitrags hat hierzu mehrfach publiziert, eine bilanzierende Einschätzung findet sich in: Armin Pfahl-Traughber, Rechtsextremismus in Deutschland. Eine kritische Bestandsaufnahme, Wiesbaden 2019, Kap. 2 und 3.
[2] Damit sind im Folgenden nur die Jungkonservativen gemeint. Eine sehr weit gefasste Auffassung von Konservativer Revolution, die auch Bündische, Landvolkbewegung, Nationalrevolutionäre und Völkische einschließt, ist nicht trennscharf genug. Vgl. Armin Pfahl-Traughber, Konservative Revolution und Neue Rechte. Rechtsextremistische Intellektuelle gegen den demokratischen Verfassungsstaat, Opladen 1998, S. 47–53.

Individualitätsprinzip, Liberalismus, Menschenrechten, Parlamentarismus, Parteiendemokratie und Pluralismus hatte all dies nichts zu tun. Die Alternative sollte eine autoritäre Diktatur mit einer realen Massenbasis sein. Die bekanntesten Apologeten der Konservativen Revolution waren der Redenschreiber Edgar Julius Jung, der Publizist Arthur Moeller van den Bruck, der Staatsrechtler Carl Schmitt und der Kulturphilosoph Oswald Spengler.[3] Unter anderem auf diese antirepublikanischen Denker beruft sich die heutige Neue Rechte.

Eine feste Organisationsstruktur wie eine Partei oder einen Verein gibt es für die Neue Rechte nicht. Man kann – um es zuzuspitzen – nicht formales Mitglied der Neuen Rechten werden und etwa einen Mitgliedsausweis erhalten. Vielmehr handelt es sich um ein Netzwerk unterschiedlicher Publizisten: Man hört sich, man kennt sich, man liest sich, man trifft sich. Hinsichtlich der Anlehnung an die Konservative Revolution bestehen ideologische Gemeinsamkeiten. Gleichwohl gibt es auch Differenzen in bestimmten Fragen: Beruft man sich auf das Christentum oder stellt man sich dagegen? Soll es mehr Marktwirtschaft oder mehr Sozialstaat geben? Will man Fundamentalopposition betreiben oder Parteipolitik fördern? Eine festere Organisationsform wäre angesichts solcher Unterschiede wenig wahrscheinlich. So besteht eher ein loser und persönlicher Kontakt, der sich im schlichten gemeinsamen Publizieren und Referieren artikuliert. Dazu können als Foren sowohl Sammelbände und Theorieorgane als auch Konferenzen und Seminare dienen.

Gemeinsam ist der Neuen Rechten, dass sie für eine geistige Überwindung des demokratischen Verfassungsstaates eintritt. Bezeichnungen wie „Kampf um die Köpfe", „Kulturrevolution von rechts" oder – in der jüngsten Zeit – „Metapolitik"[4] bringen dies zum Ausdruck und stützen folgende Grundannahme: Ein geistiger Wandel müsse einem politischen Wandel vorausgehen. Zunächst bedürfe es eines Hegemoniegewinns der eigenen Positionen im gesamtgesellschaftlichen Diskurs, erst danach könnten diese in Politik umgesetzt werden. Kurioserweise beruft man sich dabei gern auf den italienischen Marxisten Antonio Gramsci,[5] der für die Kommunisten eine geistige Revolution als Voraussetzung einer politischen Revolution angemahnt hatte. Dieser strategische Ansatz wurde von der Neuen Rechten mit an-

---

3 An aktuellen Gesamtdarstellungen zur Konservativen Revolution mangelt es. Vgl. als grundlegender Ansatz: Armin Mohler, Die Konservative Revolution in Deutschland 1918–1932. Ein Handbuch, Darmstadt, 3., um einen Ergänzungsband erweiterte Auflage 1989 (Erstausgabe: 1950), es handelt sich um eine affirmative Beschreibung mit einer wenig überzeugenden Typologie (vgl. Anm. 2). Andere Autoren verwerfen daher diese Sammelbezeichnung; vgl. Stefan Breuer, Anatomie der Konservativen Revolution, Darmstadt 1993. Vgl. auch Pfahl-Traughber, Konservative Revolution und Neue Rechte, S. 47–104.
4 Vgl. aus der Blickrichtung der Neuen Rechten: Thor von Waldstein, Metapolitik. Theorien – Lage – Akteure, Schnellroda 2017.
5 Vgl. als programmatische Deutung der Neuen Rechten: Alain de Benoist, Kulturrevolution von rechts. Gramsci und die Nouvelle Droite, Krefeld 1985.

deren ideologischen Vorzeichen übernommen. Insofern setzt man weniger auf politische Bewegungen und Parteien, sieht sich die Neue Rechte doch eher als deren Vordenker. Gleichwohl nähern sich deren Repräsentanten solchen Politikformen je nach Situation auch an.

Worin bestehen nun die konkreten Grundpositionen der aktuellen Neuen Rechten? Ausgangspunkt ist die Übertragung der Ideen der Konservativen Revolution auf die gegenwärtige Situation. Dabei wird ein homogenes bzw. identitäres Demokratieverständnis gegen ein pluralistisches Demokratieverständnis gestellt. Nationalismus soll als Orientierungspunkt den Verfassungspatriotismus ablösen. Elitevorstellungen werden als Gegensatz zum Gleichheitsideal verkündet. Das individuelle Menschenrechtsverständnis soll durch ein kollektivistisches Menschenrechtsverständnis ersetzt werden. Bemerkenswert ist bei all dem, dass die genauen Konturen des propagierten Politikverständnisses nicht präziser gezeichnet werden. Auch vermögen die Intellektuellen der Neuen Rechten nicht, die von ihnen eingeforderte Alternative als politisches System näher zu skizzieren.

Der erwähnte Gegensatz von identitärem und pluralistischem Demokratieverständnis soll hier noch einmal genauer thematisiert werden: Die rechtsextremistischen Intellektuellen bekennen sich durchaus zur Demokratie, deuten das Gemeinte aber in ihrem Sinne um. Dabei gehen sie von einer auch ethnischen, aber insbesondere politischen Homogenität des Volkes aus. Es soll eine Einheit von Regierenden und Regierten geben, was eine Opposition ebenso wie den Pluralismus ausschließt. Dabei beruft man sich gern auf den Staatsrechtler Carl Schmitt, der seine diesbezüglichen Auffassungen in bemerkenswerter Deutlichkeit bekundete: „Zur Demokratie gehört [...] notwendig erstens Homogenität und zweitens – nötigenfalls – die Ausscheidung oder Vernichtung des Heterogenen [...]."[6] Eine Diktatur wäre dann, so verstanden, demokratischer als der Parlamentarismus, sofern sie sich auf eine wie auch immer bestimmbare Massenakzeptanz stützen würde. Die antipluralistische Dimension derartiger schiefer Rousseau-Rezeptionen wird hierbei überdeutlich.

---

6 Carl Schmitt, Die geistesgeschichtliche Lage des heutigen Parlamentarismus (1923/1926), Berlin 1991, S. 14.

2 Impulse für die Entstehung der bundesdeutschen Neuen Rechten: Französische und bundesdeutsche Vorläufer seit den 1960er Jahren und die Abgrenzung zum traditionellen Rechtsextremismus

Das „Neue" an der Neuen Rechten bezog sich, als der Begriff in den 1960er Jahren aufkam, auf die ideologischen und strategischen Differenzen zum traditionellen Rechtsextremismus. Ideologiegeschichtlich geht es um die Berufung auf die Konservative Revolution und eben nicht auf den Nationalsozialismus. In strategischer Hinsicht steht die Auffassung im Mittelpunkt, dass es der Entwicklung einer eigenen politischen Theorie bedürfe und für diese im Kontext eines „Kampfes um die kulturelle Hegemonie" auch gestritten werden müsse. Kurzum: Man entdeckte den intellektuellen Diskurs als politisches Handlungsfeld.[7] Anzumerken ist freilich, dass dies nicht wirklich neu war, denn die Konservative Revolution ebenso wie der Gramscismus entstammten der Zeit zwischen den Weltkriegen.

Das, was heute in Deutschland als Neue Rechte gilt, entstand ab Beginn der 1960er Jahre im Kontext von Strategiekonflikten innerhalb des Rechtsextremismus in Frankreich.[8] Die dortige Neue Rechte bildete sich aus Repräsentanten des traditionellen Rechtsextremismus, die nach einer neuen ideologischen und politischen Perspektive suchten. Dazu entstand das als Forschungs- und Studiengruppe firmierende „Groupement de recherche et d'études pour la civilisation européenne" (GRECE), das fortan Kongresse durchführte und Zeitschriften herausgab. Es beabsichtigte erklärtermaßen nicht die Etablierung einer Massenbewegung oder die Gründung einer neuen Partei. Stattdessen wollten die Aktivisten eine „Kulturrevolution von rechts" vorantreiben, um eine Dominanz ihrer Ideen bei der Meinungselite zu erreichen.

Der Theoriearbeit kam dabei ein herausgehobener Stellenwert zu. Als Ausgangspunkt diente zunächst die Entdeckung der Ideen der Konservativen Revolution der

---

[7] Zur neueren Literatur, in der bisweilen die Neue Rechte in einem leicht abweichenden Sinne verstanden wird, vgl.: Samuel Salzborn, Angriff der Antidemokraten. Die völkische Rebellion der Neuen Rechten, Weinheim 2017; Thomas Wagner, Angstmacher. 1968 und die Neuen Rechten, Berlin 2017; Volker Weiß, Die autoritäre Revolte. Die Neue Rechte und der Untergang des Abendlandes, München 2017.

[8] Vgl. u. a. Marieluise Christadler, Die „Nouvelle Droite" in Frankreich, in: Iring Fetscher (Hrsg.), Neokonservative und „Neue Rechte". Der Angriff gegen Sozialstaat und liberale Demokratie in den vereinigten Staaten, Westeuropa und der Bundesrepublik, München 1983, S. 163–215; Hans-Gerd Jaschke, Frankreich, in: Franz Greß/Hans-Gerd Jaschke/Klaus Schönekäs, Neue Rechte und Rechtsextremismus in Europa. Bundesrepublik, Frankreich, Großbritannien, Opladen 1990, S. 7–103; Pfahl-Traughber, Konservative Revolution und Neue Rechte, S. 129–152.

Weimarer Republik (z. B. Carl Schmitt, Oswald Spengler). Darüber hinaus bezogen die Aktivisten sich auf Elitetheoretiker, die für den italienischen Faschismus von großer Relevanz waren (z. B. Julius Evola, Vilfredo Pareto). Und schließlich meinte man sich noch auf bestimmte Anthropologen, Psychologen und Verhaltensforscher stützen zu können (z. B. Hans-Jürgen Eysenck, Konrad Lorenz). Aus derartigen Deutungen entstand eine Ideologie der Neuen Rechten, die in der Gleichheitsauffassung den Hauptfeind sah, die Menschenrechte als Ausdruck des Individualismus ablehnte, ein biologistisches Gesellschaftsbild des „Ethnopluralismus" propagierte und für die Etablierung einer autoritären Eliten-Herrschaft warb.[9]

Im Laufe der 1970er Jahre gelang es der französischen Neuen Rechten, die sich um den Publizisten Alain de Benoist gesammelt hatte, immer größere öffentliche Resonanz auszulösen. Als Ausdruck dieses Erfolges können die Auflagenzahlen der Bücher, die Verleihung des „Grand prix de l'essai" der Académie française an Benoist im Jahr 1978 oder die Aufnahme von Vertretern der Neuen Rechten in die Redaktion des renommierten „Le Figaro Magazine" gelten. Gerade das letztgenannte Ereignis löste 1979 aber heftige Kritik und einen öffentlichen Skandal aus, woraufhin Benoist und seine Mitstreiter ihre Posten in der Zeitung wieder verloren. Die ganze Entwicklung machte indessen den Erfolg der Rechtsintellektuellen und ihrer Strategie deutlich. Damit trugen sie auch dazu bei, den geistigen Boden für den politischen Aufstieg des „Front National" zu legen, konnte die rechtsextremistische Partei doch ab 1984 kontinuierlich Wahlerfolge verbuchen. Gerade dies schwächte indessen die Neue Rechte, denn einige ihrer Repräsentanten wandten sich fortan als Funktionäre und Mandatsträger der Partei zu.

In der Bundesrepublik Deutschland entstand Anfang der 1970er Jahre ebenfalls eine rechtsextremistische Intellektuellen-Szene. Sie war zunächst weniger an den Jungkonservativen und mehr an den Nationalrevolutionären der Weimarer Republik orientiert,[10] wurde aber gleichwohl als Neue Rechte bezeichnet. Ab 1964, also nicht erst infolge der 68er-Bewegung, bildeten sich erste Arbeitskreise mit einer nationalrevolutionären Orientierung. Daraus entstanden ab Beginn der 1970er Jahre einige Gruppen, die mit der Rede vom „Befreiungsnationalismus" und „Sozialismus" auf sich aufmerksam machten. Die dabei postulierte Frontstellung gegen eine „braune", „rote" wie „schwarze Reaktion" erweckte gar den Eindruck, hier habe man es mit einem eher linken Phänomen zu tun. Die gemeinten Gruppen gaben sich ganz be-

---

9 Vgl. dazu die Beiträge von Alain de Benoist in unterschiedlichen Büchern: Die entscheidenden Jahre. Zur Erkenntnis des Hauptfeindes, Tübingen 1982; Aus rechter Sicht. Eine kritische Anthologie zeitgenössischer Ideen, zwei Bände, Tübingen 1984; Kulturrevolution von rechts. Gramsci und die Nouvelle Droite, Krefeld 1985.
10 Vgl. Günter Bartsch, Revolution von rechts? Ideologie und Organisation der Neuen Rechten, Freiburg 1975; Benedikt Sepp, Linke Leute von rechts? Die nationalrevolutionäre Bewegung in der Bundesrepublik, Marburg 2014. Allgemein mangelt es an Forschungen zu diesem Phänomen.

wusst ein solches Image, wollten sie doch so größere Aufmerksamkeit in der Öffentlichkeit finden.

Die Betrachtung der propagierten Ideologie macht denn auch deutlich, dass es sich hier lediglich um eine Aktualisierung der nationalrevolutionären Grundpositionen aus der Weimarer Republik handelte. Denn es bestand weiterhin ein Basiskonsens hinsichtlich des biologistischen Menschenbildes und einer nationalistischen Weltanschauung. Da man die letztgenannte Ausrichtung als „Befreiungsnationalismus" auch auf Entwicklungsländer ausweitete, ergaben sich Gemeinsamkeiten mit linker Imperialismuskritik – wobei sich die jeweiligen ideologischen Ausgangspunkte grundsätzlich unterschieden. Auch bezogen auf die Einstellung zu Menschen mit Migrationshintergrund bedienten sich die Nationalrevolutionäre einer neuen Selbstdarstellung: Mit der Betonung des „Ethnopluralismus" distanzierte man sich formal vom Rassismus und sprach allen Ethnien die gleiche Wertigkeit zu. Gleichzeitig meinten die Nationalrevolutionäre aber, „Ausländer" könnten ihre Identität am besten in ihren Heimatländern wahren.

Die damit einhergehenden Diskurse, die auf eine „Ausländer raus!"-Forderung mit unverdächtigerer Wortwahl hinausliefen, gingen von diversen Kleingruppen und Publikationsorganen aus. Dabei handelte es sich nicht um eine homogene Bestrebung mit einheitlicher Struktur. Bereits früh entstanden 1964 mit dem „Jungen Forum" und 1965 mit „Fragmente" einschlägige Zeitschriftenprojekte. Dem folgten ab Beginn der 1970er Jahre auch einige Organisationsgründungen: 1972 die „Deutsch-Europäische Studiengesellschaft", 1974 die „Solidaristische Volksbewegung" und die „Sache des Volkes/Nationalrevolutionäre Aufbauorganisation". Darüber hinaus bestanden einige Basisgruppen, die in bestimmten Gegenden aktiv und nicht fester miteinander vernetzt waren. Allen Basisgruppen zusammen gehörten in der Hochphase um die 1000 Personen an. Auch wenn sich die Gruppen und Organisationen bald wieder auflösten, fanden deren Deutungen, etwa zum „Ethnopluralismus", im sonstigen Rechtsextremismus durchaus Verbreitung.

3 Foren und Netzwerke der Neuen Rechten

„Criticon" als Forum für demokratische und extremistische Konservative

Anfang der 1970er Jahre setzte als Abwehrreaktion auf die 68er-Bewegung und die Brandt-Regierung im Konservativismus eine stärkere Orientierung an Theoriearbeit ein. Dafür bildete „Criticon" ein publizistisches Forum, schrieben doch fortan demokratische wie extremistische Autoren dieses politischen Lagers in der Zeitschrift.[11] Gegründet wurde sie 1970 von Caspar von Schrenck-Notzing, der als Großaktionär von BASF und WMF über genügend finanzielle Mittel verfügte. Bekannt wurde er 1965 durch sein Buch „Charakterwäsche" über die frühere US-amerikanische Besatzungspolitik in Deutschland. Darin behauptete Schrenck-Notzing: „Die Charakterreformer hatten nichts anderes im Sinne als den langfristigen Umbau des deutschen Charakters." Ihnen sei es dabei um eine „Endlösung der deutschen Frage" mit einer „antigermanischen liberalen Ideologie"[12] gegangen, womit moderne Demokratievorstellungen gemeint waren.

Hier artikulierte sich ein besonderer Konservativismus, der als eine nicht-nationalsozialistische Form des Rechtsextremismus gelten kann. Derartige Auffassungen fanden fortan in „Criticon" einen Raum, ebenso wie auch Publizisten rechts von den Unionsparteien mit einer noch demokratischen Orientierung. Insofern lässt sich das Publikationsorgan weder extremismus- noch ideologietheoretisch eindeutig verorten, gehörte es doch zu einem „Brückenspektrum" zwischen demokratischem und extremistischem Konservativismus. Für die letztgenannte Richtung standen die Autoren, die sich am Gedankengut der Jungkonservativen bzw. der Konservativen Revolution der Weimarer Republik orientierten. Der „zweite Mann" von „Criticon", der Politologe Armin Mohler, spielte hierbei eine herausragende Rolle. Er machte durch Autorenportraits die Klassiker der Neuen Rechten in der Zeitschrift bekannt und förderte jüngere Publizisten mit einschlägiger Orientierung. Dazu gehörte auch der Historiker Karlheinz Weißmann, der als „Kopf" der späteren Neuen Rechten gilt.

Zwar dürfte „Criticon" nie eine Auflage von über 10 000 Exemplaren erreicht haben. Den Herausgebern ging es aber gar nicht um ein Massenblatt, wollte man doch die gesellschaftliche Elite in einem meinungsbildenden Sinne als Zielpublikum finden. Kulturell-politische Entwicklungen sollten frühzeitig erkannt werden, um sie dann im eigenen ideologisch-politischen Sinne gestalten zu können. Dabei wahrten die Herausgeber einen inner-konservativen Pluralismus. Zu den regelmäßig publizierenden Autoren gehörten Politiker der CDU/CSU wie Alexander Gauland[13] oder Hans Graf Huyn ebenso wie den Unionsparteien nahestehende Wissenschaftler wie Klaus Hornung oder Günter Rohrmoser. Aber auch katholische Fundamentalisten wie Friedrich Romig, offene Ablehner des Grundgesetzes wie Günter Maschke, selbsternannte „Nationalmarxisten" wie Reinhold Oberlercher oder Protagonisten

---

11 Vgl. Sebastian Dittrich, Zeitschriftenporträt: Criticon, in: Uwe Backes/Eckhard Jesse (Hrsg.), Jahrbuch Extremismus & Demokratie, Bd. 19, Baden-Baden 2007, S. 263–287; Pfahl-Traughber, Konservative Revolution und Neue Rechte, S. 202–206.
12 Caspar von Schrenck-Notzing, Charakterwäsche. Die Politik der amerikanischen Umerziehung in Deutschland, München 1965, S. 182, 79, 186.
13 Dabei handelt es sich um den heutigen AfD-Politiker. Seine früheren publizistischen Kooperationen deuten in der Rückschau bereits seine spätere politische Umorientierung an.

eines neuen Staufer-Reichs wie Hans-Dietrich Sander zählten zu den Autoren. Ab Ende der 1990er Jahre verlor „Criticon" an Bedeutung. 2007 erschien die letzte Ausgabe.

Die Entwicklung der Zeitung „Junge Freiheit"

Die Auffassungen der Konservativen Revolution und Neuen Rechten fanden zudem ein Forum in der zunächst als Monats-, danach als Wochenzeitung erscheinenden „Jungen Freiheit" (JF).[14] Das Blatt entstand 1986 als Plattform für eine geplante Jugendorganisation der „Freiheitlichen Volkspartei",[15] die aber nie politische Bedeutung erlangte. Die JF blieb fortan unabhängig von einer Partei und wollte eine politische Marktlücke im rechten publizistischen Spektrum füllen. Dabei beriefen Autoren und Redakteure sich immer wieder auf die Konservative Revolution und deren Protagonisten, was sowohl in einzelnen Kommentaren wie in persönlichen Portraits deutlich wurde. Insbesondere Carl Schmitt wurde als geistiger Bezugspunkt immer wieder genannt, gleiches galt für Edgar Julius Jung, Arthur Moeller van den Bruck oder Oswald Spengler. Es gab sogar mit „Die JF. Eine konservative Revolution" einen diesbezüglichen Werbeslogan, wovon man sich aber später ohne genaue Begründung verabschiedete. Bezüge auf Denker wie Schmitt blieben indessen präsent.

Das Blatt verstand sich aber nicht nur als Zeitung, es wollte als Bestandteil einer „Kulturrevolution von rechts" ein politisches Projekt sein. Demnach berichtete man über alle nur möglichen politischen Fragen, ergänzt um geschichtliche und kulturelle Themen. Dabei hoben die Autoren immer wieder ideologische Aspekte hervor und nutzten selbst Besprechungen von Kinofilmen oder Musikaufnahmen zur Propagierung einschlägiger Wertvorstellungen. Auch gab es Abhandlungen zu theoretischen Fragen, wobei politische Begriffe besetzt oder umgedeutet werden sollten. Insofern wies die JF sowohl im ideologischen wie im strategischen Bereich viele Gemeinsamkeiten mit der Neuen Rechten auf. Gleichwohl ließ sich das Blatt nicht auf diese Ideologierichtung reduzieren, öffnete man sich doch dem ganzen rechten Spektrum. Eine Ausnahme bildeten lediglich die Anhänger des historischen Nationalsozialismus, von denen sich die Redaktion unter Berufung auf den national-konservativ ausgerichteten militärischen Widerstand distanzierte – Stauffenberg galt als Leitfigur. Dies belegt freilich keine demokratische bzw. nicht-extremistische Ausrichtung.

---

14 Zum Folgenden vgl. Stephan Braun/Ute Vogt (Hrsg.), Die Wochenzeitung „Junge Freiheit". Kritische Analysen zu Programmatik, Inhalten, Autoren und Kunden, Wiesbaden 2007; Helmut Kellershohn (Hrsg.), Die „Deutsche Stimme" der „Jungen Freiheit". Lesarten des völkischen Nationalismus in zentralen Publikationen der extremen Rechten, Münster 2013; Pfahl-Traughber, Konservative Revolution und Neue Rechte, S. 206–211. An aktuellen Analysen der Wochenzeitung mangelt es.
15 Es handelte sich dabei um eine Abspaltung der Partei „Die Republikaner" (REP).

Als Autoren in der JF schrieben sowohl noch demokratische wie schon extremistische Konservative, denn es ging dem Blatt darum, über die Erstgenannten breiter in die Gesellschaft hinein wirken zu können. Dieser Absicht war durchaus ein gewisser Erfolg beschieden, kam es doch zu einem kontinuierlichen Anstieg der Auflagenzahlen. In den 1990er Jahren bewegten sie sich um die 15 000 und in den 2010er Jahren um die 30 000. Konflikte in der Redaktion wurden dadurch ausgelöst, dass ein Mäßigungskurs bei manchen Mitarbeitern keine Zustimmung fand. Deren Abgänge führten fortan zu einer Reduzierung von extremistischen Statements. Ob diese Entwicklung für einen demokratischen Lernprozess oder eine instrumentelle Mimikry-Strategie steht, kann unterschiedlich gedeutet werden.

Das „Institut für Staatspolitik" als „Denkfabrik"

Als eine „Denkfabrik" der Neuen Rechten gibt sich das „Institut für Staatspolitik" (IfS), eine private, keine universitäre Einrichtung – was der Titel womöglich suggerieren sollte.[16] Das in einem ehemaligen Rittergut gelegene Gebäude des IfS in Steigra/Schnellroda (Sachsen-Anhalt) entwickelte sich in der Folge zu einem kommunikativen Zentrum der Neuen Rechten. Gegründet wurde es 2000 von dem Publizisten und Verleger Götz Kubitschek und dem Historiker und Lehrer Karlheinz Weißmann. Beide orientieren sich ideologisch am Gedankengut der Jungkonservativen. Kubitschek berief sich auch in einem Buch auf einschlägige Denker und bemerkte dort zu der Notwendigkeit, seine Positionen öffentlich zu legitimieren: „Nein, diese Mittel sind aufgebraucht, und von der Ernsthaftigkeit unseres Tuns wird Euch kein Wort überzeugen, sondern bloß ein Schlag ins Gesicht."[17] Auch wenn diese Aussage mehr symbolisch und weniger wörtlich gemeint sein sollte, macht sie doch eine besondere Haltung deutlich. Kubitschek distanzierte sich in einem „Deutsche Stimme"-Interview von der „Nationaldemokratischen Partei Deutschlands" (NPD), aber nicht primär aus ideologischen, sondern aus strategischen Gründen.[18]

Das IfS führt Seminare und Vortragsveranstaltungen durch. Diese sollen insbesondere für jüngere Anhänger als Schulungen zu ideologischen wie organisatorischen Zwecken dienen. Darüber hinaus bestehen Publikationsmöglichkeiten im

---

16 Vgl. Helmut Kellershohn, Das Institut für Staatspolitik und das jungkonservative Hegemonieprojekt, in: Stephan Braun/Alexander Geisler/Martin Gerster (Hrsg.), Strategien der extremen Rechten. Hintergründe – Analysen – Antworten, Wiesbaden ²2016, S. 439–467; Armin Pfahl-Traughber, Diskurse der Neuen Rechten. Eine extremismustheoretische Analyse anhand des Instituts für Staatspolitik und der Zeitschrift „Sezession", in: Armin Pfahl-Traughber (Hrsg.), Jahrbuch für Extremismus- und Terrorismusforschung 2017/2018, Brühl 2018, S. 182–207.
17 Götz Kubitschek, Provokation, Schnellroda 2007, S. 30.
18 Vgl. Götz Kubitschek, „Respektlosigkeit als politische Waffe verwenden", in: Deutsche Stimme, Nr. 1 von Januar 2007, S. 3.

„Antaios"-Verlag und in der Zeitschrift „Sezession", beide ebenfalls in Steigra/Schnellroda ansässig.[19] Verlag und Zeitschrift dienen dem IfS als Mittel für seinen „Kampf um die Köpfe". Ein Engagement im Bereich der Parteipolitik strebte man zunächst nicht an. Darüber hinaus war auch nicht beabsichtigt, sich an Protestbewegungen auf der Straße zu beteiligen. Da die beiden IfS-Gründer Kubitschek und Weißmann aber mit diesen Grundauffassungen brachen, kam es zu Konflikten und zur Spaltung. Angesichts des Aufkommens der Bewegung „Patrioten Europas gegen die Islamisierung des Abendlandes" (PEGIDA) beteiligte sich Kubitschek an deren Demonstrationen auch als Redner. Und Weißmann trug die Orientierung der „Jungen Freiheit" an der politischen Partei „Alternative für Deutschland" mit.

Diese strategischen Differenzen in Kombination mit persönlichen Unstimmigkeiten führten 2014 zum Bruch zwischen den beiden Gründern. Kubitschek blieb die entscheidende Figur des IfS und lieferte insbesondere über die Herausgeberschaft der „Sezession" ideologische und strategische Orientierungshilfen. Als Beispiel dafür kann eine Schwerpunktausgabe zum „Widerstand" gelten.[20] Mehrere Autoren griffen darin die Flüchtlingsentwicklung auf, behaupteten ein existenzielles Versagen der Bundesregierung und leiteten daraus die Option von „Widerstand" ab. Damit war die Aufkündigung der Loyalität gegenüber geltendem Recht gemeint. Ein Autor, der ehemalige Bundesvorsitzende des „Nationaldemokratischen Hochschulbundes" Thor von Waldstein, bemerkte etwa: „Wer den Deutschen die Lebensgrundlage entziehen will, muss als Feind benannt und entschlossen bekämpft werden."[21] Die Dramatisierung der Ereignisse dient hier zur Legitimation radikaler Vorgehensweisen – möglicherweise bis zur Gewaltanwendung.

4 Strategien und Realitäten gesamtgesellschaftlicher Wirkung: Zwischen Elitismus, gesellschaftlicher Bewegung und Parteipolitik

Angesichts der Berufung auf die Konservative Revolution, die für ein „antidemokratisches Denken in der Weimarer Republik"[22] steht, kann die Neue Rechte als rechtsextremistisch gelten. Extremismus meint die Ablehnung der Grundlagen moderner

---

19 Vgl. Armin Pfahl-Traughber, Zeitschriftenportrait: Sezession, in: Uwe Backes/Alexander Gallus/Eckhard Jesse (Hrsg.), Jahrbuch Extremismus & Demokratie, Bd. 29, Baden-Baden 2017, S. 216–230.
20 Sezession 14 (2016), Nr. 70.
21 Thor von Waldstein, Zehn Thesen zum politischen Widerstandsrecht, in: ebenda, S. 30–32, hier S. 30.
22 Vgl. Kurt Sontheimer, Antidemokratisches Denken in der Weimarer Republik. Die politischen Ideen des deutschen Nationalismus zwischen 1918 und 1933, München 1983.

Demokratie und offener Gesellschaft, die in den Bezügen auf die genannte ideengeschichtliche Strömung deutlich wird. Eine Aufforderung zur Gewaltanwendung ist dafür ebenso wenig nötig wie ein Bekenntnis zum Nationalsozialismus. Beides sind nur besondere Erscheinungsformen von Extremismus, es kann auch eine nur intellektuelle Delegitimierung der Grundlagen des demokratischen Verfassungsstaates geben. Diese Ausrichtung ist der Neuen Rechten eigen und genau darin ist das Gefahrenpotenzial für Demokratie und Menschenrechte, Pluralismus und Rechtsstaatlichkeit zu sehen.

Auch wenn man durchaus ideologische Gemeinsamkeiten ausmachen kann, besteht bei der Neuen Rechten eine distanzierte Einstellung zu Nationalsozialismus und Neonazismus. Bereits bei der Konservativen Revolution gab es entsprechende Unterschiede. Sie bezogen sich aber mehr auf Habitus und Strategie: Die damaligen elitären Intellektuellen wollten mit den vermeintlich geistig schlichten SA-Straßenkämpfern wenig zu tun haben. Auch in Hitler erblickten sie keine Lichtgestalt, sondern eher einen Massenmobilisator. Ideologisch bestanden indessen Gemeinsamkeiten, wobei die Konservative Revolution eher auf den Staat und die Nationalsozialisten mehr auf die „Rasse" bezogen waren. Ähnlich verhält es sich in der Gegenwart, in der die Neue Rechte mit den Neonazis allein schon wegen des unterstellten Niveauunterschieds und Sozialverhaltens wenig zu tun haben will. In deren Anlehnung an den historischen Nationalsozialismus sieht man darüber hinaus eine falsche Orientierung, lassen sich doch so in der breiten Öffentlichkeit weniger politische Sympathiepunkte sammeln.

Um gesamtgesellschaftlichen Einfluss entfalten zu können, treten die gemeinten Intellektuellen formal gemäßigt auf. Dass es sich dabei um ein taktisches Instrument handelt, wurde gelegentlich sogar als Position öffentlich formuliert. Der erwähnte Karlheinz Weißmann schrieb bereits in den 1980er Jahren: „Die Fähigkeit, in die Offensive zu gehen, muss entwickelt werden und dazu die Fähigkeit, die Situation zu beurteilen: ob hier der offene Angriff oder die politische Mimikry gefordert ist."[23] Angesichts einer politisch für ihn eher ungünstigen Rahmensituation hielt er sich mit eindeutigen Formulierungen häufig zurück. Gleichwohl bekannte Weißmann in einem Interview offen, die Jungkonservativen der Weimarer Republik als geistig-politisches Leitbild anzusehen.[24] Auch Götz Kubitschek erwähnte die Notwendigkeit, eigene Auffassungen mitunter gemäßigter zu formulieren. Es gehe um den „Drahtseilakt zwischen notwendiger Offenheit und taktischer Maskierung".[25]

---

23 Karlheinz Weißmann, Neo-Konservatismus in der Bundesrepublik. Eine Bestandsaufnahme, in: Criticon 16 (1986), Nr. 96, S. 176–178, hier S. 178.
24 Karlheinz Weißmann, Unsere Zeit kommt. Gespräch mit Götz Kubitschek, Schnellroda 2006, S. 34.
25 Kubitschek, Provokation, S. 48.

Welche Bedeutung kommt nun den erwähnten Intellektuellen im gegenwärtigen „Rechtsruck" zu? Denn von einer solchen Entwicklung kann durchaus gesprochen werden, ohne damit dramatisierende Zerrbilder zu verbinden. Die „Alternative für Deutschland" (AfD) ist inzwischen im Bundestag und in allen Landtagen vertreten, die PEGIDA-Bewegung brachte zeitweilig allmontäglich über 20 000 Demonstranten auf die Straße, und andere einschlägige Bewegungen wie die „Identitären", Organisationen wie „Ein Prozent" oder Publikationsorgane wie „Compact" erlangten immer stärkere Relevanz. Die Akteure der Neuen Rechten verfügen über bedeutsame Verbindungen zu diesen Gruppierungen, was ihnen relevante Wirkungsmöglichkeiten eröffnet. Dies mag zunächst überraschen, wollten sie politische Änderungen in ihrem strategischen Selbstverständnis doch nicht praktisch umsetzen, sondern primär vordenken. Die AfD- wie PEGIDA-Verbindungen erklären sich daraus, dass die gemeinten Intellektuellen im gegenwärtigen „Rechtsruck" ihre Stunde gekommen sehen.

Zur AfD lassen sich viele Einflüsse und Verbindungen belegen: Björn Höcke, der Landesvorsitzende von Thüringen, hat etwa enge Kontakte zu Kubitschek. Er referierte häufiger im „Institut für Staatspolitik", und in seiner bekannten „Denkmal der Schande"-Rede bildete die „Sezession" die einzige explizit genannte Quelle. Ein besonderer Beleg für Alexander Gaulands Nähe zur Neuen Rechten findet man auf einem Foto, das vor dem Bundeskanzleramt in Berlin anlässlich einer „Mahnwache" 2016 entstand.[26] Dieses zeigt auch körperlich sehr dicht nebeneinander Kubitschek zwischen Gauland und Höcke stehend. Der als „Parteiphilosoph" geltende Marc Jongen publiziert regelmäßig in der „Sezession". Der AfD-Abgeordnete im Landtag von Sachsen-Anhalt Hans-Thomas Tillschneider ist häufig im IfS-Sitz zu Gast. Und Kubitschek liefert regelmäßig Positionen zur parteiinternen Strategiediskussion, etwa wenn zugunsten des rechten Flügels für eine „Fundamentalopposition" statt für „Selbstverharmlosung" plädiert wird.[27]

Auch die erwähnten Auftritte von Kubitschek bei den PEGIDA-Demonstrationen gehören zur geplanten Wirkungsabsicht. Aufgrund seines wenig charismatischen Auftretens mit nur vorgelesenen Reden begeisterte er zwar nicht die Versammlungsteilnehmer, gleichwohl wurden durch seine schlichte Anwesenheit entsprechende Einflüsse und Verbindungen deutlich. Auch zu den „Identitären" bestehen gute Kontakte: Diese Gruppierung gibt sich modern und will insbesondere Jugendliche ansprechen. Mit Aussagen wie „Hundert Prozent identitär, null Prozent Rassismus" suggeriert sie, nichts mit klassischen rechtsextremistischen Positionen zu tun zu ha-

---

26 Das Foto findet sich auf der Titelseite folgender Veröffentlichung: Horst Granderath, Die „Neue Rechte" in den Medien. Debattenschau (10.10.2018), online: www.kas.de (10.3.2020).
27 Vgl. Armin Pfahl-Traughber, Die AfD und der Rechtsextremismus. Eine Analyse aus politikwissenschaftlicher Sicht, Wiesbaden 2019, S. 25 f., mit Belegen für die Einzelaussagen.

ben.[28] Trotzdem lassen sich bei den „Identitären" ähnliche Auffassungen wie bei der Neuen Rechten ausmachen. Die engen Beziehungen werden auch daran deutlich, dass deren bedeutsamster Organisator und Sprecher Martin Sellner regelmäßig in der „Sezession" schreibt. Darüber hinaus erschien sein Buch „Identitär" im IfS-nahen Verlag „Antaios".[29]

Eine Einschätzung des Gefahrenpotenzials, das von der Neuen Rechten für die freiheitliche Demokratie ausgeht, erfordert die genauere Betrachtung verschiedener Ebenen. Zum intellektuellen Anspruch und zur politischen Klarheit ist festzustellen, dass sich auch bei den jüngeren Autoren der Neuen Rechten hohe Wissensbestände im Bereich der politischen Theorie konstatieren lassen, die sich aber mehr auf die eigenen ideologischen Denktraditionen als auf einen allgemeinen Kanon politischer Philosophie beziehen. Es gibt aber auch einzelne Autoren mit einer guten Beobachtungsgabe für Entwicklungen in anderen politischen Lagern, findet man doch etwa zu linken Diskursen in der „Sezession" immer wieder einschlägige Veröffentlichungen.[30] Bezogen auf Grundpositionen oder ein neues Systemverständnis gibt es indessen keine klaren Vorstellungen. Über ein „konservatives Minimum" schrieb Weißmann ganz offen, eine solche Position sei „gegenwärtig nicht genauer zu bestimmen".[31]

Die inhaltliche Dürftigkeit einer politischen Position bedeutet aber nicht notwendigerweise eine geringe Relevanz in der gesellschaftlichen Wirkung. Letztere bildet eine weitere Betrachtungsebene, um das Gefahrenpotenzial der Intellektuellenströmung einzuschätzen. Die Akteure der Neuen Rechten wollen in öffentlichen Diskursen eine geistige Hegemonie ihrer Positionen erlangen. Hiervon jedoch kann noch nicht einmal in Ansätzen die Rede sein und insofern ist auch jede Dramatisierung ihres Einflusses fehl am Platz. In der Bundesrepublik Deutschland bestehen genügend Sensibilitäten, um die extremistischen Konsequenzen der Neuen-Rechten-Vorstellungen zu erkennen. Trotzdem ist festzuhalten, dass sich in den letzten Jahren für einige bekannte Publizisten und Wissenschaftler einschlägige Verbindungen ausmachen lassen.[32] Sie stehen für eine bedenkliche Erosion der Abgrenzung zwischen demokratischen Konservativen und extremistischen Rechten. Derartige Ent-

---

28 Vgl. Judith Goetz/Joseph Maria Sedlacek/Alexander Winkler (Hrsg.), Untergangster des Abendlandes. Ideologie und Rezeption der rechtsextremen „Identitären", Hamburg 2017; Pfahl-Traughber, Rechtsextremismus in Deutschland, Kap. 13; Andreas Speit (Hrsg.), Das Netzwerk der Identitären. Ideologie und Aktionen der Neuen Rechten, Berlin 2018.
29 Vgl. Martin Sellner, Identitär. Geschichte eines Aufbruchs, Schnellroda 2017; auch im Verlag „Antaios" erschien von einem anderen Identitären: Mario Müller, KontraKultur, Schnellroda 2017.
30 So wird z. B. die Frage nach einem Linkspopulismus thematisiert, vgl. Benedikt Kaiser, Die Lücke, das Volk, die Linke, in: Sezession 16 (2018), Nr. 85, S. 10–15.
31 Karlheinz Weißmann, Das konservative Minimum, Schnellroda 2007, S. 91.
32 Zu den Autoren der „Sezession" gehörten 2018 etwa auch der Althistoriker David Engels, der Politikwissenschaftler Lothar Fritze, der Literaturwissenschaftler Günter Scholdt oder der frühere FAZ-Redakteur Eberhard Straub.

wicklungen, die es schon in den 1980er Jahren gab,[33] haben sich in letzter Zeit verstärkt.

Insofern könnten Auffassungen der Neuen Rechten auch stärker in die öffentliche Meinung einsickern, wobei die AfD als politischer Akteur einen inhaltlichen Transmissionsriemen liefert. Darüber hinaus bietet das Internet neue Möglichkeiten. So finden sich beispielsweise einschlägige Kommentare auf „Sezession im Netz" oder Rededokumentationen auf YouTube. Die Publikationen des IfS-nahen Verlag „Antaios" strahlen zwar meist nicht über das eigene Spektrum hinaus aus, aber es gibt Ausnahmen: So wurde aus einem kleinen Buch mit antisemitischen und geschichtsrevisionistischen Prägungen zeitweise ein „Spiegel"-Bestseller.[34] Es gibt also durchaus Anzeichen dafür, dass die Intellektuellen der Neuen Rechten größere Bedeutung erlangen könnten. Maßgeblich für dieses Potenzial ist auch deren geschickte strategische Ausrichtung auf jüngste strukturelle Wandlungsprozesse der Öffentlichkeit – etwa durch die Gründung des Thinktanks IfS, durch die Anbindung an die PEGIDA-Bewegung und die Partei AfD oder durch die Nutzung neuer Kommunikationsmöglichkeiten im Internet. Insgesamt betrachtet ist weder eine Dramatisierung noch eine Verharmlosung angebracht. Die damit einhergehenden Herausforderungen sollten demokratische Intellektuelle motivieren, sich argumentativ-kritisch mit Auffassungen und Hintergründen der Neuen Rechten zu beschäftigen.

---

33 Vgl. als frühe Einschätzung dazu: Armin Pfahl-Traughber, Brücken zwischen Rechtsextremismus und Konservativismus. Zur Erosion der Abgrenzung auf publizistischer Ebene in den achtziger und neunziger Jahren, in: Wolfgang Kowalsky/Wolfgang Schroeder (Hrsg.), Rechtsextremismus. Einführung und Forschungsbilanz, Opladen 1994, S. 160–182.
34 Gemeint ist: Rolf Peter Sieferle, Finis Germania, Schnellroda 2017. Zur Einschätzung vgl. Armin Pfahl-Traughber, Auf der Sachbuch-Bestenliste (21.7.2017), in: www.bnr.de (10.3.2020).

Gisèle Sapiro
Transformationen des intellektuellen Feldes in Frankreich seit den 1970er Jahren und der Bedeutungsgewinn von Rechtsintellektuellen

Der vorliegende Beitrag analysiert zunächst thesenhaft den Wandel der politischen und literarischen Konstellationen, unter denen Intellektuelle in Frankreich seit den 1970er Jahren agierten. In seinem Hauptteil befasst er sich dann mit dem – von diesen Veränderungsprozessen beeinflussten – Bedeutungsgewinn von Intellektuellen, die heute der extremen Rechten angehören.[1] Abschließend gehe ich kurz auf die linksintellektuelle Gegenreaktion ein.

1 Transformationen des intellektuellen Feldes

Intellektuelle Arbeitsteilung

Die wachsende Erfordernis spezifischer Fachkenntnisse im politischen Feld hat zur Folge, die Intellektuellen aus dem politischen Feld auszuschließen, wie der fehlgeschlagene Versuch von Jean-Paul Sartre und David Rousset illustriert, die 1947 eine politische Partei gründen wollten. Seit Ende der 1970er Jahre, die durch den Aufstieg technokratischer Macht und die Selbsteinkapselung der Politik[2] charakterisiert sind, hat der Prozess der Differenzierung zwischen politischem und intellektuellem Feld ein Maß erreicht, das auf die Entpolitisierung des intellektuellen Feldes und ganz besonders des literarischen hinausläuft.

Diese Entpolitisierung des literarischen Feldes hängt auch mit der intellektuellen Arbeitsteilung zusammen, die seit den 1960er Jahren verstärkt zu beobachten ist und die das Feld verändert hat:
- Zum einen enthebt die wachsende Professionalisierung des Journalismus die Schriftsteller der Funktion als Leitartikler – wie sie nach dem Krieg auf so brillante Weise von François Mauriac und Albert Camus ausgeübt worden ist.
- Zum anderen hat die akademische Institutionalisierung der Sozialwissenschaften, insbesondere der Soziologie, der Ökonomie und der Anthropologie, im Verbund mit der gestiegenen Nachfrage nach Expertise für die staatliche Politik –

---

[1] Mein Beitrag orientiert sich am Nachwort meines Buchs: Gisèle Sapiro, Les écrivains et la politique en France. De l'affaire Dreyfus à la guerre d'Algérie, Paris 2018, S. 359–391.
[2] Vgl. Pierre Bourdieu, Propos sur le champ politique, Lyon 2000.

im Bereich von Kultur, Sozialem und Wirtschaft – sowie für die Beratung von Unternehmen[3] dazu geführt, die Schriftsteller ihrer Kompetenz für die Analyse der sozialen Welt zu berauben. Diese Kompetenz wird nun ausgewiesenen Fachleuten einerseits und Essayisten andererseits zugeschrieben.

Die letztgenannten Gruppen bestimmen heute die Debatten auf dem Feld der Ideologieproduktion. Diese Entwicklung erklärt zum Teil, warum – wie später auszuführen sein wird – eine so große Zahl ultrakonservativer oder reaktionärer Schriftsteller und Essayisten den Sozialwissenschaften Abscheu und Ressentiment entgegenbringen. Gleichzeitig hat sie im Bereich der Avantgarde auch zur Erneuerung literarischer Möglichkeiten beigetragen. Wie in der Zwischenkriegszeit haben die neuen Sozialwissenschaften und die sich darin geltend machenden Paradigmen, vor allem der Marxismus und der Strukturalismus, die Gesellschaftskritik und die ästhetische Subversion gewisser avantgardistischer Strömungen befeuert, namentlich der Situationisten und der Gruppe Tel Quel, die sich ebenfalls massiv gegen die intellektuelle Spezialisierung gewendet haben.[4]

Die Anerkennung der Intellektuellen ist 1968 durch die antiautoritäre Devise und das Misstrauen gegenüber allen Formen der Macht, seien sie weltlich oder spirituell, in Frage gestellt worden. Michel Foucault hat seit 1976 die Konsequenzen aus dieser Entwicklung gezogen, indem er den Begriff des „spezifischen Intellektuellen" theoretisch zu erfassen suchte – im Gegensatz zum Intellektuellen, der vorgibt, Universalist zu sein und vom Schriftsteller verkörpert wird. Foucault schreibt:

> „Schon seit einigen Jahren wird von dem Intellektuellen nicht mehr verlangt, diese Rolle [Träger des Universalen zu sein] zu spielen. Eine neue Art ‚Verbindung zwischen Theorie und Praxis' hat sich etabliert. Die Intellektuellen haben sich die Gepflogenheit zu Eigen gemacht, nicht im ‚Universalen', im ‚Beispielgebenden', im ‚Wahren-und-Gerechten für alle', sondern in festgelegten Sektoren, an genau bestimmten Punkten zu arbeiten, an die sie entweder durch ihre professionellen Arbeitsbedingungen oder durch ihre Lebensbedingungen (Wohnung, Krankenhaus, Irrenanstalt, Labor, Universität, die familiären oder sexuellen Beziehungen) versetzt wurden. [...] Und sie sind dabei auf Probleme gestoßen, die spezifischer Natur, die ‚nicht universal' und häufig verschieden von denen des Proletariats oder der Massen waren. [...] Ich wer-

---

[3] Vgl. Michael Pollak, La planification des sciences sociales, in: Actes de la recherche en sciences sociales, Nr. 2–3, 1976, S. 105–121; Gisèle Sapiro/Eric Brun/Clarisse Fordant, The Rise of the Social Sciences and Humanities in France. Institutionalization, Professionalization and Autonomization, in: Christian Fleck/Victor Karady/Mathias Duller (Hrsg.), Institutionalization of the Social Sciences and Humanities in Europe and Beyond, Basingstoke, im Druck.

[4] Vgl. Éric Brun, Les situationnistes. Une avant-garde totale (1950–1972), Paris 2014; Boris Gobille, Le Mai 68 des écrivains. Crise politique et avant-gardes littéraires, Paris 2018. Zwischen 1957 und 1972 in der Situationistischen Internationale organisiert, vertraten die Situationisten eine subversive Synthese von Kunst und Alltag. Der Gruppe Tel Quel um das zwischen 1960 und 1982 herausgegebene gleichnamige Journal gehörten unter anderem Michel Foucault, Jacques Derrida und Roland Barthes an. Vgl. Patrick Ffrench, The Time of Theory. A History of *Tel Quel* (1960–1983), Oxford 1995.

de das den ‚spezifischen' Intellektuellen nennen im Gegensatz zum ‚universalen' Intellektuellen. [...] Bis dahin war der Intellektuelle par excellence der Schriftsteller: Als universales Bewusstsein und freies Subjekt stand er in einem Gegensatz zu denen, die nur Kompetenzen im Dienst des Staates oder des Kapitals waren (Ingenieure, Richter, Lehrer)."[5]

Die großen Veränderungen im Feld der linken und rechten Ideologieproduktion

Wegen ihrer Kollaboration mit dem nationalsozialistischen Deutschland delegitimiert, sah sich die radikale Rechte nach 1945 ins Abseits gedrängt und brauchte eine gewisse Zeit, um wieder an Boden zu gewinnen. Der Algerienkrieg erlaubte es der radikalen Rechten, zu einem offenen Nationalismus zurückzukehren und sich gegen das antikoloniale Engagement der mit den Nouveaux Romanciers verbündeten Existentialisten zu wenden.[6] Die Schriftsteller des Nouveau Roman lehnten es freilich selbst ab, eine „engagierte Literatur" zu schaffen und trugen dazu bei, diese als überholt hinzustellen. Avantgardistische Subversion nahm im literarischen Feld rund um den Mai 1968 andere, symbolischere Formen an.[7]

Seit Ende der 1940er Jahre hat sich das Feld der radikalen Linken in Opposition zur Kommunistischen Partei neu organisiert.[8] Ungeachtet des Modernisierungsversuchs, den „La Nouvelle Critique" in den 1960er Jahren auf dem intellektuellen Feld unternahm,[9] und trotz der Verabschiedung vom sozialistischen Realismus ist es der

---

5 Michel Foucault, Die politische Funktion des Intellektuellen, in: ders., Schriften in vier Bänden. Dits et Ecrits, Bd. III: 1976–1979, hrsg. v. Daniel Defert u. François Ewald unter Mitarb. v. Jacques Lagrange, Frankfurt a. M. 2003, S. 145–152, hier S. 145 f. (Hervorhebung im Original). Soweit im Anmerkungsapparat nur die deutsche Übersetzung des Textes als Beleg angeführt wird, ist die zitierte Passage der deutschen Übersetzung entnommen. Wird nur auf das französische Original verwiesen, stammt die Übertragung ins Deutsche von der Übersetzerin. In einigen Fällen wird in der Anmerkung sowohl das französische Original als auch die ins Deutsche übertragene Publikation angegeben. In diesem Fall haben sich die Herausgeberinnen an der publizierten Übersetzung orientiert, dabei jedoch einzelne Passagen, die vom französischen Originaltext abwichen, neu übersetzt, um sicherzustellen, dass die Interpretationsgrundlage der Autorin des vorliegenden Beitrags korrekt wiedergegeben wird.
6 In einem Brief an Dionys Mascolo kündigte Robbe-Grillet an, seine Unterstützung zurückzuziehen, weil sie „eine Verwirrung ausgelöst hat", die nicht mehr zwischen „Unterwerfung unter" und „Hilfe für die FNL" unterscheide. Brief von Alain Robbe-Grillet an Dionys Mascolo vom 26.9.1960 in: Catherine Brun/Olivier Penot-Lacassagne (Hrsg.), Engagements et déchirements. Les intellectuels et la Guerre d'Algérie, Paris 2012, S. 163.
7 Vgl. Gobille, Le Mai 68 des écrivains.
8 Philippe Gottraux, Socialisme ou Barbarie. Un engagement politique et intellectuel dans la France de l'après-guerre, Lausanne 1997.
9 Frédérique Matonti, Intellectuels communistes. Essai sur l'obéissance politique. La Nouvelle Critique (1967–1980), Paris 2005.

KPF nicht gelungen, die Legitimität zurückzugewinnen, die sie in den Jahren der Unterwerfung unter die Befehle Moskaus verloren hatte. Zudem sah sie sich von links durch moskauunabhängige Marxisten und Anarchisten herausgefordert, die ihre Anhänger im Vorfeld von 1968 aus der jungen Generation rekrutierten. Während der Maidemonstrationen wurde Aragon von den Studenten auf der Place de la Sorbonne ausgebuht, ein Zeichen des Vertrauensverlustes, das die Partei ebenso verblüffte wie den Schriftsteller, der sich in ihren Dienst gestellt hatte. Der vorübergehende und zweckgebundene Anschluss von Philippe Sollers[10] und der Gruppe Tel Quel genügte nicht, um das Image der KPF am Vorabend der Niederschlagung des Prager Frühlings aufzupolieren. Tel Quel entwickelte sich dann rasch in eine maoistische Richtung. 1974 beendete jedoch eine offizielle Reise nach China dieses Engagement sowie die avantgardistische Ausrichtung der Gruppe. Sollers wandelte sich bald zu einem distanzierten „Ästheten" und stieg damit gleichzeitig zu einer beherrschenden Stellung im literarischen Feld auf.[11]

Mit dem Erscheinen der französischen Übersetzung von Alexander Solschenizyns „Archipel Gulag" im Jahr 1974, in dem dieser die Realitäten des Lagersystems in der UdSSR öffentlich machte, wurde der Legitimationsverlust der Kommunistischen Partei manifest. Die Rezeption dieses Werkes war der Katalysator für den Vormarsch der neuen intellektuellen Rechten, die sich um die Themen Antikommunismus und Antimarxismus formierte.[12] Ihr Sprachrohr war die Zeitschrift „Commentaire", 1978 von Raymond Aron gegründet und stark vom amerikanischen Neokonservativismus beeinflusst. Die öffentliche Wahrnehmung der intellektuellen Rechten profitierte stark vom Auftreten der „nouveaux philosophes", die in einer Zeit, in der Rundfunk und Fernsehen sich als einflussreicher erwiesen als das geschriebene Wort, mit dem Medienbetrieb umzugehen und sich als „Medienintellektuelle" zu inszenieren wussten.[13]

Im Lager der linken Intellektuellen hinterließ Sartres Tod im Jahre 1980 eine Lücke. Weitgehend aus Wissenschaftlern bestehend, gruppierte sich dieses Lager nun

---

10 Philippe Sollers war der Herausgeber der Zeitschrift „Tel Quel" und galt auch als Repräsentant und Kern der Gruppe. Seine literarische Experimentierfreudigkeit wurde insbesondere von Barthes und Derrida gewürdigt. Vgl. Roland Barthes, Sollers écrivain, Paris 1979; Jacques Derrida, La dissémination, Paris 1972, S. 319–407.

11 Sollers beobachtete den Rechtsruck, der gesellschaftliche Alterung begleitete. Sein Porträt von Édouard Balladur, den er 1995 unterstützte, brachte ihn in die Nähe des Pols der „Notablen", auch wenn er der Académie française fernblieb. Niilo Kauppi, Tel Quel. La constitution sociale d'une avant-garde, Helsinki 1990; Philippe Forest, Histoire de Tel Quel, 1960–1982, Paris 1995; ders., Philippe Sollers, Paris 1992; Philippe Sollers, Balladur tel quel, in: L'Express vom 12.1.1995.

12 Vgl. Michael Christofferson, French Intellectuals against the Left. The Antitotalitarian Moment of the 1970's, Oxford/New York 2003.

13 Zu den „nouveaux philosophes" sind unter anderem André Glucksmann, Alain Finkielkraut, Guy Lardreau und Christian Jambet zu zählen, die sich im Zeichen der Veröffentlichung Alexander Solschenizyns „Archipel Gulag" gegen einen linken Totalitarismus positionierten.

in Kollektiven „spezifischer Intellektueller", unter anderem um Michel Foucault. Die Regierungsübernahme der Sozialisten brachte einen Bedeutungsverlust der intellektuellen Linken mit sich, der nun der politische Gegenpol fehlte, sowie eine Marginalisierung des Marxismus. Die Linke spaltete sich in den 1980er Jahren am Neoliberalismus, der auch bei der liberalen Rechten Anhänger gewann. Es war ein Soziologe, Pierre Bourdieu, der in den 1990er Jahren den Kampf gegen den Neoliberalismus aufnahm. Bourdieu trat dabei als „spezifischer Intellektueller" auf, allerdings definierte er diesen aufgrund der wissenschaftlichen Arbeitsteilung neu als „kollektiven Intellektuellen".[14]

2 Die neue literarische Rechte: gegen Antirassismus und Multikulturalismus

Ob nun trotz oder wegen der Marginalisierung der Schriftsteller auf dem Feld der Ideologieproduktion – eine kleine Gruppe unter ihnen fühlte sich von der radikalen Rechten angezogen. Die herrschende Ideologie, mit der sich diese Rechte fortan auseinandersetzte, war nicht mehr der republikanische Nationalismus, sondern die Philosophie der Menschenrechte, zu der die Gleichheit von Mann und Frau ebenso gehört wie der Antirassismus. Damit schlossen sich die politischen Gruppen der extremen Rechten vom legitimen Wettbewerb auf dem Feld der Politik aus. Der kulturalistisch-essentialistische Diskurs der Intellektuellen der radikalen Rechten, der ihre Islamophobie gelehrt rechtfertigte, erlangte mit der Welle von Attentaten, die seit dem 11. September im Namen des Islam von Terrorgruppen ausgeübt worden sind, wieder eine gewisse „Legitimität".

Die Idealtypen, die ich in „Les écrivains et la politique en France"[15] für die erste Hälfte des 20. Jahrhunderts herausgearbeitet habe – der „Notable", der „Polemiker" und der „Ästhet" –, ermöglichen es auch, die Rollen der Schriftsteller zu unterscheiden, die sich im ideologischen Dunstkreis der radikalen Rechten bewegen.

Dem Pol der „Notablen" lässt sich Alain Finkielkraut zuordnen, seit seinem Essay „La défaite de la pensée" (1987)[16] ein entschiedener Kritiker der neuen „Barbarei" des Multikulturalismus, der Akkulturation und des Verlusts der Hierarchie kultureller Werte. 2014 wurde Finkielkraut in die Académie française aufgenommen. Diesem akademischen Pol hat sich seit 2003, dem Jahr der Neukonfiguration des in-

---

14 Vgl. Pierre Bourdieu, Contre-feux. Propos pour servir à la résistance contre l'invasion néo-libérale, Paris 1998. Siehe auch Louis Pinto/Gisèle Sapiro/Patrick Champagne (Hrsg.), Pierre Bourdieu, sociologue, Paris 2004.
15 Sapiro, Les écrivains et la politique en France.
16 Alain Finkielkraut, La défaite de la pensée, Paris 1987.

tellektuellen Feldes anlässlich der Präsidentschaftskandidatur von Nicolas Sarkozy, der ehemalige Maoist Pascal Bruckner beigesellt, nun Mitarbeiter der neokonservativen und islamfeindlichen Zeitschrift „Le meilleur des mondes".[17]

Die prominenteste Gallionsfigur der „Polemiker" ist zweifelsohne Éric Zemmour. Als Kolumnist beim „Figaro magazine" und Journalist bei „Valeurs actuelles" sowie als Schriftsteller (bekannt ist er insbesondere für seinen 2008 veröffentlichten Roman „Petit frère"[18] und eine Reihe von Pamphleten) eifert er gegen den Antirassismus, den er mit dem Kommunismus gleichsetzt, den Multikulturalismus und die Ehe für alle. Er ist der Verfasser von „Le premier sexe" (2006), einer Klage über die Verweiblichung der Gesellschaft, von „Mélancolie française" (2010) und von „Le suicide français" (2014).[19] Im letztgenannten Buch greift er den amerikanischen Historiker Robert Paxton an, um Robert Arons Behauptung zu rehabilitieren, das Vichy-Regime habe die französischen Juden geschützt. Die Geisteswissenschaften macht er in seinen Schriften für den Werterelativismus verantwortlich. Zemmour, der zudem Édouard Balladur und Jacques Chirac literarisch proträtiert hat,[20] wurde am 18. Februar 2011 wegen Anstiftung zur Rassendiskriminierung verurteilt, da er im Radiosender France Ô das „Recht" der Arbeitgeber verteidigt hatte, keine Araber oder Schwarzen einzustellen.

Weil er die pamphletistische Form bevorzugt, wird man auch Philippe Muray den „Polemikern" zuordnen können, selbst wenn er eine Reihe von Merkmalen mit den „Ästheten" teilt, insbesondere den Stil. An beiden Polen wird er willkommen geheißen: vom Schriftsteller Michel Houellebecq[21] bei den „Ästheten" und von der Journalistin Élisabeth Lévy der Zeitschrift „Causeur", der er eine Reihe von Interviews gegeben hat, bei den „Polemikern". Im Vorwort zu diesen Interviews stellt Muray seine Theorie vor, dass wir in ein Zeitalter des „festivisme", der Spaßgesellschaft, eingetreten sind: Hier gebe der „homo festivus festivus" beziehungsweise der „Festokrat der neuen Generation" den Ton an. Dieser kenne „kein anderes Projekt", „als seine tobende Leere zu begründen, diesen aufgeregten *Sonntag des Lebens*, den er ‚Demokratie' nennt, damit man niemals wagt, die Vorzüge zu untersu-

---

[17] Diese Zeitschrift ist aus der Annäherung des Cercle de l'Oratoire, der seit den Protesten gegen den Irakkrieg den Antiamerikanismus bekämpfte, und einer kleinen Gruppe hervorgegangen, zu der die Schriftsteller Olivier Rolin und Marc Weitzmann, der Regisseur Romain Goupil und Olivier Rubinstein, damals Lektor bei Denoël, gehörten. Der Cercle de l'Oratoire ist ein 2002 entstandener Thinktank. Siehe Éric Aeschimann, Une revue qui pointe l'arme à gauche, und ders., Les meilleurs amis de l'Amérique, in: Libération vom 9.5.2006.
[18] Éric Zemmour, Petit frère, Paris 2008.
[19] Ders., Le premier sexe, Paris 2006; ders., Mélancolie française, Paris 2010; ders., Le suicide français, Paris 2014.
[20] Ders., Balladur, immobile à grands pas, Paris 1995; ders., Chirac, l'homme qui ne s'aimait pas, Paris 2002.
[21] Gespräch von Aude Lancelin mit Michel Houellebecq, Le génie de la formule, in: Le Nouvel Observateur vom 1.10.2010.

chen, die durch dieses Wort autoritativ vorausgesetzt werden". Er wolle nichts mehr, als „den echten Gegenspieler der strahlenden Zukunft auszuschalten: die Herrschaft des Mannes". Nach der Homo-Ehe werde er das „Zerbrechen des letzten Sicherheitsriegels der alten Welt, des Inzestverbots", bewirken und so den Weg ebnen für „eine Zivilisation absoluter Promiskuität, die sich schon jetzt als *Cyber-Primitivimus* definieren lässt". Der Tanz um ihren neuen Gott, den *„egalitisme*, der sich zur Gleichheit verhält wie eine Perversion zur Neurose, eine Sekte zu einer Religion, die Achtung vor den verschiedenen Geschlechtern zur bewussten Zerstörung der geschlechtlichen Unterschiede oder die Liebeslust zur pornographischen Destruktivität", liefert diese Gesellschaft „einer manischen Suche nach *Diskriminierungen*, ihrem neuen Teufel" aus. Philippe Muray kultiviert einen heiligen Hass auf die Anthropologen, die die moralischen Werte des Abendlandes relativieren, wie auch auf die Soziologen und alle „Forschungsassistenten des CNRS", die „so tun, als füllten sie pausenlos, Tag und Nacht, mit ihrem lymphatischen Schulgeschwätz", die „Leere" der gegenwärtigen Welt aus.[22] Die andere bevorzugte Zielscheibe auf dem intellektuellen Feld sind die Frauen, vor allem wenn sie es wie Catherine Millet wagen, den Kontinent des Sexes zu betreten, den ureigensten Jagdgrund des Mannes, der allein befugt ist, darüber zu sprechen und sich dessen zu erfreuen. Die Verfasserin von „La vie sexuelle de Catherine M." erscheint ihm wie die höchste Inkarnation des Festivus festivus:

> „Sie stellt sich zur Schau. Und das, was sie zur Schau stellt, ist das flexible, anpassungsfähige, biegsame, libertäre Individuum, das keine Tabus, keine Verbote kennt, das keine Erinnerung hat, unschuldig ist, durch seine Emanzipation vollkommen integriert ist und absolut dem Zeitgeist huldigt: kurz das, was ich den Festivus festivus nenne (hier wäre es wohl angebrachter von der Festiva festiva zu sprechen). Die Jagd nach Profit wird im Leben dieser Person noch überholt von der Jagd nach Orgien, und zur ‚schrankenlosen Akkumulation von Waren', von der Marx spricht, kommt noch die ‚Akkumulation von Geschlechtsakten'; aber immer geht es um die Jagd und die Akkumulation, sprich die Herausforderung, also wieder einmal um Wachstum, mithin um den feiernden Nihilismus und die fiebrige Erektion des Lustprinzips, das Gesetz und Wirklichkeit leugnet, und somit um die übersättigte Infantilität falscher Allmacht."[23]

Dieser Angriff Murays auf Catherine Millet zeigt – wie viele andere dieser Art, denen Schriftstellerinnen seitens ihrer männlichen Kollegen ausgesetzt sind[24] – den Groll von Autoren, die nicht im Rampenlicht stehen angesichts der national wie interna-

---

[22] Philippe Muray, Festivus Festivus. Conversations avec Élisabeth Lévy, Paris 2005, S. 11, 12, 14, 28 f., 24 (Hervorhebungen im Original).
[23] Ebenda, S. 49.
[24] Das trifft beispielsweise auf Pierre Jourde zu, der wegen seiner Trennung von Literatur und Moral zu den Vertretern des Pols der „Ästheten" zu zählen ist, und dessen kategorische und ätzende Kritiken oft kurzen Prozess mit Schriftstellerinnen machen, während er weitaus großzügiger urteilt, wenn er einen Houellebecq oder einen Richard Millet beweihräuchert. Vgl. Pierre Jourde, La litté-

tional großen Erfolge von Schriftstellerinnen, angefangen bei Marguerite Duras mit „L'amant" (Paris 1984), über Camille Laurens mit „Dans ces bras-là" (2000) bis hin zu Catherine Millet mit „La vie sexuelle de Catherine M." (Paris 2001). Zweifellos tragen solche Ressentiments zur politischen Radikalisierung gewisser „Ästheten" wie Renaud Camus und Richard Millet bei, die beide, wie Camilles Laurens, von Paul Otchakovsky-Laurens, dem Gründer des Verlagshauses P. O. L., gefördert worden sind.

Gewiss, zu dieser Riege von „Ästheten" der Rechten, die im Kielwasser der „Hussards"[25] aufgetaucht sind, zählt auch ein erfolgreicher Schriftsteller: Michel Houellebecq. Der Autor wies 2003 die Kennzeichnung als „neuer Reaktionär" zurück und zog den Ausdruck „konservativ" vor. Der Konservativismus könne eine Quelle des Fortschritts sein, wie dies ja auch auf die Wissenschaft zutreffe (dabei beruft er sich auf Thomas S. Kuhn).[26] Unabhängig von den jeweiligen Qualifikationen und Besonderheiten ist all diesen Schriftstellern eine antikonformistische Haltung gemeinsam, mit der sie sich gegen den Multikulturalismus, Antirassismus und Feminismus wenden. In seinem vorletzten Roman, „Soumission" („Die Unterwerfung"), stellt Houellebecq sich vor, dass eine muslimische Partei an die Macht kommt und für alle Bereiche des Lebens die Gültigkeit des Religionsgesetzes proklamiert, womit er diffuse, durch den islamfeindlichen Diskurs genährte Ängste literarisch in Szene setzt.[27]

Renaud Camus hat sich von einem linken Sozialisten zu einem Rechtsradikalen gewandelt. Bei den Präsidentschaftswahlen 2002 trat er als Kandidat der von ihm gegründeten Partei L'In-nocence an, welche die „Werte des staatsbürgerlichen Pflichtgefühls, des Anstands, der Zivilisation, der Höflichkeit und der Achtung vor dem Wort und der ‚In-nocence' [Unschuld]" verteidigen sollte. Nachdem er seine Niederlage eingestanden hatte, für die er vor allem „seine eigenen politischen Fähigkeiten" verantwortlich machte, rief er zur Wahl von Marine Le Pen auf, um den drohenden „Zivilisationswandel" abzuwenden, den die Einwanderung mit sich bringen würde.[28] Im Programm der Partei („Abécédaire de l'In-nocence", 2010)[29] stellte er seine Pseudotheorie des „großen Austausches" dar, die er in einem gleichnamigen Buch entwickelt hat (2011):[30] Unter diesem Schlagwort beklagt er den Austausch „ethnischer" Franzosen durch nicht-europäische Einwanderer, was zu einem „gro-

---

rature sans estomac, Paris 2002. Dieses Werk brachte ihm den Kritikerpreis der Académie française ein.

25 Die locker konstituierte literarische Bewegung „Les hussards" entstand Anfang der 1950er Jahre und umfasste Sympathisanten der Action française sowie Schriftsteller des äußeren rechten Spektrums, die sich gegen Sartres Existentialismus aussprachen. Vgl. Marc Dambre (Hrsg.), Les hussards. Une génération littéraire, Paris 2000.

26 Vgl. Michel Houellebecq, Le conservatisme, source de progrès, in: Le Figaro magazine vom 8.11.2003.

27 Ders., Soumission, Paris 2015, in deutscher Übersetzung: ders., Unterwerfung, Köln 2015.

28 Renaud Camus, Nous refusons de changer de civilisation, in: Le Monde vom 19.4.2012.

29 Renaud Camus & Parti de l'In-nocence, Abécédaire de l'In-nocence, Neuilly-sur-Seine 2010.

30 Renaud Camus, Le grand remplacement, Neuilly-sur-Seine 2011.

ßen Kulturschwund" führe. Diese Pseudotheorie konnte zumindest bei der identitären Rechten einen ideologischen Erfolg verbuchen, der auch unter den „Notablen", etwa bei Alain Finkielkraut, auf offene Ohren stieß. Finkielkraut verteidigte sie selbst dann noch, als ihr Urheber diesen „großen Austausch" mit dem Völkermord an den europäischen Juden verglich.[31] 2014 wurde Renaud Camus wegen Verhetzung und Anstiftung zur Gewalt „gegen eine Personengruppe aufgrund ihrer Religionszugehörigkeit" verurteilt. Auslöser war eine Rede, die er im Dezember 2010 anlässlich einer internationalen Konferenz zur Islamisierung gehalten hat. 2015 schloss er sich der Satellitenpartei des Front National, Souveraineté, Identité et Libertés, an. Seit November 2017 ist er Vorsitzender des „Conseil national de la résistance européenne", den er in Colombey-les-Deux-Églises gegründet hat – Ort der „Gedenkstätte Charles de Gaulle". Das Motto von Camus' Organisation lautet „Vive la France libre. Vive la civilisation européenne"[32] und veranschaulicht eindringlich die missbräuchliche Aneignung von Symbolen des kollektiven Gedächtnisses.

Der Fall Richard Millet, Verfasser der „Éloge littéraire d'Anders Breivik", bietet sich an, um die Verflechtung literarischer und politischer Themen zu illustrieren, die es an diesem Pol gibt. Im Sommer 2011 hat Breivik in Norwegen 77 Menschen umgebracht: Acht Personen starben bei einem Sprengstoffattentat auf ein Regierungsgebäude in Oslo und 69 auf der Insel Utøya. Die Mehrheit der Opfer waren Jugendliche, die sich auf Utøya in einem Sommerlager der Jugendorganisation der sozialdemokratischen Arbeiterpartei aufgehalten hatten. Millet, ursprünglich Lehrer, später dann Lektor beim Verlag Gallimard – aufgrund des Skandals, den dieses Pamphlet erregte, wurde er entlassen –, hat mehrere, nur einem kleinen Kreis bekannte Romane und eine Reihe von Essays geschrieben („Le dernier écrivain", „Harcèlement littéraire", beide 2005 erschienen, „Désenchantement littéraire" 2007, „L'enfer du roman" 2010, „Fatigue du sens" und „Arguments d'un désespoir contemporain" 2011).[33] Darin kritisiert er die aktuellen Tendenzen der französischen und internationalen Literatur; seine Vorstellung von einem christlichen Europa scheint dabei immer wieder durch. 2012 veröffentlichte er gleichzeitig „De l'antiracisme comme terreur littéraire" und „Langue fantôme. Essai sur la paupérisation de la littérature suivi de Éloge littéraire d'Anders Breivik".[34] Zwar erlaubt es die kategorische Hal-

---

31 Vgl. Mathieu Dejean, Alain Finkielkraut reprend à son compte la théorie du „grand remplacement" de Renaud Camus, in: Les Inrockuptibles vom 30.10.2017.
32 https://www.cnre.eu// (19.2.2020).
33 Richard Millet, Le dernier écrivain, Saint-Clément-de-Rivière 2005; ders., Harcèlement littéraire, Paris 2005; ders., Le Désenchantement littéraire, Paris 2007; ders., L'enfer du roman. Réflexions sur la postlittérature, Paris 2010; ders., Fatigue du sens, Paris 2011; ders., Arguments d'un désespoir contemporain, Paris 2011.
34 Ders., De l'antiracisme comme terreur littéraire, Paris 2012 (dt.: Richard Millet, Antirassismus: Terror gegen die Literatur, in: ders., Verlorene Posten. Schriftsteller – Waldgänger – Partisan,

tung dieser Essays, sie der Gattung Pamphlet zuzuordnen.³⁵ Auch teilt Millet manch ein Thema mit den Polemikern, etwa mit Philippe Muray – insbesondere die Vorstellung einer Dekadenz der französischen Kultur seit Mai 68, die Gleichsetzung der gegenwärtigen Kulturproduktion mit „Pornographie", die wahnhafte Furcht, mit der Einwanderung und dem Multikulturalismus gehe ein Identitätsverlust einher („ein Verbrechen gegen den französischen Geist")³⁶ und die Angst vor dem Gespenst der Islamisierung Europas. Gleichzeitig aber hebt er sich ab durch einen gehobenen und klareren Stil und den Verzicht auf Beschimpfungen und persönliche Angriffe, also durch eine „ästhetisch" beschönigende Form.

„Was man heutzutage als Literatur und im weiteren Sinne als Kultur bezeichnet, ist nichts als das hedonistische Antlitz eines Nihilismus, dessen terroristischer Arm der Antirassismus ist." Mit diesem Satz beginnt Millets Pamphlet „De l'antiracisme", in dem er bestreitet, dass es in Frankreich rassistische Einstellungen gibt. Damit denunziert er den Antirassismus als eine herrschende Ideologie, die „uns weismachen will, dass es keine Rassen gibt". Seine essentialistische Haltung zu Rasse und Kultur geht einher mit einem „Rassismus der Klasse" und einem „Rassismus der Intelligenz" – diese Sicht teilen die „Ästheten" mit den „Notablen", was freilich einem gewissen, vor allem auf Akademiker abzielenden Antiintellektualismus an diesem Pol nicht im Wege steht. In diesem Sinne schreibt Millet:

> „Zum Rassisten wird heute also nicht etwa derjenige erklärt, der die Gleichheit der Rassen und Ethnien in Frage stellt, sondern der die politisch-rassische Neue Ordnung anficht, die in den europäischen Ländern durch den globalisierten Kapitalismus mit Unterstützung des Medien- und Kulturbetriebs, insbesondere der Schriftsteller, etabliert wurde – was darauf hinausläuft, eine neue Art von Kolonisierung zu billigen: die der Reichen durch die Armen, also eine in ihr Gegenteil verkehrte Kolonisierung, wobei auch historischer Rückschritt und Niedergang sowie moralische Dekadenz jenen Neokolonialismus hervorbringen, an dem Europa stirbt, weil es unfähig ist, sich selbst treu zu bleiben angesichts einer massenhaften, nicht-integrierbaren, allgemein feindlichen und letztlich zerstörerischen Einwanderung."³⁷

Ganz im Einklang mit der Haltung des Pamphletisten präsentiert sich Millet als ein Verfolgter, als ein Opfer der gegenwärtig herrschenden Ideologie. Der Hass, den er auslöst, ist für ihn eine Auszeichnung, die ihn, den weißen, katholischen und gebildeten Mann, in seinen Gewissheiten bestärkt, in deren Namen er unermüdlich und

---

Schnellroda 2013, S. 222–257); ders., Langue fantôme. Essai sur la paupérisation de la littérature suivi de Éloge littéraire d'Anders Breivik, Paris 2012.
35 Eine detaillierte Untersuchung der rhetorischen Kunstgriffe Millets findet sich in Jérôme Meizoz, Richard Millet. Le scénario Céline, in: Pascal Durand/Sarah Sindaco (Hrsg.), Le discours „néoréactionnaire". Transgressions conservatrices, Paris [2015], S. 281–296.
36 Millet, De l'antiracisme comme terreur littéraire, S. 46 (dt.: Millet, Antirassismus, S. 238).
37 Ders., De l'antiracisme comme terreur littéraire, S. 16 (dt.: Millet, Antirassismus, S. 225). Zu „Rassismus der Klasse" und „Rassismus der Intelligenz" vgl. Pierre Bourdieu, Questions de sociologie, Paris 1980, Neuauflage 1984, S. 264–268.

wie besessen das mit Nachdruck unterstreicht, was er für die Wahrheit hält – auch das eine Eigenschaft, die er mit Muray teilt. In überlegener Pose sucht Millet den zentralen Aspekten seiner symbolischen Herrschaft, die er durch den Kulturrelativismus bedroht sieht, den Anschein der Universalität zu geben.

> „Französischstämmig, weiß, heterosexuell, katholisch, getrieben von der Sorge um andere ebenso wie um mich selbst – und daher insbesondere um das, was mir als Erbe zugedacht wurde, vor allem um die Sprache, und darum, all dies meinerseits wiederum weiterzuvererben, eher überzeugt von der Tiefe des Blutes und der Zeit als vom Rausch der Horizontalität oder von den Ekstasen der transnationalen, transsexuellen, multirassischen und multikulturellen Beliebigkeit, ohne Zweifel, dass dieses Erbe (eine andere Bezeichnung für die echte Kultur) die einzige Form der Universalität ist, zusammen mit dem Katholizismus, der für mich untrennbar damit verbunden ist, alles Dinge, die der allseitige Relativismus vernichten will".[38]

Im Essay „Éloge littéraire" wirft Millet einen ästhetisierenden Blick auf den von Breivik begangenen Massenmord. Millet zeigt sich „beeindruckt von der formvollendeten Perfektion" der Gesten Breiviks, in der er eine „literarische Dimension" zu erkennen meint, da „die Perfektion ebenso wie das Böse immer mehr oder weniger mit Literatur zu tun" habe. Man erwartet daher eine ästhetisierende Beschreibung der „formvollendeten Perfektion" dieser Handlungen – etwa so, wie Guillaume Apollinaire von der Faszination der mondfarbenen Granaten schwärmt, denen er, anders als Millet, tatsächlich ausgesetzt war. Stattdessen werden wir mit einem kurzen Abriss der „Geschehnisse" abgespeist. Die sogenannte literarische Lobrede schwingt sich nicht zu einer Apologie auf, denn Millet hat gleich zu Beginn erklärt, er „billige" den Massenmord nicht. Sie wird vielmehr zu einer merkwürdigen Verteidigungsrede – die Schrift ist zwei Tage vor dem Prozess gegen den Mörder erschienen. Millet beteuert Breiviks volle Verantwortung, verteidigt ihn aber umso vehementer, indem er ihn zu einem „Opfer" des Multikulturalismus und des Verlusts der nationalen Identität macht: „Breivik ist alles andere als eine Verkörperung des Bösen, er hat sich vielmehr naiv als Werkzeug des Bösen geopfert, das unsere in eine chaotische und trügerische Horizontalität gestürzten Gesellschaften zerfrisst." Und so meint Millet, in den Taten des Mörders „einen lächerlichen Ausdruck des zivilisatorischen Überlebensinstinkts" zu erkennen.[39]

Die Rhetorik, die den (wahren) Opfern die Verantwortung für die gegen sie gerichteten Verbrechen zuschiebt, ist vertraut. Nazis und Faschisten aller Schattierungen haben immer wieder eindringlich wiederholt, die Juden trügen die Schuld am Ausbruch des Zweiten Weltkrieges. An dieser pamphletistischen Rhetorik ist litera-

---

38 Millet, De l'antiracisme comme terreur littéraire, S. 28 f. (dt.: Millet, Antirassismus, in: ders., Verlorene Posten, S. 230).
39 Ders., Langue fantôme, S. 115, 110 (dt.: Literarischer Gesang auf Anders Breivik, in: ders., Verlorene Posten, S. 208–221, hier S. 217, 213).

risch nur der Stil, sie erinnert an die „Ästhetisierung der Politik", wie sie der Faschismus praktiziert und Walter Benjamin definiert hat.⁴⁰

Im Falle Millets, wie auch bei Muray, erscheint es jedoch angemessener, von „reaktionär" statt von faschistisch zu sprechen. Im eben zitierten Essay Millets stößt man ebenso wie in „Langue fantôme" auf die Leitmotive der reaktionären Vorkriegsrhetorik: die das Ende der Zivilisation einläutende Dekadenz, die Furcht, die Rassenmischung greife „das französische Wesen" und die Reinheit der Sprache an. Zwar spricht Millet nicht von Rassenreinheit und wehrt sich dagegen, ein Rassist zu sein, aber er zögert nicht, den Begriff der „Rasse" für den der „Kultur" zu verwenden. Genau diese Themen finden sich bei Charles Maurras und der Action française, mit dem einzigen Unterschied, dass die Muslime nun die Rolle der Juden übernommen haben. (Letztere waren hingegen die Zielscheibe von Renaud Camus, dessen Zeitschrift „La Campagne de France" im Jahr 2000 einen Skandal auslöste, weil Camus darin beklagte, Juden seien in der Sendung Panorama von France Culture „überrepräsentiert".) Ein weiterer deutlicher Unterschied zu den Vorläufern im frühen 20. Jahrhundert besteht darin, dass die Faszination für die Führerfigur, die ehemals so stark verbreitet war, heute nicht mehr anzutreffen ist – sie scheint mit den Lehren verschwunden zu sein, die aus den faschistischen und nationalsozialistischen Regimen gezogen wurden.

„Ästheten" und „Polemiker" heben sich so von der rückwärtsgewandten und ästhetisierenden Nostalgie der „Notablen" ab, deren politische wie auch literarische Stellungnahmen von einer moralischen Empörung angesichts der vermeintlichen Schändung jener Werte durchdrungen sind, als deren Hüter sie sich gerne sehen. Bei Ersteren nimmt die apokalyptische Vorstellung vom Ende der Welt – das heißt vom Ende einer hierarchischen Sozialordnung, in der das Kapital, das sie als weiße gebildete Männer hatten, sie immer noch symbolisch distinguierte, und in der sie die „französische Identität" verkörperten – tatsächlich spezifische Formen an: Auf die Politisierung der Ästhetik, die den kritischen Diskurs der „Polemiker" kennzeichnet, antwortet am Pol der „Ästheten" die Ästhetisierung der Politik, um noch einmal den Ausdruck Walter Benjamins aufzugreifen.

3 Reaktionen der literarischen Linken

Viel Lärm mag er wohl machen, aber der Pol der radikalen Rechten umfasst letztlich nur eine kleine Gruppe von Schriftstellern. In Wahrheit liegt das Gravitationszentrum des literarischen Feldes im heutigen Frankreich weiterhin links, auch wenn

---

40 Walter Benjamin, Das Kunstwerk im Zeitalter seiner technischen Reproduzierbarkeit, in: ders., Das Kunstwerk im Zeitalter seiner technischen Reproduzierbarkeit, Frankfurt a. M. 1963, S. 7–44, hier S. 42–44.

eine Reihe von Schriftstellern dieses Lagers im Sinne des Nouveau Roman sorgfältig zwischen Politik und Literatur unterscheidet. Dies zeigt sich beispielsweise daran, dass linke Schriftstellerinnen und Schriftsteller in Frankreich gerne Petitionen unterschreiben, sich aber darüber hinaus überwiegend von eigentlich politischen Tätigkeiten fernhalten und keine „engagierte Literatur" verfassen.

Exemplarisch möchte ich abschließend auf die empörten Proteste eingehen, die Millets Pamphlete ausgelöst haben und die uns einen Einblick in die Prinzipien und politisch-moralischen Werte vermitteln, für die jenseits aller Unterschiede in den politischen Sensibilitäten die literarische „Linke" (im weit gefassten Sinne) eintritt: Verteidigung der Menschenrechte, Antirassismus, Ablehnung eines identitären Essentialismus jedweder Art, Gleichheit der Geschlechter. Zwei herausragende Artikel, geschrieben vom Nobelpreisträger Jean-Marie Le Clézio und von Annie Ernaux, beide von Gallimard verlegt, geben dabei die Richtung vor.

Am 5. September 2012 wirft Jean-Marie Le Clézio in „BibliObs" die Frage nach „der Verantwortung der Schriftsteller für die Verbreitung von Rassismus und Fremdenfeindlichkeit" auf:[41] „In Frankreich ersteht die ekelerregende Ideologie der 1930er Jahre wieder aus ihrer Asche auf; damals bereitete die extreme Rechte (La Cagoule, Action française) dem Nazismus das Bett (und die Niederlage Frankreichs vor), indem sie Fremdenfeindlichkeit und Antisemitismus propagierte." Heute träten diese in der Gestalt der Islamfeindlichkeit auf: „[...] die Propaganda bedient sich derselben Begriffe, derselben Schlagworte, derselben Obsessionen: die Invasion der Fremden, der Verlust der christlichen Orientierung, die Reinheit der Rasse". Le Clézio ist beunruhigt angesichts der Tatsache, dass „diese Themen, diese Obsessionen von einem Teil der politischen Klasse und auch von einer steigenden Zahl von Intellektuellen und Künstlern aufgegriffen werden". Für ihn ist der Multikulturalismus eine „bereits überholte Frage": „Wir leben in einer Welt der Begegnungen, der Mischungen und des Hinterfragens. Mischungen und Migrationsströme gibt es seit jeher, sie stehen sogar am Ursprung der Menschenrasse (der einzigen Rasse)." Was Millet betrifft, so existiert dieser laut Le Clézio „nur mit und für den Skandal". „Wenn Céline ein Genie und ein Provokateur ist", so fragt Le Clézio, „genügt es dann, ein Provokateur zu sein, um genial zu sein?"

Annie Ernaux' Artikel erschien am 10. September 2012 in „Le Monde".[42] Wie Le Clézio äußert sie ihren Ekel angesichts der Lektüre Millets. Dann zerpflückt die Autorin die „perverse Rhetorik", die seit „Langue fantôme" klar zutage getreten ist. Darin klagt Millet, die französische Literatur sei unter dem Einfluss der Einwande-

---

41 Jean-Marie Le Clézio, La lugubre élucubration de Richard Millet, in: BibliObs, 5.9.2012, https://bibliobs.nouvelobs.com/actualites/20120905.OBS1344/la-lugubre-elucubration-de-richard-millet.html (19.2.2020).
42 Annie Ernaux, Le pamphlet fasciste de Richard Millet déshonore la littérature, in: Le Monde vom 10.9.2012, https://www.lemonde.fr/idees/article/2012/09/10/le-pamphlet-de-richard-millet-deshonore-la-litterature_1758011_3232.html (20.2.2020).

rung und des Multikulturalismus im Niedergang begriffen und habe ihre „Reinheit" verloren. Diese These lehnt Ernaux mit aller Entschiedenheit ab: „Nie werde ich akzeptieren, dass man meine schriftstellerische Arbeit mit meiner rassischen und nationalen Identität verknüpft, mich in Abgrenzung zu anderen definiert, und ich werde gegen jene kämpfen, die mir diese Teilung der Menschheit aufzwingen." Indem sie eine „politische Tat, deren Ziel es ist, die Werte zu zerstören, auf denen die französische Demokratie beruht", scharf kritisiert, kommt Ernaux zu dem Schluss, dass es sich um nichts anderes als um ein „faschistisches Pamphlet handelt, das die Literatur entehrt". Dieser Artikel ist auf den ausdrücklichen Beifall zahlreicher Schriftstellerinnen und Schriftsteller gestoßen, die durchaus repräsentativ für den Kreis der „Ästheten" unter den literarischen Linken sind.

Die diesem Text zugrunde liegende Übersetzung aus dem Französischen wurde von Christiana Goldmann angefertigt und vom Wissenschaftskolleg zu Berlin finanziert.

Politisches Engagement und intellektuelle Autonomie

Thomas Kroll
Eric Hobsbawm, die Krise der britischen Arbeiterbewegung und die Rolle des Intellektuellen in den 1970er und 1980er Jahren

1 Einleitung

Die Industrieländer im westlichen Europa haben in den drei Jahrzehnten nach dem Zweiten Weltkrieg eine historisch einmalige Phase des ökonomischen Aufschwungs und der Prosperität erlebt. Der Boom ermöglichte den Ausbau des Sozialstaats und des Bildungssystems, was breiten Bevölkerungsschichten neue Lebenschancen eröffnete und zu einem rasanten Wandel der sozialen Strukturen und politischen Erwartungshorizonte führte. Diese gesellschaftliche Transformation hatte namentlich für die sozialistischen oder kommunistischen Parteien im Westen weitreichende Folgen, denn in den Jahren des Booms wurden fundamentale Ziele der Arbeiterbewegung des 19. und 20. Jahrhunderts erfüllt.

Die generelle Verbesserung der sozialen und wirtschaftlichen Lage führte zwar zunächst zu Wahlerfolgen der Linken, doch verloren der überkommene Antikapitalismus und die sozialistische Utopie seit den 1950er Jahren zunehmend an Anziehungskraft. Das Klassenbewusstsein der vielfältig geschichteten Arbeiterschaft löste sich allmählich auf, und die Vorstellung, das „Proletariat" sei berufen, eine neue Gesellschaft aufzubauen, welche den Kapitalismus überwinde, fand immer weniger Rückhalt.[1] Diese Tendenz verstärkte sich seit Mitte der 1970er Jahre, als der große Boom der Nachkriegsjahrzehnte endete und das kapitalistische Wirtschaftssystem sowie der Sozialstaat in die Krise gerieten.[2] Als in den 1980er Jahren Prozesse der Deindustrialisierung den Übergang zur Dienstleistungsgesellschaft beschleunigten, schrumpfte die handarbeitende Industriearbeiterschaft und mit ihr der soziale Kern der modernen sozialistischen Arbeiterbewegung.[3]

---

1 Vgl. Michael Schneider, In Search of a „New" Historical Subject. The End of Working-Class Culture, the Labor Movement, and the Proletariat, in: International Labor und Working Class-History 32 (Fall 1987), S. 46–58, hier S. 46–50; sowie Mark Mazower, Der dunkle Kontinent. Europa im 20. Jahrhundert, Berlin 2000, S. 409–466, 480–485.
2 Vgl. dazu jüngst Lutz Raphael, Jenseits von Kohle und Stahl. Eine Gesellschaftsgeschichte Westeuropas nach dem Boom, Berlin 2019.
3 Vgl. Geoff Eley/Keith Nield, Farewell to the Working Class?, in: International Labor und Working Class-History 57 (Spring 2000), S. 1–30, hier S. 3f.; sowie Roberta Garruccio, Chiedi alla ruggine. Studi e storiografia della deindustrializzazione, in: Meridiana 85 (2016), S. 35–60.

Diese gesellschaftlichen und politischen Wandlungsprozesse wurden von Intellektuellen begleitend analysiert und als „Krise" der sozialistischen Arbeiterbewegung gedeutet. Schon 1980 bestritt der Philosoph und Sartre-Schüler André Gorz in seiner Streitschrift „Abschied vom Proletariat" den klassischen marxistischen Glaubenssatz, das Proletariat könne den Kapitalismus überwinden und eine neue Gesellschaft aufbauen.[4] Der französische Soziologe Alain Touraine, der ähnlich wie Daniel Bell Anfang der 1970er Jahre das Aufkommen einer „postindustriellen Gesellschaft" angekündigt hatte,[5] erklärte den „Sozialismus" ebenfalls 1980 sogar für gestorben.[6] Schließlich beschwor der bundesdeutsche Arbeitssoziologe und Gewerkschafter Theo Pirker 1984 in einem viel diskutierten Aufsatz das „Ende der Arbeiterbewegung" in ihrer klassischen Form.[7]

In den Debatten, die Intellektuelle in den 1980er Jahren über die Zukunft des Sozialismus in den westlichen Gesellschaften „nach dem Boom"[8] führten, kommt auch dem marxistischen Historiker Eric Hobsbawm eine große Bedeutung zu. Bereits im Sommer 1978 hatte er in der eurokommunistisch orientierten Zeitschrift „Marxism Today" die These vertreten, dass sich die britische Labour Party im Niedergang befinde und die Partei nicht mehr auf die loyale Unterstützung der „Arbeiterklasse" zählen könne. Sein Artikel „The Forward March of Labour Halted?", der aus einem Vortrag zum Gedenken an Marx hervorgegangen war, löste in der britischen Linken eine heftige Debatte über die Zukunft der Sozialdemokratie und des Sozialismus aus, die in der Ära Thatcher (1979–1990) fortgesetzt und von jeder Wahlniederlage der Labour Party in den 1980er Jahren erneut angefeuert wurde.[9]

Zwar hatte Hobsbawm bereits in den 1960er Jahren in Zeitschriften des linken Milieus Großbritanniens politische Kommentare und Analysen veröffentlicht, doch erst mit seinen Krisendiagnosen der 1980er Jahre entwickelte er sich zu einem wichtigen Akteur der nationalen Öffentlichkeit.[10] Seinen politischen Interventionen wurde ein

---

4 Harald Wieder, Ein Tempelschänder des Marxismus, in: Der Spiegel, 16/1981, S. 220–229; André Gorz, Adieux au prolétariat. Au delà du socialisme, Paris 1980.
5 Vgl. Alain Touraine, Die postindustrielle Gesellschaft, Frankfurt a. M. 1972; Daniel Bell, Die nachindustrielle Gesellschaft, Frankfurt a. M. 1975.
6 Max Gallo, 1980 – Le sacrilège: la mort du socialisme, in: L'Express, 19.4.1980; Alain Touraine, Après-socialisme, Paris 1980.
7 Theo Pirker, Vom „Ende der Arbeiterbewegung", in: Rolf Ebbinghaus/Friedrich Tiemann (Hrsg.), Das Ende der Arbeiterbewegung in Deutschland?, Opladen 1984, S. 39–51.
8 Anselm Doering-Manteuffel/Lutz Raphael, Nach dem Boom. Perspektiven auf die Zeitgeschichte nach 1970, Göttingen ³2012.
9 Vgl. Eric Hobsbawm, The Forward March of Labour Halted?, in: Marxism Today, September, 1978, S. 279–286; sowie Dennis Dworkin, Cultural Marxism in Postwar Britain. History, the New Left, and the Origins of Cultural Studies, Durham/London 1997, S. 255.
10 Zum Konzept der Öffentlichkeit vgl. etwa Axel Schildt, Das Jahrhundert der Massenmedien. Ansichten einer künftigen Geschichte der Öffentlichkeit, in: Geschichte und Gesellschaft 27 (2001), S. 177–206.

hohes Maß an Autorität zugebilligt, weil der in Cambridge ausgebildete Hobsbawm zu den herausragenden britischen Wirtschafts- und Sozialhistorikern zählte und sein Werk in Europa, den USA sowie in Lateinamerika breit rezipiert wurde.[11] Zudem galt der Historiker als Kenner des Werkes von Marx und Engels sowie der marxistischen Tradition des 19. und 20. Jahrhunderts, weshalb man ihm in der britischen Linken die spezifische Fähigkeit zu einer marxistisch angeleiteten Gegenwartsdiagnose zuschrieb.[12] Schließlich kam Hobsbawm zugute, dass er seit 1936 Mitglied der Communist Party of Great Britain (CPGB) war, obwohl diese in der britischen Linken eine untergeordnete Rolle spielte.[13] Im Unterschied zu vielen seiner politischen Weggefährten war der Historiker nach der Krise von 1956 nicht aus der CPGB ausgetreten,[14] doch übernahm er in der Partei keine offiziellen Ämter mehr und kritisierte dogmatische Positionen. Zugleich publizierte Hobsbawm in Zeitschriften der Neuen Linken (wie der „New Left Review"), suchte in den 1970er Jahren enge Kontakte zu den reformorientierten, moskaukritischen Kommunisten Italiens und schlug sich schließlich in seiner eigenen Partei auf die Seite der eurokommunistischen Opposition.[15] Auch wenn seine politischen Stellungnahmen der 1970er und 1980er Jahre kontrovers diskutiert wurden,[16] wuchs ihm aufgrund seiner unabhängigen Position das prophetische Charisma eines „universalistische[n] kritische[n] Intellektuelle[n]" zu,[17] der qualifiziert erschien, die Politik der Labour Party unvoreingenommen zu analysieren, zumal er nicht in deren innere Machtkämpfe involviert war und diese gewissermaßen „von außen" betrachten konnte.[18] So avancierte Hobsbawm in den 1980er Jahren zu einem der prominentesten Intellektuellen der gesamten britischen Linken und übernahm selbst in der Labour Party die Rolle eines „intellectual guru".[19]

---

11 Richard J. Evans, Eric Hobsbawm. A Life in History, Oxford 2019, S. 396–544, hier besonders S. 479, 522.
12 Vgl. Eric Hobsbawm, Gefährliche Zeiten. Ein Leben im 20. Jahrhundert, München/Wien 2003, S. 309; sowie ders. u. a. (Hrsg.), Storia del marxismo, Bde. 1–3, Turin 1979.
13 Vgl. dazu auch die kritische Einschätzung des kommunistischen Engagements Hobsbawms bei Tony Judt, Eric Hobsbawm – der letzte romantische Kommunist, in: ders., Das vergessene 20. Jahrhundert. Die Rückkehr der politischen Intellektuellen, Frankfurt a. M. 2011, S. 123–134.
14 Zu den britischen kommunistischen Intellektuellen in der Krise von „1956" vgl. Thomas Kroll, Kommunistische Intellektuelle in Westeuropa. Frankreich, Österreich, Italien und Großbritannien im Vergleich (1945–1956), Köln/Weimar/Wien 2007, S. 609–627. Vgl. ferner Giorgio Napolitano, Intervista sul PCI, hrsg. von Eric J. Hobsbawm, Rom/Bari 1976.
15 Hobsbawm, Gefährliche Zeiten, S. 302; Evans, Eric Hobsbawm, S. 474–544.
16 Zur Kontroverse in der Labour Party, aber auch in der CPGB vgl. Gregory Elliot, Hobsbawm. History and Politics, London/New York 2010, S. 81 f.
17 Vgl. dazu die Typologie von Gisèle Sapiro, Die Formen intellektuellen Engagements: Der Fall Frankreich, in: Alexander Mejstrik/Thomas Hiebel/Sigrid Wadauer (Hrsg.), Die Krise des Sozialstaats und die Intellektuellen, Frankfurt a. M. 2012, S. 81–101, hier S. 86, 89.
18 Hobsbawm, Gefährliche Zeiten, S. 302.
19 Siehe Evans, Eric Hobsbawm, S. 522, der ein Interview mit dem Herausgeber von „Marxism Today", Martin Jacques, zitiert.

Auch wenn Hobsbawms politisches Engagement der späten 1970er und der 1980er Jahre in der Forschung zur Labour Party und zur Ära Thatcher zumindest kursorisch Erwähnung findet,[20] ist es aus intellektuellengeschichtlicher Perspektive bislang kaum systematisch untersucht worden.[21] So soll es im Folgenden vor allem darum gehen, die Gegenwartsdiagnose des Historikers nachzuzeichnen,[22] also seine Sicht auf die „Krise" der Arbeiterbewegung in Großbritannien sowie die von ihm vorgeschlagenen politischen Gegenstrategien zu rekonstruieren, um ferner zu klären, wie er die Rolle der neoliberalen Politik der Regierung Margaret Thatchers in diesem Kontext einschätzte. Mit dieser ideengeschichtlichen Rekonstruktion wird die Frage verknüpft, wie Hobsbawm die Rolle des Intellektuellen in der politischen Krise der 1970er und 1980er Jahre konzeptualisierte und wie er seinen eigenen politischen Vorstellungen Geltung zu verschaffen versuchte.

2 Die Krisendiagnose von Eric Hobsbawm

In seinem Artikel „The Forward March of Labour Halted?" von 1978 ließ Hobsbawm die Entwicklung der britischen Arbeiterbewegung in den letzten einhundert Jahren Revue passieren und konstatierte einen kontinuierlichen Abwärtstrend der Labour Party bei den Unterhauswahlen seit 1951.[23] Die Thesen erregten Aufsehen, weil Hobsbawm die Vorstellung eines unaufhaltsamen Fortschritts der Arbeiterbewegung in Zweifel zog und damit an den ideologischen Grundfesten des Marxismus rüttelte. Zwar ordnete er die Entwicklung der Labour Party zunächst noch mit marxistisch-leninistischem Vokabular in den Kontext einer Krise des staatsmonopolistischen Kapitalismus ein,[24] doch unterstrich er ebenfalls von Beginn an, dass eine schonungslose empirisch-realistische Bestandsaufnahme des rasanten gesellschaftlichen Wandels seit den 1970er Jahren unabdingbar sei, um die Krise zu verstehen: „But if the labour and socialist movement is to recover its soul, its dynamism, and its historical initiative, we, as marxists, must do what Marx would certainly have done: to recognise the novel situation in which we find ourselves, to analyse it realistically and concretely, to analyse the reasons, historical and otherwise, for the fail-

---

20 Vgl. etwa Richard Vinen, Thatcher's Britain. The Politics and Social Upheaval of the 1980s, London u. a. 2009, S. 313.
21 Hilfreiche Ansätze finden sich bei Herbert Pimlott, From „Old Left" to „New Labour"? Eric Hobsbawm and the Rethoric of „Realistic Marxism", in: Labour/Le Travail 56 (Fall 2005), S. 175–197, hier S. 177; sowie bei Elliot, Hobsbawm, S. 43–86.
22 Ausgewertet werden vor allem Hobsbawms zahlreiche Artikel in „Marxism Today".
23 Hobsbawm, The Forward March of Labour Halted?, in: Marxism Today, September, 1978, S. 280.
24 Vgl. dazu auch Eric Hobsbawm, Ist der Kapitalismus schon am Ende? Die Krise des Kapitalismus in historischer Sicht, in: Wiener Tagebuch, 1975, Nr. 10, S. 6–12; sowie Eric Hobsbawm interviews Tony Benn, in: Marxism Today, October, 1980, S. 5–13, hier S. 5.

ures as well as the successes of the labour movement, and to formulate not only what we would want to do, but what can be done."[25]

Um die Krise zu erklären, ging Hobsbawm in methodischer Hinsicht zunächst ganz ähnlich vor wie in seinen historischen Studien zur Arbeiterbewegung des 19. Jahrhunderts und arbeitete – mit dem Hinweis auf „objektive" Zahlen und Fakten – die soziale Zusammensetzung der Arbeiterschichten und die Chancen für die Entwicklung eines proletarischen Klassenbewusstseins heraus.[26] So hob er hervor, dass sich die „working class" seit den 1960er Jahren zunehmend „zersplittert" habe und ihr sozialer Zusammenhalt verloren gegangen sei. Vor allem in den 1970er Jahren habe sich ein „sectionalism" entfaltet, der dazu geführt habe, dass die unterschiedlichen Gruppen der Arbeiterschaft ökonomische Eigeninteressen verfolgten, ohne Rücksicht aufeinander zu nehmen.[27] Diese Tendenz führte Hobsbawm zunächst auf die Ausweitung des öffentlichen Dienstes zurück, mit dem der Staat dem britischen Kapitalismus eine monopolitische Struktur aufgeprägt habe. Auf diese Weise sei ein wachsender Teil der Arbeitnehmer den Konkurrenzbedingungen der freien Marktwirtschaft und den betreffenden Prozessen der Klassenbildung entzogen worden. Ferner komme hinzu, dass die Immigration nach Großbritannien und die steigende Zahl von Frauen im Produktionsprozess die Tendenz zum „sectionalism" verstärkt hätten. In diese Richtung habe auch die steigende Zahl von Armen („poor") gewirkt, die im Niedriglohnsektor arbeiteten und sich durch Gewerkschaften und Arbeiterparteien kaum politisch mobilisieren ließen.[28] Die Folgen dieser Prozesse waren nach Hobsbawm dramatisch, denn die soziale Zersplitterung der Arbeiterklasse verhindere mehr und mehr die Entfaltung von solidarischen Strukturen und von Klassenbewusstsein, insbesondere „the highest degree of class consciousness, namely socialist consciousness".[29]

Dieser Verlust eines „Gutteil[s] des einheitlichen und einenden Klassenbewusstseins"[30] führte nach Ansicht von Hobsbawm zu einem deutlichen Rückgang des Anteils von Arbeitern, die sich in Gewerkschaften organisierten und die Labour Party wählten. Die Ursachen für diese Tendenz suchte Hobsbawm zunächst in der Politik der Gewerkschaften und der Labour Party selbst. Die Gewerkschaften hätten zwar

---

[25] Eric Hobsbawm, The Forward March of Labour Halted?, in: Marxism Today, September, 1978, S. 286; vgl. ferner ders., Farewell to the Classic Labour Movement?, in: New Left Review 173 (1989), S. 69–74, hier S. 70.
[26] Vgl. dazu etwa Eric J. Hobsbawm, Labouring Men. Studies in the History of Labour, London 1964.
[27] Hobsbawm, The Forward March of Labour Halted?, in: Marxism Today, September, 1978, S. 284.
[28] Ebenda, S. 282.
[29] Ebenda, S. 285.
[30] So eine treffende Formulierung aus einem Text, mit dem Hobsbawm nach der Jahrtausendwende auf die Entwicklung in den 1970er und 1980er Jahren zurückblickte: Eric Hobsbawm, Wie man die Welt verändert. Über Marx und den Marxismus, München 2012, S. 388.

mit ihrer militanten Streikpolitik der 1970er Jahre Erfolge feiern können, doch habe dies der Entfaltung der rein ökonomischen Gruppenegoismen mächtig Vorschub geleistet, weil die Gewerkschaften (wie im „Winter of Discontent" 1978/79) zwecks Erreichung kurzfristiger Erfolge die dauerhafte Existenz des Kapitalismus und die Schwächung des Klassenbewusstseins der Arbeiter hingenommen hätten.[31] Ebenso scharf ging der Historiker mit der Labour Party ins Gericht, weil die zweite Regierung von Harold Wilson (1974–1976) mangels Führungsschwäche der Arbeiterklasse keine klare politische Linie vorgegeben und damit zur Auflösung von „faith and hope in the mass party of the working people" beigetragen habe.[32]

Während bei diesen Schuldzuweisungen die traditionellen Topoi kommunistischer Kritik an der Taktik des reformistischen Sozialismus durchscheinen, machte Hobsbawm ferner neuartige, strukturelle Ursachen für die Krise aus. So habe das Aufkommen der Konsumgesellschaft das allmähliche Verschwinden der Arbeiterklasse und die Erosion des Klassenbewusstseins forciert. Die Fixierung der Massen auf Konsumchancen, die Hobsbawm bereits in den 1980er Jahren als Ausdruck fortschreitender „Individualisierung" interpretierte, habe dazu geführt, dass die „Freiheit" mit der „individuellen Entscheidung" zum Konsum gleichgesetzt werde, während „ihre gesellschaftlichen Konsequenzen" nicht bedacht und der Wert der „kollektiven Emanzipation" verkannt werde.[33] Eine weitere Ursache für die Krise der Arbeiterbewegung sah Hobsbawm in den gesellschaftlichen Umbrüchen und Protestbewegungen der „rebellion" von „1968", die er als vielschichtigen „turning-point in the capitalist world" charakterisierte: „Only in the developed capitalist world did 1968 mark the end of a lengthy period which can realistically be considered as a whole, the epoch of US world economic hegemony and of the great global boom: and it announced the period of global capitalist crisis and political complexity which emerged within a few years, and in which we still live."[34]

Diese Verflüssigung traditioneller Gewissheiten und die Zunahme von gesellschaftspolitischer Komplexität führte Hobsbawm schon in den 1970er Jahren nicht zuletzt auf den Prozess der ökonomischen Globalisierung zurück, der seiner Ansicht nach die Transformation der Linken forcierte und deren Handlungsspielräume sowie Erfolgschancen einschränkte. Denn die sozialistische Arbeiterbewegung benötige

---

31 Eric Hobsbawm, The Forward March of Labour Halted? – A Response, in: Marxism Today, September, 1979, S. 265–268, hier S. 266f.
32 Hobsbawm, The Forward March of Labour Halted?, in: Marxism Today, September, 1978, S. 285f.
33 Eric Hobsbawm, Das Gesicht des 21. Jahrhunderts, München/Wien 2000, S. 126–128, hier S. 126. Ähnlich argumentierte Hobsbawm bereits 1989 in einem Interview mit Peter Glotz: Man soll nicht sagen, daß wir nicht weiter an die Befreiung der Menschheit glauben. Gespräch mit Eric Hobsbawm, in: Die Neue Gesellschaft/Frankfurter Hefte 34 (1987), H. 7, S. 580–592, hier S. 583f.
34 Eric Hobsbawm, 1968 – A Retrospect, in: Marxism Today, May, 1978, S. 130–136, hier S. 133, 136.

den Nationalstaat als politisches Steuerungsinstrument, um soziale Reformen umsetzen und die Arbeiterschaft dauerhaft mobilisieren zu können.[35]

3 Intellektuelle und die sozialistische Arbeiterbewegung nach dem Ende des Booms

Die Erkenntnis, dass die Arbeiter seit den 1970er Jahren als historisches Subjekt des sozialistischen Zukunftsprojekts kaum mehr in Frage kamen, veranlasste Hobsbawm zu einer intensiven Reflexion der politischen Rolle des „Intellektuellen" in der Arbeiterbewegung.[36] Als Historiker hatte er sich seit den 1950er Jahren in zahlreichen Schriften mit dem Verhältnis von europäischen Arbeiterbewegungen, Marxismus und Intellektuellen in der Zweiten und Dritten Internationale befasst und auf diesem Wege die eigenen Erfahrungen als Intellektueller in der kommunistischen Bewegung in der Epoche des Stalinismus mit historiographischen Mitteln aufgearbeitet.[37] Dabei hatte er Intellektuellen, die aus den gebildeten, bürgerlichen Schichten stammten, eine Rolle als reflexive Elite oder Berufsrevolutionäre in der organisierten Arbeiterbewegung zugeschrieben. Allerdings hätten die Intellektuellen – bis in die 1960er Jahre hinein – eine gegenüber dem Proletariat prinzipiell dienende Haltung einnehmen und sich in die Hierarchien der Arbeiterparteien einfügen müssen, weil die „Theorie" immer nur im Zusammenspiel mit der „Praxis" ihre Berechtigung unter Beweis stellen könne.[38] Mit dem allmählichen Schrumpfen der Arbeiterklasse und dem Schwinden des Klassenbewusstseins nach dem Ende des Booms veränderten sich freilich die Koordinaten, und Hobsbawm wertete die Rolle der „intellectuals" neu, unter denen er – in lockerer Anlehnung an Antonio Gramscis Konzept des „traditionellen Intellektuellen" – diejenigen Personen verstand, die über

---

35 Vgl. Eric Hobsbawm, Labour's Lost Millions, in: Marxism Today, October, 1983, S. 7–13, hier S. 12; ders., Das Gesicht, S. 126; ders., Farewell, in: New Left Review 173 (1989), S. 70; ders., Man soll nicht sagen, daß wir nicht weiter an die Befreiung der Menschheit glauben. Gespräch mit Eric Hobsbawm, in: Die Neue Gesellschaft/Frankfurter Hefte 34 (1987), H. 7, S. 580; ferner David Marquand, Front Runner, in: Marxism Today, June, 1989, S. 41. Zur „Verdichtung der Globalisierungsrede" in den 1970er und 1980er Jahren vgl. allgemein Olaf Bach, Die Erfindung der Globalisierung. Entstehung und Wandel eines zeitgeschichtlichen Grundbegriffs, Frankfurt a. M./New York 2013, S. 109–128, hier S. 127.
36 Eric Hobsbawm, Intellectuals and the Labour Movement, in: Marxism Today, July, 1979, S. 212–220; ders., Intellectuals, Society and the Left, in: New Society, 23.11.1978, zit. nach New Statesman, 16.4.2007, https://www.newstatesman.com/society/2007/04/marxist-intellectuals-social (9.8.2019).
37 Vgl. etwa die Aufsätze in Eric Hobsbawm, I rivoluzionari, Turin 1975 (engl. 1972); oder ders., Wie man die Welt verändert; ferner Thomas Kroll, „Der letzte Revolutionär". Überlegungen zur Autobiographie von Eric J. Hobsbawm, in: Neue Politische Literatur 49 (2004), S. 26–33.
38 Vgl. etwa Hobsbawm, Wie man die Welt verändert, S. 227–304.

ein gewisses Maß an höherer Bildung verfügen und in entsprechenden Berufen arbeiten oder dies zumindest versuchen.[39]

In der Epoche der „spectacular transformation" komme den Intellektuellen in der Arbeiterbewegung eine fundamentale Bedeutung zu, denn nur mittels rationaler, wissenschaftlicher Analyse von entsprechend gebildeten Personen lasse sich die Krise verstehen: „The left is groping in semi-darkness. We have no clear perspective on how the crisis can lead to a socialist transformation and, to be honest, no real expectation that it will. The first task is to understand our times."[40] Allerdings schrieb Hobsbawm den Intellektuellen in den späten 1970er Jahren nicht nur die Aufgabe zu, den Wandel der Gesellschaft „realistisch" zu erfassen, denn sie sollten darüber hinaus politische Blockaden aufbrechen und als „political initiators and catalysts" wirken. Nur wenn die Labour Party eine enge Kooperation mit den Intellektuellen einginge und sie sich für deren Lösungsstrategien öffnete, könnte die sozialistische Bewegung neue Dynamik gewinnen und die gefährliche Stagnation der späten 1970er Jahre überwinden: „[...] the political future depends on the union of intellectuals and the masses [...]".[41] Die Intellektuellen ihrerseits könnten zwar politische Erneuerungsprozesse und sogar Revolutionen anstoßen, deren Erfolg sei aber nur mit Hilfe von proletarischen Massenorganisationen denkbar.[42] Insofern gab Hobsbawm seinen leninistisch inspirierten Glauben an die politische Mission der Organisation auch in den 1970er und 1980er Jahren nicht ganz auf, doch löste er sich von dem Modell des heteronomen Parteiintellektuellen der kommunistischen Tradition. Demnach verstanden sich kommunistische Intellektuelle nur als Sprachrohr ihrer Parteiführung, die sich wiederum als Verkörperung des Willens der Arbeiterklasse und als Bindeglied zum „Vaterland des Sozialismus" präsentierte. Während der Glaube an den sozialistischen Charakter der Sowjetunion bereits 1956 schwere Risse bekommen hatte, ging mit der zunehmenden Auflösung der Arbeiterklasse seit den 1960er Jahren eine weitere essenzielle Begründung für die Vormachtstellung der führenden Parteikader über die Intellektuellen verloren, denen regelmäßig eine bürgerliche Herkunft zum Vorwurf gemacht worden war.[43] In dieser Situation wuchsen den Intellektuellen nach Hobsbawms Auffassung neue Handlungschancen zu, und

---

39 Eric Hobsbawm, Gli intellettuali e la lotta di classe, in: ders., I rivoluzionari, Turin 1975, S. 296–323, hier S. 297; sowie ders., Intellectuals and the Labour Movement, in: Marxism Today, July, 1979, S. 212.

40 Hobsbawm, Intellectuals, Society and the Left (s. Anm. 36).

41 Hobsbawm, Intellectuals and the Labour Movement, in: Marxism Today, July, 1979, S. 214 f., 218 (Zitate).

42 Ebenda, S. 214.

43 Vgl. dazu Kroll, Kommunistische Intellektuelle, S. 15–17, 609–627. Vgl. auch ein Interview von Eric Hobsbawm, 1956, in: Marxism Today, November, 1986, S. 16–23.

so verstand er sie nun als autonome Akteure in der Arbeiterbewegung und als gleichrangige Bündnispartner der Parteiführung.[44]

Die neuartige, dynamische Rolle der Intellektuellen begründete der Historiker auch damit, dass sie in den 1970er Jahren weniger als andere soziale Gruppen in Machtstrukturen eingebunden seien, sie ihre eigenen Netzwerke bildeten und insofern in politischen Krisensituationen autonom und effektiv intervenieren könnten.[45] Um diese Rollenzuschreibung zu begründen, führte Hobsbawm auch Faktoren an, die sich erst aus dem gesellschaftlichen Wandel in den Jahren des Booms ergaben. Zunächst unterstrich er die besondere Fähigkeit der Intellektuellen im Umgang mit den Medien, der für die politische Kommunikation in der „modern media-saturated society"[46] eine enorme Bedeutung gewonnen habe. Noch wichtiger erschien ihm freilich der Umstand, dass der Ausbau des Universitätswesens seit den 1960er Jahren eine steigende Zahl an Akademikern hervorgebracht habe, die in ihrer Masse der kapitalistischen Gesellschaft kritisch gegenüber eingestellt seien. Auch in diesem Zusammenhang verwies der Historiker auf die Bedeutung des Umbruchs von „1968", denn seither hätten sich Intellektuelle in zahlreichen Protestbewegungen, aber auch als Funktionäre in den Arbeiterparteien engagiert und damit die strukturellen Grundlagen für die Änderung des Verhältnisses von Arbeitern und Intellektuellen gelegt. Allerdings ging Hobsbawm nicht so weit, die Intellektuellen in ihrer Gesamtheit zum neuen Subjekt der gesellschaftlichen Transformationsprozesse zu machen. Ihre Aufgabe sah er nämlich vor allem darin, als eine Art kreative „pressure group" zu wirken und neue politische Strategien zu entwerfen, um diese an die politischen Führungsschichten zu kommunizieren: „Their major function was to spark off movements greater than their own."[47]

In diesem Sinne verstand Hobsbawm seine eigene Aufgabe als „marxistischer Intellektueller" und entwickelte entsprechende Durchsetzungsstrategien. Seine Beiträge veröffentlichte er vor allem in „Marxism Today", einer Theoriezeitschrift der CPGB, die seit 1977 von Martin Jacques geleitet wurde. Dieser stand einer jüngeren Generation von Intellektuellen nahe, die in den 1970er Jahren für eine eurokommunistische Ausrichtung der Partei eintraten.[48] Unter Jacques avancierte die Zeitschrift zu einem Intellektuellenorgan mit modernem Design, das die Enge des kommunistischen Milieus hinter sich ließ und in den 1980er Jahren eine beachtliche Auflagenzahl erreichte. Diese Öffnung verdankte sich nicht zuletzt den Diskussionsbeiträgen von Hobsbawm, über die in den auflagenstarken Tageszeitungen des Landes berich-

---

44 Hobsbawm, Intellectuals and the Labour Movement, in: Marxism Today, July, 1979, S. 214 f.
45 Hobsbawm, Intellectuals, Society and the Left (s. Anm. 36).
46 Hobsbawm, Intellectuals and the Labour Movement, in: Marxism Today, July, 1979, S. 217.
47 Vgl. Hobsbawm, 1968, in: Marxism Today, May, 1978, S. 136.
48 Geoff Andrews, Young Turks and Old Guard. Intellectuals and the Communist Party Leadership in the 1970s, in: ders./Nina Fishman/Kevin Morgan (Hrsg.), Opening the Books. Essays on the Social and Cultural History of the Communist Party of Great Britain, Basingstoke 1995, S. 225–250.

tet wurde, so dass „Marxism Today" eine nationale Öffentlichkeit erreichte.[49] Die neue Publizität nutzte wiederum Hobsbawm, um führende Politiker der Labour Party für Interviews und deren Publikation in „Marxism Today" zu gewinnen. Namentlich die Interviews mit Tony Benn und Neil Kinnock verschafften dem Historiker die Gelegenheit, sich als Ideengeber und als eine Art Politikberater der Labour Party zu präsentieren.[50] Seinen Anspruch unterstrich Hobsbawm, indem er mit seinen Texten (mehr oder weniger explizit) reklamierte, als Marxist über einen kognitiven Vorsprung zu verfügen, der ihm eine „realistische" Einschätzung des gesellschaftlichen Wandels ermögliche. Der „realistische" Marxismus Hobsbawms, dessen autoritativen Anspruch Herbert Pimlott eindringlich herausgearbeitet hat,[51] rekurrierte auf eine „Rhetorik vom quasi naturhaften Sachzwang",[52] mit der dieser seine Forderung zu untermauern versuchte, die Intellektuellen sollten als Kritiker und Vordenker die Geschicke der Labour Party mitbestimmen.

Diese für einen Kommunisten eigentlich erstaunliche Fokussierung auf die Labour Party geht zunächst darauf zurück, dass sich die CPGB als Zwergpartei mit der traditionellen Vorherrschaft der Sozialisten in der britischen Linken arrangieren musste. Im Laufe des 20. Jahrhunderts hat die CPGB immer wieder (vergeblich) den Versuch unternommen, als Partei in den Verbund der Labour Party aufgenommen zu werden, um diese quasi „von innen" auf kommunistische Ziele auszurichten.[53] Von dieser Tradition abgesehen dürfte der Umstand ausschlaggebend gewesen sein, dass die von Hobsbawm und vielen Intellektuellen einer jüngeren Generation geforderte eurokommunistische Erneuerung der CPGB in den späten 1970er Jahren gescheitert war und sich Ideen eines spezifisch westlichen Reformkommunismus nicht durchgesetzt hatten. Insofern kann die Strategie Hobsbawms, als ausgewiesener Marxist und linker Intellektueller von Rang in die Debatten der Labour Party zu intervenieren, auch als Reaktion auf die Marginalisierung eurokommunistischer Intel-

---

49 Vgl. Herbert M. Pimlott, Mainstreaming the Margins. The Transformation of Marxism Today, in: James Curran (Hrsg.), Media Organisations in Society, London 2002, S. 193–211.
50 Vgl. dazu auch: The Forward March: Eric Hobsbawm in Conversation with Jonathan Rutherford, in: Progressive Review 18 (2011), H. 3, S. 136–140, http://www.ippr.org/juncture/the-forward-march-eric-hobsbawm-in-conversation-with-jonathan-rutherford (9.8.2019).
51 Pimlott, From „Old Left", in: Labour/Le Travail 56 (Fall 2005), S. 175–197. Zum Verhältnis Hobsbawms zum Marxismus auch Anton Pelinka, Marxismus, Amerikakritik und Jazz, in: Andreas Linsenmann/Thorsten Hindrichs (Hrsg.), Hobsbawm, Newton und Jazz, Paderborn 2016, S. 31–49, hier S. 44 f.; sowie Aldo Agosti, Il test di una vita: profilo di Eric Hobsbawm, in: Passato e Presente 29 (2011), S. 115–140, hier S. 130.
52 Raphael, Jenseits von Kohle und Stahl, S. 11.
53 Zu dieser Problematik, die hier nur angedeutet werden kann, vgl. John Callaghan, The Plan to Capture the British Labour Party and its Paradocical Results, 1947–1991, in: Journal of Contemporary History 40 (2005), H. 4, S. 707–725.

lektueller in der CPGB gesehen werden, die nun eine alternative Strategie suchten.[54] In der Labour Party wiederum sorgten Hobsbawms Interventionen für Furore, weil die Partei sich in einer tiefen Krise befand und von Flügelkämpfen erschüttert wurde.[55] In dieser Situation fand die Stimme eines renommierten Marxisten Gehör, der zwar nicht zwischen den Fronten vermitteln konnte, aber doch „von außen" die Lage analysierte und wenigstens Lösungswege aufzeigte, die zur Klärung der Positionen verhalfen.

Mit seiner Öffnung für die Labour Party und der massiven politischen Aufwertung der Rolle des Intellektuellen knüpfte Hobsbawm an traditionelle, sozialdemokratische Auffassungen des Verhältnisses von Arbeiterbewegung und Intellektuellen an. Als „an old-fashioned marxian Marxist" bezog er sich nun – locker an Gramscis Begriff der Hegemonie angelehnt[56] – auf Konzeptionen des autonomen Arbeiterbewegungsintellektuellen, wie sie sich bereits in der sozialistischen Bewegung der Zweiten Internationale und im britischen Fabianismus entwickelt hatten.[57] Der Intellektuelle sollte demnach zwar selbst keine politische Macht ausüben und autonom bleiben, aber doch als Berater der Labour-Politiker lenkend in den politischen Willensbildungsprozess eingreifen. Des Weiteren sollte er als „Erzieher" – nicht mehr nur der Arbeiterklasse, sondern aller potenziell progressiven und kapitalismuskritischen sozialen Kräfte – einen gesellschaftlichen Konsens herbeiführen, der die zentrale Voraussetzung für die Realisierung der Vision eines die Menschheit erlösenden Sozialismus darstelle.[58] So überrascht es nicht, dass die in den französischen Debatten der 1980er Jahre diskutierten Ideen von einem „postmodernen Ende der Metaerzählungen" und des „universellen Subjekts" für Hobsbawm keine politische Relevanz besaßen.[59] Auch wenn das Proletariat als Trägerschicht des Sozialismus sich aufzulösen drohte, so könnte man die Position Hobsbawms zuspitzen, sollten Intellektuelle sich in den traditionellen Arbeiterparteien für eine innovative Bündnispolitik engagieren und gewissermaßen ein neues „universelles Subjekt" erstehen lassen, dem die Aufgabe zugeschrieben wurde, die Zukunftsvorstellung des Sozialismus in die Gesellschaft nach dem Ende des Booms hinüberzuretten.

---

54 Vgl. dazu Andrews, Young Turks, in: ders./Nina Fishman/Kevin Morgan (Hrsg.), Opening the Books, S. 235–238.
55 Steve Fielding, The Labour Party. ‚Socialism' and Society Since 1951, Manchester 1997, S. 120–135.
56 Zur Rezeption Gramscis bei Hobsbawm vgl. etwa Eric Hobsbawm, Gramsci and Political Theory, in: Marxism Today, July, 1977, S. 205–213.
57 Vgl. Hobsbawm, Wie man die Welt verändert, S. 174–226; ders., Intellectuals and the Labour Movement, S. 214–216, 218.
58 Vgl. Hobsbawm, Gramsci, in: Marxism Today, July, 1977, S. 210–212.
59 Christian Schwabe, Der Intellektuelle nach dem Ende der Metaerzählungen. Jean-François Lyotards „Tombeau de l'intellectuel" und das Erbe des universellen Intellektuellen, in: Harald Bluhm/Walter Reese-Schäfer (Hrsg.), Der Intellektuelle und der Weltlauf, Baden-Baden 2000, S. 195–210, hier S. 195, 202.

4 „Thatcherism" und Erneuerung der Labour Party

Als die Labour Party bei den Wahlen 1979 die erste schwere Niederlage gegen die Konservativen unter Margaret Thatcher hinnehmen musste, fühlte sich Hobsbawm in seinen Einschätzungen bestätigt. Im Gegensatz zu vielen politischen Kommentatoren sah er in Thatchers Regierung keine Variante überkommener konservativer Regierungspolitik, sondern eine ebenso genuine wie radikale Vision der Umgestaltung der modernen Industriegesellschaft, welche die negativen Tendenzen der von ihm ausgemachten Krise zu verschärfen drohte. So schloss er sich den Thesen des Anthropologen Stuart Hall an, der in „Marxism Today" schon 1979 den Begriff „Thatcherism"[60] prägte und Hobsbawm in der Auffassung bestärkte, Thatcher sei der autoritären Rechten zuzuordnen und ziele auf eine radikale Marktgesellschaft, eine „anti-social market Utopia",[61] die sozialistischen Vorstellungen diametral gegenüberstehe.[62] Als Thatcher das von früheren Regierungen der Tories verfolgte Ziel, die Gewerkschaftsbewegung zu entmachten, während des Bergarbeiterstreiks von 1984/85 mit aller Härte umsetzte und Labour weitere, schwere Wahlniederlagen zufügte, war für Hobsbawm offensichtlich, dass es sich beim Thatcherismus um einen Klassenkampf von oben und eine „acute danger to the working class" handele, auch wenn dies den Arbeitern selbst nicht bewusst sei. Zwar galt der Thatcherismus Hobsbawm nicht als Faschismus, sehr wohl aber als ein „government of the Right",[63] das für das 20. Jahrhundert beispiellos gewesen sei, denn „[...] Thatcherite policies clearly represent a style of politics, of ideology, and right-wing demagogy, which is new in British governments, though it has long been found in some press lords. It represents, with unprecedented frankness, the will to wage the class struggle against the workers (,the enemy within'), and a contempt for those who need help, for human and social considerations in policy, combined with flag-waving: one might call it ,I'm all right, Union Jack'."[64]

Umso mehr bestürzte es den Historiker, dass große Teile der Arbeiterschaft in den Wahlen für Thatcher gestimmt und der Falkland-Krieg eine Welle nationalistischer Begeisterung ausgelöst hatte. Den „Thatcherite jingoism" erklärte Hobsbawm damit, dass zahlreiche Menschen jene „feelings of decline, demoralisation and inferiority" zu kompensieren versucht hätten, die mit dem Strukturwandel der Industriegesellschaft aufgekommen und durch die unter Thatcher forcierte Deindustrialisie-

---

60 Vgl. dazu Dworkin, Cultural Marxism, S. 255; sowie Stuart Hall, The Great Moving Right Show, in: Marxism Today, January, 1979, S. 14–20, hier S. 14.
61 So eine Formulierung aus einem Text vom Ende der 1980er Jahre, vgl. Eric Hobsbawm, Another Forward March Halted, in: Marxism Today, October, 1989, S. 15–19, hier S. 19.
62 Vgl. dazu auch Donald Sassoon, Hobsbawm's Capitalism, in: Studi Storici 54 (2013), S. 791–799, hier S. 799.
63 Eric Hobsbawm, The Retreat into Extremism, in: Marxism Today, April, 1985, S. 7–11, hier S. 7f.
64 Ebenda, S. 8.

rung weiter verstärkt worden seien. Die eigentliche Gefahr, die sich für die britische Gesellschaft und Demokratie daraus ergab, sah Hobsbawm freilich darin, dass die Bevölkerung („the people") das Vertrauen in die Politik und in die Macht des eigenen Engagements verloren habe: „The main danger lies in this de-politicisation, which reflects a disillusionment with politics born of a sense of impotence."[65] Dieses generalisierte Misstrauen in die Politik und die Politiker könnte sogar, so unterstrich Hobsbawm Anfang 1983, zur Formierung einer radikalen, rechtspopulistischen Bewegung führen, die auch in der Arbeiterklasse Rückhalt fände.[66]

In dieser Situation sah Hobsbawm seine Aufgabe als Intellektueller darin, Auswege aus der Krise zu weisen, die er in den 1980er Jahren in zahlreichen Artikeln propagierte. In seinen Texten unterstrich der Historiker, die Linke müsse endlich von den völlig neuen gesellschaftlichen Rahmenbedingungen ausgehen und deshalb auch sich selbst grundlegend erneuern. Nur so könne man die Krise der Labour Party meistern, Wahlen gewinnen und die Regierung Thatchers ablösen: „The world has changed and we have to change with it."[67] Dementsprechend gelte es, sich damit abzufinden, dass die Arbeiterklasse als solche nicht mehr das Subjekt der gesellschaftlichen Transformation oder gar der Schaffung einer sozialistischen Gesellschaft bilden könne. Die britischen Sozialisten könnten sich nicht einmal mehr auf die Facharbeiter verlassen, die Thatcher wählten, weil sie sich davon Vorteile versprächen: „The Labour vote remains largely working class; but the working class has ceased to be largely Labour."[68] Jene Teile der Arbeiterschaft, die dem sozialistischen Projekt treu blieben, müssten darum flexible Bündnisse mit neuen gesellschaftlichen Protest- oder Reformbewegungen anstreben, die seit den 1960er Jahren entstanden seien, etwa mit der Bewegung von Frauen und ethnischen oder nationalen Minderheiten sowie mit der Friedensbewegung.[69]

Im Prozess der Einigung dieser Kräfte müsse die Labour Party allerdings die Führung übernehmen: „Like it or not, the future of Socialism is through the Labour Party."[70] Zwar blieb Hobsbawm in den 1980er Jahren Mitglied der CPGB, doch lehnte er die von Traditionalisten seiner eigenen Partei weiterhin verfochtene Vorstellung strikt ab, eine straff organisierte Kaderpartei müsse das Proletariat mobilisieren und Bündnispartner aus anderen Klassen gewinnen, um diese letztendlich zu dominie-

---

65 Eric Hobsbawm, Falkland Fallout, in: Marxism Today, January, 1983, S. 13–19, hier S. 19.
66 Hobsbawm, The Retreat, in: Marxism Today, April, 1985, S. 7 f.; ders., Falkland Fallout, in: Marxism Today, January, 1983, S. 19.
67 Hobsbawm, Farewell, in: New Left Review 173 (1989), S. 71.
68 Hobsbawm, Labour's Lost Millions, in: Marxism Today, October, 1983, S. 7.
69 Eric Hobsbawm, The State of the Western Left, in: Marxism Today, October, 1982, S. 8–15, hier S. 14.
70 Eric Hobsbawm, Labour: Rump or Rebirth, in: Marxism Today, March, 1984, S. 8–12, hier S. 8.

ren.[71] Auch wenn er diese Strategie ablehnte, erschien Hobsbawm eine Parteiorganisation als solche im Prozess politischer Willensbildung unverzichtbar, und so setzte er seine Hoffnungen auf die demokratisch verfasste Labour Party. Diese sollte nun sämtliche sozialen Gruppen, die gegen den Thatcherismus opponierten, zu einer Art klassenübergreifenden Volksbewegung mit einem einheitlichen kollektiven politischen Willen vereinen, welche das demokratische Projekt einer „better and fairer society" realisieren könnte.[72] In diesem Zusammenhang wurde Hobsbawm nicht müde zu unterstreichen, dass der Aufbau des Sozialismus in Großbritannien nicht auf der Tagesordnung stehe und die politischen Ziele der Linken den neuen gesellschaftlichen Bedingungen anzupassen seien. Als Modell schwebte ihm etwa die von italienischen Kommunisten geförderte „Dritte Industrielle Revolution" im sogenannten roten Gürtel Nord- und Mittelitaliens vor, wo die kapitalistische Wirtschaft ohne marktradikale Reformen effektiv modernisiert und mit einer behutsamen Politik der kommunistischen Partei auf lokaler oder regionaler Ebene sozialverträglich reguliert worden sei.[73]

Mit solchen Forderungen distanzierte sich Hobsbawm im Laufe der 1980er Jahre mehr und mehr von seinen revolutionären Sozialismuskonzepten und seinem radikalen Antikapitalismus, auch wenn er Lenin zitierte, um seine „realistischen" Positionen zu untermauern.[74] Faktisch warb er nun für eine reformsozialistische Variante der Modernisierung der kapitalistischen Gesellschaft, die ein Gleichgewicht zwischen „economic and technical dynamism" und der Aufrechterhaltung von „equality and social justice" herstellen sollte. Nur ein solches Programm, so formulierte es Hobsbawm in den späten 1980er Jahren, könne Großbritannien die wirtschaftliche Wettbewerbsfähigkeit zurückgeben, den „secular decline of our country" aufhalten und damit den Thatcherismus besiegen. Erreichen lasse sich dies allerdings nur dann, wenn die Labour Party sich sowohl auf die Zustimmung der Arbeiterklasse als auch jene der Mittelschichten („the left-of-centre and progressive middle classes") stützen könne.[75] Die Labour Party sollte sich demnach in eine soziale Integrationspartei verwandeln, klassenübergreifenden Konsens stiften und das ge-

---

[71] Hobsbawm, The State, in: Marxism Today, October, 1982, S. 11–12; ders., The Retreat, in: Marxism Today, April, 1985, S. 7–10.
[72] Hobsbawm, Labour's Lost Millions, in: Marxism Today, October, 1983, S. 9; ders., The State, in: Marxism Today, October, 1982, S. 15.
[73] Hobsbawm, Labour's Lost Millions, in: Marxism Today, October, 1983, S. 12.
[74] Hobsbawm, Labour: Rump or Rebirth?, in: Marxism Today, March, 1984, S. 9.
[75] Eric Hobsbawm, Out of the Wilderness, in: Marxism Today, October, 1987, S. 12–19, hier S. 15. Vgl. dazu auch ders., Das Jahrhundert der Arbeiterbewegung, in: Utopie kreativ (1999), H. 109/110, S. 7–18, hier S. 9; sowie ders., Zwischenwelten und Übergangswelten, Köln 2009, S. 47.

samte Volk davon überzeugen, dass sie als „the engine of national recovery and salvation" Großbritannien vor „a major national catastrophe" retten könne.[76]

Dass Hobsbawm sein Plädoyer für eine Erneuerung der Labour Party in den 1980er Jahren mittels einer zunehmend nationalen Rhetorik präsentierte, ist kein Zufall, denn mit seiner Idee einer „broad anti-Thatcherite front" knüpfte er an die Volksfrontstrategie der 1930er Jahren an, als die Dritte Internationale die kommunistischen Parteien als Kern einer Allianz der progressiven Kräfte präsentierte, von der das Schicksal der gesamten Nation abhänge. Diese Rhetorik griff Hobsbawm in den 1980er Jahren auf, um gegen jene Kräfte in der Labour Party („hard left") zu polemisieren, die unter Führung von Tony Benn für eine radikale linke Oppositionspolitik eintraten und aus Sicht Hobsbawms die Partei zu spalten drohten. In der Parteilinken machte Hobsbawm (mit traditionell kommunistischem Vokabular) „Sektierer" aus, die sich den „realistischen" Argumenten seiner marxistischen Analyse verweigerten, ihre Energien in ideologischen Grabenkämpfen vergeudeten, sich vom Volk isolierten und mit ihrem Radikalismus die britische Nation ebenso wie die Labour Party auf Abwege führten, weil sie die Massen nicht nähmen, wie sie nun einmal seien.[77] Insofern ist es folgerichtig, dass Hobsbawm sich dezidiert auf die Seite der gemäßigten Kräfte der Labour Party um den Parteiführer Neil Kinnock schlug und sogar für die taktische Stimmabgabe zugunsten der Social Democratic Party warb, um die Mittelschichten in das breite Bündnis gegen Thatcher einzubinden.[78]

Dieses Plädoyer für eine breite Bündnispolitik ist – etwa von Perry Anderson – zum Anlass genommen worden, Hobsbawm als Wegbereiter von New Labour und Tony Blair zu bezeichnen,[79] der in den 1990er Jahren – im Anschluss an den Soziologen Anthony Giddens – einen sogenannten Dritten Weg suchte, um die Anliegen der Labour Party mit der ökonomischen Globalisierung in Einklang zu bringen.[80] Auch wenn Hobsbawm mit vielen Tabus brach und er zu weitreichenden Kompromissen

---

[76] Eric Hobsbawm, Past Imperfect, Future Tense, in: Marxism Today, October, 1986, S. 12–19, hier S. 19.

[77] Hobsbawm, Labour: Rump or Rebirth?, in: Marxism Today, March, 1984, S. 10 f.; ders., The Retreat, in: Marxism Today, April, 1985, S. 9; ders., Gefährliche Zeiten, S. 306 f.; ferner: Man soll nicht sagen, daß wir nicht weiter an die Befreiung der Menschheit glauben. Gespräch mit Eric Hobsbawm, in: Die Neue Gesellschaft/Frankfurter Hefte 34 (1987), H. 7, S. 587. Vgl. auch ders., Parliamentary Cretinism?, in: New Left Review 1 (1961), H. 12, S. 64–66, hier S. 65, wo Hobsbawm die Labour Party noch als „a united front of all working-class ideologies and not a pure reformist party purged of its left" bezeichnet hatte.

[78] Vgl. The Face of Labour's Future. Eric Hobsbawm interviews Neil Kinnock, in: Marxism Today, October, 1984, S. 8–15; ders., Snatching Victory from Defeat, in: Marxism Today, May, 1987, S. 14–16; ders., Gefährliche Zeiten, S. 308.

[79] Perry Anderson, The Age of EJH, in: London Review of Books 24 (2002), H. 12, S. 3–7, https://www.lrb.co.uk/v24/n19/perry-anderson/the-age-of-ejh (9.8.2019).

[80] Vgl. etwa Oliver Nachtwey, Marktsozialdemokratie. Die Transformation von SPD und Labour Party, Wiesbaden 2009, S. 190–197.

bereit war, erscheint diese These überzogen. Denn trotz seines Plädoyers, die veränderten Klassenstrukturen anzuerkennen, blieb der Historiker im Kern der Ideologie der klassischen Arbeiterbewegung verhaftet und gab auch in der Ära Thatcher seinen Glauben nicht auf, dass in Großbritannien der Aufbau einer sozialistischen Gesellschaft möglich wäre. Insofern kann man wohl eher seinem Biographen Richard J. Evans folgen, der Hobsbawms Beitrag zur Debatte der 1980er Jahre vor allem darin sieht, dass dieser die Partei für Intellektuelle und die Mittelschichten geöffnet habe.[81] Tatsächlich plädierte Hobsbawm ganz entschieden dafür, dass die linken oder marxistischen Intellektuellen Großbritanniens auf die Herausforderungen der Krise der 1970er und 1980er Jahre antworten, indem sie als theoretisch geschulte Kritiker und als Ideengeber in die Auseinandersetzungen der Labour Party intervenieren und deren politischen Kurs maßgeblich zu lenken versuchen.

---

81 Vgl. dazu Evans, Eric Hobsbawm, S. 522.

Tomasz Zarycki
Die intellektuelle Rolle Adam Michniks im kommunistischen und postkommunistischen Polen

1 Inteligencja und Intellektuelle

Da der folgende Beitrag[1] von Polen handelt, möchte ich mit einer für die polnische Gesellschaft zentralen Unterscheidung beginnen. Es handelt sich um die begriffliche Differenzierung zwischen der Inteligencja und den Intellektuellen. Sie gilt auch für andere Länder der Region Mittel- und Osteuropas wie Russland und Ungarn, in der die Inteligencja eine zentrale Rolle spielt. Ohne diese Unterscheidung lassen sich die Spezifika der historischen Prozesse in Polen, insbesondere die gesellschaftliche Rolle der Intellektuellen in diesem Land, nicht verstehen.[2]

Inteligencja wird nachfolgend als gesellschaftliche Schicht verstanden, die in der zweiten Hälfte des 19. Jahrhunderts vor allem im Russischen Zarenreich und in Österreich-Ungarn entstand. Sie war weitgehend ein Produkt der Migration des verarmten Adels, insbesondere seiner jüngeren Generation, in die Städte, wo er eine höhere Bildung erlangte. Ein wichtiger Faktor bei der Entstehung der Inteligencja war, dass die Staatsapparate und Volkswirtschaften Russlands und Österreich-Ungarns nicht in der Lage waren, die steigende Zahl der Absolventen höherer Schulen und Gymnasien aufzunehmen und ihnen Stellen anzubieten, die ihren sowohl aus ihrer Bildung als auch aus ihrer historisch privilegierten gesellschaftlichen Herkunft resultierenden Ansprüchen entsprachen. Nach der Niederschlagung der Polnischen Aufstände waren Polen vor allem im russischen Teilungsgebiet aufgrund ihrer Herkunft oftmals Repressalien ausgesetzt (z. B. was den Erwerb von Land anbetrifft), und ihnen wurde die Beschäftigung im höheren Staatsdienst verweigert. Diese Auf-

---

[1] Der Aufsatz basiert auf Forschungsarbeiten, die im Rahmen eines durch das Narodowe Centrum Nauki [NCN, Nationales Wissenschaftszentrum Polen] finanzierten Projekts am Instytut Studiów Społecznych im. Profesora Roberta Zajonca [Robert-Zajonc-Institut für Sozialwissenschaften] der Universität Warschau durchgeführt wurden (Nr. 2015/17/B/HS6/04161).
[2] Viele – insbesondere nichtpolnische – Wissenschaftler verwenden die beiden Begriffe synonym, was es erschwert, die polnische Spezifität zu erfassen. Zu den Negativbeispielen gehört die ambitionierte Arbeit von: Denis A. Sdvižkov, Das Zeitalter der Intelligenz. Zur vergleichenden Geschichte der Gebildeten in Europa bis zum Ersten Weltkrieg, Göttingen 2006. Man muss freilich zugestehen, dass eine präzise Definition der beiden Begriffe und ihre genaue Abgrenzung voneinander Gegenstand von Debatten oder gar Auseinandersetzungen bleiben wird. In der polnischen Tradition ist der Begriff Inteligencja indes so dominant, dass eine eindeutige Bedeutungstrennung der Termini „Inteligencja" und „Intellektuelle" unabdingbar ist.

stände, insbesondere der von 1863, können als Momente gelten, in denen die Inteligencja danach strebte, in der polnischen Gesellschaft eine dominante Stellung zu erlangen. Zur Inteligencja gehörten nicht nur Söhne und Töchter verarmter, manchmal sogar enteigneter adliger Familien, sondern auch Bauernkinder, die nach Bildung strebten, Juden sowie zu einem geringeren Grad die aus anderen gesellschaftlichen Ständen stammende Jugend.[3] Es war indes der frühere Kleinadel, der tonangebend in der sich herausbildenden Gruppe war und ihre Identität prägte. Diese Identität erscheint als ein Hybrid zwischen dem meritokratischen, fortschrittlichen Ethos einer aufgeklärten gebildeten Klasse und dem feudalen Ethos des Standesprivilegs. Daher ist bis heute nicht nur die Bildung ein maßgebliches Distinktionselement der Inteligencja, sondern auch ein spezifischer Habitus. Durch Manieren, eine gute Erziehung, Geschmack und moralische Haltungsmuster grenzt sich dieser Habitus sowohl vom Habitus unterer Klassen als auch von dem „Neureicher" und politischer Amtsträger ab. Mit diesem Identitätsamalgam unterscheidet sich die polnische und russische Inteligencja vom deutschen Bildungsbürgertum, für dessen Identität höhere Bildung und die Vorstellung eines Berufsethos charakteristisch geblieben sind.

Ich halte den theoretischen Vorschlag Iván Szelényis und seiner Mitarbeiter Gil Eyal und Eleanor Townsley,[4] die Begrifflichkeiten Pierre Bourdieus für die Analyse der Spezifik der Gesellschaften in Ostmitteleuropa nutzbar zu machen, für äußerst nützlich und zielführend. Dennoch ist zu betonen, dass im polnischen Kontext eine gewisse Korrektur dieses Ansatzes erforderlich ist, insbesondere was die Interpretation der Inteligencja als Bourgeoisie des kulturellen Kapitals betrifft: Erstens geht es im Fall der Inteligencja nicht nur um kulturelles Kapital in institutionalisierter Form (auf Hochschuldiplomen basierend), sondern auch um eine inkorporierte Struktur, also um den erwähnten Habitus (resultierend aus Erziehung in Familien mit Adelstraditionen), sowie um soziales Kapital (durch Netzwerke jener Familien). Zweitens ist die Stärke der polnischen und russischen Inteligencja in hohem Maße eine Funktion der Schwäche der Bourgeoisie in den Gesellschaften, in denen sie wirkt.

Die Inteligencja ersetzte und ersetzt bis heute die schwache oder nichtexistierende Bourgeoisie im Sinne einer seit Generationen bestehenden, die staatspolitische Verantwortung auf sich nehmenden und die gesellschaftliche Modernisierung vorantreibenden Elite. Sie zeichnet sich also durch das Ethos einer Nachahmung des westlichen Bürgertums aus, verbunden mit dem Ethos einer traditionsbasierten Kontinuität zu vormodernen feudalen Eliten. Ebenso wichtig ist es, die Inteligencja als

---

[3] Aleksander Gella, An Introduction to the Sociology of the Intelligentsia, in: ders. (Hrsg.), The Intelligentsia and the Intellectuals. Theory, Method, and Case Study, London/Beverly Hills, 1976, S. 9–34.
[4] Gil Eyal/Iván Szelényi/Eleanor R. Townsley, Making Capitalism without Capitalists. Class Formation and Elite Struggles in Post-Communist Central Europe, London 1998.

Klasse beziehungsweise gesellschaftliche Schicht zu verstehen und nicht als funktionale gesellschaftliche Gruppe – wenngleich dies unterschiedlich beurteilt werden kann, da nicht das ökonomische, sondern das kulturelle und gesellschaftliche Kapital das Hauptmerkmal der Inteligencja ist. Intellektuelle üben eine – in der Regel nicht vererbbare – soziale Rolle aus. Die Inteligencja hingegen ist eine soziale Gruppe und die Zugehörigkeit zu dieser Gruppe resultiert aus familiären oder breiteren gesellschaftlichen Bindungen und ist vererbbar. Man kann zur Inteligencja kooptiert werden, indem man eine entsprechende Bildung erlangt und vom Milieu als ebenbürtig wahrgenommene moralische Eigenschaften erkennen lässt. Im Wesentlichen jedoch erfolgt die Zuweisung des Inteligencja-Status durch die Reproduktion, also durch die Tatsache, dass man in eine Familie der Inteligencja hineingeboren wird. Im Hinblick auf ihre Schichtzugehörigkeit sind tatsächlich alle polnischen und russischen Intellektuellen per se Teil der Inteligencja.

Wie eingangs erwähnt, haben jedoch die Zugehörigkeit zur Inteligencja einerseits und die Rolle des Intellektuellen andererseits einen je eigenen Charakter und können miteinander in Konflikt kommen. Über mögliche Spannungen hat Garry Saul Morson anschaulich geschrieben: Er spricht vom „kollektiven" Charakter, ja von der „Herden"-Natur des Inteligencja-Denkens, die man aus seiner Sicht in Opposition zu dem unabhängigen, weitaus selbstständigeren Denken „wahrer" Intellektueller stellen kann.[5] Die Zugehörigkeit zur Inteligencja impliziert einen Druck, bestimmte Haltungen anzunehmen, insbesondere politische Haltungen, die das gegebene Milieu der Inteligencja erwartet.[6] Das Ethos des Intellektuellen kann dazu aufrufen, eine Minderheitenhaltung einzunehmen, also eine Haltung, die am Ideal der „Wahrheit" orientiert ist – und eben gerade nicht am moralischen Druck und dem sozialen Bedürfnis des „Inteligencja-Ghettos", um einen bekannten Begriff Józef Chałasińskis zu verwenden.[7] Das erzeugt oft Spannungen zwischen Intellektuellen und ihrem eigenen Inteligencja-Milieu, obwohl man, von einer breiteren Perspektive aus gesehen, sagen kann, dass sogar die „rebellierenden" Intellektuellen auf lange Sicht funktional mit den Fraktionen der Inteligencja verbunden sind, aus denen sie stammen. Die Inteligencja-Basis legitimiert und unterstützt gewöhnlich Intellektuelle (institutionell, politisch, finanziell und dergleichen), während Letztgenannte im Gegenzug das Prestige ihres Herkunftsmilieus legitimieren und stärken.

In historischer Perspektive lässt sich zudem feststellen, dass Intellektuelle in Polen bedeutend früher auftauchten als die Inteligencja. Schon mit Blick auf die Wen-

---

5 Garry Saul Morson, What Is the Intelligentsia? Once More, an Old Russian Question, in: Academic Questions. A Publication of the National Association of Scholars 6 (1993), S. 20–38.
6 Wie Janine Wedel in ihrer herausragenden Untersuchung gezeigt hat, ist die Inteligencja im Rahmen eines freundschaftlich-familiären Netzwerkes beziehungsweise Milieus organisiert. Janine R. Wedel, The Private Poland, New York 1986.
7 Józef Chałasiński, Społeczna genealogia inteligencji polskiej [Die gesellschaftliche Genealogie der polnischen Inteligencja], Warschau 1946.

de vom 18. zum 19. Jahrhundert gab es intellektuelle Persönlichkeiten, deren Debatten nicht nur die Versuche, die polnische Staatlichkeit zu retten, entscheidend prägten, sondern auch wegweisend wurden für spätere Bemühungen um die Neugründung eines polnischen Staates. Zu diesen Intellektuellen gehörten unter anderem Stanisław Staszic (1755–1826), Jędrzej Śniadecki (1768–1838) und Joachim Lelewel (1786–1861), auf deren Arbeiten bis heute in intellektuellen Debatten Bezug genommen wird. Von der Existenz einer Inteligencja hingegen kann man noch nicht sprechen, denn diese entwickelte sich als Schicht erst in der zweiten Hälfte des 19. Jahrhunderts. Die erste Verwendung des Begriffs in Polen findet sich 1844 in einer Arbeit von Karol Libelt.[8]

Um die Wende vom 19. zum 20. Jahrhundert wurde die Inteligencja stärker und ging zunehmend auf ausdrückliche Konfrontation zum Landadel und der sich langsam herausbildenden Bourgeoisie. Nach der bolschewistischen Revolution sowie der Entstehung der UdSSR und eines unabhängigen polnischen Staates wurde die Inteligencja, insbesondere ihre Elite, zu einer dominierenden Schicht. Der Landadel und die Bourgeoisie verloren nicht nur an Einfluss, sondern auch einen Großteil ihres Vermögens. In Russland verschwanden sie nach der Revolution völlig. In Polen traten sie im Jahr 1945 endgültig ab, und das Feld der Macht wurde von verschiedenen Fraktionen der Inteligencja und einer neuen politischen Elite (später Nomenklatura genannt) dominiert. In diesem gesamten Zeitraum tauchten in den Reihen der Inteligencja ständig neue Intellektuelle auf, die eine Schlüsselrolle für den gesellschaftlichen und politischen Wandel im 20. Jahrhundert spielten. Ihre Identität war sehr deutlich mit der Inteligencja verbunden.

2 Vorgeschichte: Intellektuelle in den Jahren 1956 bis 1968

Während der Periode, die hier im Mittelpunkt stehen soll – das Ende der polnischen Volksrepublik –, ist die Rolle der Intellektuellen von zentraler Bedeutung. Das intellektuelle Feld der 1970er Jahre entwickelte sich vor dem Hintergrund des polnischen Jahres 1968. Die Zeit von 1956 bis 1968 in Polen kann man als Hochphase der Intellektuellen ansehen. Ihre Rolle war insbesondere während des sogenannten Tauwetters entscheidend. Von diesem Zeitpunkt an prägten sie die gesamten 1960er Jahre mit ihren Debatten: Wenngleich der Anschein unmittelbar politischer Ziele in der Regel vermieden wurde, standen dabei die Kritik an den undemokratischen Seiten des kommunistischen Systems und insbesondere an Beschränkungen der Redefrei-

---

[8] Maciej Janowski, Narodziny inteligencji 1750–1831 [Die Geburt der Inteligencja 1750–1831], Warschau 2008.

heit im Mittelpunkt – so etwa im Falle des offenen Briefes, den 34 Intellektuelle am 14. März 1964 an den Premierminister richteten, um gegen Zensur zu protestieren. Ein wichtiger Umstand war, dass polnische Intellektuelle die Zeit des Stalinismus zu einem erheblichen Teil innerhalb akademischer und intellektueller Institutionen überstanden und ihre Tätigkeit vor allem auf wissenschaftliche oder schriftstellerische Arbeit gerichtet hatten. [9] 1956 erzielten sie eine präzedenzlose Sichtbarkeit und erheblichen Einfluss – Personen wie Leszek Kołakowski oder Antoni Słonimski gaben mit ihren Publikationen den Ton des intellektuellen Lebens im Land vor. Besonders einflussreich war etwa Kołakowskis 1959 veröffentlichter Essay „Der Priester und der Hofnarr" („Kapłan i błazen"), der nicht nur eine indirekte Kritik an marxistisch-leninistischem Dogmatismus enthielt, sondern darüber hinaus mit seiner Problematisierung des Verhältnisses von moderner Philosophie und Theologie wesentlich dazu beitrug, wieder Raum für religiöse Aspekte in der öffentlichen Debatte zu schaffen.

In den 1960er Jahren kam es zu einem Zusammenstoß zweier mächtiger Blöcke im Feld der Macht.[10] Auf der einen Seite standen die Parteikonservativen, vor allem die Apparatschiks beziehungsweise Dogmatiker. Unter ihnen dominierten diejenigen, die neu in der Partei aufgestiegen waren und dabei aus Bauern- und Arbeiterfamilien stammten und keinen Bezug zur Inteligencja hatten. Sie hatten vom Bildungsboom der Nachkriegszeit profitiert und sie kultivierten eine nachdrückliche Loyalität gegenüber der Partei als Garant ihres Status. Auf der anderen Seite fanden sich die Parteiliberalen, von denen ein Großteil aus der Inteligencja stammte, darunter seit Generationen bestehende Inteligencja-Familien, nicht selten jüdischer Herkunft. Diese Milieus waren vor dem Zweiten Weltkrieg überwiegend links und kommunistisch gewesen sowie in der Regel marginalisiert oder sogar verfolgt. Es sei hier nur an das im Jahr 1937 eingeführte sogenannte Sitzbankghettosystem an polnischen Hochschulen[11] sowie an die große Zahl der zu Gefängnisstrafen verurteilten Aktivisten der Kommunistischen Partei erinnert. Nach 1945 konnten gerade diese Milieus im neuen politischen System aufsteigen, ihre Vertreter bekleideten nun in breitem Umfang leitende Stellen. Obwohl sie in der Zeit des Stalinismus oftmals erneut

---

9 Valentin Behr, Science du passé et politique du présent en Pologne. L'histoire du temps présent (1939–1989). De la genèse à l'Institut de la Mémoire Nationale, Dissertation, Universität Straßburg, 2017.
10 Mit Pierre Bourdieu ist unter „Feld der Macht" jener soziale Raum zu verstehen, in dem Eliten aller wichtigen sozialen Felder einer Gesellschaft interagieren. Im Sinne der Feldtheorie handelt es sich dabei um einen Raum und nicht um eine bestimmte Gruppe privilegierter Akteure; das Feld der Macht ist deshalb nicht mit den sozialen Eliten gleichzusetzen. Vgl. Pierre Bourdieu/Loïc J. D. Wacquant, From Ruling Class to Field of Power. An Interview with Pierre Bourdieu on La Noblesse d'État, in: Theory, Culture & Society. Explorations in Critical Social Science 10 (1993), S. 19–44.
11 Anmerkung der Übersetzerin: Die rassistische Segregation von Juden und Nicht-Juden per Sitzordnung wurde in Polen erstmals an der Technischen Universität in Lemberg eingeführt. 1937 galt das sogenannte Sitzbankghettosystem an allen polnischen Universitäten.

marginalisiert wurden, fühlten sie sich als Vertreter einer seit Generationen bestehenden Inteligencja jenen Gruppen überlegen, die den Status der Inteligencja erst anstrebten. Zu den Liberalen zählte in den 1960er Jahren die Mehrheit der bekannten Intellektuellen, zum Großteil Wissenschaftler und Schriftsteller. In den Auseinandersetzungen dieser Zeit ging es vor allem um die Interpretation des Marxismus und um andere Formen der staatlichen Ideologie. Die symbolischen Kämpfe nahmen dabei oft raffinierte Formen an. Hierbei zielten die Intellektuellen und die liberale Seite auf eine mehr oder minder weitgehende Demaskierung des formal-rituellen Charakters der offiziellen ideologischen Normen des Staates ab. Jenen, die – wie etwa Jacek Kuroń and Karol Modzelewski[12] – öffentlich Kritik übten, erschien der Staat zunehmend als autoritäres Regime mit einer privilegierten Nomenklatura, der ein Teil der Inteligencja loyal gegenüberstand.

Die Spannung führte im März 1968 zu einem offenen Konflikt. Die konservative Nomenklatura, der damals auch der Erste Sekretär der Polnischen Vereinigten Arbeiterpartei (Polska Zjednoczona Partia Robotnicza, PZPR), Władysław Gomułka, das Wort redete, attackierte dieses Milieu unter Rückgriff auf nationalistische, antisemitische und gegen Inteligencja und Intellektuelle gerichtete Parolen. Im taktischen Sinne gewann die konservative Parteiseite den Konflikt, und eine Reihe mehr oder weniger einflussreicher Aktivisten des liberalen Lagers, Intellektueller und Politiker wurde so im Feld der Macht marginalisiert. Ein Teil von ihnen wählte die Emigration, zu der damals offen aufgefordert wurde. Insbesondere auf Personen jüdischer Herkunft wurde Druck ausgeübt, zu emigrieren.[13] Die Mehrheit blieb indes im Land und fand sich nun außerhalb einflussreicher Institutionen und außerhalb des Feldes der Macht wieder.

3 Adam Michniks Rolle in der Phase von 1968 bis zum Ende des Kommunismus

Eine dieser Personen war Adam Michnik. Anhand seines Beispiels soll im Folgenden die Bedeutung der Intellektuellen für die Phase ab 1968 aufgezeigt werden. Michnik, der an der Fakultät für Geschichtswissenschaft studierte, wurde 1968 auf Anweisung des Bildungsministers von der Warschauer Universität relegiert. Dieses Eingreifen seitens des Bildungsministers stellte eine Rechtsverletzung dar und verlieh dem Er-

---

12 Vgl. Karol Modzelewski/Jacek Kuron, Offener Brief an die Vereinigte Polnische Arbeiterpartei, [Kiel 1966].
13 Anmerkung der Übersetzerin: Infolge der antisemitischen Kampagne emigrierten ca. 13 000 polnische Juden und solche, die von den Machthabern als Juden klassifiziert wurden, aus Polen. Vgl. Hans-Christian Dahlmann, Antisemitismus in Polen 1968. Interaktionen zwischen Partei und Gesellschaft, Osnabrück 2013, S. 322.

eignis einen hohen politischen Rang.[14] Michnik war schon damals ein bekannter Aktivist und Intellektueller – 1963 hatte der Erste Sekretär der Partei Władysław Gomułka ihn als Erster als politischen Gegner bezeichnet. In Reaktion auf die Relegation Michniks und seines Studienfreunds Henryk Szlajfer wurde im März 1968 an der Universität eine Protestkundgebung zu ihrer Verteidigung organisiert, die in Unruhen, Zusammenstöße mit der Ordnungsmacht, Verhaftungen und andere Repressionen mündete. Michnik selbst, der jüdischer Herkunft war, dessen Eltern vor dem Krieg kommunistische Aktivisten gewesen waren und im Nachkriegspolen Karriere gemacht hatten, wurde Gegenstand einer Hetzjagd mit antisemitischen Akzenten. Anfang der 1970er Jahre war er gezwungen, in einer Fabrik zu arbeiten, konnte aber bald wieder in ein intellektuelles Tätigkeitsfeld wechseln. Er beendete ein berufsbegleitendes Fernstudium an der Universität Poznań und publizierte unter Pseudonym – sowohl in der Inlands- als auch in der Emigrationspresse.

1976 schrieb Michnik ein für seine Karriere zentrales und für die Geschichte Polens wichtiges Buch mit dem Titel „Kościół, lewica, dialog" [Die Kirche, die Linke, der Dialog].[15] Die erste Auflage wurde 1977 von der Pariser Zeitschrift „Kultura" herausgegeben und rief eine starke Resonanz hervor. Die Publikation kann als seltener Moment gelten, in dem ein Intellektueller ein Projekt entwirft, das innerhalb kurzer Zeit eine große Veränderung in der Geometrie des Feldes der Macht bewirkt. Das Buch bereitete intellektuell und gelehrt den Boden für ein übergeordnetes Bündnis zwischen der, so Michnik, „laikale[n] Linke[n]",[16] also der linksliberalen Inteligencja, die zuvor mehr oder minder auf eine Reform des kommunistischen Systems in Polen gehofft hatte, und der katholischen Kirche und der mit ihr verbundenen rechten, konservativen Inteligencja im traditionellen Verständnis dieses Wortes.

Interessanterweise traf sich Michnik, während er an seinem Buch arbeitete, mit dem Primas Polens, Kardinal Stefan Wyszyński, und er beendete es unter der Obhut der Katholischen Kirche in der berühmten Blindenfürsorgeanstalt in Laski, einem Zufluchtsort für eine Reihe katholischer Intellektueller. Diese Kontakte können als Beleg dafür gelten, dass sich in Polen in den 1970er Jahren eine neue, spezifische Struktur des Feldes der Macht herausbildete. Nicht nur staatliche und staatlich geduldete Eliten besaßen nun darin Einfluss, sondern auch die an Stärke und Dynamik gewinnende katholische Kirche und ein sich konsolidierendes Netzwerk des Inteligencja-Milieus, für das bekannte Intellektuelle einen Bezugspunkt darstellten. Ein sichtbares institutionelles Symbol dieser Veränderungen im Feld der Macht war das

---

14 Bei der Darstellung von Adam Michniks Biographie beziehe ich mich hauptsächlich auf die Arbeit von Cyril Bouyeure, L'invention du politique. Une biographie d'Adam Michnik, Paris 2007.
15 Dt. Übersetzung: Adam Michnik, Die Kirche und die polnische Linke. Von der Konfrontation zum Dialog, München 1980.
16 Michnik, Die Kirche und die polnische Linke, S. 9.

1976 ins Leben gerufene Komitee zur Verteidigung der Arbeiter (Komitet Obrony Robotników, KOR), dem Michnik Anfang 1977 beitrat.

Zurück zu dem im gleichen Jahr in Paris publizierten Buch „Kościół, lewica, dialog": Indem er die katholische Kirche und die Inteligencja als potenzielle Bündnispartner im Kampf gegen die Staatsmacht darstellte, die er zugleich als ein autoritäres Regime ansah, legte Michnik eine Schlüsselallianz im Feld der Macht fest. Diese Allianz materialisierte sich später bildhaft in der Vereinigung von Millionen Polen, die Papst Johannes Paul II. bei seiner ersten Pilgerfahrt in sein Heimatland begrüßten. Die ein Jahr später gegründete Gewerkschaft Solidarność basierte ebenfalls auf dem von Michnik konzipierten Zusammenschluss, denn sie verband die konservativ-katholische mit der linksliberalen, gegen das kommunistische Regime gerichteten Inteligencja. Parallel dazu schuf sie eine symbolische Allianz der Inteligencja-Eliten mit breiten Teilen der Arbeiter, die sich bereits bei der Gründung des Komitees zur Verteidigung der Arbeiter 1976 abgezeichnet hatte und mit Solidarność grundlegende Bedeutung erlangte. Michnik wurde einer der wichtigsten Berater des Arbeiterführers Lech Wałęsa.

Infolge der Verhängung des Kriegsrechts Anfang 1981 wurde Michnik interniert, die Jahre bis 1986 verbrachte er überwiegend in Haft – konnte sich dabei aber intellektueller Arbeit widmen und die ideologischen Richtungen antikommunistischer Tätigkeit abstecken. Von hoher Relevanz waren nicht nur seine Texte, sondern auch seine politischen Gesten, insbesondere die Ablehnung des ihm – als politischem Gefangenen – von Innenminister General Czesław Kiszczak Mitte der 1980er Jahre unterbreiteten Angebots, in den Westen auszureisen. Der verführerische Vorschlag, an die Côte d'Azur zu fahren, wurde in einem verächtlichen Brief Michniks an den Innenminister abgelehnt.[17] Diese Geste war sehr bedeutsam. Sie ermutigte andere Anführer der Opposition, standhaft zu bleiben. Sie kann auch als Ausdruck einer typischen Haltung der Inteligencja angesehen werden – des heroischen Ethos eines Kämpfers für Freiheit und soziale Gerechtigkeit, der bereit ist zu leiden. Helena Flam hat darauf hingewiesen, dass dieses Ethos außergewöhnlich stark in der polnischen Identität verwurzelt ist und auch in der kommunistischen Zeit die Entscheidungen der Oppositionellen geprägt hat. Diese Haltung kontrastiert mit derjenigen ostdeutscher Oppositioneller unter ähnlichen Bedingungen, die sich in der Mehrheit dafür entschieden haben, das Angebot einer Emigration in den Westen anzunehmen. DDR-Oppositionelle schufen sich keine „umgekehrte Hierarchie des Sozialstatus" und blieben stattdessen an gängigen Erfolgskriterien wie Bildung, Karriere und Wohlstand orientiert.[18]

---

[17] Vgl. Adam Michnik, A Letter to General Kiszczak 1983, in: ders., Letters from Prison and other Essays, Berkeley u. a. 1985, S. 64–70.
[18] Helena Flam, Dissenting Intellectuals and Plain Dissenters. The Cases of Poland and East Germany, in: András Bozóki (Hrsg.), Intellectuals and Politics in Central Europe, Budapest 1999, S. 19–41, hier S. 33.

4 Michnik, Solidarność und der Zusammenbruch des polnischen Kommunismus

Es sollte sich bald bestätigen, dass es nicht vergebens war, materiellen Komfort, ökonomische Bedürfnisse und sogar die eigene Sicherheit und die der Familie hintanzustellen. Als der Untergang des Kommunismus Ende der 1980er Jahre absehbar wurde, trat Michnik einer Gruppe oppositioneller Schlüsselpersonen bei, mit denen die kommunistischen Machthaber Gespräche über mögliche Kompromisse und eine Machtaufteilung aufnahmen. Vor Kurzem noch von den Machthabern als Radikaler wahrgenommen und von der kommunistischen Propaganda als Provokateur und Agent westlicher Geheimdienste dämonisiert, wandelte sich Michnik in den Augen der Generäle Jaruzelski und Kiszczak nun zum Pragmatiker, zum Mitglied einer gemäßigten Opposition, bereit zu einem rationalen Spiel mit den Machthabern. 1988 wurde er deshalb zu den Gesprächen des sogenannten Runden Tischs eingeladen, bei denen ausgehandelt wurde, unter welchen Bedingungen die bisherige Opposition graduell Zugang zur Macht erhalten sollte.

Zur Delegation der Solidarność-Opposition am Runden Tisch gehörten viele bekannte Intellektuelle, wenn man eine eher weite Definition dieses Begriffs zugrunde legt. Unter ihnen waren unter anderem damals berühmte Persönlichkeiten wie Stefan Bratkowski, Bronisław Geremek, Aleksander Hall, Jacek Kuroń, Tadeusz Mazowiecki, Henryk Samsonowicz, Stanisław Stomma, Jan Józef Szczepański, Klemens Szaniawski und eben Michnik selbst – also bekannte Historiker, Journalisten und Schriftsteller, ein Philosoph und in der Opposition aktive Intellektuelle. Auch die Seite der Machthaber hatte, eher zu Legitimationszwecken, wie es scheint, einige bekannte Intellektuelle in ihre Delegation eingeladen, insbesondere Aleksander Gieysztor und Władysław Siła-Nowicki. Diese waren hier jedoch klar in der Minderheit.

Die Mehrheit der Gesprächsteilnehmer, darunter Michnik selbst, wurde wenig später bei den Juni-Wahlen von 1989 ins Parlament gewählt. Der damals gebildete Senat und Sejm – in Letzterem wurden nach dem am Runden Tisch vereinbarten Schlüssel 35 Prozent der Sitze in freien Wahlen mit Kandidaten der Solidarność besetzt – waren ein sichtbares Symbol des Triumphs sowohl der alten Inteligencja unterschiedlicher Orientierung als auch der sie repräsentierenden Intellektuellen. Nach den Berechnungen des Genealogie-Forschers Marek Jerzy Minakowski waren unter den 1989 gewählten Parlamentariern unvergleichlich mehr Personen, die aus Adelsfamilien und aristokratischen Familien sowie aus alten Gutsbesitzerfamilien stammten, sowohl im Vergleich zur kommunistischen Zeit als auch, was die Zusammensetzung weiterer, nach 1991 konstituierter Parlamente angeht. Das Abgeordnetenhaus von 1989, das sogenannte Kontraktparlament, war in seiner gesellschaftlichen Zusammensetzung den Parlamenten der Zwischenkriegszeit ähnlicher.[19] Das war ein Moment des Triumphs für viele Intellektuelle, die nun flammende Reden im Parlament und in den Medien hielten. Oftmals ging es dabei um die Notwendigkeit, nach Jahrzehnten kommunistischer Herrschaft historische Gerechtigkeit herzustellen.

Gleichzeitig jedoch dauerte der Prozess an, durch den Eigentum, Privilegien und Institutionen neu aufgeteilt wurden. Ein persönlicher Erfolg war für Michnik in dieser Zeit, dass er im Auftrag Lech Wałęsas eine Tageszeitung ins Leben rief, welche die Solidarność im Wahlkampf unterstützen sollte. Die kommunistischen Machthaber hatten der Gründung der Zeitung während der Gespräche des Runden Tischs zugestimmt. In seiner Tageszeitung, anfangs nur vorläufig für die Zeit des Wahlkampfs „Gazeta Wyborcza" („Wahlzeitung") genannt, veröffentlichte Michnik kurz nach ihrem ersten Erscheinen einen wichtigen Text, der als wesentlicher Impuls für die im September 1989 erfolgte Regierungsbildung unter Tadeusz Mazowiecki, einem katholischen Intellektuellen und Journalisten, gelten kann. Diese weitgehend nichtkommunistische Regierung sollte, so Michnik, ein Gegengewicht zu dem durch das Parlament zum Staatspräsidenten gewählten Kommunisten Wojciech Jaruzelski darstellen.[20]

Das Auftreten und offene Engagement Michniks und der „Gazeta Wyborcza" für politische Ziele zeigen, wie stark die neue Stellung der Inteligencja und der Intellektuellen geworden war. Vertreter der ehemaligen Opposition besetzten jetzt oft hochrangige Positionen, sowohl staatliche als auch in der Wirtschaft neu entstandene Stellen, darunter in internationalen Konzernen, die sich in Polen niedergelassen hatten. Viele betätigten sich zudem als Kommentatoren des öffentlichen Lebens in der Presse und im Fernsehen und publizierten Bücher, in denen sie ihre Sicht auf die Gegenwart darlegten. Für eine gewisse Zeit florierten neue intellektuelle Zeitschriften, und es erschienen früher verbotene Bücher. Man kann also von einer vorübergehenden Blütezeit der intellektuellen Debatte sprechen. Allerdings ist zu betonen, dass der Schwerpunkt eher vergangenheits- als zukunftsorientiert war. Ein Schlüsselthema bildete die Aufarbeitung der Verbrechen des Kommunismus, insbesondere die Frage, wie mit früheren Parteimitgliedern verfahren werden sollte. Dieser Vergangenheitsbezug und die Tatsache, dass gleichzeitig das Ruder sozio-ökonomischer Reformen Technokraten überlassen wurde, kann man als Verzicht der Intellektuellen verstehen, ihre frühere Rolle als Verteidiger der unteren Klassen fortzuführen.

---

19 Marek Jerzy Minakowski, Leder się myli – Rewolucja w Polsce była w 1990, nie 1946 r. [Leder irrt sich – Die Revolution in Polen ereignete sich 1990, nicht 1946], http://minakowski.pl/leder-sie-myli-rewolucja-w-polsce-byla-w-1990-nie-1946-r/, 14.4.2014 (18.12.2019).
20 Adam Michnik, Wasz prezydent, nasz premier [Euer Präsident, unser Premierminister], in: Gazeta Wyborcza vom 3.7.1989.

5 Dominanz der Solidarność-Inteligencja

Dabei fällt ein entscheidender Unterschied zu Russland während des Falls des Kommunismus von 1989 bis 1991 auf. In Russland kam es damals zu einer regelrechten intellektuellen Explosion. Dies zeigte sich unter anderem an der außergewöhnlichen Auflagensteigerung von Zeitschriften sowie daran, dass nun zahlreiche früher nicht verfügbare Bücher erschienen. Vertreter der russischen Inteligencja, etwa der aus der Verbannung zurückkehrende Andrej Sacharow und der aus dem Ausland zurückkehrende Alexander Solschenizyn, wurden zu Helden der russischen Politik. Polen erlebte in derselben Zeit keine vergleichbare explosionsartige Steigerung des Interesses an früher verbotenen Themen. Dies liegt erstens daran, dass das Land zur kommunistischen Zeit deutlich liberaler gewesen war. Zweitens hatten im kommunistischen Polen insbesondere nach 1977 die Untergrundverlage floriert, der sogenannte zweite Umlauf. Wer Interesse an verbotenen Büchern der Inteligencja hatte, konnte diese mehr oder weniger leicht über entsprechende Freundeskreise beschaffen. Auf diese Weise gab es eine lebendige alternative Kultur und eine vom Regime unabhängige Historiographie. Der Zusammenbruch des Staatskommunismus war deshalb nicht, wie in Russland, ein Moment, in dem die Mehrheit der Gesellschaft eine Fülle an unbekannter Literatur, historischen Fakten oder Namen von Intellektuellen entdeckte. In Polen war das Jahr 1989 eher ein Moment, der die formale Legitimation dieser Dinge markierte und die Dominanz der Solidarność-Inteligencja im Feld der Macht institutionell besiegelte.

In diesem Zusammenhang muss auch ein weiterer Unterschied zwischen Polen und Russland hervorgehoben werden, der die Bedeutung von Intellektuellen in der Emigration betrifft. Obwohl russische Emigranten im Westen, zum Beispiel in Frankreich, eine ziemlich große und relativ dynamische Gruppe darstellten, blieb ihr Einfluss in der Sowjetunion äußerst begrenzt. Im polnischen Fall war dies anders. Eine besondere Rolle spielte hierfür das Literarische Institut (Instytut Literacki, Institut Littéraire), eine kleine Institution in Maisons-Laffitte, unweit von Paris. Geleitet wurde sie von Jerzy Giedroyć, einer zentralen Instanz unter den polnischen Intellektuellen, dessen einflussreichste Tätigkeit in der Publikation der bereits erwähnten Monatszeitschrift „Kultura" bestand. Obwohl in der Emigration herausgegeben, war sie ein gängiges Medium in Polen, wo man sie auf verschiedenen Wegen bekam. Giedroyć war zwar in Frankreich wenig bekannt, in Polen wurde er aber zu einer Schlüsselfigur des intellektuellen Feldes, mit der Zeit zu einer Gallionsfigur und nach 1989 geradezu zu einer lebenden Legende, zu der, bis zu Giedroyćs Tod im Jahr 2000, wichtige Politiker und Intellektuelle pilgerten. Giedroyć stand unter anderem für die Unterstützung nationaler Unabhängigkeitsbewegungen in Belarus, Litauen und der Ukraine – eine in Polen anfänglich sehr kontrovers debattierte Idee, die jedoch heute zu einer außenpolitischen Grundposition geworden ist – und förderte den Dialog zwischen polnischer und russischer Inteligencja.[21]

Giedroyćs Stärke basierte in erster Linie darauf, dass er in der Lage war, vielen polnischen Intellektuellen nicht nur in Polen Ruhm zu verschaffen. Auch sicherte er ihnen internationales Renommee und unterstützte sie dabei, weltweite Kontakte aufzubauen. Er verfügte nicht nur über einen eigenen Buchverlag und arbeitete mit den wichtigsten polnischen Intellektuellen in der Emigration wie Czesław Miłosz oder Witold Gombrowicz zusammen. Darüber hinaus hatte er – dank seiner politischen Kontakte im Westen – Einfluss auf die Verteilung amerikanischer Gelder zur Unterstützung osteuropäischer Dissidenten. Auch Michnik konnte so von diesen Geldern Gebrauch machen. Michnik hatte seinen relativ frühen internationalen Ruhm auch den Kontakten zu Giedroyć und seinem engsten Umfeld zu verdanken – erwähnt sei nur die bereits 1979 erschienene französische Übersetzung seines Buches „Kościół, lewica, dialog" im Verlag Éditions du Seuil.[22]

6 Bedeutungsverlust der Intellektuellenrolle

Gleichzeitig fällt freilich auf, dass sowohl in Polen als auch in Russland im Verlauf der 1990er Jahre die Bedeutung der großen Intellektuellen zurückging und dass intellektuelle Auseinandersetzungen und Streitgespräche nicht mehr so breit beachtet wurden. Dieses schrittweise Abtreten der Intellektuellen von der Bühne der Öffentlichkeit scheint dabei auch Teil globaler Prozesse zu sein. So begründeten die geopolitischen Spannungen bis 1989 einen Zusammenhang zwischen der Sowjetunion und dem Westen, der die Rolle von Intellektuellen als wichtige, die jeweilige Ideologie der konkurrierenden Blöcke legitimierende Instrumente aufwertete. Der siegreiche Kapitalismus braucht heute nicht mehr im gleichen Maße eine intellektuell-ideologische oder moralische Legitimation. Benötigt werden nun vielmehr spezialisierte Experten – Ökonomen, Anwälte, Verwaltungsexperten und Experten für neue Technologien –, welche durch die Lösung technisch-organisatorischer Fragen den Fortbestand des Systems sichern. Nach dem Fall des Kommunismus wurden solche Experten auch in der Öffentlichkeit sichtbarer. In Polen wurde Leszek Balcerowicz – Finanzminister in der Regierung Mazowiecki und zwei weiterer Solidarność-Regierungen – zu solch einer symbolischen Figur. Balcerowicz, Wirtschaftsprofessor und weit entfernt von intellektueller Attitüde, war ein kompromissloser Befürworter radikaler marktwirtschaftlicher Reformen und der Privatisierung.

---

[21] Andrzej Turkowski, Polish Intelligentsia Totems in Elites' Struggles for Legitimization. The Case of Jerzy Giedroyc and Poland's Eastern Policy, in: East European Politics and Societies and Cultures 33 (2018), S. 68–88.
[22] Adam Michnik, L'église et la gauche. Le dialogue polonais, Paris 1979.

Mit ein wenig Ironie kann man also sagen, dass die Intellektuellen ebenso wie die Arbeiter die Hauptopfer des Falls des Kommunismus waren. Beide Gruppen standen nach 1989 nicht mehr auf dem Sockel. Wichtig ist jedoch hierbei die grundlegende Unterscheidung zwischen den Intellektuellen und der Inteligencja. Betrachtet man das Bündnis, auf das sich die Gewerkschaft Solidarność gründete, als einen Pakt der Arbeiter mit den Inteligencja-Eliten – und den Intellektuellen als deren herausragenden Vertretern –, so fällt eine gewisse Symmetrie auf: Das Schicksal der Arbeiter großer sozialistischer Betriebe und Arbeitsstätten, die Arbeit und frühere gesellschaftliche Privilegien verloren hatten, ähnelt dem Schicksal der Intellektuellen, die fehlendes Gehör, oftmals auch niedrige Gehälter an den Hochschulen und niedrige Bücherauflagen – für die nun nicht mehr, wie zu kommunistischen Zeiten, Tantiemen eingingen – bemängelten. Ihr regelmäßiges Klagen über den Niedergang der Intellektuellen, fehlende Wertschätzung für Bildung und eine Invasion der Barbarei und des Kommerzes sind in den gegenwärtigen intellektuellen Debatten omnipräsent.

Ganz anders freilich sieht das Urteil mit Blick auf die Inteligencja aus, die wir hier als strukturell privilegierte Schicht verstehen. Anders als die Arbeiter, insbesondere als die Arbeiter der staatlichen Landwirtschaft, gehörte die Inteligencja, vor allem ihre Elite, zu den Gewinnern der sogenannten post-kommunistischen Transformation. Nach 1989 wurde die Inteligencja wieder zu der hegemonialen Gruppe, die sie schon in der Zwischenkriegszeit gewesen war. Ihre Macht gründete sich nun auf einer Arbeitsteilung zwischen dem westlichen Kapital, das einen Großteil der Wirtschaft kontrollierte, und der Inteligencja, die Kultur und Politik kontrollierte.[23] Die Elite der Inteligencja kam in privilegierte politische und wirtschaftliche Positionen, sie nahm die Rolle von Experten wahr, und sie hielt auch den kaum sichtbaren, aber im Moment einer potenziellen Krise entscheidenden Schlüssel zur Legitimation der neuen politisch-ökonomischen Eliten in den Händen. Die klassischen Intellektuellen hingegen verloren ihren früheren Einfluss, intellektuelle Debatten spielten jetzt nur noch eine geringe Rolle. Sie wurden durch offene politische Auseinandersetzungen ersetzt.

Dabei ist hervorzuheben, dass sich die russische Inteligencja völlig anders entwickelte. Nach einer kurzen Zeit der Aufwertung und Sichtbarkeit jener Intellektueller, die sie im öffentlichen Raum repräsentierten, wurde diese Ende der 1990er Jahre in eine untergeordnete Position gedrängt, wo sie insbesondere von der alten und gleichzeitig neuen politischen Elite, der früheren Nomenklatura, abhängig war. In Polen war dies nicht der Fall. Insofern erscheinen Stimmen gerechtfertigt, welche die Intellektuellen der Solidarność anklagen, die Interessen der Arbeiter verraten zu

---

23 Tomasz Zarycki/Rafał Smoczyński/Tomasz Warczok, The Roots of Polish Culture-Centered Politics. Toward a Non-Purely Cultural Model of Cultural Domination in Central and Eastern Europe, in: East European Politics and Societies and Cultures 31 (2017), S. 360–381.

haben, als deren Repräsentanten sie sich bis 1989 bezeichnet hatten.[24] Denn von nun an gaben sie in der Tat ihr Interesse an der Gewerkschaftsbewegung auf und unterstützten die radikalen marktwirtschaftlichen Reformen und weitreichenden Privatisierungsprogramme. Davon profitierten insbesondere die großen westlichen Konzerne, welche die Kontrolle über viele wichtige Zweige der polnischen Wirtschaft übernahmen. Diese entwickelte sich infolge der strukturellen Wandlungen zum Lieferanten billiger Arbeitskräfte und billiger Produkte für die westlichen Volkswirtschaften, allen voran die deutsche. Die Mehrheit der Intellektuellen befasste sich kaum mit diesen Prozessen, die mit einem Anstieg sozialer Ungleichheit und einem Rückgang staatlicher Leistungen einhergingen. Noch seltener riefen diese Entwicklungen bei ihnen kritische Besorgnis hervor. Zur Hauptachse intellektueller Auseinandersetzungen wurden vielmehr Debatten um die Vergangenheit, insbesondere die kommunistische Zeit. Hinzu kommt heute die kritische Beschäftigung mit aus dem Westen einströmenden gesellschaftlichen und kulturellen Wandlungen.

In diesem Kontext ist auch Michniks Werdegang interessant. In den 1990er Jahren wandelte er die Gesellschaft Agora, welche die „Gazeta Wyborcza" als größte täglich erscheinende Qualitätszeitung herausgibt, zu einem börsennotierten Medienkonzern um. Mit der Zeit wurde Agora zu einem von professionellen Managern geleiteten großen Unternehmen. Ein erheblicher Teil der Aktien befindet sich im Besitz eines amerikanischen Investors, wenngleich das Mehrheitspaket in den Händen polnischer Anteilseigner verbleibt, die überwiegend zu einem dem Gründer der Zeitung nahestehenden Milieu gehören; viele waren nach der Wende zu Millionären geworden. Interessanterweise verzichtete Michnik selbst auf Unternehmensanteile und legte Wert darauf, nur ein festangestellter Mitarbeiter zu sein – eine symbolische Geste, die Michniks Rolle als Angehöriger der Inteligencja hervorhebt. Die Geste betont zugleich die Autonomie der Zeitung gegenüber dem ökonomischen Feld, was besonders während der sogenannten Rywin-Affäre Ende 2002[25] bedeutsam war.

Unterdessen veröffentlichte die „Gazeta Wyborcza" in den 1990er Jahren zahlreiche intellektuelle Texte, darunter auch Artikel ihres Chefredakteurs Michnik. Es mangelte nicht an Debatten von Tragweite, die allerdings zunehmend einen politischen und weniger einen intellektuellen Charakter annahmen. Insgesamt entwickelte sich die „Gazeta Wyborcza" zur führenden Tageszeitung eines breiten, ausdrücklich politisch definierten Lagers, das als liberal bezeichnet werden kann. Unter Michniks Texten, die nach 1989 eine besondere Wirkung entfalteten, ist ein Artikel, den er gemeinsam mit dem früheren kommunistischen Parteifunktionär Włodzi-

---

24 David Ost, The Defeat of Solidarity. Anger and Politics in Postcommunist Europe, Ithaca, NY 2005; Michał Siermiński, Dekada przełomu. Polska lewica opozycyjna 1968–1980. Od demokracji robotniczej do narodowego paternalizmu [Die Dekade des Umbruchs. Die polnische oppositionelle Linke 1968–1980. Von der Arbeiterdemokratie zum nationalen Paternalismus], Warschau 2016.
25 Vgl. hierzu unten, S. 208.

mierz Cimoszewicz verfasste,²⁶ der im weiteren Verlauf der 1990er Jahre zum Ministerpräsidenten und Anführer des linken Lagers werden sollte. Cimoszewicz und Michnik schrieben über die Notwendigkeit von Versöhnung und ebneten so de facto den Weg für eine erneute Annäherung zwischen post-kommunistischem Milieu und liberaler Inteligencja. Dies bedeutete die Umkehrung des von Michnik in seiner Schrift „Kościół, lewica, dialog" entworfenen Bündnisses.

Adam Michnik, 1991
(Foto: photo©ErlingMandelmann.ch, CC BY-SA 3.0, https://commons.wikimedia.org/w/index.php?curid=11471281)

Einen ähnlichen Charakter und einen noch breiteren Widerhall hatte das Interview, das Michnik gemeinsam mit dem ehemaligen Minister Kiszczak seiner eigenen Zeitung gab. Michnik nannte Kiszczak darin einen Ehrenmann, was er damit begründete, dass dieser seine am Runden Tisch gemachten Versprechen gehalten habe.²⁷

---

26 Włodzimierz Cimoszewicz/Adam Michnik, O prawdę i pojednanie [Über Wahrheit und Versöhnung], in: Gazeta Wyborcza vom 9./10.10.1995.
27 Agnieszka Kublik/Monika Olejnik, Pożegnanie z bronią. Z gen. Czesławem Kiszczakiem i Adamem Michnikiem rozmawiają Agnieszka Kublik i Monika Olejnik [Abschied von der Waffe. Mit General Czesław Kiszczak und Adam Michnik sprechen Agnieszka Kublik und Monika Olejnik], in: Gazeta Wyborcza vom 3.2.2001.

Diese und ähnliche Aussagen Michniks riefen verbreitet Empörung hervor, insbesondere bei der rechten Inteligencja. Auch wichtige Intellektuelle, wie der Dichter Zbigniew Herbert oder der Schriftsteller Gustaw Herling-Grudziński, kritisierten Michnik dafür. Ihren Meinungen wurde nicht nur innerhalb der intellektuellen Elite, sondern auch im weiteren politischen Feld durchaus Gewicht beigemessen. Dies scheint dafür zu sprechen, dass die Rolle der Intellektuellen nicht völlig unbedeutend geworden war – wenngleich sie sich in politischen Debatten eher mit Deklarationen zu Wort meldeten, als dass sie durch komplexe intellektuelle Auseinandersetzungen hervorgetreten wären. Ebenso wurden die Texte und im weiteren Sinne auch Reden Michniks zunehmend politischer und immer weniger intellektuell. Sie befassten sich eher mit der Taktik des politischen Kampfes als mit Ideen, Werten und moralischen Dilemmata. Gelehrte Essays, die Michnik publizierte, riefen seltener eine Diskussion hervor als Äußerungen in rein politischen Auseinandersetzungen.

Ein entscheidender Moment in Michniks Karriere war die bereits erwähnte Rywin-Affäre, in der es zu einer Konfrontation Michniks mit Politikern der damals regierenden post-kommunistischen Linken kam. Das Ereignis lässt unterschiedliche Interpretationen zu. Wesentlich erscheint dabei jedoch der Versuch ehemaliger Vertreter der Nomenklatura, die über Jahre politisch erfolgreich gewesen und dabei von Michnik unterstützt worden waren, mithilfe staatlicher Mittel eine eigene mediale und ökonomische Machtbasis aufzubauen.[28] Dies hätte Polen an das Oligarchen-Modell angenähert – also an eine Überführung von ehemals staatlichem Eigentum an die frühere Nomenklatura, die auch im Besitz einer eigenen medialen Machtbasis ist. So konnte man es zum Beispiel bis vor Kurzem in der Ukraine beobachten. Indes, Michnik stand diesen Ambitionen im Wege, die auch ihn selbst in Abhängigkeit von den sich konsolidierenden ehemaligen Apparatschiks aus Wirtschaft und Politik gebracht hätten. Er machte die Pläne der ehemaligen Kommunisten öffentlich und kritisierte sie. So ging er siegreich aus dieser Konfrontation hervor, in der oft auf das Ethos der Inteligencja Bezug genommen wird. Seine Freunde versuchten dabei, seine post-kommunistischen Gegner als nicht zur Inteligencja gehörende Personen öffentlich zu delegitimieren – also als Menschen, die nicht die Fähigkeit zur Ehrenhaftigkeit besitzen.

---

28 Tomasz Zarycki, The Power of the Intelligentsia. The Rywin Affair and the Challenge of Applying the Concept of Cultural Capital to Analyze Poland's Elites, in: Theory and Society. Renewal and Critique in Social Theory 38 (2009), S. 613–648.

7 Politische Polarisierung und Autonomieverlust des intellektuellen Feldes

Allerdings zerschlug sich im Ergebnis der Affäre auch Michniks eigenes Projekt eines Bündnisses der post-kommunistischen Linken um Włodzimierz Cimoszewicz und Aleksander Kwaśniewski mit dem liberalen Lager. Die ehemaligen Kommunisten blieben politisch marginalisiert und moralisch herabgewürdigt. Dominierend in der politische Szene wurden dagegen zwei triumphierende Fraktionen der früheren antikommunistischen Oppositions-Inteligencja: eine konservative und euroskeptische, an deren Spitze Jarosław Kaczyński stand, sowie eine liberale, für die die „Gazeta Wyborcza" ein idealler Hauptbezugspunkt blieb. Ohne Zweifel beschränkte die starke Polarisierung dieser im Jahr 2005 institutionalisierten politischen Teilung die Autonomie des intellektuellen Feldes noch mehr. Die Mehrheit der tonangebenden Intellektuellen ist mehr oder weniger offen engagiert oder identifiziert sich zumindest mit einer der beiden der Konfliktparteien. Für die eine Seite steht Jarosław Kaczyński, für die andere Adam Michnik und gegenwärtig auch Donald Tusk.

Michnik und Kaczyński sind bereits seit drei Jahrzehnten Widersacher. Im Oktober 1990 führten sie während der ersten freien Präsidentschaftswahlen eine TV-Debatte. Kaczyński engagierte sich hier für Lech Wałęsa, damals ein radikaler Antikommunist und Gegner des liberalen Lagers, Michnik für den damaligen Premier Tadeusz Mazowiecki. Seitdem verläuft ihre Diskussion eher in indirekten Bahnen, kreist aber um ähnliche Themen. Die größte Veränderung ergab sich, als die Frage nach der Rolle Polens in der Europäischen Union aufkam. Die polnische Rechte definierte sich trotz allen Wandels im politischen und intellektuellen Leben Polens weiterhin ideologisch und konsolidierte sich taktisch wesentlich in Opposition zu Michnik und der von ihm geleiteten Zeitung „Gazeta Wyborcza". Alle anderen Milieus mit intellektuellen Ambitionen sowie Zeitschriften, die den Versuch unternehmen, relativ autonome Foren für Debatten zu schaffen, waren bislang stets früher oder später gezwungen, sich auf einer der beiden Seiten, deren Gesichter Kaczyński und Michnik sind, zu positionieren. Auf der Achse zwischen diesen zwei Polen entstanden einige recht ambitionierte intellektuelle Texte von Konservativen, die in beiden Lagern debattiert wurden. Besonders wichtig sind hier die Bücher des Soziologen Zdzisław Krasnodębski[29] und des Philosophen Ryszard Legutko[30]. Es ist charakteristisch, dass beide Autoren, so wie viele andere Intellektuelle, ihre intellektuelle Tätigkeit praktisch immer mehr aufgaben und als Publizisten und Politiker auftraten. Krasnodębski und Legutko wurden zu bedeutenden Abgeordneten der Partei Jarosław Kaczyńskis im europäischen Parlament.

---

29 Zdzisław Krasnodębski, Demokracja peryferii [Demokratie der Peripherie], Danzig 2003.
30 Ryszard Legutko, Esej o duszy polskiej [Essay über die polnische Seele], Krakau 2008.

Man kann indes argumentieren, dass der Autonomieverlust des intellektuellen Feldes und seine heute starke Politisierung nicht eine Folge des Jahres 1989 sind. Das zeigt der Fall Andrzej Walickis, eines herausragenden Ideenhistorikers, der 1981 aus Polen emigrierte, also während des Triumphes der sogenannten ersten Solidarność. Als er das Land verließ, kritisierte er, die Politisierung der intellektuellen Debatte sei für ihn unerträglich geworden.[31] Walicki argumentierte, dass die von der damaligen Opposition Mitte der 1970er Jahre verfolgte Strategie letztlich die Strategie der Kommunisten spiegele, denn sie laufe auf eine Politisierung von Kultur und Gesellschaftswissenschaften hinaus und übernehme Standardlosungen vom Kampf um eine mythische Einheit der Nation. In der Perspektive Walickis hatten nur die 1960er Jahre Raum für eine relativ autonome intellektuelle Tätigkeit geboten, die von Politik und Erwartungen der Inteligencja unabhängig blieb. Das Entstehen der Solidarność sei ein großer Triumph der Inteligencja gewesen, welche unabhängige Stimmen, die nicht allein für politische Ziele eintraten, überhört habe. So gesehen, erscheint das Jahr 1989 nicht als Anfang, sondern lediglich als eine Station in dem Prozess, durch den das intellektuelle Feld seine Autonomie verlor. Die zunehmende Politisierung des intellektuellen Feldes und die Zurückdrängung unabhängiger Intellektueller prägten auch Michniks Karriere ab 1980: Zwar blieb er die wichtigste Führungsfigur der liberalen Inteligencja, jedoch übernahm er dabei immer seltener die Rolle des Intellektuellen und immer häufiger die eines (den politischen Tageskämpfen entrückten) Politikers.

Die diesem Text zugrunde liegende Übersetzung aus dem Polnischen wurde von Katrin Stoll angefertigt und vom Institut für Zeitgeschichte München–Berlin finanziert. Für wertvolle Hilfe bei der redaktionellen Bearbeitung danken die Herausgeberinnen Beata Lakeberg.

---

31 Robert Krasowski, Czekając na odwilż, czyli umysł nadal zniewolony [Auf das Tauwetter wartend, sprich ein weiterhin unfreier Geist], in: Życie vom 29.6.2002.

Thomas Raithel
„A super-connected intellectual powerhouse"
Die europapolitische Rolle von Maria João Rodrigues

Die portugiesische Wirtschaftsprofessorin und Europapolitikerin Maria João Rodrigues ist in der breiteren deutschen und europäischen Öffentlichkeit wenig bekannt. Dies steht in einem auf den ersten Blick erstaunlichen Gegensatz zu den bedeutsamen Aktivitäten, die sie seit rund 20 Jahren im Kommunikationsraum der Europäischen Union entfaltet. „Politico", eine in Brüssel erscheinende europapolitische Zeitung, bezeichnete sie vor einigen Jahren als „super-connected intellectual powerhouse".[1] Diese Rolle hat Rodrigues kurz vor der Jahrtausendwende übernommen. Als Beraterin des damaligen portugiesischen Premierministers António Guterres, des heutigen UN-Generalsekretärs, wirkte sie maßgeblich am Zustandekommen der sogenannten Lissabon-Strategie mit, die der Europäische Rat im März 2000 auf einem Sondergipfel beschlossen hat. Rodrigues, rückblickend häufig als „Mutter der Lissabon-Strategie" bezeichnet,[2] agierte dabei in Kooperation mit prominenten Wirtschafts- und Sozialwissenschaftlern aus verschiedenen Staaten. Selbstbewusst hat Rodrigues von einer „new kind of alliance between the intellectual community and the political community" gesprochen.[3]

Im Folgenden sollen zunächst in aller Kürze der akademische und politische Werdegang von Rodrigues bis Ende der 1990er Jahre sowie die Geschichte der Lissabon-Strategie dargelegt werden. Daran anschließend geht es um die Frage nach der Funktion, welche die portugiesische Professorin bei der Vorbereitung, Verabschiedung und Umsetzung dieser europapolitischen Agenda ausgeübt hat. Zuletzt erfolgt, auch mit Blick auf die weitere intellektuelle und politische Karriere von Rodrigues, die Diskussion breiter gefasster Fragen: Inwieweit überschritt die Rolle von Rodrigues den Rahmen wissenschaftlichen Expertentums? Inwiefern lässt sich die Wirtschaftswissenschaftlerin in eine Typologie intellektueller Rollenmuster einordnen? Und in welcher Beziehung steht die politisch-intellektuelle Funktion von Rodrigues zur politischen Kultur der Europäischen Union?

---

[1] The 40 MEPs [Members of the European Parliament] who matter in 2017. Maria João Rodrigues, in: Politico. Europe Edition, www.politico.eu/list/the-40-meps-who-matter-in-2017-the-ranking-ep40/maria-joao-rodrigues/ (6.12.2019).
[2] Vgl. z. B. Heli Meisterson, Rezension zu: Rodrigues, Maria João (Hrsg.), Europe, Globalization and the Lisbon Agenda. Cheltenham 2009, in: Connections. A Journal for Historians and Area Specialists, 20.5.2011, www.connections.clio-online.net/publicationreview/id/reb-12946 (12.2.2020).
[3] Maria João Rodrigues (Hrsg.), The New Knowledge Economy in Europe. A Strategy for International Competitiveness and Social Cohesion, Cheltenham, UK/Northampton, MA, USA 2002, S. xi.

Die folgenden Ausführungen bewegen sich auf einem geschichtswissenschaftlich noch kaum betretenen Terrain und stellen insofern eine erste Skizze dar. Abgesehen von Erwähnungen in thematisch breiteren Arbeiten[4] liegen bislang noch keine wissenschaftlichen Beiträge zur Person und zur öffentlichen Rolle von Rodrigues vor. Als Quellenbasis dienen vor allem Publikationen von Rodrigues, online verfügbare Dokumente der EU-Institutionen sowie die Internetseiten von Rodrigues und den Thinktanks, denen sie in führender Position angehört.

1 Die wissenschaftliche und politische Karriere von Maria João Rodrigues bis Ende der 1990er Jahre

Maria João Rodrigues wurde am 25. September 1955 in Lissabon geboren.[5] Ihre akademische Biographie begann mit einem Studium der Sozialwissenschaften, das sie am Hochschulinstitut für Arbeits- und Betriebswissenschaften in Lissabon (ISCTE: Instituto Superior de Ciências do Trabalho e da Empresa) von 1972 bis 1977 absolvierte. 1980 nahm sie an der Pariser Sorbonne ein wirtschaftswissenschaftliches Studium auf, das sie innerhalb von drei Jahren beendete.[6] Bereits seit 1978 scheint Rodrigues zudem am ISCTE gelehrt zu haben, eine Funktion, die sie bis 2008 beibehielt.

In den Jahren 1984 bis 1987 schloss Rodrigues, ebenfalls an der Sorbonne, ein wirtschaftswissenschaftliches Promotionsstudium an. Ihre Dissertation aus dem Jahr 1987, die von dem französischen Ökonomen Henri Bartoli (1908–2008) betreut wurde, behandelte den portugiesischen Arbeitsmarkt seit 1974.[7] Ein Jahr später wurde die Arbeit in Buchform auf Portugiesisch publiziert und bis 1996 dreimal aufgelegt.[8] Bereits Anfang der 1990er Jahre erschien ein weiteres Buch von Rodrigues, das den portugiesischen Arbeitsmarkt in einen größer gefassten ökonomischen und europapolitischen Kontext stellt. Auch diese Studie wurde in mehreren Auflagen publi-

---

4 Vor allem José M. Magone, The Developing Place of Portugal in the European Union, New Brunswick, N. J. 2004, S. 34, 202–204.
5 Grundlegend zum Folgenden: Curriculum Vitae Maria João Rodrigues. Synthesis, mariajoaorodrigues.eu/about/ (27.1.2020); www.europarl.europa.eu/meps/de/124737/MARIA+JOAO_RODRIGUES_cv.html [Diese Seite ist wegen des Ausscheidens von Rodrigues aus dem Europaparlament im Jahr 2019 nicht mehr online.]
6 Bereits ihre Arbeit für das Diplome d'Etudes approfondies befasste sich mit der portugiesischen Arbeitslosigkeit und Arbeitsmarktpolitik seit dem Übergang zur Demokratie 1974: Maria João Rodrigues, Chômage et politiques au Portugal post-Avril 1974, Mémoire DEA, Université Paris 1, 1981.
7 Maria João Rodrigues, Pour une alternative aux approches du marché du travail. Le système d'emploi. Essai de conceptualisation et d'application au cas portugais après 1974, Grenoble 1987.
8 Maria João Rodrigues, O sistema de emprego em Portugal. Crise e mutações, Lissabon 1988, 1992 und 1996.

ziert.⁹ 1995 schließlich habilitierte sich Rodrigues am ISCTE.¹⁰ Insgesamt entsteht beim Blick auf die Karriere und die Publikationen von Rodrigues bis Mitte der 1990er Jahre das Profil einer wissenschaftlichen Spezialistin für die Thematik des Arbeitsmarktes und der Arbeitsmarktpolitik in Portugal.

In den frühen 1990er Jahren war Rodrigues erstmals als Expertin für die Europäische Union tätig. 1993 schloss sie zusammen mit einer Ko-Autorin einen Länderbericht zur beruflichen Weiterbildung in Portugal ab, der von Ansätzen der neueren Managementlehre gekennzeichnet war und vier Jahre später von einer EU-Institution publiziert wurde.¹¹ Mitte der 1990er Jahre vollzog Rodrigues ihren ersten großen Schritt in die politische Sphäre: Nachdem sie bereits in den Jahren 1994 und 1995 dem portugiesischen Wirtschafts- und Sozialrat, einem Beratungsgremium der Regierung, angehört hatte, war sie von 1995 bis 1997 Arbeitsministerin im ersten Kabinett von Ministerpräsident António Guterres, dem Generalsekretär der Sozialistischen Partei Portugals. 1998 wurde Rodrigues dann „special adviser" des portugiesischen Premierministers und übernahm die Führung einer Vorbereitungsgruppe für die portugiesische Ratspräsidentschaft in der EU, die im Jahr 2000 anstand. Ebenfalls 1998 hatte Rodrigues erstmals den Vorsitz einer hochrangigen Beratergruppe der Europäischen Kommission inne.

2 Die Lissabon-Strategie der Europäischen Union

Auf dem Lissabonner Sondergipfel des Europäischen Rats am 23. und 24. März 2000 verabschiedeten die anwesenden Staats- und Regierungschefs – darunter der britische Premierminister Tony Blair, der französische Staatspräsident Jacques Chirac und Premierminister Lionel Jospin sowie Bundeskanzler Gerhard Schröder – einmütig die „Lissabon-Strategie" für „Beschäftigung, Wirtschaftsreform und sozialen Zusammenhalt".¹² Das nach dem Gipfel publizierte Abschlusspapier ging von der „Glo-

---

9 Maria João Rodrigues, Competitividade e recursos humanos. Dilemas de Portugal na construção europeia, Lissabon 1991, 1994 und 1998.
10 Ob sie hierfür eine Habilitationsschrift vorgelegt oder ob es sich um ein kumulatives Verfahren gehandelt hat, war nicht zu ermitteln.
11 Maria João Rodrigues/Helena Lopes, The Role of the Company in Generating Skills. The Learning Effects of Work Organization – Portugal, Luxemburg 1993. Die Schrift wurde im Auftrag des European Centre for the Development of Vocational Training publiziert. Zur neueren Managementlehre vgl. unten S. 215 mit Anm. 18.
12 Europäischer Rat, 23. und 24. März 2000, Lissabon: Schlussfolgerungen des Vorsitzes, SN 100/00, www.consilium.europa.eu/ueDocs/cms_Data/docs/pressData/de/ec/00100-r1.d0.htm (13.1.2020). – Seitens der Politikwissenschaft, Soziologie, Wirtschaftswissenschaften, Bildungsforschung und des Verfassungsrechts fand die Strategie von Anfang an starke Beachtung. Aus der Fülle an – meist kürzeren – Publikationen sei hier der Forschungsbericht von David Natali, The

balisierung und den Herausforderungen einer neuen wissensbasierten Wirtschaft" aus, und es verkündete ein optimistisches strategisches Ziel: „die Union zum wettbewerbsfähigsten und dynamischsten wissensbasierten Wirtschaftsraum in der Welt zu machen". Dieser Wirtschaftsraum sollte fähig sein, „ein dauerhaftes Wirtschaftswachstum mit mehr und besseren Arbeitsplätzen und einem größeren sozialen Zusammenhalt zu erzielen".[13] Insgesamt bilden die „Schlussfolgerungen des Vorsitzes", so der offizielle Titel, einen keineswegs widerspruchsfreien Katalog von Lagebewertungen, allgemeinen Reformforderungen und konkreten Zielvorgaben.

Die ökonomischen und politischen Kontexte der Lissabon-Strategie sind komplex und noch lange nicht hinreichend erforscht.[14] Als Rahmenbedingungen lassen sich die in den meisten europäischen Staaten verfestigte Massenarbeitslosigkeit, der Aufschwung der Informationstechnologien sowie der im späten 20. Jahrhundert erfolgte Siegeszug neoliberaler Grundvorstellungen erkennen. Der intensivierte globale Wettbewerb, insbesondere mit den Vereinigten Staaten, wurde in der Regel im Kontext einer Wachstumsschwäche der EU perzipiert.[15] Über eine sozioökonomische Reformpolitik, den Ausbau der neuen Technologien und der „Wissensgesellschaft" und eine erhöhte Innovationskraft sollten in der EU die Wettbewerbsfähigkeit und das Wachstum gesteigert und die Massenarbeitslosigkeit beseitigt werden.[16] Dabei verband sich der neoliberale Ansatz mit einem sozialdemokratisch inspirierten beschäftigungs- und sozialpolitischen Impetus.

Lisbon Strategy a Decade on. A Critical Review of a Multi-Disciplinary Literature, in: Transfer 15 (2009), S. 111–137, sowie die kritische Analyse von Bruno Amable/Ivan Ledezma/Lilas Demmou, The Lisbon Strategy and Structural Reforms in Europe, in: Transfer 15 (2009), S. 33–52, hervorgehoben. Einschlägige geschichtswissenschaftliche Studien liegen noch nicht vor. In neueren Gesamtdarstellungen zur Entwicklung der EU wird die Strategie meist nur knapp oder gar nicht erwähnt. Etwas ausführlichere Hinweise zur Strategie und zu ihrer Vorgeschichte finden sich bei Desmond Dinan, Ever Closer Union. An Introduction to European Union, Basingstoke/New York [4]2010, S. 416–422; Andreas Wirsching, Der Preis der Freiheit. Geschichte Europas in unserer Zeit, München [2]2012, S. 236–238; sowie Wilfried Loth, Europas Einigung. Eine unvollendete Geschichte, Frankfurt a. M. 2014, S. 384–386.

13 Europäischer Rat, 23. und 24. März 2000, Lissabon: Schlussfolgerungen (s. Anm. 12), Absätze 1 und 5.

14 Vgl. z. B. Susana Borrás/Claudio M. Radaelli, The Politics of Governance Architectures. Creation, Change and Effects of the EU Lisbon Strategy, in: Journal of European Public Policy 18 (2012), H. 4, S. 463–484, hier S. 467, zur fehlenden Forschung über „the role of different institutions in the ‚initial framing'".

15 Vgl. z. B. Iain Begg, Is there an Convincing Rationale for the Lisbon Strategy?, in: Journal of Common Market Studies 46 (2008), H. 2, S. 427–435.

16 Vgl. den Überblick bei Natali, Lisbon Strategy, in: Transfer 15 (2009), S. 114–116; speziell zum Konzept der Wissensgesellschaft vgl. Andreas Wirsching, Toward a New Europe? Knowledge as a Transformational Resource since the 1970s, in: ders., Demokratie und Gesellschaft. Historische Studien zur europäischen Moderne, hrsg. von Magnus Brechtken u. a., Göttingen 2019, S. 383–397 (zuerst 2015).

Die Lissabon-Strategie besaß eine Vorgeschichte, die hier nur angedeutet werden kann: Von Bedeutung waren insbesondere die europapolitischen „Prozesse", die dem Gipfeltreffen von Lissabon vorausgingen: der „Luxemburg-Prozess" seit 1997 zur Beschäftigungspolitik, der „Cardiff-Prozess" seit 1998 zu wirtschaftlichen Strukturreformen für einen Ausbau des Binnenmarktes und der „Köln-Prozess" seit 1999 zu makroökonomischen Ansätzen der Beschäftigungspolitik. Auch die 1999 von der Europäischen Kommission gestartete Initiative zur Förderung des Internets und der „Informationsgesellschaft" („eEurope") ist in diesem Zusammenhang anzuführen.

Die Synthese neoliberaler und sozialdemokratischer Ansätze lag in den späten 1990er Jahren im Trend der Zeit. Erwähnt seien nur die Reformpolitik von Tony Blair, die unter dem Einfluss des Soziologen Anthony Giddens einen „dritten Weg" zwischen Kapitalismus und Sozialismus suchte, und das davon geprägte „Schröder-Blair-Papier" aus dem Jahr 1999.[17] Die Synthese konnte auch deshalb zustande kommen, weil die um die Jahrtausendwende lebhaften Diskurse über eine Informations- und Wissensgesellschaft, über Reformen und Innovation sowie über Planungsansätze der neueren Managementlehre gleichsam als rhetorischer Kitt dienten.[18] Den herangezogenen Wissenschaftlern fiel so die Aufgabe zu, die Diskurse zu bündeln und eine legitimatorische Basis für die politische Praxis zu schaffen.

Auffallend ist, dass die Vorbereitung des Gipfels von Lissabon in einer Phase erfolgte, in der die Europäische Kommission politisch angeschlagen war. Ein Korruptionsskandal hatte im März 1999 auf Druck des Europäischen Parlaments zum Rücktritt der von Jacques Santer angeführten Kommission geführt. Nach einer Übergangslösung hatte der neue Präsident Romano Prodi sein Amt im September 1999 angetreten. Der Koordinierungs- und Führungsbedarf, der mit der Lissabon-Strategie verbunden war, verschaffte der Kommission gleichsam automatisch einen

---

17 Vgl. Simon Bulmer, New Labour, New European Policy? Blair, Brown, and Utilitarian Supranationalism, in: Parliamentary Affairs 61 (2008), S. 597–620, hier S. 608; Scott James, The Origins and Evolution of the Lisbon Agenda, in: Paul Copeland/Dimitris Papadimitriou (Hrsg.), The EU's Lisbon Strategy. Evaluating Success, Understanding Failure, Basingstoke/New York 2012, S. 8–28, hier S. 16; Jenny Andersson, The Library and the Workshop. Social Democracy and Capitalism in the Knowledge Age, Stanford 2010; Gerhard Hirscher/Roland Sturm (Hrsg.), Die Strategie des „Dritten Weges". Legitimation und Praxis sozialdemokratischer Regierungspolitik, München 2001.
18 Stellvertretend seien genannt: Anina Engelhardt/Laura Kajetzke (Hrsg.), Handbuch Wissensgesellschaft, Bielefeld 2010; Jochen Steinbicker, Zur Theorie der Informationsgesellschaft. Ein Vergleich der Ansätze von Peter Drucker, Daniel Bell und Manuel Castells, Opladen ²2011; Peter Drucker, Die Zukunft managen, Düsseldorf u. a. 1992 [zuerst engl. 1992]; Isabelle Bruno, À vos marques®, prêts … cherchez !, La stratégie européenne de Lisbonne, vers un marché de la recherche, Bellecombe-en-Bauges 2008; Dietger Hahn/Bernard Taylor (Hrsg.), Strategische Unternehmensplanung – Strategische Unternehmensführung. Stand und Entwicklungstendenzen, Heidelberg ⁸1999; Rolf Bühner (Hrsg.), Management-Lexikon, München/Wien 2001; Luc Boltanski/Ève Chiapello, Der neue Geist des Kapitalismus, Konstanz 2006 [zuerst franz. 1999].

Bedeutungszuwachs.¹⁹ Eine maßgebliche Rolle im Vorfeld des Gipfels spielte wohl auch der einflussreiche Lobbyverband European Round Table of Industrialists (ERT), ein Zusammenschluss von 50 Führungspersonen transnationaler Unternehmen.²⁰ In europapolitischer Hinsicht diente die Lissabon-Strategie der Profilierung Portugals, das der EU erst seit 1986 angehörte und das in der ersten Jahreshälfte des Jahres 2000 zum zweiten Mal die Ratspräsidentschaft innehatte. Gleichzeitig lässt sich die These vertreten, dass die Lissabon-Strategie eine Art Integrationskonzept darstellte, das der Union auch im Hinblick auf die bevorstehende große EU-Erweiterung – die dann im Jahr 2004 vollzogen wurde – neue Impulse geben sollte.²¹ Die Erhellung all dieser Zusammenhänge muss der späteren zeitgeschichtlichen Forschung vorbehalten bleiben.

Zur Umsetzung der Strategie propagierten die „Schlussfolgerungen" einen neuartigen Kurs der „governance", der sich bereits in den 1990er Jahren auf unterschiedlichen Politikfeldern der EU angedeutet hatte: Die „offene Methode der Koordinierung" sollte die formellen Verfahren der EU-Politik umgehen und einen flexiblen Prozess der Umsetzung gewährleisten. Während die EU informelle Impulse gab, Maßstäbe („benchmarks") setzte und Kontrollaufgaben wahrnahm, waren die für notwendig erachteten Maßnahmen und Reformen von den Mitgliedsstaaten zu beschließen und durchzuführen.²² In kritischer Perspektive sei angemerkt, dass die-

---

19 Zur späteren „Konsolidierung der Kommission als neues exekutives Zentrum" der EU zu Beginn des 21. Jahrhunderts vgl. – mit Begründungen aus anderen Politikfeldern – Hubert Heinelt/Michèle Knodt, Zusammenwirken territorialer und funktionaler politischer Einheiten und Veränderungen politischer Steuerung im EU-Mehrebenensystem, in: dies. (Hrsg.), Politikfelder im EU-Mehrebenensystem. Instrumente und Strategien europäischen Regierens, Baden-Baden 2008, S. 311–332, hier S. 320–322.
20 Generell zur Einflussnahme vgl. Elmar Altvater/Birgit Mahnkopf, Konkurrenz für das Empire. Die Zukunft der Europäischen Union in der globalisierten Welt, Münster 2007, S. 125; Bruno, À vos marques®, S. 39–41; Mary Green Cowles, Large Firms and the Transformation of EU Bussiness Associations. A Historical Perspective, in: Justin Greenwood (Hrsg.), The Effectiveness of EU Business Associations, Basingstoke/New York 2002, S. 64–78, hier S. 70. Zur Beratung des ERT im Dezember 1999 mit Guterres vgl. Gerhard Cromme, Excellence of Enterprises. Rede auf dem Informal Competitiveness Council, Maastricht, 2.7.2004, S. 2 [PDF-Dokument, zugänglich über contact@ert.eu]. Zu dem seit 1983 bestehenden ERT vgl. allgemein: Michael Nollert, High-level Lobbying und Agenda Setting. The European Roundtable of Industrialists, in: Björn Wendt u. a. (Hrsg.), Wie Eliten Macht organisieren. Bilderberg & Co.: Lobbying, Thinktanks und Mediennetzwerke, Hamburg 2015, S. 144–156.
21 Zur Integrationsfunktion vgl. Maria João Rodrigues, Introduction: for a European Strategy at the Turn of the Century, in: dies. (Hrsg.), The New Knowledge Economy, S. 1–27; zur Perspektive der EU-Erweiterung vgl. James, The Origins and Evolution of the Lisbon Agenda, in: Copeland/Papadimitriou (Hrsg.), The EU's Lisbon Strategy, S. 14.
22 Vgl. Wirsching, Toward a New Europe?, S. 390; Claudio M. Radaelli, The Open Method of Coordination. A New Governance Architecture for the European Union, Stockholm 2003; Milena Büchs, New Governance in European Social Policy. The Open Method of Coordination, Basingstoke/New York 2007.

ses Verfahren faktisch auch dazu führen konnte, Europapolitik der demokratischen Kontrolle zu entziehen. Dazu passt, dass die Verabschiedung der Lissabon-Strategie im März des Jahres 2000 in den nationalen Öffentlichkeiten der Mitgliedsstaaten wenig zur Kenntnis genommen wurde. In den Folgejahren wurde die Verbindung zwischen nationaler „Reformpolitik" und dem Gesamtansatz der Lissabon-Strategie vielfach kaum bemerkt. Dies hängt vor allem mit zwei Faktoren zusammen: dem informellen Charakter des Steuerungsinstrumentariums „Offene Methode der Koordinierung" und dem Umstand, dass in der Lissabon-Strategie zeittypische wirtschafts- und gesellschaftspolitische Ansätze gebündelt waren. So ist oft schwer zu entscheiden, inwieweit eine einzelstaatliche Maßnahme in einem direkten Zusammenhang zur Lissabon-Strategie stand. In Deutschland stellt sich diese Frage insbesondere im Hinblick auf die berühmte Agenda 2010 aus dem Jahr 2003.[23]

Die Komplexität der Ziele, die Probleme ihrer nationalen Realisierung sowie die bald erkennbare wirtschafts- und arbeitsmarktpolitische Erfolgslosigkeit der Strategie, die nicht zuletzt auch unter der seit 2000 verschlechterten wirtschaftlichen Gesamtlage litt, führten 2004 zum kritischen Evaluationsbericht einer von der EU-Kommission eingesetzten Sachverständigengruppe.[24] Der neu berufene portugiesische Kommissionspräsident José Manuel Barroso initiierte daraufhin 2005 einen „Neustart", verbunden mit einer Straffung der Ziele, einer stärkeren Kooperation zwischen der Kommission und den EU-Mitgliedsstaaten sowie einer Vereinfachung der Kontrollmechanismen. Dennoch wurden die für den zehnjährigen „Lissabon-Prozess" festgesetzten Vorgaben weitgehend verfehlt. So lag das Wachstum des Bruttoinlandsprodukts im Bereich der EU-15 für die Jahre 2005 bis 2010 insgesamt nur bei rund 8,7 %[25] (weit unter den Erwartungen von jährlich 3 %), die Investitionen für Forschung und Entwicklung, die ebenfalls auf 3 % hätten steigen sollen, wuchsen nur minimal von 1,9 % (2000) auf 2,1 % (2009),[26] und statt einer Verringerung der Arbeitslosigkeit kam es zu einer Steigerung: Im Jahr 2010 lag die durchschnittliche Quote im Bereich der EU-15 bei 9,5 %, im Jahr 2000 hatte sie 8,4 % betragen.[27]

Dennoch gewannen die in der Lissabon-Strategie proklamierten Maximen, Forderungen und Ziele in vielfacher Weise Einfluss auf die Politik der EU und ihrer Mitgliedsstaaten sowie auf die Lebenswirklichkeit der Europäer. Wichtige Felder, auf denen die Mitgliedsstaaten im Sinne des „Lissabon-Prozesses" agierten, waren wirt-

---

23 Vgl. Martin Schwanholz/Victoria Krummel, Die Relevanz der Lissabon-Strategie für den Deutschen Bundestag – eine gemischte Bilanz, in: Integration 32 (2009), H. 2, S. 136–152.
24 Die Herausforderung annehmen. Die Lissabon-Strategie für Wachstum und Beschäftigung. Bericht der Hochrangigen Sachverständigengruppe unter Vorsitz von Wim Kok, November 2004, Luxemburg 2004.
25 Berechnung nach Eurostat: ec.europa.eu/eurostat/de/data/database (6.4.2020).
26 Marcin Koczor/Paweł Tokarski, From Lisbon to Europe 2020. Lisbon Strategy Implementation in 2010: Assessments and Prospects, Warschau 2011, S. 81.
27 Nach Eurostat: ec.europa.eu/eurostat/de/data/database (6.4.2020).

schafts- und finanzpolitische Liberalisierungen, sozialpolitische „Umbaumaßnahmen" sowie bildungspolitische Reformen. Zum letztgenannten Bereich gehört zum Beispiel auch die in Wechselwirkung von „Lissabon"- und „Bologna-Prozess" stehende Ökonomisierung der Hochschulen.[28]

Obwohl die seit 2008 um sich greifende Finanz- und Staatsschuldenkrise eine Erschütterung bestehender ordnungspolitischer Überzeugungen mit sich brachte, war die 2010 vom Europäischen Rat beschlossene – in ihren Zielen weniger ambitionierte – Nachfolgestrategie „Europa 2020" noch deutlich von den Ansätzen der Lissabon-Strategie geprägt.[29] Inzwischen hat sich der umfassende sozioökonomische Gestaltungswille der krisengeschüttelten EU stark abgeschwächt; von einer neuen Gesamtstrategie ist derzeit nicht mehr die Rede.[30]

3 Die Aktivitäten von Maria João Rodrigues im Kontext der Lissabon-Strategie

Am 3. und 4. Dezember 1999 fand in Lissabon ein wissenschaftliches Hearing zur Vorbereitung des für März geplanten Sondergipfels des Europäischen Rats statt.[31] Rodrigues war zu diesem Zeitpunkt Koordinatorin für die „action line" der portugiesischen Ratspräsidentschaft. Die offizielle Bezeichnung der „action line" trug bereits alle Schwerpunkte der späteren Lissabon-Strategie in sich: „Employment, Economic Reforms and Social Cohesion – For an Europe of Innovation and Knowledge".[32]

---

28 Zur Wechselwirkung vgl. Carolin Balzer/Christoph Humrich, Bildungspolitik, in: Hubert Heinelt/Michèle Knodt (Hrsg.), Politikfelder im EU-Mehrebenensystem. Instrumente und Strategien europäischen Regierens, Baden-Baden 2008, S. 271–291, hier S. 286–289; generell zum Bologna-Prozess vgl. v. a. Richard Münch, Akademischer Kapitalismus. Zur politischen Ökonomie der Hochschulreform, Berlin 2011, S. 328–360.
29 Europäische Kommission: Europa 2020. Eine Strategie für intelligentes, nachhaltiges und integratives Wachstum, 3.3.2010, KOM(2010) 2020 endgültig, ec.europa.eu/eu2020/pdf/COMPLET%20%20DE%20SG-2010-80021-06-00-DE-TRA-00.pdf (14.2.2020). – Vgl. z. B. António Brandão Moniz, From the Lisbon Strategy to EU2020 – Illusion or Progress for European Economies?, in: Bettina-Johanna Krings (Hrsg.), Brain Drain or Brain Gain? Changes of Work in the Knowledge-Based Societies, Berlin 2011, S. 53–80; Oliver Treidler, Die Lissabon-Strategie und Europa 2020 – Der Weg in die Europäische Wirtschaftsregierung?, in: Detmar Doering u. a. (Hrsg.), Demokratie in Europa. Liberale Perspektiven, Marburg 2013, S. 163–186.
30 Die thematisch engeren und konkreteren Planungen für eine auf das Jahr 2030 bezogene industriepolitische Strategie scheinen noch nicht abgeschlossen zu sein. Vgl. Strategie für künftige EU-Industriepolitik: Expertengruppe stellt Empfehlungen vor, 5.11.2019, ec.europa.eu/germany/news/20191105-strategie-eu-industriepolitik_de (13.2.2020).
31 Maria João Rodrigues (Hrsg.), International Hearing for the Portuguese Presidency of the European Union, Lisbon, Centro Cultural de Belém, 3–4 December 1999, Lissabon 2000.
32 Ebenda, Titelblatt.

Es kann davon ausgegangen werden, dass dieser Titel, das Format der Tagung und auch der Kreis der 17 renommierten Politik- und Wirtschaftswissenschaftler aus europäischen Staaten und den USA wesentlich von Rodrigues mitbestimmt worden waren. An dem Treffen nahmen zudem ein großer Teil des portugiesischen Kabinetts sowie Vertreter der meisten EU-Staaten, der EU-Kommission und des europäischen Parlaments teil. Auch ausgewählte Journalisten waren eingeladen worden. Inhaltlich bot das Hearing Beiträge zu einzelnen Aspekten der im Titel der „action line" angesprochenen Themenfelder.

Die portugiesische Regierung stellte Rodrigues zur Vorbereitung des Sondergipfels einen ansehnlichen Mitarbeiterstab zur Verfügung. Gemäß der politikwissenschaftlichen Studie von Magone, die sich auch auf eine Auswertung der portugiesischen Presse stützt, leitete Rodrigues in Lissabon eine „Taskforce" von 18 Personen.[33] Zwischen Rodrigues und Guterres gab es offenbar regelmäßige Treffen. Darüber hinaus kommunizierte die Taskforce mit den EU-Mitgliedsstaaten. Auch in Brüssel soll Rodrigues eigene Mitarbeiter gehabt haben. Ein Teil der bei dem Hearing versammelten Wissenschaftler bildete während der weiteren Vorbereitung wohl eine engere Beratergruppe. In dieser Phase scheint sich der Inhalt der Lissabon-Strategie vor allem im Kontakt mit der Europäischen Kommission konkretisiert zu haben, die Ende Februar einen ausführlichen Bericht vorlegte.[34] Es spricht einiges dafür, dass die Kommission großes Interesse an der Durchsetzung der Strategie besaß, nicht zuletzt um das eigene politische Gewicht zu steigern. Auch andere EU-Institutionen waren an der Entwicklung der Strategie beteiligt.[35]

Während des Sondergipfels in Lissabon Ende März stand – neben der Organisation der Gespräche mit und zwischen den Staats- und Regierungschefs – die Ausarbeitung des Schlusspapiers im Vordergrund der Arbeit von Rodrigues und ihrer Taskforce. Von den späteren „Schlussfolgerungen" soll es zeitweise 15 verschiedene Fassungen gegeben haben.[36] Höchstwahrscheinlich besaß Rodrigues auch in dieser Phase großen Einfluss auf den Ausarbeitungsprozess.

Mit der Verabschiedung der Lissabon-Strategie war die herausgehobene europapolitische Rolle der Professorin keineswegs beendet. Nach der Jahrtausendwende wirkte Rodrigues an der Umsetzung und Weiterentwicklung der Strategie mit. In verschiedenen Funktionen übte sie entsprechende Beratungstätigkeiten für die Euro-

---

33 Magone, The Developing Place of Portugal, S. 203. Ebenda, S. 203 f. auch zum Folgenden.
34 Europäische Kommission, Der Europäische Rat von Lissabon. Eine Agenda für die wirtschaftliche und soziale Erneuerung Europas, 28.2.2000, register.consilium.europa.eu/pdf/de/00/st06/st06602.de00.pdf (20.1.2020).
35 Vgl. z. B. Rat der Europäischen Union, Stellungnahme des Ausschusses für Beschäftigung und Arbeitsmarkt: Europäischer Rat in Lissabon (23./24.3.2000), Beschäftigung, Wirtschaftsreformen und sozialer Zusammenhalt – Für ein Europa der Innovation und des Wissens, 6.3.2000, Dokument 06557/00; zugänglich über: www.consilium.europa.eu/de/documents-publications/ (13.2.2020).
36 Magone, The Developing Place of Portugal, S. 204.

päische Kommission und die portugiesische Regierung aus.[37] Hinzu kamen Mitgliedschaften in weiteren europapolitischen Beratungs- und Koordinierungsgremien.[38] Im europäischen Verfassungskonvent der Jahre 2002 und 2003 trat sie als Expertin für die „Offene Methode der Koordinierung" auf.[39] Auch in nationale parlamentarische Beratungen über die Realisierung des Lissabon-Prozesses war sie im Zuge von Expertenanhörungen zumindest punktuell involviert.[40] Hinzu kam eine thematisch einschlägige Vortrags- und Publikationstätigkeit. 2002 erschien zunächst ein Sammelband zur Lissabon-Strategie.[41] 2004 legte Rodrigues dann gleichzeitig auf Englisch und Französisch eine für die Strategie werbende Monographie vor: „European Policies for a Knowledge Economy".[42] Der Kontakt mit dem 1999 gebildeten Kreis von Sozial- und Wirtschaftswissenschaftlern wurde weiter gepflegt. So fanden die Ergebnisse zweier Tagungen aus den Jahren 2006 und 2007 Eingang in einem weiteren, 2009 publizierten Sammelband zur „Lisbon Agenda".[43] Inwieweit diese Gruppe auch an der Entwicklung der Nachfolgestrategie „Europe 2020" beteiligt war, bedürfte der genaueren Klärung. Ihr Einsatz für die Lissabon-Strategie und weitere europapolitische Funktionen brachten Rodrigues in den 2000er Jahren nationale Auszeichnungen in Luxemburg, Portugal und Frankreich ein.[44]

4 Die europapolitische Rolle von Maria João Rodrigues: Versuch einer typologischen Einordnung

Mit der 1998 erfolgten Berufung an die Spitze eines Teams zur Vorbereitung der portugiesischen Ratspräsidentschaft ist Maria João Rodrigues in eine europapolitische Rolle gerückt, die zum einen den Aufgaben einer Expertin bzw. Politikberaterin ent-

---

37 So war sie z. B. von 2005 bis 2007 „Special Advisor to the European Commission on the EU Lisbon Agenda for Growth"; Curriculum Vitae Maria João Rodrigues (s. Anm. 5).
38 Ebenda.
39 Hearing of Professor Maria João Rodrigues, in: The European Convention, 10.9.2002, The Secretariat, Working group VI on „Economic Governance", Summary of the meeting held on 29 August 2002, european-convention.europa.eu/pdf/reg/en/02/cv00/cv00253.en02.pdf (13.2.2020).
40 So wurde Rodrigues im Januar 2006 vor dem Europaausschuss des britischen Oberhauses gehört. Vgl. House of Lords, European Union Committee, 28th Report of Session 2005–2006, A European Strategy for Jobs and Growth. Report with Evidence, London 2006, S. 137–142.
41 Rodrigues (Hrsg.), The New Knowledge Economy in Europe.
42 Dies. (Hrsg.), European Policies for a Knowledge Economy, Cheltenham 2003.
43 Dies. (Hrsg.), Europe, Globalization and the Lisbon Agenda, Cheltenham 2009.
44 Ordre de la Couronne de chêne, Commandeur (2000), Ordem do Infante Dom Henrique (2003), Légion d'Honneur, Chevalier (2005, Officier 2008). Vgl. Curriculum Vitae Maria João Rodrigues (s. Anm. 5).

sprach, die zum anderen aber breiter angelegt war. Ihre Tätigkeit trug Züge eigenständigen politischen Engagements und war mit weitgespannten politischen und intellektuellen Wirkungsansprüchen verbunden. Diese Ansprüche lassen sich in mehrfacher Hinsicht erkennen:

Erstens – dies spiegelt bereits der Begriff der „Strategie" – ist ein geradezu visionärer Glaube an langfristige Planung und Konstruktion erkennbar, der stark von der neueren Managementlehre und ihrem pathetischen Gestus beeinflusst war.[45] Rodrigues sprach beispielsweise von einer „new European strategy which aims to build a knowledge-based economy with more competitiveness and social cohesion". In dem 2002 von ihr herausgegebenen Sammelband wurde der Gestaltungswille auch auf sehr grundsätzliche Aspekte übertragen. So findet sich hier ein Aufsatz des spanischen Soziologen Manuel Castells, der sich Ende der 1990er Jahre als führender Theoretiker des „Informationszeitalters" – so der Titel eines von ihm vorgelegten dreibändigen Werkes – profiliert und dabei in einem Band auch die „Macht der Identität" behandelt hatte.[46] In dem 2002 publizierten Beitrag entwarf Castells ein konkretes Programm zur Konstruktion einer europäischen Identität, bis hin zu dem Vorschlag, ein „European Identity Observatory" zu gründen.[47]

In engem Zusammenhang mit dem utopisch anmutenden Strategiedenken steht zweitens ein ausgeprägter Anspruch auf Sinngebung und Weltveränderung: Dies zeigt sich in den Beiträgen von Rodrigues zum Hearing und zum erwähnten Sammelband ebenso wie in dem – mit großer Wahrscheinlichkeit von Rodrigues geprägten – Text der Lissabonner Schlussfolgerungen. Exemplarisch erwähnt seien die dichte Präsenz von großen, die Gegenwart scheinbar erklärenden Narrativen wie „knowledge society" oder „knowledge-based economy" sowie eine Neigung zur pathetisch historischen Verortung der eigenen Bemühungen: „At the turn of the century, we must think in the long term" – so Rodrigues in ihrem Sammelband aus dem Jahr 2002.[48] In den „Schlussfolgerungen" fällt sofort die Häufigkeit des Modalverbs „müssen" und des Adjektivs „erforderlich" auf, die dem Text einen apodiktisch-drängenden Charakter verleiht.[49] Nahezu allgegenwärtig ist das Adjektiv „neu", das in seiner Ballung den Eindruck einer Zeitenwende suggeriert. Schon in ihrem

---

45 Die Bedeutung von „Visionen" in der neueren Managementlehre wird besonders von Boltanski/Chiapello, Der neue Geist des Kapitalismus, betont. Vgl. z. B. ebenda, S. 135.
46 Manuel Castells, Die Macht der Identität (Das Informationszeitalter, Teil 2), Opladen 2002 (zuerst englisch 1997). Auch Castells (geb. 1942) ist im Spannungsfeld von wissenschaftlich-intellektueller Rolle und institutionellem politischen Engagement zu sehen. So wurde er im Januar 2020 spanischer Universitätsminister.
47 Manuel Castells, The Construction of European Identity, in: Rodrigues (Hrsg.), The New Knowledge Economy, S. 232–241, hier S. 241.
48 Rodrigues, Introduction, in: dies. (Hrsg.), The New Knowledge Economy, S. 1.
49 Vgl. z. B. Absatz 9: „Jedem Bürger müssen die Fähigkeiten vermittelt werden, die für das Leben und die Arbeit in dieser neuen Informationsgesellschaft erforderlich sind." Europäischer Rat, 23. und 24. März 2000, Lissabon: Schlussfolgerungen (s. Anm. 12).

Schlusswort zu dem Hearing hatte Rodrigues sendungsbewusst von einem „move to a new Europe" gesprochen.[50]

Hinzu kam drittens eine Inszenierung intellektueller Kompetenz. Dies manifestierte sich insbesondere in der erwähnten Formierung eines wirtschafts- und sozialwissenschaftlichen Beraterkreises, der am Entstehungs- und Umsetzungsprozess der Lissabon-Strategie fachlich beteiligt wurde. Fünf Personen wirkten sowohl an dem Hearing Ende 1999 als auch an dem späteren Sammelband mit, der überwiegend Erläuterungen, teilweise aber auch eine programmatische Weiterführung der Lissabon-Strategie enthielt:[51] Darunter befanden sich zwei Politik- und Sozialwissenschaftler, der Däne Gøsta Esping-Andersen und der Italiener Mario Telò, sowie drei Wirtschaftswissenschaftler, der Franzose Robert Boyer, der Brite Robert Lindley und der Schwede Bengt-Åke Lundvall.[52] Vermutlich ist diese Gruppe identisch mit dem erwähnten engeren wissenschaftlichen Beraterkreis von Rodrigues. Die Professorin selbst hat die „Fruchtbarkeit" des wissenschaftlich-politischen Austauschs betont.[53] Politisches Handeln erscheint so in hohem Maße ideen- und wissensgeleitet. Der Wissenschaftler bzw. das wissenschaftliche Kollektiv erhält in der neuen „Wissensgesellschaft" den Rang eines unverzichtbaren Vermittlers und Ideengebers.

Die Inszenierung einer „intellectual community"[54] wurde durch die portugiesische Ratspräsidentschaft nachdrücklich unterstützt: Dies kam bereits in der Begrüßungsadresse zum Ausdruck, die Guterres im Dezember 1999 an die Teilnehmer des erwähnten Hearings richtete. In einer geradezu devot wirkenden Geste sprach der Premierminister von den „high hopes", die er dem Hearing entgegenbrächte und kontrastierte „the rich intellectual production of our time" mit „the fairly poor content of political discourse and debate in today's government and institutions".[55] Die politische Sphäre ist in dieser Sicht nicht die Zielscheibe intellektueller Kritik; die Politiker sind sich vielmehr ihrer eigenen Schwäche bewusst und öffnen sich erwartungsvoll der wissenschaftlichen und intellektuellen Belehrung. Trotz der Demutshaltung des portugiesischen Regierungschefs stellt sich allerdings die Frage, ob hier nicht auch eine Instrumentalisierung von Wissenschaftlern stattfand. Guterres war offensichtlich bemüht, den aktuellen wirtschafts- und gesellschaftswissenschaftli-

---

50 Rodrigues, The Main Issues, in: dies. (Hrsg.), International Hearing, S. 65–67, hier S. 67: „In short, we are at a stage where the move to a new Europe will require huge efforts of imagination and innovation to change institutions and the European way of policy making".
51 Rodrigues (Hrsg.), The New Knowledge Economy. Vgl. auch die französische Ausgabe: dies. (Hrsg.), Vers une société européenne de la connaissance. La Stratégie de Lisbonne (2000–2010), Brüssel 2004.
52 Dies. (Hrsg.), International Hearing; dies. (Hrsg.), The New Knowledge Economy.
53 Dies., Introduction, in: dies. (Hrsg.), The New Knowledge Economy, S. 1 („cross fertilisation").
54 Vgl. Zitat oben S. 211.
55 António Guterres, Welcome Address, in: Rodrigues (Hrsg.), International Hearing, S. 11–13, hier S. 11: „[...] the rich intellectual production of our time contrasts with the fairly poor content of political discourse and debate in today's government and institutions".

chen Diskurs in den Dienst der portugiesischen Ratspräsidentschaft zu stellen. Möglicherweise, dies sei hier hypothetisch formuliert, hatte dieser Ansatz einen Effekt, den der sozialistische Premierminister gar nicht beabsichtigt hatte: Über die Aufladung der Lissabon-Strategie mit wirtschaftswissenschaftlichem Zeitgeist könnte sich ihre neoliberale Prägung verstärkt haben.

Rodrigues selbst spielte die ihr zugefallene intellektuelle Aufgabe mit einem gewissen Imponiergehabe: So skizzierte sie in ihrer Einleitung zum 2002 erschienenen Sammelband „the intellectual horizon at the turn of the century", indem sie auf drei Buchseiten die „philosophy of knowledge", die „philosophy of science" und die „political philosophy" durchdeklinierte. Dabei leistete sie ein beeindruckendes Namedropping, das von Karl Marx über Ludwig Wittgenstein, Albert Einstein, Werner Heisenberg und Jürgen Habermas bis zu Anthony Giddens reicht, um nur einige Beispiele zu nennen.[56] Die Wirtschaftsprofessorin suchte auf diese Weise ein breites „intellektuelles Erbe" („our intellectual legacy")[57] zur Fundierung des geforderten politischen Handelns in Anspruch zu nehmen.

Mit ihrer Rolle bei der Konzeption und Durchsetzung der Lissabon-Strategie hatte Rodrigues eine europapolitische Position erreicht, die als Ausgangsbasis für ihre weitere intellektuelle und politische Karriere diente. Hervorzuheben sind neben der fortlaufenden Lehrtätigkeit – bis 2008 am ISCTE in Lissabon und danach bis 2014 an der Université libre de Bruxelles – drei Hauptfelder:

- Die erwähnte Beratertätigkeit für die Europäische Kommission und die portugiesische Regierung.
- Die Wieder-Akzentuierung ihrer eigenen politischen Karriere: Von 2009 bis 2011 war Rodrigues Mitglied des Parteivorstandes der Sozialistischen Partei Portugals, und von 2014 bis 2019 saß sie als Abgeordnete und Stellvertretende Vorsitzende für die Fraktion der Progressiven Allianz der Sozialdemokraten im Europäischen Parlament.[58]

---

56 Rodrigues, Introduction, in: dies. (Hrsg.), The New Knowledge Economy, S. 6–9. Insgesamt finden in dieser Passage über 30 renommierte Wissenschaftler Erwähnung.
57 Ebenda, S. 6.
58 Die Laufbahn im Europaparlament fand 2019 ein abruptes Ende, nachdem eine enge Mitarbeiterin Vorwürfe wegen „psychological harassment" erhoben hatte. Folgt man den Berichten in „Politico", dann sprengten die Erwartungen von Rodrigues hinsichtlich der zumutbaren Arbeitsbelastungen den Rahmen der geltenden Vorschriften. Rodrigues verzichtete im Februar 2019 auf eine erneute Kandidatur bei den Europawahlen. Ein Ausschuss des europäischen Parlaments verhängte schließlich eine Strafe. Vgl. Maïa de la Baume, Portuguese MEP Rodrigues under harassment investigation, in: Politico, 18.1.2019, www.politico.eu/article/portuguese-mep-joao-rodrigues-under-harassment-investigation/ (23.1.2020); Ivo Oliveira, Portuguese MEP Rodrigues left off election list, in: Politico, 28.2.2019, www.politico.eu/article/portuguese-mep-maria-joao-rodrigues-out-of-european-parliament-election/ (23.1.2020); Maïa de la Baume, Portuguese MEP Maria João Rodrigues found guilty of „psychological harassment", in: Politico, 18.4.2019, www.politico.eu/article/portuguese-mep-maria-joao-rodrigues-found-guilty-of-psychological-harassment/ (23.1.2020).

- Das Agieren in europapolitischen Thinktanks. Spätestens seit 2001 gehört Rodrigues als Mitglied des Conseil d'administration dem 1996 gegründeten, in Paris ansässigen „Institut Jacques Delors" (auch „Notre Europe") an.[59] In dem seit 1997 in Brüssel beheimateten „European Policy Centre" war sie zeitweise ebenfalls im Verwaltungsrat tätig, derzeit ist sie im „Strategic Council" vertreten.[60] In „Re-Imagine Europe", einer 2017 gegründeten und auf vier Jahre angelegten Mischung von Kulturprojekt und Thinktank, nimmt Rodrigues eine Position im Advisory Board ein.[61] Am bedeutsamsten aber ist seit einigen Jahren ihre Führungsfunktion in der „Foundation for European Progressive Studies"; seit 2017 wirkt Rodrigues als Präsidentin dieses Dachverbandes sozialdemokratischer Stiftungen.[62]

Maria João Rodrigues als Abgeordnete des Europäischen Parlaments, 14. März 2018
(Foto: European Commission – „Debating the Future of Europe with António Costa", CC BY 3.0, https://commons.wikimedia.org/w/index.php?curid=76938824)

Im Rahmen der eben skizzierten Felder hat Rodrigues seit der Jahrtausendwende eine intensive Aktivität entfaltet. Folgt man ihrem online zugänglichen Lebenslauf,

---

[59] In den publizierten Lebensläufen (Curriculum Vitae Maria João Rodrigues und www.europarl.europa.eu/meps/de/124737/MARIA+JOAO_RODRIGUES_cv.html, s. Anm. 5) finden sich unterschiedliche Angaben.
[60] Vgl. Curriculum Vitae Maria João Rodrigues (s. Anm. 5); www.epc.eu/en/strategic-council (11.2.2020).
[61] Vgl. re-imagine-europe.eu/about/; reimagine-europa.eu/who-we-are; reimagine-europa.eu/bio/maria-joao-rodrigues (11.2.2020).
[62] Vgl. www.feps-europe.eu/about/president.html (24.1.2020).

so hat sie bis heute weltweit über 1000 Vorträge gehalten. Auch die wichtigsten sozialen Medien im Internet werden von ihr genutzt. Einer breiteren politischen Öffentlichkeit in den Mitgliedsstaaten der EU ist sie, sieht man vielleicht von Portugal ab, dennoch weitgehend unbekannt. Die Präsenz von Rodrigues beschränkt sich nach wie vor auf eine relativ enge Teilöffentlichkeit im Umfeld der Brüsseler Institutionen und des sozialdemokratischen Parteienverbundes. Das Problem einer weiterhin mangelhaften europäischen Öffentlichkeit spiegelt sich in der politischen Rolle der portugiesischen Professorin auf markante Weise. Pointiert lässt sich formulieren, dass diese Rolle auch das Produkt einer immer noch stark durch nationale Öffentlichkeiten geprägten europäischen politischen Kultur ist, die sich nur langsam in Richtung einer höheren transnationalen Kommunikationsfähigkeit wandelt.[63] Bezeichnend sind in diesem Zusammenhang auch die transnationalen Rezeptionsprobleme, auf die europapolitisch engagierte Intellektuelle klassischen Typs wie Jürgen Habermas oder Ivan Krastev stoßen.[64]

Mit welcher intellektuellengeschichtlichen Kategorie lässt sich die Tätigkeit von Maria João Rodrigues erfassen? Die gängigen Begriffe der französischen und angelsächsischen Diskussion – vor allem „universeller" und „spezifischer Intellektueller" sowie „public intellectual" – erscheinen als mehr oder weniger ungeeignet, da der Professorin sowohl der hohe öffentliche Wirkungsgrad als auch die dem politisch-gesellschaftlichen Mainstream entgegengesetzte kritische Positionierung sowie der Anspruch auf intellektuelle Autonomie fehlen. Aber auch der Verzicht auf den Intellektuellenbegriff und die Reduzierung auf eine Rolle als politikberatende Expertin oder phasenweise als eigenständige Politikerin wird dem Agieren von Rodrigues nicht gerecht.

Naheliegend ist zum einen der Bezug auf den von Daniel Bell in den späten 1970er Jahren angesichts der US-amerikanischen Entwicklung verwendeten Begriff des „intellectuel expert", auf den im Rahmen des vorliegenden Bandes Stephan Isernhagen hingewiesen hat.[65] Bell verortet diesen neuen Intellektuellentypus vor allem im Kontext des Bedeutungsgewinns regierungsamtlicher Beratungsgremien

---

63 Zu diesem Prozess vgl. z. B. Annett Heft, Nationales Indexing versus Europäische Öffentlichkeit? Die Berichterstattung und Kommentierung deutscher und spanischer Zeitungen zur Griechenland- und Euro-Krise 2009/10, Baden-Baden 2016.
64 Zum europapolitischen Engagement dieser beiden Intellektuellen vgl. v. a. Jürgen Habermas, Ach, Europa. Kleine Politische Schriften XI, Frankfurt a. M. 2008; ders., Zur Verfassung Europas. Ein Essay, Berlin 2011; Ivan Krastev, Europadämmerung. Ein Essay, Berlin 2017. – Generell zur Thematik vgl. Francis Cheneval, Lost in Universalization? On the Difficulty of Localizing the European Intellectual, in: Justine Lacroix/Kalypso Nicolaïdis (Hrsg.), European Stories. Intellectual Debates on Europe in National Contexts, Oxford u. a. 2010, S. 31–49.
65 Stephan Isernhagen, „Es gibt noch Positionen zu verteidigen". Susan Sontag und das Mandat des „allgemeinen Intellektuellen", oben S. 49–63, hier S. 51.

seit dem New Deal.⁶⁶ Hilfreich könnte zum anderen die modifizierte Heranziehung einer Kategorie sein, die Gangolf Hübinger im Hinblick auf die weit ins 19. Jahrhundert zurückreichende intellektuellengeschichtliche Tradition Deutschlands geprägt hat: der „Gelehrten-Intellektuelle", das heißt der „politische Professor". Theodor Mommsen, Max Weber oder Gustav Radbruch sind Beispiele für diesen Typus, der keineswegs als Gegenpol der politischen Macht auftritt und der auch selbst institutionelle Funktionen wie Abgeordnetenmandate oder politische Ämter übernimmt.⁶⁷

Modifiziert werden muss die letztgenannte Kategorie freilich, weil Rodrigues trotz ihrer wirtschaftswissenschaftlichen Kompetenz weniger dem Typus einer Gelehrten entspricht als vielmehr dem einer wissenschaftlich fundierten Kommunikationsmanagerin. In dieser Funktion ist es ihr gelungen, namhafte Wissenschaftler in den Entstehungsprozess der Lissabon-Strategie einzubinden und so ein elitäres intellektuelles Kollektiv zu organisieren. Bezeichnend hierfür ist die eingangs zitierte Formel vom „super-connected intellectual powerhouse". Dass eine Ökonomin eine derartige Funktion wahrnimmt, ist Ausdruck einer Konstellation, die gleichermaßen von zäher Massenarbeitslosigkeit und neoliberalen Reformpostulaten geprägt war und in der die Wirtschaftswissenschaften international den Status einer Leitwissenschaft erobert hatten.⁶⁸ Dass der öffentliche Wirkungsgrad der Professorin letztlich beschränkt bleibt, ist dem Charakter der hochkomplexen und meist wenig öffentlichen europapolitischen Prozesse durchaus angemessen. Die eben angedeutete (Teil-)Analogie der Rolle von Rodrigues mit dem Typus des „Gelehrten-Intellektuellen" deutscher Prägung mag somit auch mit Ähnlichkeiten der systemischen Rahmenbedingungen⁶⁹ zu tun haben: Sowohl in den bürokratischen Strukturen der deutschen Politik im späten 19. und frühen 20. Jahrhundert als auch in der noch kaum von einer *europäischen* Öffentlichkeit kontrollierten Sphäre der EU lag es nahe, die wissenschaftliche und intellektuelle Einflussnahme auf das „politische Feld"⁷⁰ zu konzentrieren.

---

66 Daniel Bell, The „Intelligentsia" in American Society, in: ders., The Winding Passage. Essays and Sociological Journeys 1960–1980, London 1980, S. 119–137 [zuerst 1977], hier S. 123 f.
67 Gangolf Hübinger, Gelehrte, Politik und Öffentlichkeit. Eine Intellektuellengeschichte, Göttingen 2006; ders., Die politischen Rollen europäischer Intellektueller im 20. Jahrhundert, in: Gangolf Hübinger/Thomas Hertfelder (Hrsg.), Kritik und Mandat. Intellektuelle in der deutschen Politik, Stuttgart 2000, S. 30–44, hier v. a. S. 39. Vgl. auch Thomas Hertfelder, Kritik und Mandat. Zur Einführung, in: ebenda, S. 11–29.
68 Vgl. letztgenannte Einschätzung z. B. auch in: Johannes Burkhardt/Birger B. Priddat (Hrsg.), Geschichte der Ökonomie, Frankfurt a. M. ²2009, Klappentext.
69 Vgl. auch den Hinweis Hertfelders auf die Notwendigkeit, „die höchst unterschiedlichen Systemvoraussetzungen intellektuellen Wirkens zu berücksichtigen". Hübinger/Hertfelder (Hrsg.), Kritik und Mandat, S. 20.
70 Zum Begriff vgl. Pierre Bourdieu, Das politische Feld. Zur Kritik der politischen Vernunft, Konstanz 2001, S. 41–66.

Demokratietheoretisch erscheint die einer kritischen Öffentlichkeit entzogene politisch-intellektuelle Kommunikation auf höchster EU-Ebene, wie sie sich im Agieren von Rodrigues auf charakteristische Weise manifestiert hat, als durchaus problematisch. Denn es besteht die Gefahr – dies hat nicht zuletzt auch die Geschichte der Lissabon-Strategie gezeigt –, dass sich innerhalb eines mehr oder minder hermetischen Zirkels eine fragwürdige intellektuelle Legitimierung von Politik vollzieht, wobei reguläre demokratische Verfahrensweisen umgangen und vielleicht auch bewusst ersetzt werden.

Abkürzungen

AfD	Alternative für Deutschland
AG	Aktiengesellschaft
Aids	Acquired Immune Deficiency Syndrome
AKW	Atomkraftwerk
APO	Außerparlamentarische Opposition
ARD	Arbeitsgemeinschaft der öffentlich-rechtlichen Rundfunkanstalten der Bundesrepublik Deutschland
BASF	Badische Anilin- & Soda-Fabrik
BBU	Bundesverband Bürgerinitiativen Umweltschutz
BMFT	Bundesministerium für Forschung und Technologie
BR	Bayerischer Rundfunk
BRD	Bundesrepublik Deutschland
BT-Drs.	Deutscher Bundestag Drucksache
BVH	Bundesverband Homosexualität
CDU	Christlich Demokratische Union (Deutschlands)
CNRS	Centre national de la recherche scientifique
CPGB	Communist Party of Great Britain
CSU	Christlich-Soziale Union (in Bayern)
DAH	Deutsche Aidshilfe
DDR	Deutsche Demokratische Republik
DEA	Diplôme d'études approfondies
DHO	Deutsche Homophile Organisation
ERT	European Round Table of Industrialists
EU	Europäische Union
FAZ	Frankfurter Allgemeine Zeitung
FDP	Freie Demokratische Partei
FNL	Front National de Libération
FSG	Farrar, Straus & Giroux
G.I.P	Groupe d'information sur les prisons
GRECE	Groupement de recherche et d'études pour la civilisation européenne
IAEA	International Atomic Energy Agency
IDH	Interessenvereinigung Deutscher Homophiler
IfS	Institut für Staatspolitik

IHID	Interessengemeinschaft Homophiler in Deutschland
IHWO	Internationale Homophile Welt-Organisation
ISCTE	Instituto Superior de Ciências do Trabalho e da Empresa (Hochschulinstitut für Arbeits- und Betriebswissenschaften, Lissabon)
IWM	Institut für die Wissenschaften vom Menschen
JF	Junge Freiheit
KOR	Komitet Obrony Robotników (Komitee zur Verteidigung der Arbeiter)
KPF	Kommunistische Partei Frankreichs
MEP	Member of the European Parliament
MIT	Massachusetts Institute of Technology
NATO	North Atlantic Treaty Organization
NCN	Narodowe Centrum Nauki (Nationales Wissenschaftszentrum Polen)
NDR	Norddeutscher Rundfunk
NGO	Non-Governmental Organization
NPD	Nationaldemokratische Partei Deutschlands
NS	Nationalsozialismus/nationalsozialistisch
ORF	Österreichischer Rundfunk
o. V.	ohne Verfasser
PCI	Partito Comunista Italiano
PEGIDA	Patrioten Europas gegen die Islamisierung des Abendlandes
PEN	Poets, Essayists, Novelists (Internationale Schriftstellervereinigung)
PR	Public Relations
PZPR	Polska Zjednoczona Partia Robotnicza (Polnische Vereinigte Arbeiterpartei)
RAF	Rote-Armee-Fraktion
RTL	Radio Télévision Luxembourg
SA	Sturmabteilung
SAIU	Schadstoffbelastung am Arbeitsplatz und in der Industrieregion Unterweser
SDH	Schutzverband deutscher Homophiler
SDS	Sozialistischer Deutscher Studentenbund
SPD	Sozialdemokratische Partei Deutschlands

TU	Technische Universität
TV	Television
UdSSR	Union der Sozialistischen Sowjetrepubliken
UN	United Nations
US	United States
USA	United States of America
WAA	Wiederaufarbeitungsanlage Wackersdorf
WDR	Westdeutscher Rundfunk
WMF	Württembergische Metallwarenfabrik
WTO	World Trade Organization
ZDF	Zweites Deutsches Fernsehen

Die Autorinnen und Autoren dieses Bandes

Ingrid Gilcher-Holtey, Dr., Professorin (em.) für Allgemeine Geschichte unter besonderer Berücksichtigung der Zeitgeschichte an der Universität Bielefeld und assoziiertes Mitglied des Centre européen de sociologie et de science politique (CESSP) an der Universität Paris 1; veröffentlichte u. a.: Das Mandat des Intellektuellen. Karl Kautsky und die Sozialdemokratie, Berlin 1986; „Die Phantasie an die Macht". Mai 68 in Frankreich, Frankfurt a. M. ^{2}2001; Eingreifendes Denken. Die Wirkungschancen von Intellektuellen, Weilerswist 2007.

Gerd-Rainer Horn, Dr., Professor für politische Geschichte des 20. Jahrhunderts am Institut d'Études Politiques (Sciences Po), Paris; veröffentlichte u. a.: The Spirit of Vatican II. Western European Progressive Catholicism in the Long Sixties, Oxford 2015; The Moment of Liberation in Western Europe. Power Struggles and Rebellions, 1943–1948, Oxford 2020.

Gangolf Hübinger, Dr., Senior Fellow am Center B/Orders in Motion und Professor (em.) für Vergleichende Kulturgeschichte der Neuzeit an der Europa-Universität Viadrina in Frankfurt (Oder), Mitherausgeber der von der Bayerischen Akademie der Wissenschaften betreuten Gesamtausgaben zu Max Weber und zu Ernst Troeltsch; veröffentlichte u. a.: Engagierte Beobachter der Moderne. Von Max Weber bis Ralf Dahrendorf, Göttingen 2016; Max Weber. Stationen und Impulse einer intellektuellen Biographie, Tübingen 2019.

Stephan Isernhagen, Dr., Wissenschaftsmanager bei der Deutschen Forschungsgemeinschaft in Bonn; veröffentlichte u. a.: Susan Sontag und der Vietnamkrieg. Die empfindsame Intellektuelle, in: Ingrid Gilcher-Holtey (Hrsg.), Eingreifende Denkerinnen. Weibliche Intellektuelle im 20. und 21. Jahrhundert, Tübingen 2015, S. 149–172; Susan Sontag. Die frühen New Yorker Jahre, Tübingen 2016.

Thomas Kroll, Dr., Professor für Westeuropäische Geschichte an der Friedrich-Schiller-Universität Jena; veröffenlichte u. a.: Kommunistische Intellektuelle in Westeuropa. Frankreich, Österreich, Italien und Großbritannien im Vergleich (1945–1956), Köln ^{2}2009; als Hrsg. zusammen mit Friedrich Lenger und Michael Schellenberger: Werner Sombart. Briefe eines Intellektuellen 1886–1937, Berlin 2019.

Trond Kuster, M. A., Doktorand der Geschichtswissenschaft an der Universität Bielefeld und Stipendiat in der Graduiertenförderung der Bischöflichen Studienförderung Cusanuswerk; arbeitet an einer Dissertation zur US-amerikanischen Sozial- und Zeitgeschichte über Noam Chomsky in der Rolle des Intellektuellen.

Andreas Langenohl, Dr., Professor für Soziologie mit dem Schwerpunkt Allgemeiner Gesellschaftsvergleich an der Justus-Liebig-Universität Gießen; veröffentlichte u. a.: Tradition und Gesellschaftskritik. Eine Rekonstruktion der Modernisierungstheorie, Frankfurt a. M./New York 2007; als Hrsg. zusammen mit Kornelia Hahn: Kritische Öffentlichkeiten – Öffentlichkeiten in der Kritik, Wiesbaden 2017.

Christian Neuhierl, M. A., PR- und Kommunikationsberater; arbeitet an einer Dissertation zur deutschen Schwulenbewegung von der Wiedervereinigung bis zum Ende der 90er Jahre.

Eva Oberloskamp, Dr., wissenschaftliche Mitarbeiterin am Institut für Zeitgeschichte München–Berlin; veröffentlichte u. a.: Fremde neue Welten. Reisen deutscher und französischer Linksintellektueller in die Sowjetunion 1917–1939, München 2011; Codename TREVI. Terrorismusbekämpfung und die Anfänge einer europäischen Innenpolitik in den 1970er Jahren, Berlin/Boston 2017.

Armin Pfahl-Traughber, Dr., Dipl.-Pol., Dipl.-Soz., Professor an der Hochschule des Bundes für öffentliche Verwaltung in Brühl, Lehrbeauftragter an der Universität Bonn und Herausgeber des „Jahrbuchs für Extremismus- und Terrorismusforschung"; veröffentlichte u. a.: Rechtsextremismus in Deutschland. Eine kritische Bestandsaufnahme, Wiesbaden 2019; Die AfD und der Rechtsextremismus. Eine Analyse aus politikwissenschaftlicher Perspektive, Wiesbaden 2019; Der Extremismus der Neuen Rechten. Eine Analyse zu Diskursthemen und Positionen, Wiesbaden 2019.

Thomas Raithel, Dr., wissenschaftlicher Mitarbeiter am Institut für Zeitgeschichte München–Berlin und apl. Professor für Neuere und Neueste Geschichte an der Ludwig-Maximilians-Universität München; veröffentlichte u. a.: Das „Wunder" der inneren Einheit. Studien zur deutschen und französischen Öffentlichkeit bei Beginn des Ersten Weltkrieges, Bonn 1996; Das schwierige Spiel des Parlamentarismus. Deutscher Reichstag und französische Chambre des Députés in den Inflationskrisen der 1920er Jahre, München 2005.

Gisèle Sapiro, Dr., Professorin für Soziologie an der École des Hautes Études en Sciences Sociales (EHESS) und Forschungsdirektorin am Centre national de la recherche scientifique (CNRS); veröffentlichte u. a.: La guerre des écrivains 1940–1953, Paris 1999 (engl. Ausgabe: The French Writers' War, Durham NC 2014); Les écrivains et la politique en France. De l'affaire Dreyfus à la guerre d'Algérie, Paris 2018.

Tomasz Zarycki, Dr., Professor und Direktor des Instytut Studiów Społecznych im. Profesora Roberta Zajonca [Robert-Zajonc-Institut für Sozialwissenschaften] der Universität Warschau; veröffentlichte u. a.: Ideologies of Eastness in Central and Eastern Europe, London/New York 2014; zusammen mit Tomasz Warczok: Gra peryferyjna.

Polska politologia w globalnym polu nauk społecznych [Ein peripheres Spiel. Polnische Politikwissenschaft im globalen Umfeld der Sozialwissenschaft], Warschau 2016; zusammen mit Rafał Smoczyński: Totem inteligencki. Arystokracja, szlachta i ziemiaństwo w polskiej przestrzeni społecznej [Das Totem der Inteligencja. Aristokratie, Adel und Landbesitzer im polnischen sozialen Raum], Warschau 2017.

Personenregister

Kursiv gesetzte Ziffern verweisen auf Namen in den Anmerkungen.

Abendroth, Wolfgang 36
Adorno, Theodor W. 36 f., 39, 45, *49*, 95, *96*, 117
Althusser, Louis 97
Ambrosius von Mailand 67
Anderson, Perry *44*, 191
Apollinaire, Guillaume 171
Aragon, Louis 164
Arendt, Hannah 50, 95
Aron, Raymond 21, 164
Aron, Robert 166

Bakunin, Michael 135
Balcells, Carmen *60*
Balcerowicz, Leszek 204
Balducci, Ernesto 77 f.
Balladur, Édouard *164*, 166
Balthasar, Hans Urs von 73
Barrès, Maurice 2
Barroso, José Manuel 217
Barthes, Roland *162, 164*
Bartoli, Henri 212
Bauer, Christian *70*
Beauvoir, Simone de 60, 90
Beck, Volker 129
Beckett, Samuel 1
Bell, Daniel 50 f., 178, 225
Benjamin, Walter 49, 89, 172
Benn, Tony 186, 191
Benoist, Alain de 14, 151
Biebricher, Thomas 25
Biolek, Alfred 121
Blair, Tony 191, 213, 215
Bloch, Ernst 71, 76 f.
Böll, Heinrich 14, 103
Boltanski, Luc 84, *221*
Bourdieu, Pierre 5, 8, 15, 68, 100, 165, 194, *197*
Bourgeois, Christian *59*
Boyer, Robert 222
Brandt, Willy 102, 152
Bratkowski, Stefan 201
Breivik, Anders 169, 171
Bright-Holmes, Jones *61*
Bruckner, Pascal 166

Calas, Jean 85
Camus, Albert 161
Camus, Renaud 168 f., 172
Carrier, Martin *6*
Castells, Manuel 221
Chałasiński, Józef 195
Chenu, Marie-Dominique 69 f., 77
Chicago, Judy 59
Chirac, Jacques 166, 213
Chomsky, Noam 13, 131–144
Cimoszewicz, Włodzimierz 207, 209
Cixous, Hélène 59
Claverie, Élisabeth 84
Cohn-Bendit, Daniel 93–95
Collini, Stefan *1*
Comblin, Joseph 78 f.
Congar, Yves 69, 73, 77

Dahrendorf, Ralf 2 f., 21, 28
Daniélou, Jean 80
Debray, Régis 13, 86 f.
Deleuze, Gilles 52
Denfert, Daniel 96
Derrida, Jacques 57, *162, 164*
Diderot, Denis 56
Doyle, Kevin *136*
Dreyfus, Alfred 2 f., 85, 89
Dubiel, Helmut 41
Duras, Marguerite 168
Dutschke, Rudi 71, *76*, 87 f., 94 f.

Ehrenstein, Dieter von 103, 107–111, 113, 116
Einstein, Albert 223
Engels, David *159*
Engels, Friedrich 179
Enzensberger, Hans Magnus 11, 86–91, 93, 103, 143
Erasmus von Amsterdam 3
Eribon, Didier 96
Ernaux, Annie 173 f.
Esping-Andersen, Gøsta 222
Evans, Richard J. 192
Evola, Julius 151
Eyal, Gil 194

Eyerman, Ron 104, 139, 143
Eysenck, Hans-Jürgen 151

Faure, Félix 3
Feuerbach, Ludwig 78
Finkielkraut, Alain *164*, 165, 169
Fischermann, Thomas *98*
Flam, Helena 200
Flaubert, Gustave 89
Foucault, Michel 1, 4, 12, 21, 25, 52, 83, 96 f., 107, *116*, 162, 165
Franco, Francisco 78
Frings, Josef 73
Fritze, Lothar *159*

Gabriel, Sigmar 21
Gaudemar, Antoine de *59*
Gauland, Alexander 153, 158
Gaulle, Charles de 90, 169
Gehlen, Arnold 28
Geremek, Bronisław 201
Giddens, Anthony 191, 215, 223
Giedroyć, Jerzy 203 f.
Gieysztor, Aleksander 201
Glotz, Peter *182*
Glucksmann, André *164*
Gombrowicz, Witold 204
Gomiti, Sergio 75, *76*
Gomułka, Władysław 198 f.
González Ruiz, José María 78 f.
Goossens, Paul *76*
Gorz, André 178
Goupil, Romain *166*
Graeber, David 137
Gramsci, Antonio 148, 183, 187
Grass, Günter 103
Guérin, Daniel 135
Guterres, António 211, 213, *216*, 219, 222

Habermas, Jürgen 8–10, 13, 21–33, 35–37, 39 f., 43–46, 103, 223, 225
Hall, Aleksander 201
Hall, Stuart 188
Huyn, Hans Graf 153
Hanscom, Leslie 60
Hegel, Georg Wilhelm Friedrich 31
Heine, Heinrich 28
Heisenberg, Werner 223
Henze, Werner 93
Herbert, Zbigniew 208

Herling-Grudziński, Gustaw 208
Hertfelder, Thomas *226*
Hirschfeld, Magnus 118
Hitler, Adolf 157
Hobsbawm, Eric 15 f., 177–192
Höcke, Björn 158
Horkheimer, Max 36 f., 45
Hornung, Klaus 153
Houellebecq, Michel 166, *167*, 168
Hübinger, Gangolf 226

Irigaray, Luce 59
Isernhagen, Stephan 225

Jacoby, Russel 49
Jacques, Martin 185
Jambet, Christian *164*
Jaruzelski, Wojciech 201 f.
Jaspers, Karl 22
Jennings, Jeremy 17
Johannes Paul II., Papst 80, 200
Johannes XXIII., Papst 69 f., 72, 79
Johnson, Uwe 133
Jongen, Marc 158
Jonsson, Stefan 56, *57 f.*
Jospin, Lionel 213
Jourde, Pierre *167*
Jung, Edgar Julius 148, 154
Jungk, Robert 103, 111–113, 116

Kaczyński, Jarosław 209
Kant, Immanuel 29, 31
Karl, Michaela 94
Karpf, Lila *60*
Kautsky, Karl 12, 92
Kerkeling, Hape 121
Kinnock, Neil 186, 191
Kiszczak, Czesław 200 f., 207
Klein, Bonnie Sherr *98*
Klein, Michael *98*
Klein, Naomi 12, 83, 97–100
Kluge, Alexander 10, 33, 35–38, 40–43, 45 f.
Kołakowski, Leszek 197
König, Franz 70
Koselleck, Reinhart 28
Krasnodębski, Zdzisław 209
Krastev, Ivan 225
Kristeva, Julia 59
Kropotkin, Peter 135
Kubitschek, Götz 155–158

Kuhn, Thomas S. 168
Küng, Hans 71, 73
Kuroń, Jacek 198, 201
Kwaśniewski, Aleksander 209

Lardreau, Guy *164*
Lancelin, Aude *166*
Laurens, Camille 168
Le Clézio, Jean-Marie Gustave 173
Le Pen, Marine 168
Legutko, Ryszard 209
Lelewel, Joachim 196
Lenin, Wladimir I. 12, 92, 190
Lenk, Elisabeth 95, *96*
Lepsius, M. Rainer 2, 28
Lévi-Strauss, Claude 55
Lévy, Élisabeth 166
Libelt, Karol 196
Lindley, Robert 222
Lorenz, Konrad 151
Lubac, Henri de 73, 80
Lundvall, Bengt-Åke 222
Lyotard, Jean-François 3, 12, 26, 86, 100–103, 131, 134, 139, 144

Macron, Emmanuel 21
Maihofer, Werner *113*
Mallarmé, Stéphane *102*
Mandell, Jonathan *60*
Marcuse, Herbert 133
Marx, Karl 22, 27, 29–31, 67, 78, 167, 178–180, 223
Maschke, Günter 153
Mascolo, Dionys *163*
Mauriac, François 161
Maurras, Charles 2, 172
Mazowiecki, Tadeusz 201 f., 204, 209
Mazzi, Enzo 75
McRobbie, Angela 57
Merkel, Angela 138
Metz, Johann Baptist 71 f., 76
Michnik, Adam 16, 193, 198–202, 204, 206–210
Millet, Catherine 167 f.
Millet, Richard *167*, 168–173
Mills, C. Wright 55
Minakowski, Marek Jerzy 201
Modzelewski, Karol 198
Moeller van den Bruck, Arthur 148, 154

Mohler, Armin 153
Moltmann, Jürgen 71
Mommsen, Theodor 226
Morat, Daniel *1*
Morson, Garry Saul 195
Muray, Philippe 166 f., 170–172

Negt, Oskar 36–38, 42 f., 45

Oberlercher, Reinhold 153
Oevermann, Ulrich 9
Oldenburg, Claes 53
Orwell, George 135
Otchakovsky-Laurens, Paul 168

Pareto, Vilfredo 151
Paul VI., Papst 70, 79 f.
Paxton, Robert 166
Pellegrino, Michele 79
Phillips, William 50 f.
Piercy, Marge 59
Pimlott, Herbert 186
Pius XII., Papst 69
Praunheim, Rosa von (Holger Mischwitzky) 13, 117, 119–130
Prodi, Romano 215
Proudhon, Pierre-Joseph 67

Radbruch, Gustav 226
Rahner, Karl 70–73, 77
Rahv, Philip 50
Rainer, Yvonne 53
Ratzinger, Joseph 73, 76, 80
Ravel, Maurice *102*
Rich, Adrienne 59
Riedel, Claudia *98 f.*
Rieff, Philip 61
Robbe-Grillet, Alain *163*
Rocker, Rudolf 135 f.
Rodrigues, Maria João 16, 211–213, 218–227
Rohrmoser, Günter 153
Rolin, Olivier *166*
Rolland, Claude 69
Romig, Friedrich 153
Roncalli, Angelo Giuseppe (bürgerlicher Name von Papst Johannes XXIII.) *72*
Rousseau, Jean-Jacques 149
Rousset, David 161
Rowes, Barbara *61*

Rubinstein, Olivier *166*
Rywin, Lew 206, 208

Sacharow, Andrej 203
Salvatore, Gaston 88, 91
Samsonowicz, Henryk 201
Sander, Hans-Dietrich 154
Santer, Jacques 215
Sapiro, Gisèle 91, 97
Sarkozy, Nicolas 166
Sartre, Jean-Paul 2, 10, 21, 52, 83–85, 89 f., 93, 97, 143, 161, 164, *168*, 178
Scheer, Jens *108*
Schelsky, Helmut 13 f., 28
Schillebeeckx, Edward 73
Schirrmacher, Frank 10
Schlingensief, Christoph 4
Schmitt, Carl 148 f., 151, 154
Schmitz-Feuerhake, Inge *108*
Schneider, Peter 95
Scholdt, Günter *159*
Schrenck-Notzing, Caspar von 153
Schröder, Gerhard 213, 215
Schumpeter, Joseph 27 f.
Sedlmayr, Walter *130*
Sellner, Martin 159
Siła-Nowicki, Władysław 201
Słonimski, Antoni 197
Śniadecki, Jędrzej 196
Sohmers, Harriet 61
Sollers, Philippe 164
Solschenizyn, Alexander 164, 203
Sontag, Susan 4, 10, 49–51, 53–63, *122*
Sontheimer, Kurt 28
Spengler, Oswald 148, 151, 154
Staszic, Stanisław 196
Stauffenberg, Claus Schenk Graf von 154
Steinfels, Peter 51
Stomma, Stanisław 201
Straub, Eberhard *159*
Straus Jr., Roger 49 f., *53, 59, 61*
Szaniawski, Klemens 201
Szczepański, Jan Józef 201

Szelényi, Iván 194
Szlajfer, Henryk 199

Taylor, Charles 44
Telò, Mario 222
Thatcher, Margaret 16, 59, 138, 178, 180, 188–192
Thompson, Edward P. 55
Tillschneider, Hans-Thomas 158
Touraine, Alain 178
Townsley, Eleanor R. 194
Traube, Klaus 113
Trilling, Lionel 50, 58
Tusk, Donald 209

Voltaire (François-Marie Arouet) 2 f., 10 f., 50, 56, 84, 90, 93
Vos, Louis *76*

Waldstein, Thor von 156
Wałęsa, Lech 200, 202, 209
Walicki, Andrzej 210
Walser, Martin 133
Warhol, Andy 53
Weber, Max 12, 22, 26–31, 35, 68, 80, 147, 226
Wedel, Janine *195*
Weinberg, Alvin *113*
Weiß, Peter 86
Weißmann, Karlheinz 153, 155–157, 159
Weitzmann, Marc *166*
Weizsäcker, Richard von 46
Welsch, Wolfgang 57 f.
Wilson, Edmund 50
Wilson, Harold 182
Wittgenstein, Ludwig 223
Wüstenhagen, Hans-Helmut 103–106, 116
Wyszyński, Stefan 199
Wyver, John 57

Yoko Ono 53

Zemmour, Éric 166
Zinn, Howard 131
Zola, Émile 2 f., 10 f., 21, 84 f., 89, 93

www.ingramcontent.com/pod-product-compliance
Lightning Source LLC
Chambersburg PA
CBHW082038230426
43670CB00016B/2694